AF217032

ABITUR-TRAINING

FOS · BOS Technik

Analysis und
Analytische Geometrie 2

Reinhard Schuberth

Autor: Reinhard Schuberth, selbst Absolvent einer Berufsoberschule, ist langjährige Lehrkraft und Schulleiter.

Jahrzehntelange Unterrichtserfahrung an verschiedenen bayerischen Fachoberschulen und Berufsoberschulen, die Mitarbeit an der virtuellen Berufsoberschule (ViBOS) und das Verfassen verschiedener Lehrbücher bilden eine gute Grundlage, um verständliche und schülergerechte Lernhilfen im Bereich Mathematik zu erstellen. Das Herausarbeiten und Einüben von Schlüsselstellen des Mathematikstoffes, die für eine erfolgreiche Teilnahme am Unterricht und der Abschlussprüfung zentrale Bedeutung haben, ist ihm besonders wichtig.

Als ausgebildeter Beratungslehrer weiß er aus erster Hand, wo die Nöte von Schülerinnen und Schülern im Mathematikunterreicht liegen. Ihnen über diese Hürden mit hinwegzuhelfen und sie zu einem erfolgreichen Abschluss zu führen, ist ihm ein besonderes Anliegen.

Bildnachweis

Umschlag: © Mariaam/Dreamstime.com

S. 1:   © Chris 73/Wikimedia Commons; lizenziert gem. CC BY-SA 3.0

S. 27:   © chillerstadt/Photocase.com

S. 45:   gemeinfrei (Quelle: Wikimedia Commons)

S. 56:   © Bernd Laber/Wikimedia Commons; lizenziert gem. CC BY-SA 3.0 DE

S. 57:   © Germanskydiver/Dreamstime.com

S. 85:   © 3ddock/Dreamstime.com

S. 91:   © Dmitry Pichguin/Dreamstime.com

S. 162: © Kara – fotolia.com

S. 167: © Yap Hong Chan/Dreamstime.com

© 2019 Stark Verlag GmbH

www.stark-verlag.de

1. Auflage 2018

Das Werk und alle seine Bestandteile sind urheberrechtlich geschützt. Jede vollständige oder teilweise Vervielfältigung, Verbreitung und Veröffentlichung bedarf der ausdrücklichen Genehmigung des Verlages. Dies gilt insbesondere für Vervielfältigungen, Mikroverfilmungen sowie die Speicherung und Verarbeitung in elektronischen Systemen.

Inhalt

Autor: Reinhard Schuberth

Vorwort

Liebe Schülerin, lieber Schüler,

dieser Trainingsband ist für die 12. Jahrgangsstufe der Fachoberschule (FOS) in der Ausbildungsrichtung Technik konzipiert. Auch Schülerinnen und Schüler der Berufsoberschule (BOS) können damit lernen. Für die 11. Jahrgangsstufe steht Ihnen Band 1 dieser Reihe, „Analysis und Analytische Geometrie 1" (Stark Verlag, Best.-Nr. 92414), zur Verfügung.

Die modulare Struktur der Kapitel erlaubt es Ihnen, an vielen Stellen mit dem Lesen zu beginnen, ohne den Kontext zu verlieren. Daher können Sie sich sofort mit genau den Themenbereichen beschäftigen, die Ihnen noch Probleme bereiten. Die folgenden Punkte helfen dabei, das Lernen mit diesem Buch zu erleichtern:

- In den grün umrandeten bzw. getönten Kästen finden Sie – präzise und schülergerecht formuliert – die wichtigen **Definitionen, Regeln und Merksätze,** die Sie sicher beherrschen müssen.

- Anhand passgenauer, kommentierter **Beispiele** lässt sich die Theorie unmittelbar nachvollziehen, verstehen und wiederholen.

- Die **Übungsaufgaben** eines jeden Abschnitts sind im Schwierigkeitsgrad steigend angeordnet und beinhalten auch anwendungsorientierte Aufgaben.

- Am Ende des Buches finden Sie zu jeder Aufgabe eine vollständig ausgearbeitete, kleinschrittige **Lösung** zur Selbstkontrolle.

Bleibt mir nur noch, Ihnen viel Erfolg bei der Arbeit mit diesem Trainingsband und in der Schule zu wünschen!

Ihr

Reinhard Schuberth

Analysis

Die Integralrechnung, nach der Differenzialrechnung das zweite Standbein der Analysis, ist aus dem Wunsch heraus entwickelt worden, Flächeninhalte krummlinig begrenzter Flächen – etwa von Kreisen, Ellipsen usw. – bestimmen zu können. Das scheint zunächst etwas völlig anderes zu sein als die Differenzialrechnung. Und in der Tat hat es viele Jahrhunderte gedauert, bis erkannt wurde, dass die Differenzial- und Integralrechnung aufs Engste zusammenhängen: Die Integralrechnung ist die Umkehrung der Differenzialrechnung. Nach den bereits bekannten ganzrationalen Funktionen wird mit den Exponentialfunktionen eine weitere, wichtige Funktionenklasse eingeführt. Mit dieser werden Wachstums- und Schrumpfungsprozesse beschrieben.

1 Anwendung der Differenzialrechnung

Die Differenzialrechnung gehört zu der Grundausstattung der Mathematik, weil sie in praktisch allen Gebieten Anwendungen hat, die sich mathematisch beschreiben lassen. Einige dieser Anwendungen werden im Folgenden behandelt.

1.1 Extrempunkte, Wertemenge

Im Band 1 wird ab Seite 116 ausführlich das Vorgehen beschrieben, mit dem sich die **lokalen oder relativen Extrempunkte** eines Funktionsgraphen rechnerisch auffinden lassen. Sie liegen an den Stellen, an denen sich das Monotonieverhalten einer Funktion ändert, also an den Rändern der Monotonieintervalle.

Bei **ganzrationalen Funktionen** ist das an den Nullstellen der ersten Ableitungsfunktion f' der Fall, sofern es **Nullstellen mit Vorzeichenwechsel** (VZW) sind. Den Zusammenhang zwischen dem Monotonieverhalten einer Funktion, das sich aus dem Vorzeichen der Ableitungsfunktion ergibt, und den Extrempunkten zeigen beispielhaft die untereinander abgebildeten Graphen einer Funktion f und der zugehörigen Ableitungsfunktion f' auf.

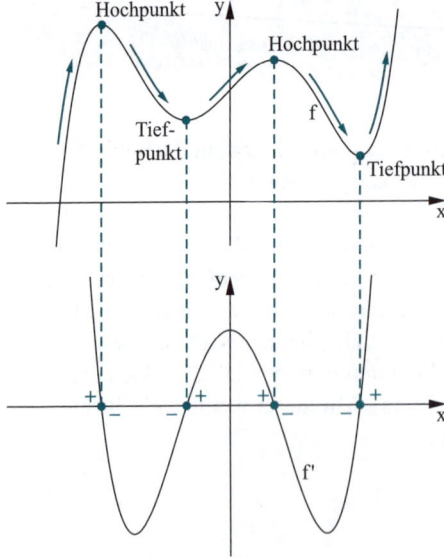

Im Einzelnen gilt: f hat an der Stelle x_0 ein

- **lokales Maximum**, wenn $f'(x_0)=0$ und das Vorzeichen von f' an der Stelle x_0 von + nach – wechselt, also G_f von steigend in fallend übergeht.

- **lokales Minimum**, wenn $f'(x_0)=0$ und das Vorzeichen von f' an der Stelle x_0 von – nach + wechselt, also G_f von fallend in steigend übergeht.

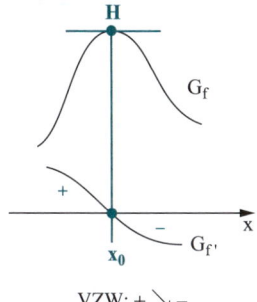

VZW: $+ \searrow -$

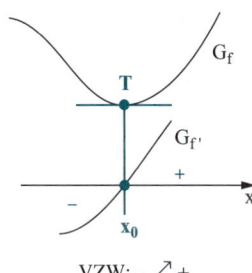

VZW: $- \nearrow +$

Folglich kann das Vorliegen von lokalen Maxima und Minima direkt aus dem Monotonieverhalten einer Funktion abgelesen werden. Da ein Vorzeichenwechsel an der Nullstelle x_0 von f' sicher dann vorliegt, wenn dort die Steigung der Ableitung, also $f''(x_0)$, ungleich 0 ist, folgt außerdem der Zusammenhang:

$f'(x_0)=0$ und $f''(x_0)<0$

$\Rightarrow$ lokales Maximum bei x_0 bzw. lokaler Hochpunkt mit den Koordinaten $H(x_0|f(x_0))$

$f'(x_0)=0$ und $f''(x_0)>0$

$\Rightarrow$ lokales Maximum bei x_0 bzw. lokaler Tiefpunkt mit den Koordinaten $T(x_0|f(x_0))$

Hinweis: Weitere Beispiele und Aufgaben zum Bestimmen der lokalen Extrempunkte sind im Band 1 ab Seite 117 zu finden.

Beispiele

Betrachtet werden die Potenzfunktionen
a) $f_a(x)=ax^2$ mit $a \in \mathbb{R} \setminus \{0\}$,   b) $g(x)=x^3$ und   c) $h(x)=x^4$.
Berechnen Sie jeweils die Art und Lage der Extrempunkte der Graphen dieser Funktionen und zeichnen Sie die zugehörigen Graphen. Beachten Sie, dass bei f_a eine Fallunterscheidung erforderlich ist.

Lösung:
a) Parabeln haben genau einen Extrempunkt, nämlich in ihrem Scheitel. Je nach Öffnung ist es ein Hochpunkt oder ein Tiefpunkt.

Die zugehörige Rechnung lautet:
$f_a'(x) = 2ax$; $f_a'(x) = 0$ $\Rightarrow$ $x_1 = 0$
Es gibt nur eine Stelle mit waagrechter Tangente, nämlich an der Stelle $x_1 = 0$.

Wegen

$$f_a''(x) = 2a \begin{cases} > 0, \text{ falls } a > 0 \\ < 0, \text{ falls } a < 0 \end{cases}$$

folgt, dass es im Falle von $a > 0$ (nach oben geöffnete Parabel) ein Tiefpunkt und für $a < 0$ (nach unten geöffnete Parabel) ein Hochpunkt ist.
Die Koordinaten sind für alle $a \neq 0$ gleich, nämlich $(0|0)$, da $f_a(0) = 0$.

In diesen Fällen handelt es sich nicht nur um *lokale* Extrempunkte, sondern sogar um *globale* (oder absolute) Extrempunkte.

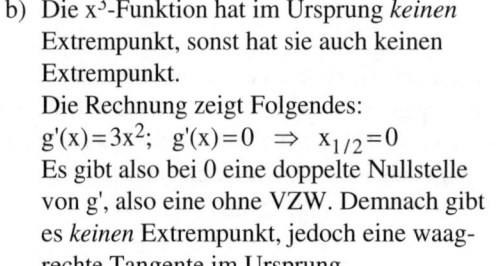

b) Die x^3-Funktion hat im Ursprung *keinen* Extrempunkt, sonst hat sie auch keinen Extrempunkt.
Die Rechnung zeigt Folgendes:
$g'(x) = 3x^2$; $g'(x) = 0 \Rightarrow x_{1/2} = 0$
Es gibt also bei 0 eine doppelte Nullstelle von g', also eine ohne VZW. Demnach gibt es *keinen* Extrempunkt, jedoch eine waagrechte Tangente im Ursprung.

c) Offensichtlich hat der Graph von h einen globalen Tiefpunkt im Ursprung.
$h'(x) = 4x^3$; $h''(x) = 12x^2$;
$h'(x) = 0 \Rightarrow x_{1/2/3} = 0$
(dreifache Nullstelle, also mit VZW)
Daraus folgt, dass ein Extrempunkt an der Stelle 0 vorliegt. Um rechnerisch entscheiden zu können, ob es ein Hoch- oder Tiefpunkt ist, muss die Art des VZW ($+ \searrow - $ oder $ - \nearrow +$) ermittelt werden. Da $h'(x) = 4x^3$ von $-\infty$ nach $+\infty$ läuft (im Prinzip wie g(x)), hat h'(x) an der Stelle 0 den VZW $- \nearrow +$, also einen Tiefpunkt.
Eine Entscheidung, ob ein Hoch- oder ein Tiefpunkt vorliegt, ist in diesem Fall mit der 2. Ableitung nicht möglich, da $h''(0) = 0$. Man benötigt aber > 0 oder < 0, um damit eine Aussage treffen zu können.

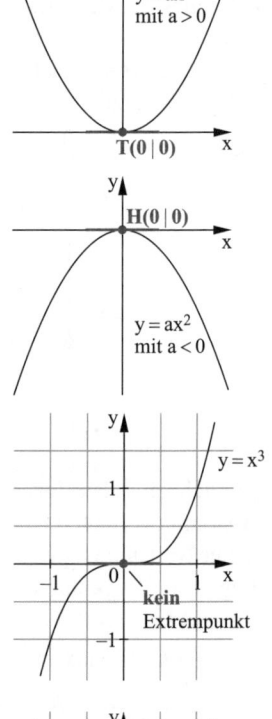

Es geht jetzt um die größten/kleinsten Funktionswerte überhaupt. Man nennt sie **globale** (oder absolute) **Extremwerte**.

Definition

Globale Extrempunkte

Hat eine Funktion f an der Stelle $x_0 \in D_f$ den **größten** Funktionswert überhaupt, d. h., es gilt $f(x_0) \geq f(x)$ für alle $x \in D_f$, dann heißt x_0 **globale Maximalstelle**, $f(x_0)$ **globales Maximum** und der zugehörige Punkt auf dem Graphen $H(x_0 \,|\, f(x_0))$ **globaler** oder auch **absoluter Hochpunkt**.

Hat eine Funktion f an der Stelle $x_0 \in D_f$ den **kleinsten** Funktionswert überhaupt, d. h., es gilt $f(x_0) \leq f(x)$ für alle $x \in D_f$, dann heißt x_0 **globale Minimalstelle**, $f(x_0)$ **globales Minimum** und der zugehörige Punkt auf dem Graphen $T(x_0 \,|\, f(x_0))$ **globaler** oder auch **absoluter Tiefpunkt**.

In diesem Zusammenhang bestimmt man auch oft den **Wertebereich** (auch **Wertemenge** genannt) einer Funktion. Das ist die eindeutig bestimmte Menge aller Funktionswerte einer Funktion, mathematisch ausgedrückt:

$W_f = \{f(x) \,|\, x \in D_f\}$

Beispiele

Jede auf $\mathbb{R}$ definierte, nach unten geöffnete Parabelfunktion hat im Scheitel ihren globalen Hochpunkt.

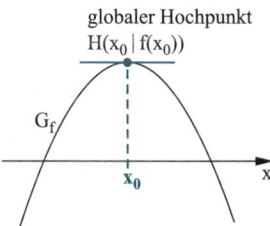

Der Wertebereich ist das Intervall $]-\infty; f(x_0)]$.

Jede auf $\mathbb{R}$ definierte, nach oben geöffnete Parabelfunktion hat im Scheitel ihren globalen Tiefpunkt.

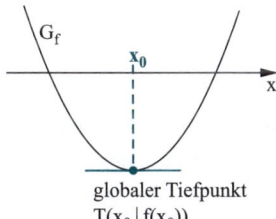

Der Wertebereich ist das Intervall $[f(x_0); \infty[$.

Bemerkungen:

1. Eine auf $\mathbb{R}$ definierte quadratische Funktion geht an den Rändern von $\mathbb{R}$, also für $x \to \pm\infty$, bekanntlich gegen $+\infty$, wenn die Parabel nach oben geöffnet ist, und nach $-\infty$ bei Öffnung nach unten. Deshalb hat eine nach oben geöffnete Parabel zwar einen globalen Tiefpunkt, aber *keinen* globalen Hochpunkt. Die Funktionswerte streben nach $+\infty$, sodass es keinen größten Funktionswert gibt. Entsprechendes gilt im Falle einer nach unten geöffneten Parabel.

2. Die Funktion $g: \mathbb{R} \to \mathbb{R}$ mit $g(x) = x^3$ geht am linken Rand nach $-\infty$ und am rechten nach $+\infty$. Ihr Graph hat keinen globalen Extrempunkt (weder Hoch- noch Tiefpunkt). Der Wertebereich ist $\mathbb{R}$, da alle reellen Zahlen zwischen $-\infty$ und $+\infty$ als Funktionswerte auftreten.

Beispiel

Betrachtet werden auf ganz $\mathbb{R}$ definierte, ganzrationale Funktionen vom Grade 1 bis 4.

Skizzieren Sie für jeden dieser Funktionstypen einen exemplarischen Verlauf und erläutern Sie, ob bzw. welche Art von globalen Extrempunkten vorliegen. Geben Sie außerdem jeweils die Wertemenge an.

Lösung:

Grad 1

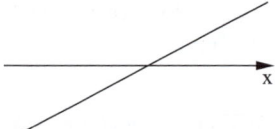

keine globalen Extrempunkte,
$W = \mathbb{R}$

Grad 2

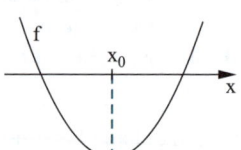

globaler Tiefpunkt $T(x_0 \mid f(x_0))$,
$W_f = [f(x_0); \infty[$

Grad 3

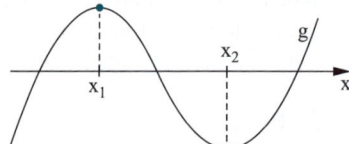

Bei x_1 und x_2 liegen lediglich lokale Extrempunkte vor – keine globalen. G_g hat keine globalen Extrempunkte.
$W_g = \mathbb{R}$

Grad 4

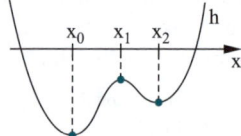

Nur bei x_0 ist ein globaler Tiefpunkt. Die beiden anderen Punkte sind lokale Extrempunkte.
$W_h = [h(x_0); \infty[$

Bisher war der Definitionsbereich, auf dem eine Funktion definiert war, in der Regel ganz $\mathbb{R}$. Nun werden auch **eingeschränkte Definitionsbereiche**, insbesondere Intervalle, also lückenlose Abschnitte auf der x-Achse zugelassen.

Sind a, b $\in \mathbb{R}$ mit a < b, so unterscheidet man die Intervalle je nachdem, ob die Grenzen zum Intervall gehören oder gerade nicht mehr, durch folgende Schreibweisen:

[a; b] ist ein **abgeschlossenes Intervall** (die Grenzen a und b selbst gehören zum Intervall).

]a; b[ist ein **offenes Intervall** (die Grenzen a und b selbst gehören nicht mit zum Intervall).

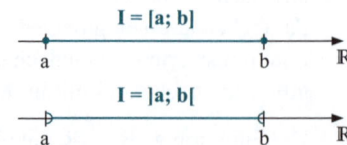

Ferner kann eine Seite offen und die andere geschlossen sein. Auch unbeschränkte Intervalle, bei denen die rechte Grenze ∞ bzw. die linke Grenze −∞ ist, sind möglich.

Intervalle sind eine wichtige Klasse bei eingeschränkten Definitionsbereichen. Wenn sie nicht näher spezifiziert werden (wie oben angegeben), werden sie hier auch einfach mit I bezeichnet.

Regel

Ist eine ganzrationale Funktion f auf einem **Intervall I** definiert, so hat sie als Wertebereich ebenfalls ein Intervall. Wenn der Graph von f auf I globale Extrempunkte hat, es also einen globalen Tiefpunkt $T(x_{min} | f(x_{min}))$ und einen globalen Hochpunkt $H(x_{max} | f(x_{max}))$ gibt, so ist der Wertebereich von f das Intervall vom absolut kleinsten bis zum absolut größten Funktionswert:
$W_f = [f(x_{min}); f(x_{max})]$

Eine auf einem abgeschlossenen Intervall [a; b] definierte ganzrationale Funktion hat immer globale Hoch- und Tiefpunkte, die auch am Rand, also bei a und b, liegen können.

Beispiele

1. Der Graph der Funktion f: $[-3; 2] \to \mathbb{R}$ mit $f(x) = \frac{1}{2}x + \frac{3}{2}$ ist nebenstehend abgebildet.

   Da f streng monoton zunehmend und auf dem abgeschlossenen Intervall $[-3; 2]$ definiert ist, hat f am linken Definitionsrand den global/absolut kleinsten Funktionswert:

   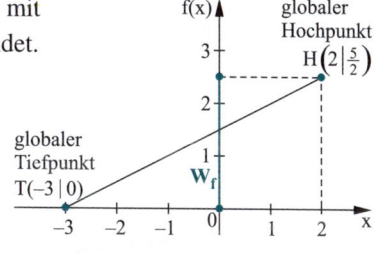

   $f(x_{min}) = f(-3) = \frac{1}{2} \cdot (-3) + \frac{3}{2} = 0$

   Der global/absolut größte Funktionswert ist dementsprechend am rechten Rand von [-3; 2]:

   $f(x_{max}) = f(2) = \frac{1}{2} \cdot 2 + \frac{3}{2} = \frac{5}{2}$

   Der Graph von f hat demnach den **globalen Tiefpunkt** T(−3 | 0) und den **globalen Hochpunkt** $H\left(2 \mid \frac{5}{2}\right)$.

   In beiden Fällen handelt es sich um sogenannte **Randextrempunkte**. Der Wertebereich besteht aus allen Zahlen von 0 bis $\frac{5}{2}$, d. h. $W_f = \left[0; \frac{5}{2}\right]$.

Betrachtet man die Funktion
f^*: $]-3; 2[\rightarrow \mathbb{R}$ mit $f^*(x) = f(x)$,
bei der sich nur der Definitions-
bereich so geändert hat, dass die
Randpunkte nicht zum Definitionsbereich gehören. Der Graph von f^*
hat keine Extrempunkte.

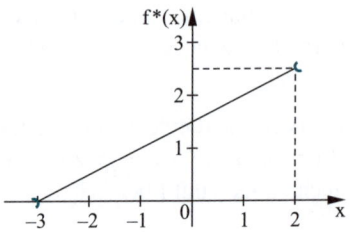

Es lässt sich keine Stelle $x_0 \in]-3; 2[$ angeben, sodass $f(x_0)$ minimal oder
maximal wäre, weil die Ränder des Intervalls nicht zu D_{f*} gehören.
Für den Wertebereich gilt:

$$W_{f*} = \left]0; \frac{5}{2}\right[$$

2. Betrachtet wird der Funktionsterm
   $g(x) = x^3 - 6x^2 + 9x + 1$ mit unterschiedlichen Definitionsbereichen:
   a) g_1: $\mathbb{R} \rightarrow \mathbb{R}$ mit $g_1(x) = g(x)$
   b) g_2: $[0; \infty[\rightarrow \mathbb{R}$ mit $g_2(x) = g(x)$
   c) g_3: $]-1; 5] \rightarrow \mathbb{R}$ mit $g_3(x) = g(x)$

   Ermitteln Sie für diese drei Fälle
   jeweils die globalen Extrempunkte
   der Graphen von g_1, g_2, g_3 und die
   jeweiligen Wertebereiche.

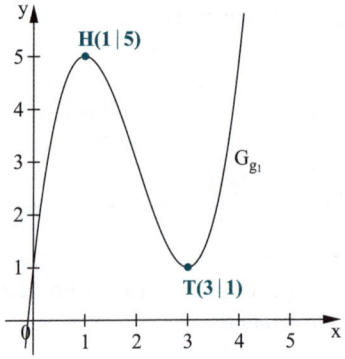

Lösung:

a) Es werden die lokalen Extrema bestimmt:

$$g_1'(x) = 3x^2 - 12x + 9$$
$$= 3(x^2 - 4x + 3)$$
$$= 3(x-1)(x-3)$$
$$g_1'(x) = 0 \implies x_1 = 1; \; x_2 = 3$$

Satz von Vieta; alternativ mit
Lösungsformel

An dieser Stelle kann bereits gesagt werden, dass es Extremstellen
sind, weil es Nullstellen mit VZW sind:

$x_1 = 1$: VZW $+ \searrow - \implies H(1 \,|\, g_1(1))$

$x_2 = 3$: VZW $- \nearrow + \implies T(3 \,|\, g_1(3))$

Alternativ mit g_1'':

$$g_1''(x) = 6x - 12; \; g_1''(1) = -6 < 0 \implies H(1 \,|\, g_1(1))$$
$$g_1''(3) = 6 > 0 \implies T(3 \,|\, g_1(3))$$

y-Koordinaten:

$g_1(1) = 1^3 - 6 \cdot 1^2 + 9 \cdot 1 + 1 = 5$, also $H(1 \,|\, 5)$

$g_1(3) = 3^3 - 6 \cdot 3^2 + 9 \cdot 3 + 1 = 1$, also $T(3 \,|\, 1)$

Da $D_{g_1} = \mathbb{R}$ und $g_1(x) \to -\infty$ für $x \to -\infty$ sowie $g_1(x) \to +\infty$ für $x \to \infty$ geht, handelt es sich bei H(1|5) und T(3|1) „nur" um lokale Extrema. Globale Extrema existieren nicht. Es gibt immer noch „einen größeren Funktionswert (ein größeres $g_1(x)$)", wenn man x vergrößert.

Der Wertebereich ist:

$W_{g_1} = \mathbb{R}$

b) $D_{g_2} = [0; \infty[$ hat den linken Rand des Definitionsbereiches bei 0. In diesem Randpunkt muss der Funktionswert berechnet und mit den aus Teilaufgabe a bekannten lokalen Extrema verglichen werden.

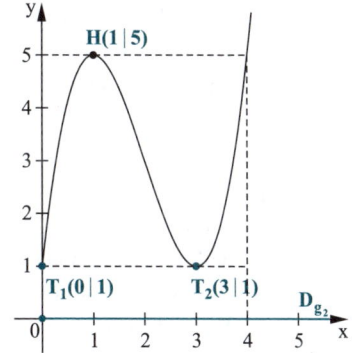

f(0)=1, damit hat G_f zwei globale Tiefpunkte, nämlich $T_1(0|1)$ und $T_2(3|1)$; T_1 ist Randextrempunkt.

H(1|5) ist lokaler Hochpunkt, kein globaler, weil rechts von x=4 lauter Funktionswerte auftreten, die größer als 5 sind. $W_{g_2} = [1; \infty[$

c) $D_{g_3} =]-1; 5]$ ist ein links offenes und rechts abgeschlossenes Intervall, sodass $-1 \notin D_{g_3}$ im Gegensatz zu $5 \in D_{g_3}$. Zudem verläuft der Graph von g_3 an diesen Rändern außerhalb des Zeichenbereichs (siehe Abbildung).

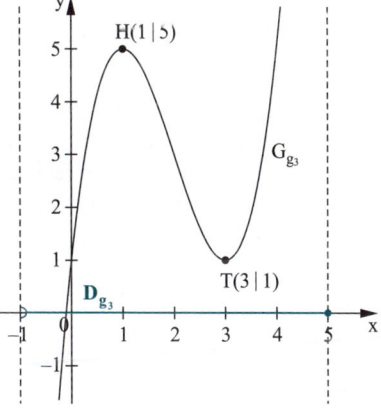

Zunächst wird der Funktionswert am rechten Rand berechnet: $g_3(5)=21$, das liegt über dem Funktionswert im lokalen Hochpunkt mit $g_3(1)=5$. Deshalb hat G_{g_3} den globalen Hochpunkt H(5|21).

Der linke Rand ist formal schwieriger, da $-1 \notin D_{g_3}$. Er muss als Grenzwert geschrieben werden:

$$\lim_{x \to -1} g_3(x) = (-1)^3 - 6 \cdot (-1)^2 + 9 \cdot (-1) + 1 = -15$$

Das liegt unter T(3|1). G_{g_3} hat keinen globalen Tiefpunkt.

$W_{g_3} =]-15; 21]$

3. Der Funktionsterm $g(x) = x^3 - 6x^2 + 9x + 1$ mit den lokalen Extrempunkten $H(1|5)$ und $T(3|1)$ wird erneut betrachtet.
Geben Sie jeweils ein Intervall als Definitionsbereich an, sodass die zugehörige Funktion

a) keinen globalen Extrempunkt,

b) genau einen globalen Tiefpunkt, jedoch keinen globalen Hochpunkt besitzt und

c) zwei globale Extrempunkte hat, ohne dass diese die lokalen Extrempunkte sind.

Erläutern Sie Ihre Wahl und geben Sie die zugehörigen Wertebereiche an.

Lösung:
Die drei Teilaufgaben haben viele mögliche Lösungen.

a) $D_1 = \,]1;\,3[$
Weil es ein offenes Intervall ist, sind die Ränder nicht mit in D_1 enthalten. Die lokalen Extremstellen liegen ebenfalls nicht in D_1. Es gibt demnach keinen größten bzw. kleinsten Funktionswert in D_1.
$W_1 = \,]1;\,5[$

b) $D_2 = \,]1;\,3{,}5[$
In diesem Intervall ist $T(3|1)$ globaler/absoluter Tiefpunkt. Einen globalen Hochpunkt gibt es nicht, weil die 1 ausgeschlossen ist und weil der Funktionswert am rechten Rand mit $g(3{,}5) = 1{,}875$ kleiner als der Grenzwert $\lim\limits_{x \to 1} g(x) = 5$ am linken Rand ist.
$W_2 = [1;\,5[$

c) $D_3 = [-1;\,5]$
Der globale Tiefpunkt liegt am linken Rand, $T(-1|-15)$, der globale Hochpunkt ist am rechten Rand, $H(5|21)$. Die inneren Extrempunkte $H(1|5)$ und $T(3|1)$ liegen jeweils zwischen den Randpunkten und sind deshalb nur lokal extrem, nicht global.
$W_3 = [-15;\,21]$

Zur rechnerischen Bestimmung globaler Extrempunkte ist immer auch eine **Randuntersuchung** an den Rändern des Definitionsbereiches erforderlich. Wenn die Funktion auf einem **abgeschlossenen Intervall** definiert ist, hat sie immer Randextrempunkte, deren Koordinaten durch Einsetzen der Randstellen in die Funktion berechnet werden.

Bei offenen Rändern des Definitionsbereiches muss formal eine Grenzwertberechnung an diesen Randstellen erfolgen; praktisch setzt man auch hier die Randstellen in den Funktionsterm ein, um die Grenzwerte an den Rändern zu erhalten. Es liegen in diesem Fall keine Randextrempunkte vor! Jedoch können die Randgrenzwerte Einfluss auf die Existenz von globalen Extrempunkten haben.

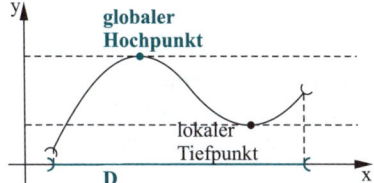

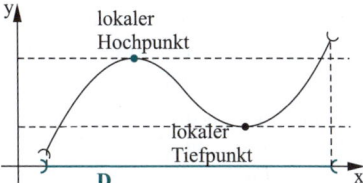

Der Graph der Funktion hat einen globalen Hochpunkt, ein globaler Tiefpunkt existiert nicht, weil der linke Rand offen ist und tiefer liegt als der lokale Tiefpunkt.

Bei dieser Funktion hat sich gegenüber der links abgebildeten nur der rechte Rand des Definitionsbereichs weiter nach rechts verschoben. Dadurch treten dort größere Funktionswerte auf, die über dem Funktionswert beim lokalen Hochpunkt liegen. Es existieren gar keine globalen Extrempunkte.

Beispiel

Es wird jetzt in den beiden oben gezeichneten Graphen jeweils das abgeschlossene Intervall (also das bisherige einschließlich der Randpunkte) als Definitionsmenge zugrunde gelegt.
Geben Sie die Art und Lage der globalen Extrempunkte an.

Lösung:
In der linken Abbildung liegt der globale Tiefpunkt am linken Rand des Definitionsbereiches, der globale Hochpunkt bleibt unverändert. Am rechten Rand ergibt sich zusätzlich ein lokales Randmaximum.
In der rechten Abbildung liegt am linken Rand der globale Tiefpunkt, am rechten Rand der globale Hochpunkt. Der ursprüngliche (in der linken Abbildung) vorliegende globale Hochpunkt hat diese Eigenschaft verloren und ist „nur" noch ein lokaler Hochpunkt.

Mitunter sind nicht die Extrempunkte der Graphen einer Funktion von Bedeutung, sondern die Punkte, in denen der Graph die **größte/kleinste Steigung** besitzt und damit die Funktion das größte Wachstum bzw. die größte Abnahme der Funktionswerte. An diesen Stellen ist die Änderung der Funktionswerte am stärksten.

Im nebenstehenden Diagramm ist der Verlauf einer Brückenauffahrt dargestellt und der Punkt mit der größten Steigung eingezeichnet.
Wie kann dieser Punkt bei Vorliegen der Funktionsgleichung rechnerisch bestimmt werden?

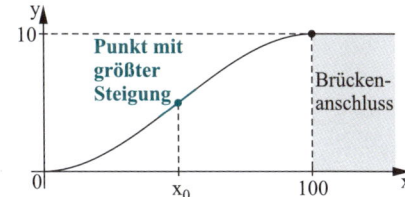

Über die Steigung einer Funktion gibt bekanntlich die 1. Ableitungsfunktion Auskunft. Folglich muss man die Extrempunkte der Ableitungsfunktion bestimmen. Dies wiederum geschieht über die Ableitung der Ableitungsfunktion, also mit der 2. Ableitungsfunktion. Deren Nullstellen sind Kandidaten. Wenn es Nullstellen mit VZW sind, so sind das die Stellen mit größter/kleinster Steigung der ursprünglichen Funktion.

Das ist aber genau die Vorgehensweise, wie Wendepunkte bestimmt werden (siehe Band 1 ab Seite 125). Deshalb sind die Punkte der größten/kleinsten Steigung eines Graphen immer auch Wendepunkte des Graphen.

Regel

> Ein **Punkt größter/kleinster Steigung** des Graphen einer Funktion f bzw. die Stelle des größten Wachstums/der größten Abnahme einer Funktion f liegt an der Stelle x_0, wenn gilt:
> $f''(x_0) = 0$ mit VZW von + nach – bzw. $f'''(x_0) < 0$; x_0 ist dann eine Stelle mit maximalem Wachstum.
> $f''(x_0) = 0$ mit VZW von – nach + bzw. $f'''(x_0) > 0$; x_0 ist dann eine Stelle mit minimalem Wachstum (bzw. mit maximaler Abnahme).

Beispiele

1. Gegeben ist auf $\mathbb{R}$ die Funktion f: $x \mapsto f(x)$ durch $f(x) = -\frac{1}{4}x(x-4)^2$.

   a) Geben Sie Anzahl, Lage und Vielfachheit der Nullstellen von f an.

   b) Berechnen Sie Art und Lage der Extrempunkte des Graphen von f.

   c) Bestimmen Sie die Koordinaten des Punktes mit maximaler Steigung. Berechnen Sie diese maximale Steigung.
   Zeichnen Sie den Graphen und markieren Sie den Punkt maximaler Steigung.

   Lösung:

   $f(x) = -\frac{1}{4}x(x-4)^2 = -\frac{1}{4}x^3 + 2x^2 - 4x$

   a) $f(x) = -\frac{1}{4}x(x-4)^2 = 0$ Nullstellen lassen sich direkt ablesen.

   $x_1 = 0$ einfache Nullstelle

   $x_{2/3} = 4$ doppelte Nullstelle

   Es gibt insgesamt 2 Nullstellen.

   b) $f'(x) = -\frac{3}{4}x^2 + 4x - 4$

   $f''(x) = -\frac{3}{2}x + 4$

   $f'(x) = 0 \;\Rightarrow\; x_1 = \frac{4}{3};\; x_2 = 4$

   $f''\left(\frac{4}{3}\right) = 2 > 0 \;\Rightarrow\; T\left(\frac{4}{3} \middle| f\left(\frac{4}{3}\right)\right)$ mit $f\left(\frac{4}{3}\right) = -\frac{64}{27} \approx -2{,}37$

   $f''(4) = -2 < 0 \;\Rightarrow\; H(4|0)$

c) $f''(x) = 0 \ \Rightarrow \ -\frac{3}{2}x + 4 = 0 \ \Rightarrow \ x_1 = \frac{8}{3} \approx 2,67$

Da $f'''(x) = -\frac{3}{2} < 0$, liegt bei $x_1 = \frac{8}{3}$ die größtmögliche positive Steigung von G_f.

$f\left(\frac{8}{3}\right) = -\frac{32}{27} \approx -1,19$

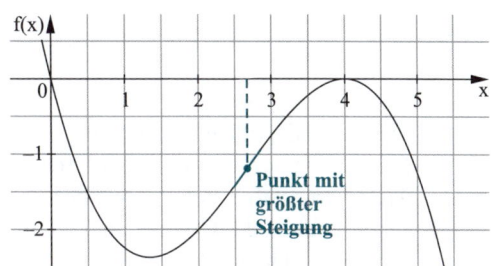

Ergebnis: Im Punkt $P\left(\frac{8}{3} \,\middle|\, -\frac{32}{27}\right)$ hat f' ein Maximum und G_f die größte positive Steigung.

Maximale Steigung: $f'\left(\frac{8}{3}\right) = \frac{4}{3}$

Punkt mit größter Steigung

2. Nun sei $f_k(x) = kx(x-4)^2$ mit $k \neq 0$. Bestimmen Sie Art und Lage der Extrempunkte der Graphen von f_k.

   Hinweis: Bei der Art ist eine Fallunterscheidung erforderlich.

   Lösung:

   $f_k(x) = kx \cdot (x^2 - 8x + 16) = k \cdot (x^3 - 8x^2 + 16x)$
   $f_k'(x) = k \cdot (3x^2 - 16x + 16)$

   $f_k'(x) = 0 \ \Rightarrow \ 3x^2 - 16x + 16 = 0 \ \Rightarrow \ x_{1/2} = \dfrac{16 \pm \sqrt{(-16)^2 - 4 \cdot 3 \cdot 16}}{2 \cdot 3} = \begin{cases} \dfrac{4}{3} \\ 4 \end{cases}$

   An diesen Stellen hat f_k' Nullstellen mit Vorzeichenwechsel (einfache Nullstellen). Deshalb liegen an diesen Stellen Extrempunkte mit den Koordinaten:

   $f_k\left(\frac{4}{3}\right) = k \cdot \frac{4}{3} \cdot \left(\frac{4}{3} - 4\right)^2 = \frac{4}{3}k \cdot \frac{64}{9} = \frac{256}{27}k; \quad f_k(4) = 0$

   $\Rightarrow \ E_1\left(\frac{4}{3} \,\middle|\, \frac{256}{27}k\right); \quad E_2(4 \,|\, 0)$

   Art der Extrempunkte:

   $f_k''(x) = k \cdot (6x - 16) = 2k \cdot (3x - 8)$

   $f_k''\left(\frac{4}{3}\right) = 2k \cdot \left(3 \cdot \frac{4}{3} - 8\right) = 2k \cdot (-4) = -8k$

   Fall 1: $k > 0 \ \Rightarrow \ f_k''\left(\frac{4}{3}\right) = -8k < 0 \ \Rightarrow \ H\left(\frac{4}{3} \,\middle|\, \frac{256}{27}k\right)$

   Fall 2: $k < 0 \ \Rightarrow \ f_k''\left(\frac{4}{3}\right) = -8k > 0 \ \Rightarrow \ T\left(\frac{4}{3} \,\middle|\, \frac{256}{27}k\right)$

   $f_k''(4) = 2k \cdot (3 \cdot 4 - 8) = 2k \cdot 4 = 8k$

   Fall 1: $k > 0 \ \Rightarrow \ f_k''(4) = 8k < 0 \ \Rightarrow \ T(4 \,|\, 0)$

   Fall 2: $k < 0 \ \Rightarrow \ f_k''(4) = 8k > 0 \ \Rightarrow \ H(4 \,|\, 0)$

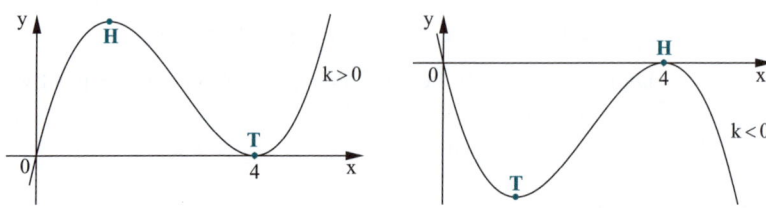

Aufgaben

1. a) Die x^3-Funktion hat im Ursprung eine waagrechte Tangente. Begründen Sie, warum dort dennoch kein Extrempunkt ist.
       Trotzdem handelt es sich um einen besonderen Punkt. Beschreiben Sie die Eigenschaften des Graphen in der Umgebung des Punktes und geben Sie seinen Namen an.

    b) Verallgemeinern Sie Ihre Aussagen auf die Funktionenschar $x \mapsto ax^3$ mit $a \neq 0$.

2. Die auf $\mathbb{R}$ definierten ganzrationalen Funktionen vom Grad 1 bis 4 haben unterschiedliche Eigenschaften in Bezug auf die Existenz globaler Extrempunkte.
    Geben Sie in einer Fallunterscheidung nach den Graden der Funktionen diese Eigenschaften in Bezug auf globale Extrempunkte an und verallgemeinern Sie Ihre Aussagen für beliebige Grade.

3. Betrachtet wird die Funktion f mit $f(x) = -\frac{3}{2}x^2 + 9x - \frac{19}{2}$ und $D_f = [1; 4]$.

    a) Ermitteln Sie Art und Lage der globalen Extrempunkte von G_f und geben Sie die Wertemenge W_f von f an.

    b) Nun sei $f^*(x) = f(x)$ und $D_{f^*} = \,]1; 4[$.
       Erläutern Sie, welche Veränderungen sich für die globalen Extrempunkte und die Wertemenge ergeben.

    c) Jetzt gelte $f^{**}(x) = f(x)$ und $D_{f^{**}} = [0; \infty[$.
       Bestimmen Sie sämtliche Extrempunkte von $G_{f^{**}}$ (Art und Lage). Geben Sie auch die globalen Extrempunkte sowie die Wertemenge $W_{f^{**}}$ an.

    d) Zeichnen Sie G_f und kennzeichnen Sie in Ihrem Diagramm D_f und W_f.

4. Gegeben sind die Funktionen
    $$f(x) = \tfrac{1}{2}(x-2)^2 - 3 \text{ und } g(x) = \tfrac{1}{4}(x+1)^2(x-2)$$
    auf den Definitionsbereichen $D_f = D_g = [0; \infty[$.

    a) Bestimmen Sie jeweils die globalen/absoluten Extrempunkte der Graphen der Funktionen f und g.

b) Geben Sie zudem jeweils die Wertemengen von f und g an.

c) Zeichnen Sie die Graphen der Funktionen f und g.

5. Gegeben sind die Funktionen

$f(x) = (4-x)\left(\frac{1}{4}x^2+1\right)$ und $g(x) = (4-x)\left(\frac{1}{3}x^2+1\right)$ mit $D_f = D_g = [0; 4]$.

a) Bestimmen Sie – ohne Hilfsmittel zu verwenden – die ausmultiplizierten Funktionsterme von f(x) und g(x).

b) Bestimmen Sie jeweils, sofern vorhanden, die globalen/absoluten Extrempunkte der Graphen der Funktionen.

c) Geben Sie deren Wertebereiche an.

d) Zeichnen Sie die zugehörigen Graphen, wobei auf der x-Achse gilt 1 LE = 2 cm.

6. Untersuchen Sie $h(x) = (4-x)\left(\frac{1}{5}x^2+1\right) = -\frac{1}{5}x^3 + \frac{4}{5}x^2 - x + 4$ auf $[0; 4]$ auf globale Extrema.

7. a) Durch $f(x) = x^3 - x$ ist eine Funktion gegeben.
   Berechnen Sie die größte negative Steigung des zugehörigen Graphen.

   b) Es sei jetzt $f_k(x) = x^3 - kx$ mit $k \in \mathbb{R}$ und $k > 0$.
   Bestimmen Sie wie in Teilaufgabe a die größte negative Steigung, nun in Abhängigkeit von k.
   Die Funktion f aus Teilaufgabe a ist in der Funktionenschar f_k enthalten.
   Zeigen Sie, dass sich das Ergebnis dieser Teilaufgabe auch auf Teilaufgabe a übertragen lässt.

8. Ein Auto wird aus dem Stand heraus auf 100 km/h beschleunigt. Die Momentangeschwindigkeit v in km/h wird in Abhängigkeit der Zeit t in Sekunden durch die Funktion $v(t) = \frac{13}{5}t^2 - \frac{4}{25}t^3$ mit $0 \leq t \leq 10$ s dargestellt. Den Verlauf in den ersten 10 Sekunden zeigt das folgende Diagramm.

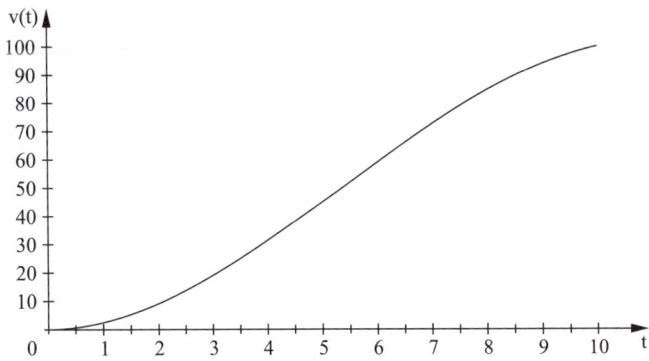

Auf das Mitführen der Einheiten wird bei der Berechnung verzichtet.

a) Ermitteln Sie die Funktion a(t) für die Beschleunigung des Fahrzeuges in Abhängigkeit der Zeit. Welche Folgerung lässt sich aus der Art der Funktion a(t) über die maximale Beschleunigung ziehen?

b) Berechnen Sie den Zeitpunkt des größten Geschwindigkeitszuwachses (= größte Beschleunigung) des Fahrzeuges. Geben Sie diesen Maximalwert an und vergleichen Sie ihn mit der Beschleunigung zu dem Zeitpunkt bei Erreichen der 100 km/h.

c) Zeichnen Sie den zeitlichen Verlauf der Beschleunigung in Abhängigkeit der Zeit, wobei auf der Ordinate 2 LE = 1 cm gewählt wird.

9. Betrachtet wird eine Funktion f: $I \rightarrow \mathbb{R}$, wobei I ein beliebiges (offenes, abgeschlossenes oder halboffenes) Intervall ist und $f'(x) < 0$ für alle $x \in I$ gilt.

a) Fertigen Sie in vier Skizzen mögliche Graphen an, die sich jeweils im Hinblick auf globale Extrempunkte unterscheiden.

b) Geben Sie zu jeder Skizze die Anzahl und in symbolischer Schreibweise die Koordinaten der globalen Extrempunkte an, wenn sie existieren.

10. Gegeben sind eine Funktion f: $[a; b] \rightarrow \mathbb{R}$ und zwei Stellen x_1, $x_2 \in [a; b]$ mit $a < x_1 < x_2 < b$. Ferner gilt:
- Im Intervall $[a; x_1]$ ist f streng monoton zunehmend.
- Im Intervall $[x_1; x_2]$ ist f streng monoton abnehmend.
- Im Intervall $[x_2; b]$ ist f streng monoton zunehmend.

a) Geben Sie die Vorzeichentabelle von f' an.

b) Skizzieren Sie im Hinblick auf das Vorliegen globaler Extrempunkte drei unterschiedliche Graphenverläufe.

c) Geben Sie für die in Teilaufgabe b skizzierten Fälle die Koordinaten sämtlicher Extrempunkte (in symbolischer Schreibweise) an und kennzeichnen Sie besonders die sich darunter befindlichen globalen Extrempunkte.

1.2 Aufstellen von Funktionsgleichungen

Bei einer Kurvendiskussion werden Eigenschaften (Nullstellen, Extrema usw.) einer vorgegebenen Funktion ermittelt. Nun werden die Eigenschaften vorgegeben, die eine ganzrationale Funktion haben soll, und die zugehörige Funktionsgleichung ermittelt.

Regel

> **Aufstellen ganzrationaler Funktionen**
>
> Ganzrationale Funktionen n-ten Grades lauten in ihrer allgemeinen Form
>
> $f: x \mapsto a_n x^n + a_{n-1} x^{n-1} + \ldots + a_1 x + a_0$
>
> mit den $n+1$ reellen Koeffizienten a_n, a_{n-1}, ..., a_1, a_0, wobei $a_n \neq 0$.
> Will man eine solche Funktion aufstellen, so benötigt man $n+1$ lineare Gleichungen, um die $n+1$ Koeffizienten zu bestimmen. Die Schritte zum Aufstellen einer solchen Funktion lauten:
> 1. Allgemeiner Ansatz für die Funktion mit unbekannten Koeffizienten
> 2. Aufstellen der Gleichungen entsprechend der Anzahl der Unbekannten
> 3. Lösen des linearen Gleichungssystems
> 4. Angeben der Funktion

Zum Aufstellen von Funktionsgleichungen müssen die gegebenen Eigenschaften gemäß dem folgenden Schema übersetzt werden.

Eigenschaft der Funktion	Ansatz für Gleichung
Punkt $P(x_0 \mid y_0)$ liegt auf dem Graphen kurz: $P(x_0 \mid y_0) \in G_f$	$f(x_0) = y_0$
Nullstelle bei x_0	$f(x_0) = 0$
Extremwert bei x_0	$f'(x_0) = 0$
Wendepunkt bei x_0	$f''(x_0) = 0$
Sattelpunkt bei x_0	$f'(x_0) = 0 \land f''(x_0) = 0$
Steigung bei x_0 ist m	$f'(x_0) = m$
G_f hat in x_0 eine Tangente, die parallel zu $g: y = mx + t$ verläuft.	$f'(x_0) = m$
G_f hat in x_0 eine Tangente, die senkrecht zu $g: y = mx + t$ verläuft.	$f'(x_0) = -\frac{1}{m}$
G_f berührt an der Stelle x_0 die x-Achse	$f(x_0) = 0 \land f'(x_0) = 0$
G_f schneidet G_g in x_0	$f(x_0) = g(x_0)$
G_f berührt G_g in x_0	$f(x_0) = g(x_0) \land f'(x_0) = g'(x_0)$
G_f ist achsensymmetrisch	Nur gerade Exponenten: z. B. $y = ax^4 + bx^2 + c$ für $n = 4$
G_f ist punktsymmetrisch	Nur ungerade Exponenten: z. B. $y = ax^3 + bx$ für $n = 3$

Beispiel

Die Parabel einer quadratischen Funktion soll ihren Scheitel in S(2|1) haben, ferner soll sie an der Stelle $x_0 = 3$ die Steigung 2 besitzen.
Ermitteln Sie die Funktionsgleichung.

Lösung:

Schritt 1:

Ansatz: $f(x) = ax^2 + bx + c$

$f'(x) = 2ax + b$

Da auch Steigungen vorkommen, benötigt man die erste Ableitung.

Schritt 2:

$f(2) = 1 \Rightarrow a \cdot 2^2 + b \cdot 2 + c = 1$

$f'(2) = 0 \Rightarrow 2a \cdot 2 + b = 0$

$f'(3) = 2 \Rightarrow 2a \cdot 3 + b = 2$

Weil die Parabel durch den Punkt S(2|1) gehen soll, muss f(2) = 1 sein. Im Scheitelpunkt liegt eine waagrechte Tangente vor, was auf die Gleichung f'(2) = 0 führt. Die Steigung ist durch f' gegeben, sodass sich als dritte Bedingung noch f'(3) = 2 ergibt.

(1) $4a + 2b + c = 1$

(2) $4a + b \quad\quad = 0$

(3) $6a + b \quad\quad = 2$

Damit ist das Gleichungssystem für a, b und c zu lösen.

Schritt 3:

$(3) - (2): \quad 2a = 2$

$\Rightarrow \mathbf{a = 1}$

In (2): $4 \cdot 1 + b = 0$

$\Rightarrow \mathbf{b = -4}$

In (1): $4 \cdot 1 + 2 \cdot (-4) + c = 1$

$\Rightarrow \mathbf{c = 5}$

Eine Kombination aus Additions- und Einsetzverfahren wird angewendet.

Schritt 4:

$f(x) = x^2 - 4x + 5$

Die gesuchte Funktion wird angegeben.

Aus dem Diagramm erkennt man, dass die Funktion die geforderten Eigenschaften besitzt.

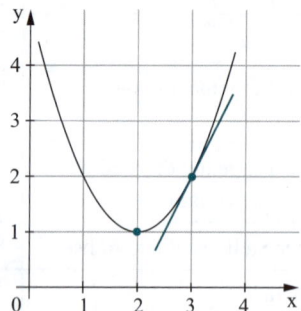

Wie das Beispiel zeigt, sind zum Auffinden von Funktionsgleichungen lineare Gleichungssysteme (mehrere lineare Gleichungen mit mehreren Unbekannten) zu lösen. Dazu gibt es bestimmte Lösungsverfahren. Das Gauß-Verfahren, das im Band 1 ab Seite 158 dargestellt ist, kann dafür verwendet werden. In einfachen Fällen kann man auch die bekannten Methoden Gleichsetzen, Einsetzen und das Additionsverfahren nutzen, so wie im obigen Beispiel.

Beispiel

Gegeben ist die Funktion $f(x) = \frac{1}{2}x^3 - 3x^2 + \frac{9}{2}x$. Ermitteln Sie diejenige Parabelfunktion, die den Graphen von f im Wendepunkt berührt und durch den Ursprung verläuft.

Lösung:

Schritt 1:

Ansatz: $p(x) = ax^2 + bx$
$p'(x) = 2ax + b$

Weil der Graph von p durch den Ursprung geht, ist im Funktionsterm p(x) das c gleich null und wird sogleich weggelassen.

Schritt 2:

$f'(x) = \frac{3}{2}x^2 - 6x + \frac{9}{2}$

$f''(x) = 3x - 6$

$f''(x) = 0 \;\Rightarrow\; x = 2$

$f(2) = 1 \;\Rightarrow\; \mathbf{W(2\,|\,1)}$

Es sind zwei Gleichungen aufzustellen. Dazu werden die Koordinaten des Wendepunktes des Graphen von f und seine Steigung im Wendepunkt benötigt.

Wegen Nullstelle mit Vorzeichenwechsel liegt ein Wendepunkt vor.

$p(2) = f(2) \;\Rightarrow\; a \cdot 2^2 + b \cdot 2 = 1$

$p'(2) = f'(2) \;\rightarrow\; 2a \cdot 2 + b = -\frac{3}{2}$

Mit diesen Angaben werden die beiden Gleichungen angesetzt.

Schritt 3:

(1) $4a + 2b = 1$

(2) $4a + b = -\frac{3}{2}$

Man erhält: $a = -1$, $b = \frac{5}{2}$

Gleichungssystem lösen

Schritt 4:

Ergebnis: $p(x) = -x^2 + \frac{5}{2}x$

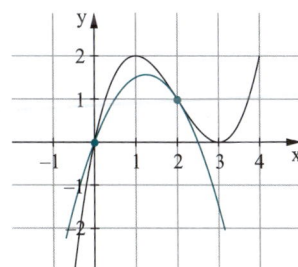

11. Der Graph einer ganzrationalen Funktion dritten Grades hat im Ursprung die Tangente t: $y = 2x$ und an der Stelle $x_0 = 3$ eine doppelte Nullstelle. Bestimmen Sie seine Funktionsgleichung.

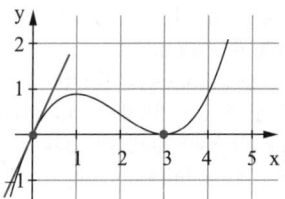

12. Bestimmen Sie die Funktionsgleichung einer ganzrationalen Funktion dritten Grades, deren Graph im Punkt $P(-2 \mid 1)$ eine waagrechte Tangente besitzt und der die x-Achse an der Stelle 3 unter einem Winkel von $45°$ schneidet.

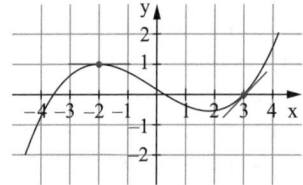

13. a) Der Graph G_f einer Funktion vierten Grades hat im Ursprung einen Sattelpunkt und besitzt den Tiefpunkt $T\left(-3 \mid -\frac{9}{8}\right)$.
Bestimmen Sie die Funktionsgleichung von f.

   b) Bestimmen Sie zudem eine quadratische Funktion p, welche den Graphen von f in seinem Extrempunkt berührt und im Ursprung schneidet.

   c) Berechnen Sie die Koordinaten des weiteren Schnittpunktes der beiden Graphen.

   d) Zeichnen Sie die beiden Graphen in ein Koordinatensystem ein, wobei $-7 \leq x \leq 3$.

14. Die Funktion $f(x) = ax^4 + bx^3 + cx + d$ mit den zunächst unbekannten Koeffizienten a, b, c und d soll näher bestimmt werden. Der Graph von f wird von der Winkelhalbierenden des I. und III. Quadranten im Ursprung senkrecht geschnitten und enthält den Punkt $P(-2 \mid 0)$.

   a) Drücken Sie in f(x) die Koeffizienten b, c und d durch a aus.

   [Ergebnis: $f(x) = ax^4 + \left(2a + \frac{1}{4}\right)x^3 - x$]

   b) Bestimmen Sie nun a so, dass der Graph von f die x-Achse in P berührt.

15. Die Graphen der ganzrationalen Funktionen dritten Grades f_k berühren die x-Achse an der Stelle $x = 3$ und die Geraden g_k: $y = kx$ im Ursprung, wobei $k \in \mathbb{R} \setminus \{0\}$ ist.
Ermitteln Sie die Funktionsgleichung von f_k und stellen Sie f_k auch in faktorisierter Form dar.

16. Böschung

Im Diagramm ist das Profil einer Böschung zu sehen (alle Maßangaben verstehen sich in Meter). Während die Böschungsneigung für $x > 20$ gemäß Abbildung bereits fest vorgegeben ist, soll im Bereich $0 \leq x \leq 20$ der Verlauf durch eine lineare und eine ganzrationale Funktion dritten Grades modelliert werden.

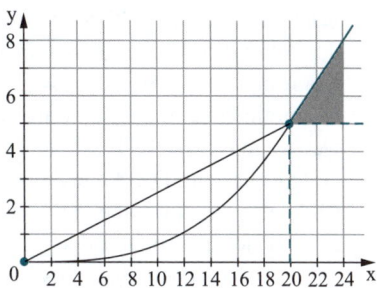

a) Erstellen Sie die lineare Funktionsgleichung für den Bereich $0 \leq x \leq 20$, wobei alle benötigten Angaben der Zeichnung zu entnehmen sind. Berechnen Sie außerdem den zugehörigen Neigungswinkel und vergleichen Sie ihn mit dem bereits festgelegten Böschungsteil jenseits der 20 m.

b) Alternativ zum linearen Auslauf ist auch eine gebogene Variante geplant. Ermitteln Sie die passende Funktion dafür, wobei für die Modellierung allein die Bedingungen in den beiden markierten Punkten maßgebend sein sollen.

c) Berechnen Sie, an welcher Stelle sich der größte Höhenunterschied zwischen den beiden Planungsvarianten befindet und wie viel Meter er beträgt.

1.3 Lösen von Optimierungsaufgaben

Im zunehmenden wirtschaftlichen Wettbewerb wird es immer wichtiger, nicht nur irgendeine Lösung für ein bestimmtes Problem anbieten zu können, sondern die optimale (= beste) Lösung unter Berücksichtigung bestimmter Randbedingungen zu finden. Im Kern geht es jeweils darum, die zu optimierende Größe y als Funktion einer anderen Größe x aufzustellen und dann zu bestimmen, für welchen Wert von x die Funktion ihr globales Maximum oder Minimum annimmt.

Regel

> **Methode zum Lösen von Optimierungsaufgaben**
> 1. Funktion für die zu optimierende Größe aufstellen (= **Zielfunktion**) und ihren Definitionsbereich ermitteln.
> 2. Ggf. **Nebenbedingungen** aufstellen und damit Variablen aus der Zielfunktion eliminieren.
> 3. Unter Beachtung des Definitionsbereiches das **globale Extremum** der Zielfunktion ermitteln.
> 4. **Interpretation** des Ergebnisses im Rahmen der Aufgabenstellung vornehmen.

Beispiel

Toreinfahrt

Eine parabelförmige Toreinfahrt, deren Rand sich im eingezeichneten Koordinatensystem mit $f(x)=-x^2+4$ beschreiben lässt, soll so vermauert werden, dass eine rechteckige Toreinfahrt besteht. Die Abmessungen sind dabei so zu wählen, dass die entstehende Toreinfahrt den größtmöglichen Flächeninhalt aufweist. Ermitteln Sie diese Abmessungen (alle Längenangaben in Meter).

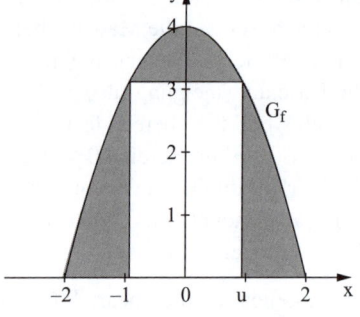

Lösung:

Schritt 1:

$A=b\cdot h$

Der Flächeninhalt der rechteckigen Toreinfahrt ist die zu optimierende Größe, dieser wird als Zielfunktion aufgestellt. Weil es sich um ein Rechteck handelt, ist der Flächeninhalt einfach Breite · Höhe.

$b=2u;\ h=f(u)$

Die x-Koordinate auf der rechten Seite der Toreinfahrt wird mit dem Variablennamen u bezeichnet.

$A(u)=2u\cdot f(u)=2u\cdot(-u^2+4)$
$\quad=-2u^3+8u$

Zielfunktion

$D_A=[0;\,2]$

Zur Zielfunktion muss unbedingt der Definitionsbereich angegeben werden. Im hier auftretenden Zusammenhang darf u sich in dem Bereich $0\le u\le 2$ bewegen. Wenn u die Randwerte annimmt, bedeutet das, dass der Torbogen jeweils komplett zugemauert wird.

Schritt 2: entfällt

Schritt 3:

$A'(u)=-6u^2+8;\ A''(u)=-12u$
$A'(u)=0\Leftrightarrow -6u^2+8=0\Leftrightarrow u^2=\frac{4}{3}$

Gesucht ist das absolute (oder globale) Maximum der Funktion A(u) in D_A.

$\Rightarrow\ u_{1/2}=\pm\sqrt{\frac{4}{3}}=\pm\frac{2}{3}\sqrt{3}\approx\pm 1{,}155$

Wegen $-1{,}155\notin[0;\,2]$ entfällt diese Lösung. Es wird nur mit $u_1\approx 1{,}155\in D_A$ weitergerechnet.

$A''(u_1)\approx -12\cdot 1{,}155<0$
$\Rightarrow\ $ Maximum bei u_1
$A(u_1)=\frac{32}{9}\sqrt{3}\approx 6{,}16$

Um den Maximalwert zu erhalten, wird u_1 in die Ausgangsfunktion eingesetzt.

$A(0)=0<6{,}16$
$A(2)=0<6{,}16$
$\Rightarrow\ $ absolutes Maximum von A(u)
bei $u_1\approx 1{,}155$ mit $A_{max}=A(u_1)\approx 6{,}16$

Bisher ist bekannt, dass A(u) bei u_1 ein relatives Maximum besitzt. Ob es ein absolutes ist, wird erst nach der Randuntersuchung klar.

Der Verlauf von A(u) und der berechnete Wert sind in der Abbildung zu sehen.

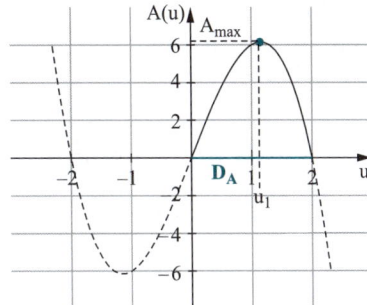

Schritt 4: Das flächenmäßig größte Tor erhält man, wenn der rechte Rand ca. 1,155 m rechts von der Mitte hochgemauert wird.
Die Torbreite ist dann ca. $2 \cdot 1{,}155 \text{ m} = 2{,}310 \text{ m}$,
die Torhöhe ist ca. $f(1{,}155) \approx 2{,}666 \text{ m}$
und der Flächeninhalt $A_{max} \approx 2{,}310 \text{ m} \cdot 2{,}666 \text{ m} \approx 6{,}16 \text{ m}^2$.

Der erste Schritt zum Lösen von Optimierungsaufgaben ist das Aufstellen der Zielfunktion. In einer solchen Formel sind oft aber mehrere (meist zwei) Variablen enthalten. Deshalb muss in solchen Fällen ein Zusammenhang zwischen diesen Variablen in Form einer Gleichung aufgestellt werden, die man als **Nebenbedingung** bezeichnet. Mithilfe dieser Nebenbedingung wird dann aus der Zielfunktion eine der beiden Variablen eliminiert.

Beispiel

Die Tragfähigkeit eines Balkens hängt von seinem Material (Holz, Stahl usw.) und von seinen Abmessungen, sprich Breite und Höhe, ab. Dabei trägt die Balkenhöhe mehr zur Tragfähigkeit bei als die Balkenbreite. In der Statik hat man dafür die Formel:
$T = K \cdot b \cdot h^2$
Dabei ist K eine Materialkonstante, b die Breite und h die Höhe des Balkens. Im Sägewerk steht man nun vor der Aufgabe, aus runden Baumstämmen rechteckige Balken heraussägen zu müssen. Wie sind bei gegebenem Stammdurchmesser die Balkenabmessungen zu wählen, um den Balken mit der größten Tragfähigkeit zu erhalten?

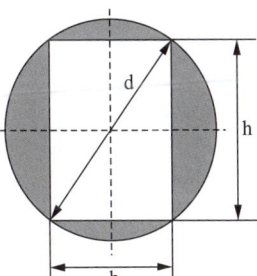

Lösung:
Schritt 1:
$T = K \cdot b \cdot h^2$

Schritt 2:

$d^2 = b^2 + h^2$
$h^2 = d^2 - b^2$

Man braucht einen Zusammenhang zwischen den beiden Veränderlichen b und h. Der Zusammenhang ergibt sich über den konstanten Durchmesser d mithilfe des Satzes von Pythagoras.

$T = K \cdot b \cdot (d^2 - b^2) = K(b \cdot d^2 - b^3)$

In der Formel für die Tragfähigkeit wird die Unbekannte h ersetzt.

$T(b) = K(b \cdot d^2 - b^3)$ mit $0 < b < d$

Weil d bei gegebenem Stammdurchmesser ebenfalls eine Konstante ist (wie schon K), hat man jetzt T als Funktion einer Variablen, nämlich b. Der Definitionsbereich wurde auch gleich mit angegeben: Die untere Grenze für b ist 0 und die obere der Durchmesser d selbst.

Schritt 3:

$T'(b) = K(d^2 - 3b^2)$
$T''(b) = K(0 - 6b) = -6Kb$

Achtung: K und d^2 sind Konstanten, b ist die Variable, nach der differenziert wird.

$T'(b) = 0 \Leftrightarrow d^2 - 3b^2 = 0 \Leftrightarrow$
$b^2 = \frac{1}{3}d^2$

Da die negative Lösung hier keine Bedeutung hat, ergibt sich nur eine Lösung.

$b_1 = \sqrt{\frac{1}{3}} \cdot d = \frac{1}{\sqrt{3}}d \approx 0{,}58d$

Es handelt sich um ein Maximum, weil $T''(b_1)$ negativ ist, wie man sofort sieht.

Eine Randuntersuchung kann hier entfallen, weil unmittelbar klar ist, dass an den Rändern bei dieser Problemstellung kein tragfähiger Balken entstehen kann.

Schritt 4:

Der tragfähigste Balken ergibt sich, wenn seine Breite $b = \frac{1}{\sqrt{3}}d \approx 0{,}5774d$ ist. Bei einem Durchmesser von z. B. $d = 100$ cm muss $b = \frac{1}{\sqrt{3}} \cdot 100$ cm $\approx 57{,}74$ cm sein. h lässt sich daraus mithilfe der Nebenbedingung errechnen:

$h \approx \sqrt{(100\text{ cm})^2 - (57{,}74\text{ cm})^2} \approx 81{,}65$ cm

Das Verhältnis von h : b ist demnach ungefähr 1,41 : 1.

Aufgaben

17. Blechplatte

Eine ursprünglich rechteckige Blechplatte hat eine Breite von $a = 300$ cm und eine Höhe von $b = 200$ cm. An ihren vier Ecken sollen kleine Quadrate mit der Seitenlänge x herausgeschnitten werden.

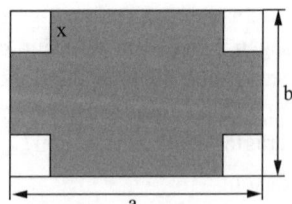

Die überstehenden Stege werden dann nach oben gebogen, sodass ein quaderförmiger Behälter entsteht. Für welchen Wert von x erhält man den Behälter mit dem größten Volumen?

18. Die Abbildung zeigt zwei Parabeln mit den Funktionsgleichungen

$f(x) = \frac{1}{4}x^2$ und $g(x) = -\frac{1}{2}x^2 + \frac{3}{2}x + \frac{23}{8}$.

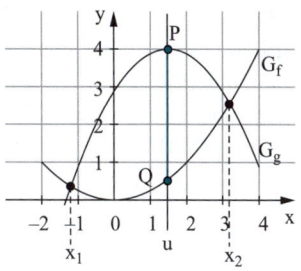

Ihre beiden Schnittstellen werden mit x_1 und x_2 bezeichnet. Die Gerade $x = u$ mit $x_1 \leq u \leq x_2$ schneidet die beiden Graphen in den Punkten P und Q. Um den größten Abstand der beiden Graphen zu ermitteln, gehen Sie folgendermaßen vor:

a) Berechnen Sie die Schnittstellen auf 2 Nachkommastellen genau.

b) Ermitteln Sie die Zielfunktion $d(u) = \overline{PQ}$ mit Definitionsbereich.

c) Bestimmen Sie das absolute Maximum von $d(u)$.

19. Im Diagramm ist der Graph der Funktion $f(x) = -\frac{1}{2}x^3 + 2x^2$ dargestellt. Ihm ist im I. Quadranten ein Dreieck in der eingezeichneten Weise einbeschrieben. Die linke, senkrecht stehende Seite des Dreiecks ist horizontal verschiebbar, wobei sich der untere Endpunkt dieser Seite auf der x-Achse und der obere Endpunkt auf dem Graphen von f bewegt. Die Ecke (4|0) ist fest.
Ermitteln Sie das Dreieck mit dem größten Flächeninhalt.

20. Gegeben ist die Funktion $f(x) = \frac{1}{4}x^4 - x^2$.

a) Zeichnen Sie den Graphen G_f.

b) Die Verbindungsgerade der beiden Tiefpunkte von G_f schneidet die y-Achse im Punkt S. Ein zur y-Achse symmetrisches Dreieck hat seine Spitze in S und die beiden anderen Punkte P und Q liegen auf dem Kurvenbogen von G_f zwischen den beiden Tiefpunkten.

(1) Zeichnen Sie ein solches Dreieck in Ihre Zeichnung ein.

(2) Zeigen Sie, dass für den Flächeninhalt der Dreiecke gilt

$A(x) = \frac{1}{4}x^5 - x^3 + x$,

wobei x die Abszisse des Eckpunktes im IV. Quadranten ist.

(3) Bestimmen Sie die Abszissen der Eckpunkte P und Q so, dass der Flächeninhalt des Dreiecks SPQ maximal wird.

21. Paket

Ein quaderförmiges Paket mit den Grundkanten u und der Höhe h wird, wie in der Skizze zu sehen, mit einem 1 m langen Paketband (dicke Linien), rundum verklebt.

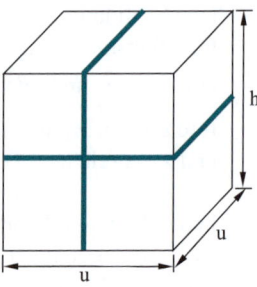

a) Ermitteln Sie das Paketvolumen in Abhängigkeit von u.

[Ergebnis: $V(u) = -3u^3 + \frac{1}{2}u^2$ mit $u \in]0; \frac{1}{6}[$]

b) Für welche Abmessungen von u und h erhält man das Paket mit dem größten Volumen? Wie groß ist dieses dann?

22. Getreidesilo

Der Einfülltrichter eines Getreidesilos ist ein auf der Spitze stehender Kegel. Seine Mantellinie s soll 3 m betragen.

a) Fertigen Sie eine Skizze des Kegelquerschnitts und führen Sie für die relevanten Größen sinnvolle Bezeichnungen ein.

b) Bestimmen Sie die Kegelabmessungen so, dass das Kegelvolumen maximal wird.

23.

In einen kegelförmigen Einfülltrichter soll ein zylinderförmiges Rohr eingepasst werden, wobei das Volumen des durch das Rohr erzeugten Zylinders maximal sein soll (siehe Querschnittsskizze).
Bestimmen Sie die Höhe und den Durchmesser des Rohres.

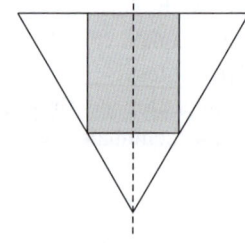

24.

In ein Dreieck mit den Seitenlängen a = 5 cm und b = 3 cm soll das flächenmäßig größte Rechteck eingepasst werden, wobei der gekennzeichnete Eckpunkt auf der schrägen Dreiecksseite läuft.

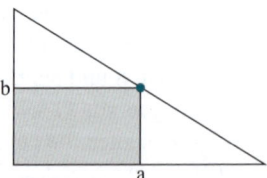

a) Bestimmen Sie die Abmessungen des Rechtecks.

b) Wie viel Prozent der Dreiecksfläche umfasst in diesem Fall das Rechteck?

c) Ermitteln Sie, um wie viel Prozent der Flächeninhalt eines eingepassten Quadrates unterhalb der des optimalen Rechtecks liegt.

Hinweis: Zur Lösung dieser Aufgabe ist die Einführung von Koordinaten hilfreich.

25. Einer Kugel mit Radius R soll der volumenmäßig größtmögliche Kegel einpasst werden.

Hinweis: Drücken Sie für diesen Fall die Höhe des Kegels h und den Radius seiner Grundfläche r in Abhängigkeit von R aus.

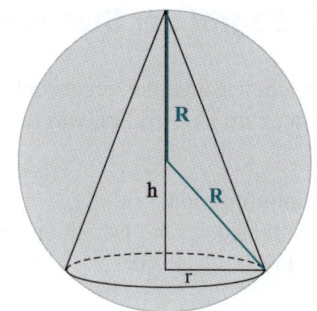

26. Industriehalle

Für den Bau einer Industriehalle mit rechteckiger Grundfläche von 1 200 m² Inhalt soll das Fundament hergestellt werden. Wegen der Bodenverhältnisse sind die Kosten pro m auf einer Seite höher als bei den anderen drei Seiten, und zwar 500 € statt 200 €.

Ermitteln Sie, für welche Abmessungen das Fundament am kostengünstigsten ist.

Hinweis: Beachten Sie, dass sich $\frac{1}{x}$ in x^{-1} umschreiben und dann mit der Potenzregel ableiten lässt.

2 Stammfunktionen

Die Differenzialrechnung lässt sich gewissermaßen auch rückwärts rechnen, indem man zu einer gegebenen Funktion eine Funktion sucht, deren Ableitung die vorgegebene Funktion ist. Was zunächst wie ein Gedankenexperiment ausschauen mag, führt zu erstaunlichen Anwendungen, die mindestens so bedeutend sind wie die „eigentliche" Differenzialrechnung.

2.1 Begriff der Stammfunktion

Ähnlich, wie zu einer gegebenen Funktion f die Ableitungsfunktion f' definiert wurde, wird jetzt erklärt, was unter einer Stammfunktion F von f zu verstehen ist.

Definition

Stammfunktion
Eine Funktion f mit Definitionsbereich D hat die Stammfunktion F, wenn für alle $x \in D$ gilt: $F'(x) = f(x)$

Kurz: Eine Funktion F ist Stammfunktion einer Funktion f, wenn gilt: $F' = f$

Beispiele

1. Geben Sie eine Stammfunktion für die Funktion $f(x) = x$ an.

   Lösung:
   $F(x) = \frac{1}{2}x^2$ ist eine Stammfunktion von f, denn F(x) hat die Ableitung $F'(x) = x$.

2. Geben Sie drei Stammfunktionen zu $f(x) = x^2$ an.

   Lösung:
   Man findet mit etwas Überlegung:
   $$F_1(x) = \frac{1}{3}x^3$$
   Zwei weitere Stammfunktionen sind:
   $$F_2(x) = \frac{1}{3}x^3 + 1 \quad \text{und} \quad F_3(x) = \frac{1}{3}x^3 + 2$$

Kennt man eine Stammfunktion von f, so lassen sich sofort weitere Stammfunktionen von f angeben.

Regel

Integrationskonstante
Ist F eine Stammfunktion von f, so ist für jede Konstante $C \in \mathbb{R}$ automatisch auch $F + C$ eine Stammfunktion von f.
C nennt man **Integrationskonstante**.

Dass man zu einer Stammfunktion eine beliebige Konstante addieren kann, liegt natürlich daran, dass beim Ableiten additive Konstanten wegfallen.

Beispiel

Skizzieren Sie fünf Stammfunktionen der Funktion $f(x) = x$.

Lösung:
Hat man die Stammfunktion $F(x) = \frac{1}{2}x^2$ gefunden, so hat man sofort (unendlich viele) weitere Stammfunktionen, nämlich $F_C(x) = \frac{1}{2}x^2 + C$. Die Integrationskonstante C bewirkt eine Verschiebung des Graphen von F längs der y-Achse.

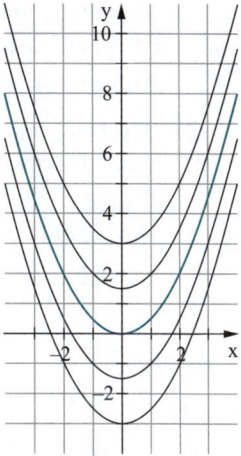

Ist F eine Stammfunktion von f, dann ist mit $\{F + C \mid C \in \mathbb{R}\}$ die Menge aller Stammfunktionen von f erfasst (es gibt außer diesen keine weiteren).

Definition

> **Das unbestimmte Integral**
> Für die Menge aller Stammfunktionen einer gegebenen Funktion f schreibt man
> $\int f(x)\,dx$ und nennt diesen Ausdruck das **unbestimmte Integral** von f(x) nach
> dx. Es gilt:
> $\int f(x)\,dx = F(x) + C$, wobei F eine Stammfunktion von f und $C \in \mathbb{R}$ konstant ist.

Das Bestimmen der Ableitungsfunktion f' zu einer gegebenen Funktion f nennt man Ableiten oder Differenzieren. Das Ermitteln einer Stammfunktion F einer vorgelegten Funktion f bezeichnet man als **Integrieren**.

Beispiele

1. Bestimmen Sie $\int 2x\,dx$.

   Lösung:
   Man sucht zunächst eine Stammfunktion von $f(x) = 2x$, z. B. $x \mapsto x^2$.
   Damit ist das Problem schon gelöst. Für die Menge aller Stammfunktionen gilt dann:
   $\int 2x\,dx = x^2 + C$

Es lässt sich sofort überprüfen, ob man richtig gerechnet hat. Wenn die Stammfunktion F abgeleitet wird, muss nach Definition die gegebene Funktion f, hier $f(x) = 2x$, herauskommen.

Probe: $F'(x) = (x^2 + C)' = (x^2)' + C' = 2x + 0 = 2x = f(x)$

2. Gegeben ist die konstante Funktion $f(x) = 3$. Wie lautet die Menge aller Stammfunktionen von f?

Lösung:

$F(x) = 3x + C$

Probe: $F'(x) = (3x + C)' = 3 = f(x)$

Aufgabe   27. Integrieren Sie:

a) $\int x^2 \, dx$

b) $\int (-2) \, dx$

c) $\int \frac{1}{3} x^2 \, dx$

d) $\int dx$

2.2 Integrationsregeln

Wie schon beim Ableiten muss man sich nur die Integrale einiger weniger Grundfunktionen wirklich einprägen:

Regel

- Integration **konstanter Funktionen** $f(x) = k$

  Für eine beliebige Konstante $k \in \mathbb{R}$ wird die auf ganz $\mathbb{R}$ definierte konstante Funktion $f(x) = k$ betrachtet. Es gilt:

  $\int k \, dx = kx + C$

  Leitet man die rechte Seite ab, so ergibt sich der Integrand.

- Integration der **Potenzfunktionen** $f(x) = x^n$

  Das Integral der Potenzfunktion $f(x) = x^n$ mit $n \in \mathbb{N}^* = \{1; 2; 3; \dots\}$ lautet:

  $\int x^n \, dx = \frac{1}{n+1} x^{n+1} + C$

  Man muss also den Exponenten um 1 erhöhen und dann den Kehrwert dieses neuen Exponenten vor die Potenz schreiben.

Beispiel Berechnen Sie $\int -\frac{1}{3}\,dx, \int x^5\,dx$ und $\int x^{99}\,dx$.

Lösung:

$$\int -\frac{1}{3}\,dx = -\frac{1}{3}x + C$$

$$\int x^5\,dx = \frac{1}{5+1}x^{5+1} + C = \frac{1}{6}x^6 + C$$

$$\int x^{99}\,dx = \frac{1}{100}x^{100} + C$$

Es genügen zwei Regeln, um auch zusammengesetzte Funktionen integrieren zu können:

Regel

Summen- und Faktorregel

Betrachtet werden zwei in einem gemeinsamen Definitionsbereich definierte Funktionen f und g. Dann gilt:

$$\int \big(f(x) + g(x)\big)\,dx = \int f(x)\,dx + \int g(x)\,dx \qquad \textbf{Summenregel}$$

Ferner gilt mit einem beliebigen konstanten Faktor $k \in \mathbb{R}$:

$$\int k \cdot f(x)\,dx = k \cdot \int f(x)\,dx \qquad\qquad \textbf{Faktorregel}$$

Beispiele

1. Berechnen Sie $\int (x^2 + x)\,dx$.

   Lösung:

   $$\int (x^2 + x)\,dx = \int x^2\,dx + \int x\,dx = \frac{1}{3}x^3 + \frac{1}{2}x^2 + C$$

   Die zu integrierende Summe $x^2 + x$ wurde einzeln integriert, das „+" bleibt einfach erhalten.

2. Berechnen Sie $\int (x^3 - 2)\,dx$.

   Lösung:

   $$\int (x^3 - 2)\,dx = \int x^3\,dx - \int 2\,dx = \frac{1}{4}x^4 - 2x + C$$

   Die Summenregel ist auch bei **Differenzen** anwendbar.

3. Berechnen Sie $\int x(x^2 - 2)\,dx$.

   Lösung:

   Dort, wo Produkte aus Funktionen auftreten, muss (wie beim Ableiten auch) vor dem Integrieren ausmultipliziert werden:

   $$\int x(x^2 - 2)\,dx = \int (x^3 - 2x)\,dx = \frac{1}{4}x^4 - x^2 + C$$

4. Berechnen Sie das unbestimmte Integral von $f_a(x) = ax^2$ nach dx.

Lösung:

Parameter sind zu behandeln wie konstante Zahlen:

$$f_a(x) = ax^2 \Rightarrow \int f_a(x)\, dx = \int ax^2\, dx = a\int x^2\, dx = a \cdot \frac{1}{3} x^3 + C$$

Häufig muss man aus der unendlichen Menge aller Stammfunktionen diejenige ermitteln, die eine bestimmte Zusatzbedingung erfüllt.

Beispiel

Bestimmen Sie diejenige Stammfunktion von $f(x) = \frac{1}{2}(x+1)^2$, deren Graph den Punkt $P(-1\,|\,2)$ enthält.

Lösung:

$$\int f(x)\, dx = \int \frac{1}{2}(x+1)^2\, dx$$

Zunächst werden alle Stammfunktionen bestimmt.

$$= \frac{1}{2}\int (x^2 + 2x + 1)\, dx$$

$$= \frac{1}{2}\left(\frac{1}{3}x^3 + x^2 + x\right) + C$$

$F(-1) = 2$

$$\frac{1}{2}\left(\frac{1}{3}(-1)^3 + (-1)^2 + (-1)\right) + C = 2$$

Als nächstes werden die Koordinaten des Punktes P eingesetzt und daraus C bestimmt.

$$\frac{1}{2}\left(-\frac{1}{3}\right) + C = 2 \Rightarrow C = \frac{13}{6}$$

$$F(x) = \frac{1}{6}x^3 + \frac{1}{2}x^2 + \frac{1}{2}x + \frac{13}{6}$$

Die gesuchte Stammfunktion wird angegeben.

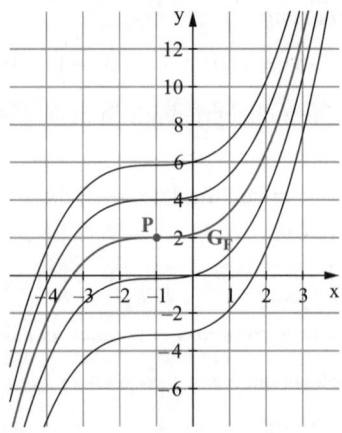

28. Berechnen Sie:

a) $\int (2x - x^3)\, dx$

b) $\int \frac{1}{8}(x^4 - 2x^2)\, dx$

c) $\int (x+1)(x-2)\, dx$

d) $\int \left(\frac{1}{3}x^3 + \frac{1}{2}x^2 - 2x + 3\right) dx$

e) $\int \frac{(x-1)^2}{4}\, dx$

f) $\int \frac{x(x^2 - 2x + 3)}{3}\, dx$

29. Bestimmen Sie zu den folgenden Funktionen jeweils sämtliche Stamm-funktionen.

a) $f(x) = \frac{1}{4}x^4 - 5x^3 + 9x^2 - \sqrt{3}x + 2$

b) $f_k(x) = \frac{1}{2}(x^3 + k^2x^2 + k^3)$

c) $f(x) = x^2(x-2)$

d) $f(x) = (x-1)^2$

e) $f_t(x) = \frac{3}{10}tx(x^2 - 2tx + t^2)$

f) $A_z(u) = zu^2 - zu + u - z^2$

g) $B_u(z) = zu^2 - zu + u - z^2$

30. Welche Stammfunktion von $f(x) = x^3 - 2x + 1$ hat bei $x_0 = 2$ eine Nullstelle?

31. Vorgegeben sei die Funktion $g(x) = x^2 - x$.

a) Bestimmen Sie diejenige Stammfunktion G von g, deren Graph durch den Ursprung verläuft.

b) Welche Stammfunktionen von g haben Graphen mit der Tangente
t: $y = 2x - \frac{1}{3}$?

c) Welche Stammfunktion von g hat auf ihrem Graphen den Wendepunkt $W(?\,|\,4)$?

2.3 Zusammenhang von Ableitung und Integral

Mithilfe des Integrierens kann das Ableiten rückgängig gemacht werden. Kennt man von einer Funktion f die Ableitungsfunktion f', so kann man auf f zurück-schließen, natürlich nur bis auf eine additive Konstante C.

Regel

> **Integrieren als Umkehrung des Differenzierens**
> Wie üblich werden die Ableitungen einer Funktion f mit f', f'' usw. bezeichnet.
> Dann gilt:
> $$\int f'(x)\, dx = f(x) + C_1$$
> $$\int f''(x)\, dx = f'(x) + C_2$$
> usw.

Man kann also von den Ableitungen wieder „hochintegrieren" zur ursprünglichen Funktion, wobei bei jeder Integration eine neue, unabhängige Integrationskonstante entsteht. Wenn zusätzliche Informationen über die Funktion f vorliegen, so lassen sich die Integrationskonstanten bestimmen.

Beispiele

1. Welche Funktionen f haben die Ableitungsfunktion $f'(x) = x^2 - x + 1$?

   Lösung:

   $$f(x) = \int f'(x)\, dx = \int (x^2 - x + 1)\, dx = \tfrac{1}{3}x^3 - \tfrac{1}{2}x^2 + x + C$$

2. Mit $h''(x) = -x$ ist die zweite Ableitungsfunktion einer Funktion h gegeben. Ferner ist bekannt, dass der Graph von h im Punkt $P(2\,|\,1)$ eine waagrechte Tangente besitzt. Ermitteln Sie die Funktion h.

   Lösung:

   $h'(x) = -\tfrac{1}{2}x^2 + C_1$ Zunächst wird „hochintegriert".

   $h(x) = -\tfrac{1}{6}x^3 + C_1 x + C_2$

   (I) $h(2) = 1$ Anschließend werden die Bedingungen eingesetzt.

   $\Rightarrow \ -\tfrac{1}{6}2^3 + C_1 \cdot 2 + C_2 = 1$

   (II) $h'(2) = 0$

   $\Rightarrow \ -\tfrac{1}{2}2^2 + C_1 = 0$

   Aus (II) folgt: $C_1 = 2$

   Einsetzen in (I): $C_2 = -\tfrac{5}{3}$

   $h(x) = -\tfrac{1}{6}x^3 + 2x - \tfrac{5}{3}$ Die gesuchte Funktion h wird angegeben.

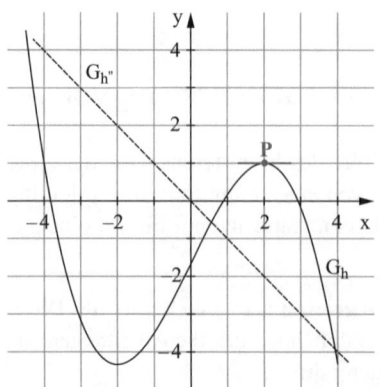

3. **Der freie Fall**

Für die physikalischen Größen **zurückgelegte Strecke s**, **Geschwindigkeit v** und **Beschleunigung a** gelten in Abhängigkeit von der Zeit die folgenden Zusammenhänge (vgl. Band 1, Seite 104):

Zeit-Weg-Funktion: $\qquad\qquad$ s(t)
Zeit-Geschwindigkeits-Funktion: $\quad$ v(t) = s'(t)
Zeit-Beschleunigungs-Funktion: $\quad$ a(t) = v'(t) = s''(t)

Beim freien Fall auf der Erdoberfläche kennt man die Zeit-Beschleunigungs-Funktion. Das ist die konstante Fallbeschleunigung auf der Erde:

$$g = 9{,}81\,\frac{m}{s^2}$$

Kann man mit dieser Kenntnis die beiden anderen Funktionen des freien Falls ermitteln?

Lösung:

Die Antwort lautet ja, wobei zur eindeutigen Bestimmung **zusätzliche Informationen** vorliegen müssen.

Für die Ableitung der Zeit-Geschwindigkeits-Funktion gilt v'(t) = g (g selbst ist nicht zeitabhängig, mathematisch gesehen eine Konstante). Durch Integration erhält man:

$$v(t) = \int v'(t)\,dt = \int g\,dt = gt + C_1$$

Hat man die Zusatzinformation, dass die Anfangsgeschwindigkeit null ist, v(0) = 0, so folgt durch Einsetzen $C_1 = 0$. Es gilt für die Zeitabhängigkeit der Geschwindigkeit des freien Falls mit der Anfangsgeschwindigkeit null also v(t) = gt.

Analog folgt mit s'(t) = gt:

$$s(t) = \int s'(t)\,dt = \int gt\,dt = \tfrac{1}{2}gt^2 + C_2$$

Um C_2 festlegen zu können, bedarf es wieder einer Zusatzinformation. Nimmt man an, dass die zum Zeitpunkt t = 0 bereits durchfallene Strecke null ist, s(0) = 0, so ergibt sich $C_2 = 0$. Es gilt dann für die zurückgelegte Strecke beim freien Fall (mit Anfangsgeschwindigkeit null und Anfangsstrecke null) die Zeit-Weg-Funktion:

$$s(t) = \tfrac{1}{2}gt^2$$

Aufgaben

32. Gegeben ist die zweite Ableitungsfunktion $f''(x) = (x-1)^2$. Bestimmen Sie die Ausgangsfunktion f(x) so, dass ihr Graph in S(1 | 2) einen Sattelpunkt besitzt.

33. Gegeben sind für positive reelle a die ersten Ableitungen der Funktionen g_a gemäß

$$g_a'(x) = -\tfrac{1}{4}x^2 - \tfrac{3}{4}ax.$$

a) Bestimmen Sie den Funktionsterm g_a so, dass die zugehörigen Graphen durch den Punkt $T\left(-3a\,\middle|\,-\frac{9}{8}a^3\right)$ verlaufen.

[Ergebnis: $g_a(x) = -\frac{1}{12}x^3 - \frac{3}{8}ax^2$]

b) Geben Sie die Nullstellen der Funktionen g_a an.

c) Für welche Werte von a hat die Wendetangente der Graphen von g_a die Steigung 1?

34. Die reellen Funktionen

$h_k''(x) = -\frac{6}{k^2}x + \frac{4}{k}$, mit $k \in \mathbb{R} \wedge k > 0$,

sind die zweiten Ableitungsfunktionen der Funktionen $h_k : x \mapsto h_k(x)$ in $D = \mathbb{R}$ mit den Graphen G_{h_k}.

a) Bestimmen Sie den Funktionsterm $h_k(x)$ so, dass bei $H\left(\frac{4}{3}k\,\middle|\,\frac{32}{27}k\right)$ ein Extrempunkt des Graphen G_{h_k} vorliegt.

[Ergebnis: $h_k(x) = -\frac{1}{k^2}x^3 + \frac{2}{k}x^2$]

b) Bestimmen Sie k so, dass der Graph G_{h_k} an der Stelle 2 eine zur Geraden g: $y = -2x + 1$ parallele Tangente besitzt.

35. Senkrechter Wurf

Zum Zeitpunkt $t = 0$ wird ein Stein mit der Anfangsgeschwindigkeit v_0 senkrecht nach oben geworfen. Die Zeit-Beschleunigungs-Funktion lautet $a(t) = -g$. Das Minuszeichen ist nötig, da die Erdbeschleunigung entgegen der nach oben gerichteten y-Achse wirkt.

Bestimmen Sie die Zeit-Geschwindigkeits-Funktion v(t) und die Zeit-Weg-Funktion s(t).

3 Exponentialfunktionen und Logarithmus

Mit den Exponentialfunktionen wird ein weiterer wichtiger Funktionstyp jenseits der bislang ausschließlich betrachteten ganzrationalen Funktionen eingeführt. Die Exponentialfunktionen beschreiben Wachstums- und Schrumpfungsprozesse. Der Logarithmus wird gebraucht, um Gleichungen mit Termen aus Exponentialfunktionen lösen zu können.

3.1 Allgemeine Exponentialfunktionen

Zunächst werden einige Begriffe und Rechengesetze der Potenzrechnung wiederholt. Schreibt man „a hoch b" mit zwei geeigneten Zahlen a und b, so heißt der entsprechende mathematische Ausdruck:

$$\text{Potenz} \longrightarrow \underset{\substack{\nwarrow \\ \text{Basis}}}{a}\overset{\substack{\text{Exponent} \\ \nearrow}}{b}$$

Wenn der Exponent b eine natürliche Zahl ist, so gibt er an, wie oft die Basis mit sich selbst zu multiplizieren ist, z. B.:

$2^3 = 2 \cdot 2 \cdot 2 = 8$

Ist der Exponent eine negative ganze Zahl, so ist zusätzlich der Kehrwert zu bilden, z. B.:

$2^{-3} = \dfrac{1}{2^3} = \dfrac{1}{2 \cdot 2 \cdot 2} = \dfrac{1}{8}$

Ist der Exponent einer Potenz der Kehrwert einer natürlichen Zahl, so ist die entsprechende Wurzel zu ziehen, z. B.:

$2^{\frac{1}{3}} = \sqrt[3]{2}$

Beliebige Brüche im Exponenten stellen eine Kombination aus Wurzelziehen und Potenzieren dar, z. B.:

$2^{\frac{4}{3}} = \sqrt[3]{2^4} = \left(\sqrt[3]{2}\right)^4$

Durch Grenzwerte werden auch irrationale Zahlen im Exponenten, also beispielsweise $2^{\sqrt{3}}$ definiert, sodass man auch derartige Potenzen bilden kann. Ferner gilt stets $a^0 = 1$ und natürlich $a^1 = a$.

Regel

Rechengesetze für Potenzen
Potenzen werden
(1) **multipliziert**, indem man ihre Exponenten **addiert**. $\quad a^x \cdot a^y = a^{x+y}$
(2) **dividiert**, indem man ihre Exponenten **subtrahiert**. $\quad \dfrac{a^x}{a^y} = a^{x-y}$
(3) **potenziert**, indem man ihre Exponenten **multipliziert**. $\quad (a^x)^y = a^{x \cdot y}$

Man beachte, dass man nur Potenzen mit gleicher Basis so wie angegeben miteinander verrechnen darf. Bei verschiedenen Basen gilt:

$(a \cdot b)^x = a^x \cdot b^x$ und $\left(\dfrac{a}{b}\right)^x = \dfrac{a^x}{b^x}$

Man muss unterscheiden zwischen:

Potenzfunktionen

$f(x) = x^r \overset{\substack{\nearrow \text{ Exponent } \textbf{konstant}}}{\underset{\searrow \text{ Basis } \textbf{variabel}}{}}$

Exponentialfunktionen

$g(x) = b^x \overset{\substack{\nearrow \text{ Exponent } \textbf{variabel}}}{\underset{\searrow \text{ Basis } \textbf{konstant}}{}}$

Potenzfunktionen wurden im Rahmen der ganzrationalen Funktionen bereits ausführlich behandelt, die Exponentialfunktionen werden nun untersucht.

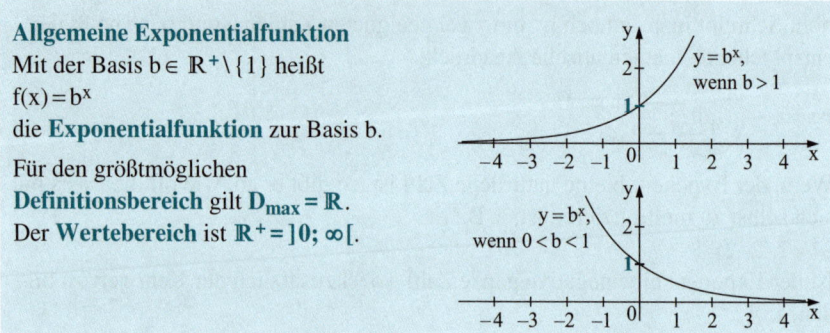

Definition

Allgemeine Exponentialfunktion
Mit der Basis $b \in \mathbb{R}^+ \setminus \{1\}$ heißt
$f(x) = b^x$
die **Exponentialfunktion** zur Basis b.

Für den größtmöglichen
Definitionsbereich gilt $D_{max} = \mathbb{R}$.
Der **Wertebereich** ist $\mathbb{R}^+ =]0; \infty[$.

Alle Exponentialfunktionen sind auf ganz $\mathbb{R}$ definiert und haben nur positive Funktionswerte, insbesondere keine Nullstellen.

Beispiele

1. Zeichnen Sie mithilfe von Wertetabellen im Bereich $|x| \leq 5$ die Graphen von $f(x) = 0,75^x$ und $g(x) = 1,25^x$. Runden Sie auf zwei Nachkommastellen.

   Hinweis: Auf dem Taschenrechner verwenden Sie die Taste [y^x].

   Lösung:
   Taschenrechnereingabe zur Berechnung von $0,75^{-5}$:
   0.75 gefolgt von Taste [y^x], dann 5 gefolgt von Taste [+/−] und schließlich [=]. Ergibt im Display: 4.21399177

x	−5	−4	−3	−2	−1	0	1	2	3	4	5
$0,75^x$	4,21	3,16	2,37	1,78	1,33	1,00	0,75	0,56	0,42	0,32	0,24
$1,25^x$	0,33	0,41	0,51	0,64	0,80	1,00	1,25	1,56	1,95	2,44	3,05

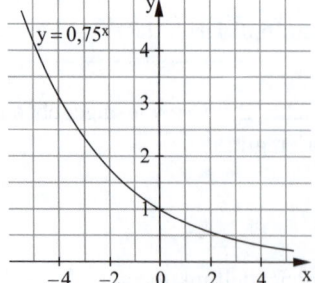
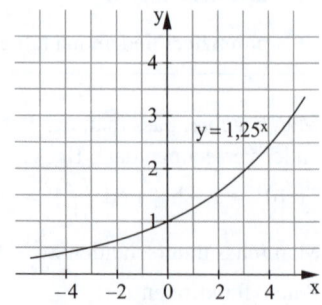

2. a) Zum Zeitpunkt null bedeckt eine Seerose eine Fläche von 1 m². Mit jedem Tag verdoppelt die Seerose die bedeckte Wasserfläche. Stellen Sie die Funktionsgleichung f(x) auf, die die bedeckte Fläche in Abhängigkeit von der Zeit x in Tagen beschreibt.
Nach 24 Tagen bedeckt die Seerose die Hälfte des Sees. In wie viel Tagen ist der gesamte See bedeckt?

   b) Ein radioaktiver Stoff zerfällt mit einer Halbwertszeit von 1 Jahr, d. h., mit jedem Jahr halbiert sich die Anzahl der noch unzerfallenen Atomkerne. Stellen Sie die Funktionsgleichung g(x) auf, die den Bruchteil der nicht zerfallenen Kerne in Abhängigkeit von der Zeit x in Jahren angibt.

   c) Zeichnen Sie die Graphen der Funktionen f und g. Wie verhalten sich die Funktionswerte f(x) bzw. g(x), wenn x um 1 zunimmt?

   d) Zeigen Sie rechnerisch, dass die beiden Graphen durch Spiegelung an der y-Achse ineinander übergehen.

Lösung:

a) Es handelt sich um die exponentielle Wachstumsfunktion $f(x) = 2^x$. Die richtige Antwort auf die Frage ist *nicht*: nach weiteren 24 Tagen. Vielmehr ist der am See am folgenden (25.) Tag vollständig bedeckt.

b) Nach 1 Jahr ist die Hälfte der Kerne nicht zerfallen. Das führt auf:

   $$g(x) = \left(\frac{1}{2}\right)^x$$

c) Exponentielles Wachstum:
   $f(x) = 2^x$

   Die Funktionswerte verdoppeln sich jeweils, wenn x um 1 zunimmt:
   $f(x+1) = 2 \cdot f(x)$

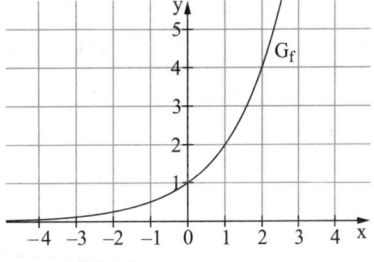

   Exponentielle Abnahme:
   $$g(x) = \left(\frac{1}{2}\right)^x$$

   Die Funktionswerte halbieren sich jeweils, wenn x um 1 zunimmt:
   $g(x+1) = \frac{1}{2} g(x)$

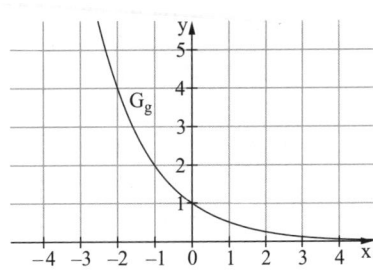

d) $f(-x)$ bedeutet die Spiegelung des Graphen von f an der y-Achse und das ergibt den Graphen von g; das Umgekehrte gilt auch:

$$g(x) = \left(\tfrac{1}{2}\right)^x = \tfrac{1^x}{2^x} = \tfrac{1}{2^x} = 2^{-x} = f(-x)$$

Zinseszinsformel

Man legt 1 000 € Startkapital zu 5 % Zinsen pro Jahr 10 Jahre lang an, und zwar so, dass die Zinsen nach einem Jahr im 2. Jahr selbst mit verzinst werden (Zinseszins – es gibt Zinsen auf Zinsen).
Wie viel Geld erhält man nach 10 Jahren insgesamt?

Man kann das leicht mit der **Zinseszinsformel** ausrechnen:

Definition

Zinseszinsformel

$$K_n = K_0 \left(1 + \tfrac{p}{100}\right)^n$$

Darin sind:

K_0: Startkapital

p: Zinssatz in % pro Zinsperiode (pro Jahr)

n: Anzahl der Zinsperioden (Jahre)

K_n: Endkapital nach n Zinsperioden (Jahren)

Mit den Beispielzahlen ($K_0 = 1\,000$; $p = 5$; $n = 10$; gesucht ist K_{10}) ergibt sich das Endkapital durch Einsetzen zu:

$$K_{10} = 1\,000 \cdot \left(1 + \tfrac{5}{100}\right)^{10} = 1\,000 \cdot 1{,}05^{10} \approx 1\,628{,}89$$

Man erhält also 1 628,89 €; das Startkapital ist demnach um knapp 63 % in den 10 Jahren gewachsen. Diese prozentuale Zunahme ergibt sich bei sonst gleichen Bedingungen auch für jedes andere Startkapital, beispielsweise für 1 Mio. €.

Beispiele

1. Angenommen, Sie machen eine Erbschaft von 10 000 € und wollen diesen Betrag für die eigene Altersvorsorge 40 Jahre auf Zinseszins anlegen. Sie recherchieren das beste Angebot, das Ihnen eine jährliche Verzinsung von 4 % über die 40 Jahre garantiert.

   a) Berechnen Sie Ihren Kontostand nach 10, 20, 30 und 40 Jahren.

   b) Mit welchen Faktoren wird Ihr Anfangsbetrag in den unter Teilaufgabe a genannten Fällen jeweils multipliziert und wie viel Prozent beträgt ihr jeweiliger Vermögensstand?

   c) Schätzen Sie, wie hoch der Kontostand bei 8 % jährlichem Zinssatz sein würde. Berechnen Sie nun den Wert.
   Vergleichen Sie Schätz- und Rechenwert. Was stellen Sie fest?

d) Welchen Zinsertrag können Sie ab dem 41. Jahr erwarten, wenn es bei den 4 % bleibt?

e) Es wird eine Inflationsrate von jährlich durchschnittlich 1,5 % bzw. 2,5 % angenommen. Ermitteln Sie jeweils, welche reale Kaufkraft Ihre Anlage unter diesen Annahmen nach 40 Jahren hat.

Lösung:

a) $K_0 = 10\,000$; $n = 10$; 20; 30; 40

$$K_{10} = 10\,000 \cdot \left(1 + \frac{4}{100}\right)^{10} = 10\,000 \cdot 1,04^{10} \approx 14\,802,44$$

$$K_{20} = 10\,000 \cdot 1,04^{20} \approx 21\,911,23$$

$$K_{30} = 10\,000 \cdot 1,04^{30} \approx 32\,433,98$$

$$K_{40} = 10\,000 \cdot 1,04^{40} \approx 48\,010,21$$

b) Die Faktoren und prozentualen Zuwächse sind:
10 Jahre: Der Faktor ist $1,04^{10} \approx 1,48$. Das bedeutet einen prozentualen Zuwachs in 10 Jahren von 48 % (1 entspricht dem Anfangsstand, 0,48 dem Zuwachs, das sind die 48 %).
20 Jahre: $1,04^{20} \approx 2,19$. In diesem Fall ist der Zuwachs 119 %.
30 Jahre: $1,04^{30} \approx 3,24 \Rightarrow$ Zuwachs 224 %
40 Jahre: $1,04^{40} \approx 4,80 \Rightarrow$ Zuwachs 380 %

c) Da sich der Zinssatz gegenüber den 4 % verdoppelt, könnte man vielleicht vermuten, dass sich auch der Betrag von 48 000 in etwa verdoppelt, also könnte man 100 000 schätzen.
$$K_{40} = 10\,000 \cdot 1,08^{40} \approx 10\,000 \cdot 21,72 = 217\,200$$
Das ist doppelt so viel wie geschätzt, was wiederum typisch ist, weil exponentielles Wachstum von den Menschen üblicherweise unterschätzt wird.

d) Nach 40 Jahren ist der Kontostand (nach Teilaufgabe a) 48 010,21 €. 4 % davon sind 1 920,41 € Zinsertrag.

e) Wenn eine jährliche Inflationsrate von 1,5 % zugrunde gelegt wird und 4 % Zinsertrag vorgesehen sind, so wächst der Betrag real nur um 4 % – 1,5 % = 2,5 %, entsprechend um 1,5 %, bei 2,5 % Inflation. Dann ergeben sich die folgenden realen, in Kaufkraft von jetzt angegebenen Beträge:
Inflation 1,5 % $\Rightarrow$ $K_{40} = 10\,000 \cdot 1,025^{40} \approx 26\,850,64$
Inflation 2,5 % $\Rightarrow$ $K_{40} = 10\,000 \cdot 1,015^{40} \approx 18\,140,18$

2. Durch Massenfertigung sinkt der Preis von Solarzellen um 10 % pro Jahr. Wieviel Prozent des jetzigen Preises kosten sie unter o. g. Annahme noch

a) nach 5 Jahren,

b) nach 10 Jahren?

Lösung:

a) Nach 5 Jahren: $\left(1-\frac{10}{100}\right)^5 = 0,9^5 \approx 0,59 = 59\%$

b) Nach 10 Jahren: $0,9^{10} \approx 0,35 = 35\%$

Verallgemeinerte Exponentialfunktion

Betrachtet man die Zeit n in der Zinseszinsformel als die unabhängige Funktions-variable x, so stellt der Term $1+\frac{p}{100}$ die konstante Basis und K_0 einen konstanten Vorfaktor dar.

Definition

Verallgemeinerte Exponentialfunktion
Eine Funktion der Form

$f(x) = a \cdot b^x$

mit dem Anfangswert $a \in \mathbb{R}$ und $a > 0$ und
der Basis $b \in \mathbb{R} \setminus \{1\}$ und $b > 0$ heißt **ver-allgemeinerte Exponentialfunktion**.
Der maximale Definitionsbereich ist $\mathbb{R}$.
Die y-Achse wird in der Höhe von a ge-schnitten.

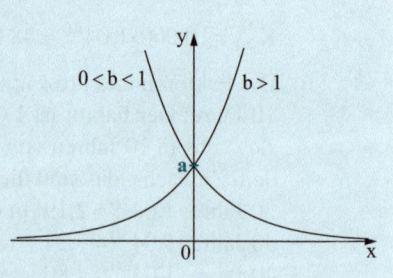

Demnach ist die Zinseszinsformel eine **verallgemeinerte Exponentialfunktion der Form $f(x) = a \cdot b^x$**, deren Bedeutung weit über Kapitalberechnungen hinaus-geht. Damit lassen sich alle **exponentiellen Wachstumsprozesse** (etwas nimmt proportional zur bereits vorhandenen Menge zu – angelegtes Kapital, Energiever-brauch, Bakterienwachstum) und alle **exponentiellen Abnahmeprozesse** (etwas nimmt proportional zur vorhandenen Menge ab – Waldfläche, Wert eines Ge-brauchsgegenstandes) rechnerisch (=quantitativ) erfassen.

Wenn $b = 1 + \frac{p}{100}$ größer als 1 ist, handelt es sich um exponentielles Wachstum, wenn $b < 1$ ist, um exponentielle Abnahme (Schrumpfungsprozess).

Ist beispielsweise $b = 1,\mathbf{25}$, so nehmen die Funktionswerte um 25 % (=0,**25**) zu, wenn sich x um 1 erhöht. Wenn $b = 0,\mathbf{85}$ ist, so wird der Funktionswert um 15 % (=0,**15** = 1 − 0,**85**) kleiner, wenn x um 1 zunimmt.

Außer dem Definitions- und Wertebereich – und der daraus folgenden Tatsache, dass Exponentialfunktionen keine Nullstellen haben – haben die Graphen dieser Funktionen weitere wichtige Eigenschaften.

Regel

Eigenschaften der Exponentialfunktionen

Für Exponentialfunktionen der Form $f(x) = b^x$ mit der Basis $b \in \mathbb{R} \setminus \{1\}$ und $b > 0$ gelten folgende Eigenschaften:

(1) Alle Funktionsgraphen sind **linksgekrümmt**.

(2) a) Für **b > 1** ist der zugehörige Graph **streng monoton steigend** (exponentielle Wachstumsfunktion) und die x-Achse $(y = 0)$ ist linksseitige horizontale Asymptote.

    b) Für **0 < b < 1** ist der zugehörige Graph **streng monoton fallend** (exponentielle Abnahmefunktion) und die x-Achse $(y = 0)$ ist rechtsseitige horizontale Asymptote.

(3) Alle Graphen schneiden die y-Achse in der Höhe 1, da $b^0 = 1$.

(4) Die Graphen von $x \mapsto b^x$ und $x \mapsto \left(\frac{1}{b}\right)^x = b^{-x}$ sind zueinander spiegelbildlich bezüglich der y-Achse.

Beispiel

Zeichnen Sie die Graphen der Exponentialfunktionen mit den Basen

$$b \in \left\{\frac{1}{4}; 0,7; 1,4; 2\right\}$$

in ein gemeinsames Diagramm.

Lösung:

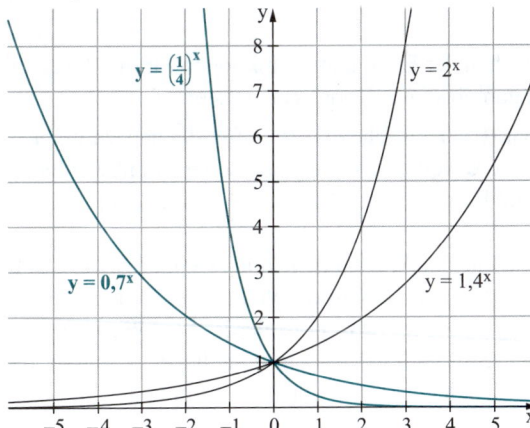

36. a) Ein Blatt Papier hat eine Dicke von 1 mm. Das Blatt wird (theoretisch) 40-mal gefaltet.
Welche Höhe (in km) erreicht der dadurch entstehende Papierstapel?

b) Es wird erwartet, dass der Weltenergieverbrauch in den nächsten 20 Jahren um 2 % jährlich zunimmt.
Um wie viel Prozent wird nach dieser Zeit der Energieverbrauch größer sein als heute?

c) Durch die Rodung der Regenwälder nimmt ihre Fläche pro Jahr um 3 % ab.
Auf wie viel Prozent wird die jetzige Regenwaldfläche in 10; 25 und 50 Jahren schrumpfen?

d) Für ein neugeborenes Kind werden 10 000 € auf ein Sperrkonto zu einem jährlichen Zinssatz von 5 % eingezahlt. Mit dem Renteneintritt in 65 Jahren wird das Geld fällig.
Über welchen Betrag kann sich der Ruheständler freuen?
Vergleichen Sie diesen Betrag mit demjenigen, der sich ergibt, wenn der Zinssatz nur 2 % beträgt und der Eintritt in die Rente erst nach 67 Jahren erfolgt.

e) Der Wert eines Neuwagens sinkt um 10 % pro Jahr.
Welchen Restwert hat das Auto in 6 Jahren noch, wenn es 25 000 € gekostet hat?

37. a) Zeichnen Sie die Graphen der Exponentialfunktionen für die Basen mit $b \in \{0,4; 2,5\}$ in ein gemeinsames Koordinatensystem ein.

b) Vom $(x \mid y)$-Wertepaar $(0 \mid 1)$ ausgehend, sollen für alle ganzzahligen x-Werte mit $0 \leq x \leq 10$ die weiteren Wertepaare so bestimmt werden, dass die y-Werte von einem Punkt zum nächsten jeweils mit dem Faktor 1,5 multipliziert werden.
Bestimmen Sie die zugehörige Wertetabelle und zeichnen Sie die ersten sechs Punkte in ein Diagramm ein. Um wie viel Prozent nehmen die y-Werte jeweils zu? Um wie viel Prozent ist der letzte y-Wert größer als der erste? Wie lautet die diesen Punkten zugrunde liegende Funktion? Zeichnen Sie ihren Graphen ebenfalls in das Diagramm ein.

3.2 Die e-Funktion

Die allgemeine Exponentialfunktion $f(x) = b^x$ gibt es für
jede positive reelle Zahl $b \neq 1$. Es stellt sich die Frage, ob es
eine bestimmte Basis gibt, die besonders „schöne" Eigenschaften der zugehörigen Exponentialfunktion zur Folge
hat. Die Antwort lautet: Ja, die gibt es. Und es ist nicht
$b = 2$ oder $b = 10$, wie man vielleicht vermuten könnte. Es
ist vielmehr $b = e = 2{,}71828\ldots$, die nach dem Schweizer
Mathematiker Leonhard Euler (1707–1783) benannte
Euler'sche Zahl e. Die Zahl e ist, genau wie die Kreiszahl π
auch, eine irrationale Zahl, die sich nicht durch einen Bruch
darstellen lässt. In ihrer Bedeutung als mathematische Konstante steht e der berühmten Kreiszahl in nichts nach!

Wie kommt es zu dieser „krummen" Basis e, die dann die sogenannte **natürliche
Exponentialfunktion** oder eben kurz die **e-Funktion** darstellt?

Es stellt sich zunächst die Frage, wie die Ableitungsfunktion von $x \mapsto b^x$ aussieht.
Eine Ableitung mit der Potenzregel $(x^r)' = rx^{r-1}$ ist nicht möglich, da nun x im
Exponenten, nicht in der Basis steht. Deshalb muss zum Ableiten auf den Diffe-
renzialquotienten zurückgegriffen werden:

$$(b^x)' = \lim_{h \to 0} \frac{b^{x+h} - b^x}{h} = \lim_{h \to 0} \frac{b^x \cdot b^h - b^x}{h} = b^x \cdot \lim_{h \to 0} \frac{b^h - 1}{h}$$

Bei dieser Rechnung ist der erste Grenzwert der Differenzialquotient (laut Definition). Im 2. Bruch wurde das Potenzgesetz (1) angewandt (von rechts nach links
gelesen). Schließlich wurde der Faktor b^x vorgeklammert. Der verbliebene Grenzwert (ganz rechts) hat nur noch einen Parameter, über den verfügt werden kann,
nämlich b (h geht gegen null). Um eine möglichst einfache Ableitungsfunktion zu
bekommen, soll dieser Grenzwert 1 sein. Für dieses b gilt dann einfach $(b^x)' = b^x$;
einfacher geht es nicht mehr! Die Frage ist, für welchen Wert von b das zutrifft.
Um dies zu beantworten, wird der rechte Bruch nach b aufgelöst. Für h gegen
null, aber $h \neq 0$, soll also gelten:

$$\frac{b^h - 1}{h} \approx 1 \quad \Rightarrow \quad b^h - 1 \approx h \quad \Rightarrow \quad b^h \approx 1 + h \quad \Rightarrow \quad b \approx (1+h)^{\frac{1}{h}}$$

Da h gegen null gehen soll, kann man auf der rechten Seite der letzten Gleichung
$h = \frac{1}{n}$ setzen und n gegen unendlich gehen lassen, dann geht h gegen null:

$$b = \lim_{h \to 0} (1+h)^{\frac{1}{h}} = \lim_{n \to \infty} \left(1 + \frac{1}{n}\right)^n$$

Der so entstandene Ausdruck wird mit e_n bezeichnet, sodass gilt:

$$e_n := \left(1 + \frac{1}{n}\right)^n, \text{ wobei } n \in \mathbb{N}^*$$

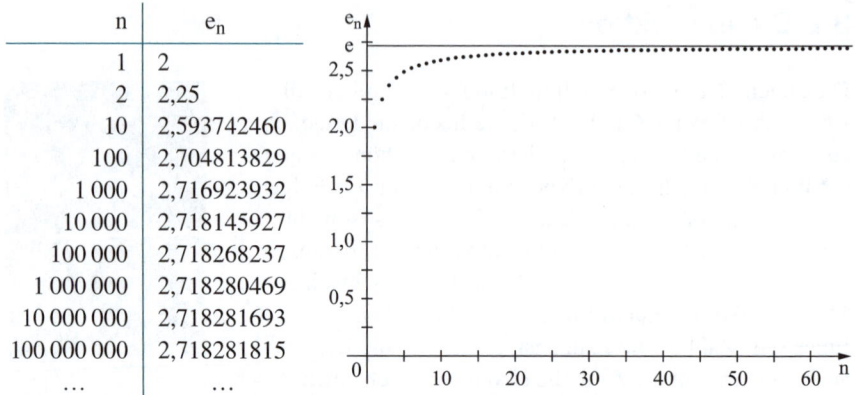

n	e_n
1	2
2	2,25
10	2,593742460
100	2,704813829
1 000	2,716923932
10 000	2,718145927
100 000	2,718268237
1 000 000	2,718280469
10 000 000	2,718281693
100 000 000	2,718281815
...	...

Man erkennt, dass e_n für $n \to \infty$ „konvergiert", sich also einer konstanten, feststehenden Zahl beliebig genau annähert, eben der **Euler'schen Zahl e:**

$$e := \lim_{n \to \infty} e_n = \lim_{n \to \infty} \left(1 + \tfrac{1}{n}\right)^n = 2,7182818284590452353602874713 5\ldots$$

Mit dieser Zahl als Basis gilt dann: $(e^x)' = e^x$. An jeder Stelle x sind bei der e-Funktion also Funktionswert und Steigung gleich groß.

Definition

> **Die e-Funktion**
> Mit der **Euler'schen Zahl e** als Basis heißt
> $$x \mapsto \exp(x) = e^x$$
> die **natürliche Exponentialfunktion** oder einfach **e-Funktion** (die Schreibweisen $\exp(x)$ und e^x werden synonym verwendet, meist die letztere).
> Für den größtmöglichen Definitionsbereich gilt $\mathbf{D_{exp} = \mathbb{R}}$.
> Der Wertebereich ist $\mathbf{W_{exp} = \mathbb{R}^+ = \,]0;\,\infty[}$.

Die e-Funktion hat nur positive Funktionswerte: $\mathbf{e^x > 0}$ für alle $x \in \mathbb{R}$.
Der Graph verläuft also vollständig oberhalb der x-Achse.

Regel

> **Grenzwerte**
> Für alle $n \in \mathbb{N}$ gilt:
> $$\lim_{x \to \infty} \frac{e^x}{x^n} = \infty \quad \text{und} \quad \lim_{x \to \infty} \frac{x^n}{e^x} = 0,$$
> d. h., e^x strebt **stärker** gegen ∞ als jede Potenzfunktion x^n.
>
> **Ableitung:** $(e^x)' = e^x$ $\qquad$ **Integral:** $\int e^x \, dx = e^x + C$

Eine Kurvendiskussion der e-Funktion ergibt den Verlauf des zugehörigen Graphen. Zur Berechnung der Funktionswerte haben Taschenrechner die Taste $[e^x]$.

Regel

> **Eigenschaften von exp: $\mathbb{R} \to \mathbb{R}^+$ mit $\exp(x) = e^x$**
>
> $D_{max} = \mathbb{R}$ und $e^x > 0$ in $\mathbb{R}$, also hat exp insbesondere keine Nullstellen.
>
> $$\lim_{x \to -\infty} e^x = 0$$
>
> $y = 0$ (die x-Achse) ist linksseitige horizontale Asymptote.
>
> $$\lim_{x \to \infty} e^x = +\infty$$
>
> Die e-Funktion wächst gegen ∞, und zwar schneller als jede andere Funktion.
>
> $(e^x)' = e^x > 0$
>
> Die e-Funktion ist streng monoton zunehmend, ihr Graph hat keine Extrema.
>
> $(e^x)'' = e^x > 0$
>
> Der Graph der e-Funktion ist linksgekrümmt und hat keine Wendepunkte.

Wertetabelle und Zeichnung des Graphen:

x	exp(x)
−5	0,00674
−4	0,01832
−3	0,04979
−2	0,13534
−1	0,36788
0	1,00000
1	2,71828
2	7,38906
3	20,08554
4	54,59815
5	148,41316

Man erkennt, dass für den Wertebereich $W_{exp} = \,]0; \infty[$ gilt:

$0 < e^x < 1$ für alle $x < 0$

$e^0 = 1$

$e^x > 1$ für alle $x > 0$

Für das Bestimmen der Ableitungsfunktion gelten alle Ableitungsregeln weiterhin. Hinzugekommen ist lediglich die Ableitung der Grundfunktion: $(e^x)' = e^x$. Da Integrieren die Umkehrung des Ableitens ist, hat man sofort auch die Formel $\int e^x \, dx = e^x + C$ für die Stammfunktion parat.

Natürlich gelten die in Band 1 ab Seite 97 eingeführten Ableitungsregeln (Summen- und Faktorregel) auch in Zusammenhang mit der e-Funktion. Entsprechendes gilt für die Integrationsregeln.

1. Bestimmen Sie die Ableitungsfunktionen der folgenden Funktionen:

   a) $f(x) = e^x + 1$ b) $f(x) = x^2 - x + e^x$

   c) $f(x) = 3e^x$ d) $f(x) = 2x^2 - \frac{x}{2} + \frac{e^x}{4}$

   Lösung:

   a) $f'(x) = (e^x + 1)' = (e^x)' + 1' = e^x + 0 = e^x$ Ausführliche Version der Summenregel

   b) $f'(x) = (x^2 - x + e^x)' = 2x - 1 + e^x$

   c) $f'(x) = (3e^x)' = 3 \cdot (e^x)' = 3e^x$ Faktorregel: Multiplikative Konstante bleibt erhalten.

   d) $f'(x) = 4x - \frac{1}{2} + \frac{e^x}{4}$

   2. Ermitteln Sie die Stammfunktionen:

   a) $\int (e^x + 1)\,dx$ b) $\int (x^2 - x + e^x)\,dx$

   c) $\int 3e^x\,dx$ d) $\int \left(3x^2 - \frac{x}{2} + \frac{e^x}{4}\right) dx$

   Lösung:

   a) $\int (e^x + 1)\,dx = \int e^x\,dx + \int 1\,dx = e^x + x + C$ Summenregel in der ausführlichen Version

   b) $\int (x^2 - x + e^x)\,dx = \frac{1}{3}x^3 - \frac{1}{2}x^2 + e^x + C$

   c) $\int 3e^x\,dx = 3 \cdot \int e^x\,dx = 3e^x + C$ Faktorregel

   d) $\int \left(3x^2 - \frac{x}{2} + \frac{e^x}{4}\right) dx = 3 \cdot \frac{1}{3}x^3 - \frac{1}{2} \cdot \frac{1}{2}x^2 + \frac{1}{4}e^x + C = x^3 - \frac{1}{4}x^2 + \frac{1}{4}e^x + C$

Häufig ist die e-Funktion mit anderen Funktionen kombiniert. Um dann die Ableitungsfunktionen bestimmen zu können, sind über die aus Band 1 bekannten Regeln hinausgehende Ableitungsregeln erforderlich.

Regel

> **Produktregel**
> Sind f und g zwei in einem gemeinsamen Definitionsbereich differenzierbare Funktionen, dann ist auch die Produktfunktion $f \cdot g$ differenzierbar und für ihre Ableitung gilt:
> $(f \cdot g)' = f' \cdot g + f \cdot g'$

Zum Einüben der Produktregel hilft anfangs folgender **Merkspruch**: „Die Erste ableiten, die Zweite abschreiben plus die Erste abschreiben und die Zweite ableiten."

Beispiele

1. $h(x) = x \cdot e^x$ ist ohne Kenntnis der Produktregel nicht ableitbar. Mit den obigen Bezeichnungen gilt $f(x) = x$ und $g(x) = e^x$. Für die Ableitung ergibt sich:
   $$h'(x) = (x \cdot e^x)' = x' \cdot e^x + x \cdot (e^x)' = 1 \cdot e^x + x \cdot e^x = (1+x)e^x$$

2. Die Richtigkeit der Produktregel wird anhand der Funktion $f(x) = x^2 \cdot x^3$ überprüft. In diesem Fall lässt sich das Produkt mithilfe der Potenzgesetze (Potenzen werden multipliziert, indem man die Exponenten addiert) bilden: $f(x) = x^2 \cdot x^3 = x^5$. Man weiß, es muss (Potenzregel) $f'(x) = 5x^4$ heraus kommen.
   Überprüfen Sie das mit der Produktregel.

   Lösung:
   $$f'(x) = (x^2 \cdot x^3)' = (x^2)' \cdot x^3 + x^2 \cdot (x^3)' = 2x \cdot x^3 + x^2 \cdot 3x^2 = 2x^4 + 3x^4 = 5x^4$$
   Dies ist dasselbe Ergebnis wie oben.

3. Die Faktorregel ist ein Spezialfall der allgemeinen Produktregel. Bei ersterer muss ein Faktor konstant sein, bei der Produktregel nicht.
   Die Produktregel auf den Spezialfall angewandt, ergibt
   $$(k \cdot f(x))' = k' \cdot f(x) + k \cdot f'(x) = 0 \cdot f(x) + k \cdot f'(x) = k \cdot f'(x),$$
   also genau das gleiche Ergebnis wie bei der Faktorregel.

Eine **verkettete Funktion** erhält man, wenn man Funktionen ineinander einsetzt. Ist $f(x) = e^x$ und $g(x) = 2x$, dann erhält man die verkettete Funktion $h_1(x) = f(g(x))$, indem man in der Funktion f das x durch $g(x)$ ersetzt, also $h_1(x) = e^{2x}$. Dabei ist „e^x" die **äußere Funktion** und „2x" die **innere Funktion**.
Es ist für die richtige Anwendung der Kettenregel wichtig zu erkennen, welches die innere und welches die äußere Funktion ist. In Zusammenhang mit e-Funktionen ist die e-Funktion die äußere Funktion und der im Exponenten stehende Term die innere Funktion.

Regel

> **Kettenregel**
> f und g sind zwei differenzierbare Funktionen, die sich in geeigneten Definitionsbereichen ineinander einsetzen lassen. Die verkettete Funktion $h(x) = f(g(x))$ mit der äußeren Funktion f und der inneren Funktion g ist dann ebenfalls differenzierbar und es gilt:
> $$h(x) = f(g(x)) \implies h'(x) = f'(g(x)) \cdot g'(x)$$
> Man muss also, um die Ableitung einer verketteten Funktion zu erhalten, die äußere Funktion ableiten und die innere stehen lassen: $f'(g(x))$. Anschließend muss man die innere Funktion ableiten, also $g'(x)$ bilden, und mit dem Bisherigen multiplizieren. Das – leicht zu vergessene, aber wichtige – Multiplizieren mit der Ableitung der inneren Funktion nennt man **Nachdifferenzieren**.

Beispiele

1. $f(x) = e^{3x+4}$ soll abgeleitet werden.

   Lösung:
   Die äußere Funktion ist „e^x", die innere $3x+4$. Die äußere abgeleitet ist „e^x", die innere bleibt stehen, also e^{3x+4}. Jetzt muss die innere abgeleitet werden (Nachdifferenzieren), das ergibt 3 und das muss mit „mal" angehängt werden:
   $h'(x) = (e^{3x+4})' = e^{3x+4} \cdot 3$, also hat man $h'(x) = 3e^{3x+4}$

2. Die Ableitung von $f(x) = (x^2+3x)^5$ soll bestimmt werden. Ohne Kettenregel hätte man das „hoch 5" ausmultiplizieren müssen.

   Lösung:
   Die äußere Funktion ist das „x hoch 5", was sich mit der Potenzregel zu $5x^4$ ableiten lässt. In die äußere Funktion ist „x^2+3x" eingesetzt, das ist die innere Funktion mit der Ableitung „$2x+3$". Mit diesen Überlegungen erhält man die Ableitungsfunktion:
   $f'(x) = 5(x^2+3x)^4 \cdot (2x+3)$
   Da das „Nachdifferenzierte" hier eine Summe ist, muss es in Klammern gesetzt werden.

3. $f(x) = e^{x^2+3x+1}$ soll abgeleitet werden.

   Lösung:
   $f'(x) = e^{x^2+3x+1} \cdot (x^2+3x+1)' = e^{x^2+3x+1} \cdot (2x+3)$

4. Auch mehrfache Verkettungen wie $f(x) = (e^{\frac{x}{3}})^2$ sind möglich: Ganz außen ist die Funktion „hoch 2", gefolgt von „e^x" und ganz innen „$\frac{x}{3}$".
   Bestimmen Sie die Ableitungsfunktion.

   Lösung:
   $f'(x) = 2(e^{\frac{x}{3}})^1 \cdot (e^{\frac{x}{3}})' = 2e^{\frac{x}{3}} \cdot e^{\frac{x}{3}} \cdot \frac{1}{3} = \frac{2}{3}e^{\frac{x}{3}+\frac{x}{3}} = \frac{2}{3}e^{\frac{2x}{3}}$
   Zunächst wurde die äußere Funktion mit der Potenzregel abgeleitet, die innere stehen gelassen und dann mit „mal" dahinter die Ableitung der inneren Funktion geschrieben. Da dieses Nachdifferenzieren selbst wieder eine verkettete Funktion betrifft, muss beim Nachdifferenzieren auch die Kettenregel angewandt werden.
   Einfacher wäre es gewesen, vor dem Ableiten mittels Potenzgesetzen die Ausgangsfunktion zu vereinfachen:
   $f(x) = (e^{\frac{x}{3}})^2 = e^{\frac{2x}{3}}$; $f'(x) = \frac{2}{3}e^{\frac{2x}{3}}$

Aufgaben

38. Bestimmen Sie die Ableitungsfunktionen der folgenden Funktionen:

    a) $f(x) = x^2 e^x$ b) $f(x) = xe^x + 3e^x$

    c) $f(x) = (1+2x+x^2)e^x$ d) $f_t(x) = (x^2+t^2)e^x$

39. Ermitteln Sie jeweils f':

a) $f(x) = e^{-2x}$

b) $f(x) = xe^{\frac{x}{2}}$

c) $f(x) = (1 + 2x + x^2)e^{2x+4}$

d) $f(x) = (x-1)^2 e^{-3x} + 5$

40. Leiten Sie nachfolgende Funktionen ab und schreiben Sie die Ableitungsfunktionen so einfach wie möglich.

a) $f(x) = 1 + e^{-x}$

b) $f(x) = e^2 - e^{-(x-1,5)}$

c) $f(x) = 4x \cdot e^{-\frac{x}{2}}$

d) $f(x) = (x^2 - x)e^{-x}$

e) $f(x) = ae^{kx} + c$

3.3 Logarithmen

Die Bedeutung des Wurzelsymbols ist bekannt, so beschreibt $\sqrt[n]{x}$ eine bestimmte Zahl, die mit dem Radikanden x und der n-ten Wurzel zusammenhängt: $\sqrt[n]{x}$ ist diejenige nicht negative Zahl, die n-mal mit sich selbst multipliziert genau x ergibt. In der Formelsprache ausgedrückt bedeutet das:

$$\left(\sqrt[n]{x}\right)^n = x$$

Anhand der Formel erkennt man, dass sich das Ziehen der n-ten Wurzel und das Potenzieren mit n gegenseitig aufheben und den Radikanden x freilegen. Entsprechendes gilt für den Logarithmus und das Potenzieren. Auch das Logarithmussymbol (genauer: „der Logarithmus von x zur Basis b") beschreibt zunächst einmal lediglich eine Zahl.

Definition

> **Logarithmus zur Basis b**
> $\log_b(x)$ ist diejenige Zahl, mit der man b potenzieren muss, um x zu erhalten.
> Als Formel heißt dies: $\qquad b^{\log_b(x)} = x$
> Außerdem folgt aus der Definition: $\log_b(b^x) = x$

„b hoch" und „log zur Basis b" heben sich also in ihrer Wirkung gegenseitig auf; sie sind wie Wurzel und Potenzieren **Umkehroperationen** zueinander. Die Formeln zeigen, dass man mit dem Logarithmus den Exponenten x freilegen kann.

Beispiele

1. Welche Zahl ist $\log_2(16)$?

   Lösung:
   Das ist nach der Definition diejenige Zahl, mit der man 2 potenzieren muss, wenn man 16 erhalten will. Somit ist das die Lösung der Gleichung $2^x = 16$. Für $x = \mathbf{4}$ ist die Gleichung erfüllt, sodass gilt:
   $\log_2(16) = \log_2(2^{\mathbf{4}}) = \mathbf{4}$

2. Ermitteln Sie die Zahlenwerte der folgenden Logarithmen.

a) $\log_3(27)$ b) $\log_{10}(100)$ c) $\log_2(1\,024)$ d) $\log_{10}(0,01)$

Lösung:

a) $\log_3(27) = 3$,   da $3^3 = 27$

b) $\log_{10}(100) = 2$,   da $10^2 = 100$

c) $\log_2(1\,024) = \mathbf{10}$,   da $2^{10} = 1\,024$

d) $\log_{10}(0,01) = \mathbf{-2}$,   da $10^{-2} = \frac{1}{10^2} = 0,01$

Zu jeder Basis $b \in \mathbb{R}^+ \setminus \{1\}$ gibt es einen Logarithmus. Bestimmte Basen haben besonders weite Verbreitung gefunden; es sind die Basen $b = 10$ (Zehner- oder dekadischer Logarithmus), $b = e \approx 2,71828$ (natürlicher Logarithmus zur Basis e, der Euler'schen Zahl; das ist mathematisch der bei weitem wichtigste Logarithmus) und $b = 2$ (dualer oder binärer Logarithmus). Man hat dafür eigene Symbole eingeführt:

$\lg(x) := \log_{10}(x)$ Zehnerlogarithmus

$\ln(x) := \log_e(x)$ natürlicher Logarithmus, neuerdings auch einfach als $\log(x)$
geschrieben

$\operatorname{ld}(x) := \log_2(x)$ Zweier- oder dualer, manchmal auch binärer Logarithmus

Auf einem gewöhnlichen Taschenrechner finden sich der Zehnerlogarithmus (Taste [log]) und der natürliche Logarithmus (Taste [ln]).

Zwischen Logarithmen unterschiedlicher Basen kann man eine Umrechnung vornehmen. Die **Basisumrechnungsformel** wird hier für den Zehnerlogarithmus angegeben, da sich dieser mit dem Taschenrechner berechnen lässt:

$$\log_b(x) = \frac{\lg(x)}{\lg(b)}$$

Es muss also der Zehnerlogarithmus der Zahl x durch den Zehnerlogarithmus der Basis b dividiert werden, damit man den Logarithmus von x zur Basis b erhält. Statt des Zehnerlogarithmus in der rechten Seite der Formel kann auch jeder andere Logarithmus herangezogen werden.

Beispiele

1. Berechnen Sie im Kopf und anschließend mithilfe des Taschenrechners und der Basisumrechnungsformel den Logarithmus von 125 zur Basis 5.

Lösung:

$\log_5(125)$ ist diejenige Zahl x, mit der man 5 potenzieren muss, um 125 zu erhalten, also $5^x = 125$. Das gilt für $x = 3$, weil $5^3 = 125$ ist, sodass gilt:

$\log_5(125) = \log_5(5^3) = \mathbf{3}$

Nun mit dem Taschenrechner und der Basisumrechnungsformel:

$$\log_5(125) = \frac{\lg(125)}{\lg(5)} \approx \frac{2,097}{0,699} = 3$$

2. Womit muss man 3 potenzieren, wenn man 5 erhalten will?

   Lösung:
   Als Gleichung ausgedrückt, geht es um $3^x = 5$. Da $3^1 = 3$ und $3^2 = 9$, muss x irgendwo zwischen 1 und 2 liegen. Mit dem Logarithmus wird die Gleichung nach x aufgelöst:

$3^x = 5 \quad \| \log_3$	Die Gleichung wird logarithmiert, indem von beiden Seiten der Logarithmus gebildet wird.
$\log_3(3^x) = \log_3(5)$	Die linke Seite ist nach Definition des Logarithmus einfach x.
$x = \log_3(5)$	Die rechte Seite wird mit der Basisumrechnungsformel berechnet.
$x = \dfrac{\lg(5)}{\lg(3)} = \dfrac{0{,}69897\ldots}{0{,}47712\ldots} \approx 1{,}46497$	Die Probe ergibt: $3^{1{,}46497} \approx 5$

Da die nachfolgenden Logarithmengesetze für jede Basis gelten, wird auf das Mitführen der Basis beim log-Symbol verzichtet.

Regel

> **Rechengesetze für Logarithmen**
> Für $x, y \in \mathbb{R}^+$ und $r \in \mathbb{R}$ gilt:
> | | |
> |---|---|
> | (1) $\log(x \cdot y) = \log(x) + \log(y)$ | Aus **mal** im Logarithmus wird **plus** zwischen den Logarithmen. |
> | (2) $\log\left(\dfrac{x}{y}\right) = \log(x) - \log(y)$ | Aus **geteilt** im Logarithmus wird **minus** zwischen den Logarithmen. |
> | (3) $\log(x^r) = r \cdot \log(x)$ | Aus der **Potenz** im Logarithmus wird die **Multiplikation** mit dem Exponenten. |

Ferner gilt $\log_b(1) = 0$, da stets $b^0 = 1$.

Beispiel

Formen Sie den Term $\log_3(9x^2)$ mithilfe der Logarithmengesetze um.

Lösung:
$\log_3(9x^2) = \log_3(9) + \log_3(x^2) = 2 + \log_3(x^2)$
Falls $x > 0$, kann weiter umgeformt werden: $\log_3(9x^2) = 2 + 2\log_3(x)$

Aufgaben

41. a) Bestimmen Sie im Kopf und kontrollieren Sie mit dem Taschenrechner die Zehnerlogarithmen der folgenden Zahlen:

$$1 \qquad 10 \qquad 100 \qquad 0{,}1 \qquad 10^6 \qquad \frac{1}{1\,000} \qquad \sqrt[3]{100}$$

b) Verfahren Sie in gleicher Weise mit den unten stehenden Zahlen, jedoch mit dem Zweierlogarithmus.

$$2 \qquad 8 \qquad 512 \qquad 0{,}25 \qquad \frac{1}{2} \qquad \sqrt{2} \qquad 1 \qquad 2^{10}$$

42. Formen Sie die folgenden Terme mithilfe der drei Logarithmengesetze um:

a) $\lg\left(\frac{10x^2}{(x+1)^2}\right)$ 　　　　　　b) $\log_2(4\sqrt{x})$

c) $2\log_5(x) - 0{,}5\log_5(x)$ 　　　　　d) $\log_2(x^2+1)$

3.4 Exponentialgleichungen

Bei der Anwendung und Untersuchung von Exponentialfunktionen, insbesondere von e-Funktionen, treten Gleichungen auf, in denen Exponentialterme enthalten sind. Diese kann man in vielen Fällen mithilfe von Logarithmen lösen.

Wenn sich die Potenz mit der Unbekannten x im Exponenten auf einer Seite isolieren lässt, dann löst man derartige Gleichungen in folgenden Schritten.

Regel

> **Lösen von einfachen Exponentialgleichungen**
> (1) Die Gleichung auf die Form $b^x = c$ bringen. Wenn $c \leq 0$ gilt, gibt es keine reelle Lösung. Andernfalls:
> (2) Die Gleichung **logarithmieren**: $b^x = c \mid \ln \iff \ln(b^x) = \ln(c)$
> (3) Logarithmusgesetz für Exponenten anwenden, $x \cdot \ln(b) = \ln(c)$, und nach x auflösen:
> $$x = \frac{\ln(c)}{\ln(b)}$$

Beispiele

Bestimmen Sie die Lösungen der Gleichungen.

a) $4^x + 12 = 20$ 　　　b) $4e^x - 10 = 2e^x + 3$ 　　　c) $2K_0 = K_0 \cdot 1{,}07^t$

Lösung:

a) $4^x = 8$ 　　　　　　　　　Wichtig ist es, im ersten Schritt die Potenz auf einer Seite zu isolieren.

$\ln(4^x) = \ln(8)$ 　　　　　　Erst danach erfolgt das Logarithmieren der Gleichung.

$x \cdot \ln(4) = \ln(8)$ 　　　　　Der Exponent wird herausgezogen und zu einem Faktor des Logarithmus.

$x = \frac{\ln(8)}{\ln(4)} = 1{,}5$

b) $2e^x = 13$

$e^x = 6{,}5$ 　　　　　　　　　Zur Erinnerung: ln und e neutralisieren sich.

$x = \ln(6{,}5) \approx 1{,}87$

c) Die Lösung dieser Gleichung beantwortet die Frage, wie lange man ein Startkapital K_0 anlegen muss, bis es sich bei einem Zinssatz von 7 % auf $2K_0$ verdoppelt (siehe **Zinseszinsformel**):

$$2K_0 = K_0 \cdot 1{,}07^t \quad \big| : K_0$$
$$\Leftrightarrow \quad 2 = 1{,}07^t \quad \big| \ln$$
$$\Leftrightarrow \quad \ln(2) = t \cdot \ln(1{,}07)$$
$$\Leftrightarrow \quad t = \frac{\ln(2)}{\ln(1{,}07)}$$
$$\approx 10{,}2 \text{ Jahre}$$

Da K_0 selbst herausfällt, ist diese Verdopplungszeit von 10 Zeiteinheiten (Jahren) unabhängig von der Höhe des Startkapitals.

Aufgaben   **43.** Ermitteln Sie die Lösungen der folgenden Gleichungen:

     a) $2^x = 6$ b) $2e^{2x} = 3$

     c) $2(e^x - 2) = 6$ d) $2e^x = 3e^x - 4$

44. Bestimmen Sie, sofern vorhanden, die Nullstellen der folgenden Funktionen:

     a) $f(x) = e^x - 1$ b) $f(x) = e^{-x} + 1$

     c) $f(x) = (x^2 - x)e^{2x}$ d) $f(x) = (2x^2 - x - 3)e^{2x - 3}$

45. a) Der Weltenergieverbrauch nimmt pro Jahr um 5 % zu.
        In wieviel Jahren ist der Energieverbrauch um 20 % gegenüber jetzt gestiegen?

     b) Der Wert eines Neuwagens sinkt um 10 % pro Jahr. Sein Anschaffungspreis beträgt 25 000 €.
        Wie lange dauert es, bis der Restwert nur noch 10 000 € beträgt?

3.5   Wachstums- und Abnahmeprozesse

Mit der verallgemeinerten e-Funktion $f(x) = ae^{kx}$ lassen sich Wachstums- und Abnahmeprozesse beschreiben. Dabei stellt die unabhängige Variable x meist die Zeit dar und der Definitionsbereich wird auf $x \geq 0$ eingeschränkt. Zum Zeitpunkt $x = 0$ ist dann mit $f(0) = a$ der Anfangsbestand bezeichnet.

Definition

Wachstums- und Abnahmefunktion
Eine Funktion $f(x) = ae^{kx}$ mit $x \geq 0$ und den konstanten Parametern $a > 0$ (Anfangsbestand) sowie $k \neq 0$ heißt:

Wachstumsfunktion, wenn $k > 0$.
k heißt Wachstumskonstante; je größer
k, um so stärker ist das Wachstum.

Abnahmefunktion, wenn $k < 0$. k heißt
Abnahmekonstante; je größer $|k|$, um
so schneller erfolgt die Abnahme.

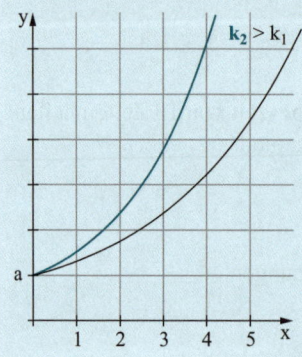
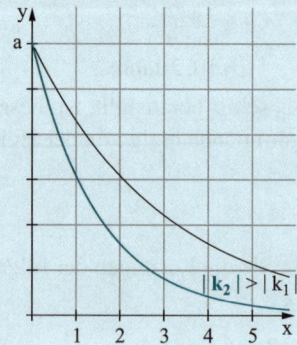

Bei Wachstumsfunktionen berechnet sich die **Verdopplungszeit** x_D gemäß:

$$f(x_D) = 2a \iff 2a = ae^{kx_D} \iff e^{kx_D} = 2 \iff kx_D = \ln(2) \iff x_D = \frac{\ln(2)}{k}$$

Bei Abnahmefunktionen berechnet sich die **Halbierungszeit** x_H gemäß:

$$f(x_H) = \frac{a}{2} \iff \frac{a}{2} = ae^{kx_H} \iff e^{kx_H} = \frac{1}{2} \iff kx_H = \ln(\tfrac{1}{2}) \iff x_H = -\frac{\ln(2)}{k}$$

Im letzten Schritt wurde $\ln(\frac{1}{2}) = \ln(2^{-1}) = -\ln(2)$ verwendet.

Beispiele

1. **Zellteilung**
   Eine Zellkultur hat zum Zeitpunkt $t = 0$ genau 100 Zel-
   len. Durch Zellteilung wächst ihre Anzahl nach der
   Wachstumsfunktion $N(t) = 100e^{\frac{t}{2}}$, t in Tagen.

   a) Wie viele Zellen sind es in 3 Tagen, in 14 Tagen,
      nach 1 Monat?

   b) In wie vielen Tagen verdoppelt sich ihre Anzahl?

   c) Nach wie viel Tagen sind es 1 000 Zellen?

   Lösung:

   a) $N(3) = 100e^{\frac{3}{2}} \approx 448$

   $N(14) = 100e^7 \approx 109\,663$

   $N(30) = 100e^{15} \approx 326\,901\,737$

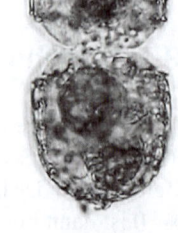

   b) $t_D = \dfrac{\ln(2)}{\frac{1}{2}} = 2\ln(2) = \ln(4) \approx 1,39$ [Tage] Setze in der Formel $k = \frac{1}{2}$.

c) $100e^{\frac{t_T}{2}} = 1\,000 \iff e^{\frac{t_T}{2}} = 10 \iff \frac{t_T}{2} = \ln(10)$ Ansatz $N(t_T) = 1\,000$

$\Rightarrow t_T = 2\ln(10) \approx 4,6\,[\text{Tage}]$

2. Kondensatorentladung

Ein Kondensator wird auf die Ladung Q_0 aufgeladen. Zum Zeitpunkt $t = 0$ wird der Schalter umgelegt und der Kondensator entlädt sich über einen Widerstand nach der Funktion: $Q(t) = Q_0 e^{-\frac{t}{\tau}}$
Darin ist τ die Zeitkonstante (in Sekunden) des RC-Glieds.

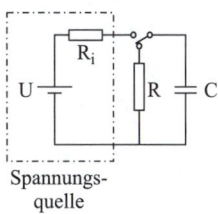
Spannungsquelle

a) Berechnen Sie in Abhängigkeit von der Zeitkonstanten τ, in welcher Zeit die Ladung auf den Faktor $\frac{1}{e} \approx 0,37 = 37\,\%$ abnimmt.

b) Wie viel Prozent der Ladung hat der Kondensator noch nach 2 und nach 5 Zeitkonstanten?

c) Bestimmen Sie die Halbierungszeit der Ladung, wenn $\tau = 1$ s beträgt.

Lösung:

a) $Q(t) = Q_0 \cdot \frac{1}{e} \Rightarrow Q_0 e^{-\frac{t}{\tau}} = Q_0 e^{-1} \Rightarrow -\frac{t}{\tau} = -1 \Rightarrow t = \tau$
Nach einer Zeitkonstanten sinkt die Ladung also auf ca. 37 % ihres Anfangswerts ab.

b) $Q(2\tau) = Q_0 e^{-2} \approx 0,135\,Q_0$
Nach 2τ sind nur noch 13,5 % der ursprünglichen Ladung vorhanden.
$Q(5\tau) = Q_0 e^{-5} \approx 0,0067\,Q_0$
Nach 5τ sind nur noch 0,67 % der ursprünglichen Ladung vorhanden.

c) $t_H = -\frac{\ln(2)}{\frac{1}{-\tau}} = \tau \ln(2) \approx 0,69$ s   Setze in der Formel $k = -\frac{1}{\tau}$.

Die Geschwindigkeit eines Fallschirmspringers vor dem Öffnen des Fallschirms nimmt nicht unbegrenzt zu, wie das im luftleeren Raum der Fall wäre. Vielmehr nähert sich seine Geschwindigkeit asymptotisch einem Maximalwert.
Solche Kurvenverläufe werden durch Funktionen der Form

$f(x) = c \cdot \left(1 - e^{-\frac{x}{T}}\right)$

beschrieben, wobei die unabhängige Variable x meist die Zeit ist, die nur für $x \geq 0$ betrachtet wird. c ist der asymptotische Endwert und T eine Zeitkonstante.

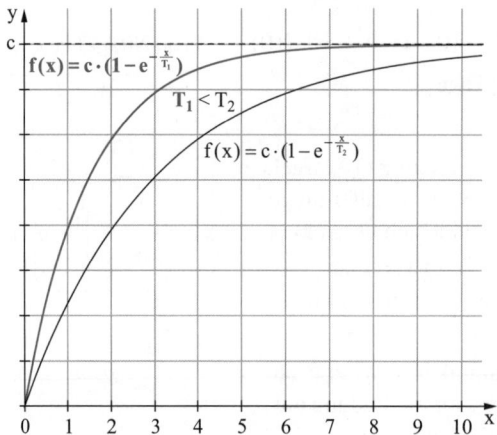

Beispiel Ein Fallschirmspringer springt zum Zeitpunkt $t = 0$ aus dem Flugzeug. Seine Geschwindigkeit vor dem Öffnen des Schirms nimmt nach der Funktion $v(t) = v_e \cdot \left(1 - e^{-\frac{t}{T}}\right)$ zu, wobei die Grenzgeschwindigkeit $v_e = 50\,\frac{m}{s}$ und die Zeitkonstante $T = 1{,}5$ s beträgt.

a) Skizzieren Sie den Verlauf von $v(t)$.

b) Berechnen Sie, nach welcher Fallzeit der Springer $100\,\frac{km}{h}$ erreicht hat.
   Hinweis: Den Umrechnungsfaktor von $\frac{km}{h}$ in $\frac{m}{s}$ recherchieren Sie selbst.

c) Wie lange dauert es, bis er bei 90 % der Endgeschwindigkeit angelangt ist?

d) Mit den aus der Physik bekannten Bezeichnungen für zurückgelegte Strecke s und Beschleunigung a gilt: $v(t) = s'(t)$ und $a(t) = v'(t)$.
   Zeichnen Sie in Ihr Diagramm von Teilaufgabe a ein, wo $a(2)$ zu finden ist. Lesen Sie den ungefähren Wert aus dem Diagramm ab und berechnen Sie anschließend diese Größe.

Lösung:

a)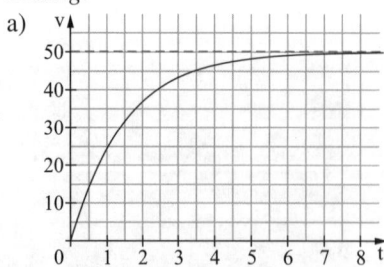

b) $v = 100\,\frac{km}{h} = \frac{100}{3{,}6}\,\frac{m}{s} \approx 27{,}8\,\frac{m}{s}$

Ansatz: $v(t) = 27{,}8$

$50\left(1 - e^{-\frac{t}{1{,}5}}\right) = 27{,}8 \;\Leftrightarrow\; e^{-\frac{t}{1{,}5}} = 0{,}444 \;\Rightarrow\; t_1 = -1{,}5 \cdot \ln(0{,}444) \approx 1{,}22\,[s]$

c) $0,9 \cdot 50 = 50 \cdot \left(1 - e^{-\frac{t}{1,5}}\right) \Leftrightarrow e^{-\frac{t}{1,5}} = 0,1 \Rightarrow t_2 = -1,5 \cdot \ln(0,1) \approx 3,45 \, [s]$

d) Aus dem Diagramm abgelesen:
$a(2) \approx 10$ (Steigung der Tangente)

Berechnet:

$a(t) = v'(t) = 50\left(0 - e^{-\frac{t}{1,5}}\left(-\frac{1}{1,5}\right)\right)$

$= \frac{100}{3} e^{-\frac{t}{1,5}} \Rightarrow a(2) \approx 8,79 \left[\frac{m}{s^2}\right]$

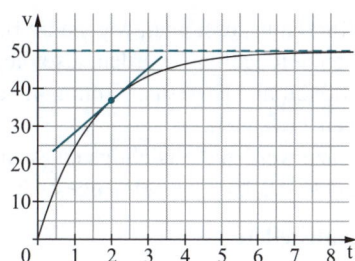

Aufgaben

46. a) Skizzieren Sie den Verlauf der Funktion $f(x) = ae^{kx} + c$ für $x \geq 0$ mit den positiven Parametern a und c sowie negativem k. Kennzeichnen Sie insbesondere, wo die Parameter a und c auftreten.

b) Der zeitliche Verlauf des Aufladens eines Akkus werde mit folgender Funktion beschrieben:
$Q(t) = 100(1 - e^{-t})$ mit t in Stunden
Welche Bedeutung hat die Zahl 100 in diesem Zusammenhang?
Zu wie viel Prozent ist der Akku nach einer Stunde aufgeladen, wenn er vorher leer war?
Wie lange dauert es, ihn auf 95 % aufzuladen?

c) Die sogenannte Differenzialgleichung
$f'(x) = k \cdot f(x)$
bringt zum Ausdruck, dass die Änderungsrate $f'(x)$ proportional zur vorhandenen Menge $f(x)$ ist. Dabei ist k die Proportionalitätskonstante.
Zeigen Sie, dass diese Differenzialgleichung von Funktionen der Form
$f(x) = ae^{kx}$ erfüllt wird.

47. Die Sinkgeschwindigkeit v einer Kugel zum Zeitpunkt t in einer Flüssigkeit kann für $t \geq 0$ durch die Beziehung

$v(t) = -g\mu + g\mu e^{-\frac{1}{\mu}t}$

beschrieben werden, wobei g die Erdbeschleunigung und $\mu > 0$ eine Materialkonstante ist, die von der Größe der Kugel und der Viskosität der Flüssigkeit abhängt.

a) Geben Sie die Beschleunigung a(t) in Abhängigkeit von der Zeit t an, wobei $a(t) = v'(t)$ gilt.

b) Bestimmen Sie $\lim\limits_{t \to \infty} v(t)$ und geben Sie an, was dieser Grenzwert in diesem Zusammenhang bedeutet.

3.6 Kurvendiskussion

Kurvendiskussionen, wie sie im Band 1 ab Seite 107 mit ganzrationalen Funktionen durchgeführt wurden, also die Untersuchung von Funktionen auf Nullstellen, Monotonie, Extrema, Krümmung usw., lassen sich auch bei Exponentialfunktionen anwenden.

Dazu werden die wichtigsten Sachverhalte zur Untersuchung einer Funktion f nochmals kurz zusammengestellt.

Nullstellen

$f(x) = 0$ Gleichung lösen, ergibt die Nullstellen

Monotonie

Die erste Ableitungsfunktion bestimmen
und deren Nullstellen berechnen:

$f'(x) = 0$ Gleichung lösen, ergibt die Grenzen der Monotonieintervalle x_1; x_2; ... (in aufsteigender Reihenfolgen angeben)

Monotonietabelle anlegen und aus den Vorzeichen von f' auf die Monotonie von f schließen. Beispiel:

x		x_1		x_2	
f'(x)	+	0	–	0	+
f(x)	↗	H	↘	T	↗

Zur Erinnerung: Gilt $f'(x) > 0$ auf einem Intervall I, so folgt, dass f auf I streng monoton wächst. Entsprechend gilt, dass bei negativem f' die zugehörige Funktion f streng monoton abnimmt.

Aus den Monotoniewechseln lässt sich auf das Vorliegen der Extrema schließen. Geht G_f von steigend in fallend über, so liegt ein Maximum vor, ist es umgekehrt, so ergibt sich ein Minimum.

Krümmung

Die zweite Ableitungsfunktion bestimmen und mit f'' genauso vorgehen wie oben mit f' (einschließlich der Tabelle, nur eben mit dem Vorzeichen von f''). Aus den Krümmungswechseln an den Intervallgrenzen auf Wendepunkte schließen.

Im Zusammenhang mit Exponentialfunktionen ist schließlich zu beachten, dass immer $e^{g(x)} > 0$ gilt, unabhängig davon, welcher Funktionsterm g(x) im Exponenten auftritt.

Beispiele

1. Gegeben ist auf $\mathbb{R}$ die Funktion $f(x) = xe^{-x}$.

   a) Untersuchen Sie f auf Nullstellen.

   b) Ermitteln Sie die maximalen Monotonieintervalle von f und geben Sie das zugehörige Monotonieverhalten an.

c) Bestimmen Sie Art und Lage der Extrempunkte des Graphen von f.

d) Stellen Sie die Funktionsgleichung der Tangente im Ursprung auf.

e) Untersuchen Sie das Krümmungsverhalten des Graphen von f und geben Sie die Koordinaten des Wendepunktes an.

f) Zeichnen Sie den Graphen von f samt obiger Tangente in ein Koordinatensystem ein, wobei gilt: $-1 \leq x \leq 3$. Verwenden Sie auch die rechnerisch ermittelten Koordinaten von Hoch- und Wendepunkt.
Legen Sie eine Wertetabelle mit einer Schrittweite von 0,5 an. Auf der y-Achse gilt: 1 LE = 2 cm

g) Geben Sie aus dem Diagramm heraus in formal korrekter Schreibweise die Grenzwerte an den Rändern des Definitionsbereiches an. Welche Folgerung können Sie aus den Grenzwerten an den Rändern und den Koordinaten des Hochpunktes über eben diesen Hochpunkt ziehen? Geben Sie schließlich noch die Wertemenge von f an.

h) Erläutern Sie, wo der Graph von f die maximale negative Steigung hat, und berechnen Sie diese.

Lösung

a) $f(x) = 0 \iff \underbrace{x}_{x_1 = 0} \cdot \underbrace{e^{-x}}_{>0\,\text{immer}} = 0$

Nullstelle: $x_1 = 0$

b) $f'(x) = x' \cdot e^{-x} + x \cdot (e^{-x})'$ Produktregel

$\quad = 1 \cdot e^{-x} + x \cdot \underbrace{e^{-x} \cdot (-1)}_{\text{Nachdifferenzieren}}$ Kettenregel

$\quad = e^{-x} - xe^{-x} = (1-x) \cdot e^{-x}$ e··· immer ausklammern

x		1	
f'(x)	+	0	−
f(x)	↗	H	↘

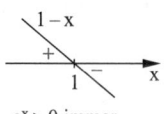

$e^x > 0$ immer

c) An der Stelle $x_1 = 1$ hat f ein Maximum.

$f(1) = 1 \cdot e^{-1} = \frac{1}{e} \approx 0,368 \implies H(1 \mid 0,368)$

d) $x_0 = 0; \ f(0) = 0; \ f'(0) = (1-0) \cdot e^{-0} = 1$
Tangentengleichung: t: $y = f(x_0) + f'(x_0) \cdot (x - x_0)$
Einsetzen: t: $y = 0 + 1 \cdot (x-0) \implies y = x$

e) $f''(x)$ bestimmen:

$f''(x) = -1 \cdot e^{-x} + (1-x)e^{-x} \cdot (-1)$ Produkt- und Kettenregel bei e^{-x}

$\quad = -e^{-x} + (x-1)e^{-x}$

$\quad = (-1 + x - 1)e^{-x} = (x-2)e^{-x}$

$f''(x) = 0 \implies x_1 = 2$

x		2	
f''(x)	–	0	+
f(x)	⌢	W	⌣

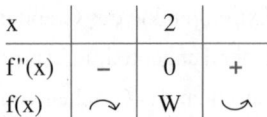

$$f(x) = 2 \cdot e^{-2} = \tfrac{2}{e^2} \approx 0,271 \quad \Rightarrow \quad W(2 \,|\, 0,271)$$

f)

x	–1	–0,5	0	0,5	1	1,5	2	2,5	3
f(x)	–2,72	0,30	0	0,30	0,37	0,33	0,27	0,21	0,15

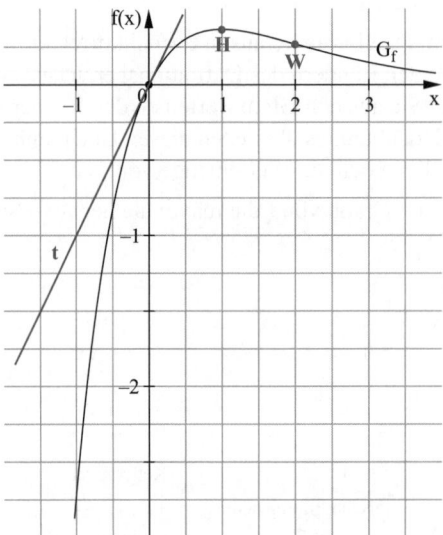

g) $$\lim_{x \to -\infty} f(x) = \lim_{x \to -\infty} \underbrace{x}_{\to -\infty} \cdot \underbrace{e^{-x}}_{\to +\infty} = -\infty$$

$$\lim_{x \to +\infty} f(x) = \lim_{x \to +\infty} \underbrace{x}_{\to \infty} \cdot \underbrace{e^{-x}}_{\to 0} = 0 \qquad \text{„e gewinnt.“}$$

Da es nur einen Extrempunkt gibt, ist dessen y-Koordinate lediglich mit den Grenzwerten an den Rändern des Definitionsbereiches zu vergleichen. Da $y_H \approx 0,368$ größer als beide Randgrenzwerte ist, handelt es sich um den globalen Hochpunkt des Graphen von f.
$$W_f = \,]-\infty;\, y_H] \approx \,]-\infty;\, 0,368]$$

h) Über die Steigung gibt f' Auskunft. Ihr extremer Wert liegt beim Wendepunkt. Für diesen gilt:
$$f'(2) = (1 - 2)e^{-2} = -e^{-2} \approx -0,135$$
Dies ist die maximale negative Steigung von G_f.

2. Ermitteln Sie beim Graphen der Funktion $f(x) = (x^2 - 1)e^{\frac{x}{2}}$ sämtliche markanten Punkte (Schnittpunkte mit den Achsen, Extrem- und Wendepunkte), zeichnen Sie den Graphen für $x \in [-8; 1,5]$ und markieren Sie die genannten Punkte in Ihrem Diagramm.
Wählen Sie auf der Ordinate: 1 LE = 2 cm

Lösung:

Nullstellen

$f(x) = 0 \Leftrightarrow x^2 - 1 = 0 \Leftrightarrow (x-1)(x+1) = 0$

$x_1 = -1; \ x_2 = 1 \Rightarrow$ Schnittpunkte mit der x-Achse: $N_1(-1 \mid 0); \ N_2(1 \mid 0)$

Schnittpunkte mit der y-Achse

$f(0) = (0-1)e^0 = -1 \Rightarrow S_y(0 \mid -1)$

Extrempunkte

$f'(x) = 2xe^{\frac{x}{2}} + (x^2-1)e^{\frac{x}{2}} \cdot \frac{1}{2} = \left(2x + \frac{1}{2}(x^2-1)\right)e^{\frac{x}{2}} = \left(\frac{1}{2}x^2 + 2x - \frac{1}{2}\right)e^{\frac{x}{2}}$

$f'(x) = 0 \Leftrightarrow \frac{1}{2}x^2 + 2x - \frac{1}{2} = 0 \qquad | \cdot 2$

$\qquad\qquad\qquad x^2 + 4x - 1 = 0$

$x_{1/2} = \dfrac{-4 \pm \sqrt{4^2 - 4 \cdot 1 \cdot (-1)}}{2 \cdot 1} = \dfrac{-4 \pm \sqrt{20}}{2} = \dfrac{-2(2 \pm \sqrt{5})}{2} = -2 \pm \sqrt{5} \approx \begin{cases} 0,236 \\ -4,236 \end{cases}$

Vorzeichen von f':

$f'(x) = \underbrace{\left(\frac{1}{2}x^2 + 2x - \frac{1}{2}\right)}_{\substack{\text{Parabel, nach} \\ \text{oben geöffnet}}} \cdot \underbrace{e^{\frac{x}{2}}}_{\substack{>0 \\ \text{immer}}}$

x		$-4,236$		$0,236$	
f'(x)	+	0	−	0	+
f(x)	↗	H	↘	T	↗

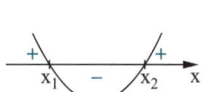

$f(-4,236) \approx 2,04 \Rightarrow H(-4,24 \mid 2,04)$
$f(0,236) \approx -1,06 \Rightarrow T(0,236 \mid -1,06)$

Wendepunkte

$f''(x) = (x+2)e^{\frac{x}{2}} + \left(\frac{1}{2}x^2 + 2x - \frac{1}{2}\right)e^{\frac{x}{2}} \cdot \frac{1}{2}$

$\qquad = \left[x + 2 + \frac{1}{2}\left(\frac{1}{2}x^2 + 2x - \frac{1}{2}\right)\right]e^{\frac{x}{2}}$

$\qquad = \underbrace{\left(\frac{1}{4}x^2 + 2x + \frac{7}{4}\right)}_{\substack{\text{Parabel, nach} \\ \text{oben geöffnet}}} \cdot \underbrace{e^{\frac{x}{2}}}_{\substack{>0 \\ \text{immer}}}$

$$\frac{1}{4}x^2 + 2x + \frac{7}{4} = 0 \qquad | \cdot 4$$

$$x^2 + 8x + 7 = 0$$

$$x_{1/2} = \frac{-8 \pm \sqrt{8^2 - 4 \cdot 1 \cdot 7}}{2 \cdot 1} = \frac{-8 \pm \sqrt{36}}{2} = \frac{-8 \pm 6}{2} = \begin{cases} -7 \\ -1 \end{cases}$$

Da es sich um Nullstellen mit VZW handelt, ändert sich an diesen Stellen das Krümmungsverhalten. Folglich sind an diesen Stellen Wendepunkte des Graphen von f:
$W_1(-7 | 1{,}45)$; $W_2(-1 | 0)$

Graph

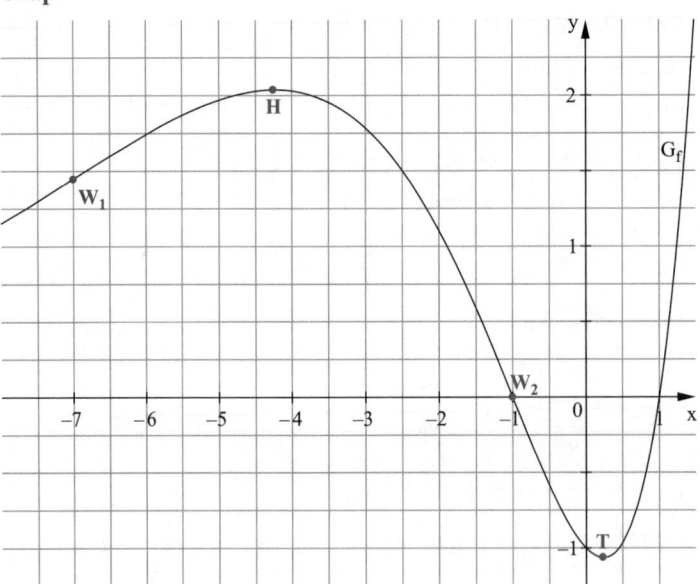

3. Betrachtet wird die Funktion f: $x \mapsto f(x)$ mit
   $f(x) = (x-1)e^x$ und $D_f =]-\infty; 1{,}5]$.
   Ermitteln Sie rechnerisch, sofern vorhanden, die globalen Extremwerte von f und geben Sie den Wertebereich an. Skizzieren Sie den Verlauf des Graphen und tragen Sie auch die globalen Extrempunkte ein.

   Lösung:
   Bestimmung der relativen Extrema:
   $f'(x) = 1 \cdot e^x + (x-1)e^x = x \cdot e^x$
   $f''(x) = 1 \cdot e^x + x \cdot e^x = (x+1)e^x$
   $f'(x) = 0 \;\Rightarrow\; x_1 = 0$
   $f''(0) = 1 > 0 \;\Rightarrow\;$ relatives Minimum bei $x_1 = 0$
   Minimalwert:
   $f(0) = -1 \cdot e^0 = -1$

Randuntersuchung:

linker Rand:

$$\lim_{x \to -\infty} f(x) = \lim_{x \to -\infty} \underbrace{(x-1)}_{\to -\infty} \underbrace{e^x}_{\to 0} = 0 \qquad \text{„e gewinnt.“}$$

rechter Rand:

$$f(1,5) = (1,5-1)e^{1,5} \approx 2,24$$

Der Vergleich des Minimalwertes –1 mit den Randwerten 0 und 2,24 zeigt, dass –1 globales Minimum ist.

Am rechten Rand mit Funktionswert 2,24 liegt demnach der größte Funktionswert, also ist bei $x_2 = 1,5$ der globale Maximalwert ca. 2,24.

Für die Wertemenge gilt damit $W_f \approx [-1; 2,24]$.

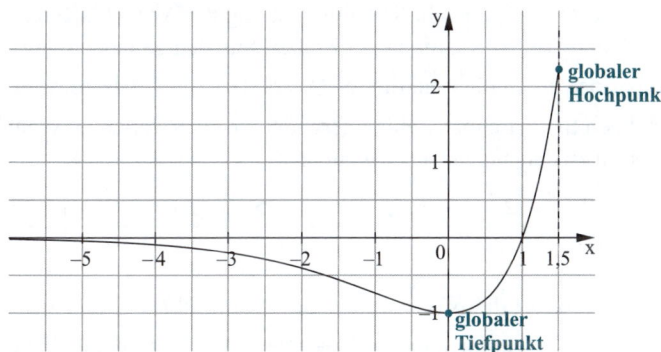

ufgaben 48. Die Funktion $f(x) = e^{-x}$ mit $D_f = \mathbb{R}$ soll auf ihre jeweiligen Eigenschaften hin untersucht werden.

   a) Geben Sie die Grenzwerte an den Rändern des Definitionsbereiches und die Wertemenge von f an.

   b) Ermitteln Sie das Monotonieverhalten und schließen Sie auf die Existenz von Extremwerten.

   c) Verfahren Sie auf die gleiche Weise mit dem Krümmungsverhalten von G_f.

   d) Zeichnen Sie in einem geeigneten Bereich den Graphen von f.

49. Ermitteln Sie beim Graphen der Funktion $f(x) = (x^2+1)e^{-\frac{x}{2}}$ sämtliche markanten Punkte (Schnittpunkte mit den Achsen, Extrempunkte und Wendepunkte), zeichnen Sie den Graphen für $x \in [-1; 8]$ und markieren Sie die genannten Punkte in Ihrem Diagramm.

Auf der y-Achse soll gelten: 1 LE = 2 cm

50. Die Funktion $f(x) = x^2 e^{-x} + 2$ mit $D_f = [-0{,}5;\ 5]$ wird betrachtet.

   a) Begründen Sie, warum f keine Nullstellen haben kann, ohne Berechnungen durchzuführen.

   b) Erläutern Sie, wiederum ohne Rechnung, an welcher Stelle f sein globales Minimum haben muss.

   c) Bestimmen Sie sämtliche Extrema der Funktion im Inneren von D_f.

   d) Ermitteln Sie das globale Minimum und das globale Maximum von f und geben Sie daraufhin den Wertebereich an.

   e) Zeichnen Sie den Graphen von f.

51. Ein Bakterienstamm mit $N_0 = 100$ Bakterien wird zum Zeitpunkt $t = 0$ auf ein endliches Substrat ausgebracht. Die Entwicklung der Anzahl $N(t)$ der Bakterien in Abhängig der Zeit t, die in der Einheit Stunden gemessen wird, kann näherungsweise durch die Funktion $N(t) = N_0(t+1)e^{-\frac{t}{10}}$ beschrieben werden.

   a) Berechnen Sie auf ganze Zahlen gerundet die zu erwartende Anzahl von Bakterien zu den angegebenen Zeiten:

t	0	2	5	10	15	20	25	30
N(t)	100							

   b) Zeigen Sie, dass gilt: $N'(t) = 10(9-t)e^{-\frac{t}{10}}$ und $N''(t) = (t-19)e^{-\frac{t}{10}}$

   c) Nach wie vielen Stunden hat die Bakterienzahl ihre größtmögliche Anzahl erreicht und wie groß ist diese Menge?

   d) Berechnen Sie den Wendepunkt der Funktion $N(t)$ und erläutern Sie, welche Bedeutung er in diesem Zusammenhang hat.

52. Eine Funktion, die in der Wahrscheinlichkeitsrechnung und Statistik eine wichtige Rolle spielt, wird Normalverteilung oder auch Gauß'sche Glockenkurve genannt. Sie lautet, bis auf einen Faktor:

$f(x) = e^{-\frac{x^2}{2}}$ mit $D_f = \mathbb{R}$

Hinweis: Das „hoch 2" bezieht sich ausschließlich auf die Basis x. Wären andere Teile in das Quadrat mit einbezogen, müssten entsprechende Klammern gesetzt werden. Wegen des ausschließlich vorkommenden x zum Quadrat ist G_f achsensymmetrisch zur y-Achse.

   a) Geben Sie die Grenzwerte für $x \rightarrow \pm\infty$ an. Interpretieren Sie Ihr Ergebnis im Hinblick auf den Graphen.

   b) Bestimmen Sie die Koordinaten des globalen Hochpunktes und geben Sie anschließend die Wertemenge der Funktion an.

   c) Berechnen Sie die Koordinaten der Wendepunkte.

d) Zeichnen Sie den Graphen im Bereich $|x| \leq 3$ mithilfe einer Wertetabelle für $x = 0;\ \pm 0,25;\ \pm 0,5;\ \pm 1;\ \pm 1,5;\ \pm 2;\ \pm 2,5;\ \pm 3$.
Verwenden Sie 1 LE = 2 cm auf der x-Achse und 1 LE = 4 cm auf der y-Achse.
Markieren Sie Extrem- und Wendepunkte.

4 Integralrechnung

Mit den bisherigen Integrationsregeln (siehe Seite 30) können Stammfunktionen F von ganzrationalen Funktionen f bestimmt werden. Dabei ist F (nach Definition) eine Stammfunktion von f, wenn $F' = f$ gilt.

Beispiele

1. Zu der Funktion $f(x) = 2x^3 - \frac{1}{2}x^2 + 4x - 3$ sind sämtliche Stammfunktionen zu ermitteln. Anschließend soll der Nachweis geführt werden, dass die aufgefundenen Funktionen tatsächlich Stammfunktionen sind.

   Lösung:

   $$\int f(x)\, dx = \int (2x^3 - \tfrac{1}{2}x^2 + 4x - 3)\, dx$$
   $$= 2 \cdot \tfrac{1}{4}x^4 - \tfrac{1}{2} \cdot \tfrac{1}{3}x^3 + 4 \cdot \tfrac{1}{2}x^2 - 3x + C$$
   $$= \tfrac{1}{2}x^4 - \tfrac{1}{6}x^3 + 2x^2 - 3x + C$$

   Dabei ist C eine konstante Zahl, Integrationskonstante genannt. Angewandt wurden die Summenregel, nach der die einzelnen Summanden getrennt integriert werden, und die Faktorregel, der zufolge konstante Faktoren beim Integrieren unverändert erhalten bleiben. Ferner wurde die Formel für die Integration der Potenzfunktion verwendet:

   $$\int x^n\, dx = \frac{1}{n+1} x^{n+1} + C \quad \text{für } n \in \mathbb{N}$$

   Der Nachweis, dass das Ergebnis Stammfunktionen sind, wird durch Ableiten geführt:

   $$\left(\tfrac{1}{2}x^4 - \tfrac{1}{6}x^3 + 2x^2 - 3x + C\right)' = \tfrac{1}{2} \cdot 4x^3 - \tfrac{1}{6} \cdot 3x^2 + 2 \cdot 2x - 3 + 0$$
   $$= 2x^3 - \tfrac{1}{2}x^2 + 4x - 3$$
   $$= f(x)$$

   Damit ist der Nachweis geführt, dass es sich um Stammfunktionen von f handelt.

2. Bestimmen Sie $\int (x^2 - 2x + 3)^2\, dx$.

Lösung:

Produkte von Funktionen können nicht direkt integriert werden. Um die bekannten Integrationsregeln anwenden zu können, muss zunächst ausmultipliziert werden:

$$(x^2 - 2x + 3)^2 = (x^2 - 2x + 3)(x^2 - 2x + 3) = x^4 - 4x^3 + 10x^2 - 12x + 9$$

Der ausmultiplizierte Term kann nun mit den bekannten Regeln integriert werden.

$$\int (x^4 - 4x^3 + 10x^2 - 12x + 9)\, dx = \tfrac{1}{5}x^5 - x^4 + \tfrac{10}{3}x^3 - 6x^2 + 9x + C$$

Aufgabe 53. Ermitteln Sie jeweils die Stammfunktionen und weisen Sie durch Ableiten nach, dass es tatsächlich Stammfunktionen sind.

a) $\int \left(\tfrac{1}{2} - x\right) dx$

b) $\int (2x - 1)(x + 3)\, dx$

c) $\int 5(x - 2)^2\, dx$

d) $\int \frac{(2x + 1)^2}{3}\, dx$

4.1 Integration von e-Funktionen

Die Ableitung der e-Funktion ergibt wieder die e-Funktion:

$(e^x)' = e^x$

Damit sind umgekehrt auch sofort die Stammfunktionen der e-Funktion angegeben, nämlich:

$$\int e^x\, dx = e^x + C$$

Natürlich gelten Summen- und Faktorregel weiterhin.

Beispiele

1. Gegeben ist die Funktion f mit $f(x) = e^x + 1$.
   Bestimmen Sie sämtliche Stammfunktionen von f.

   Lösung:

   $$\int (e^x + 1)\, dx = \int e^x\, dx + \int 1\, dx = e^x + 1 \cdot x + C = e^x + x + C$$

2. Ermitteln Sie zu der Funktion $f(x) = 3e^x + 2x^2 - 4x$ sämtliche Stammfunktionen.

Lösung:

$$\int (3e^x + 2x^2 - 4x)\,dx = \int 3e^x\,dx + \int 2x^2\,dx - \int 4x\,dx$$
$$= 3 \cdot \int e^x\,dx + 2 \cdot \int x^2\,dx - 4 \cdot \int x\,dx$$
$$= 3e^x + \frac{2}{3}x^3 - 2x^2 + C$$

Etwas schwieriger wird es, wenn nicht die e-Funktion in ihrer Grundform zu integrieren ist, sondern eine e-Funktion in der Form $x \mapsto e^{ax+b}$ mit konstanten Zahlen $a \neq 0$ und b. In diesem Fall handelt es sich um zwei miteinander verkettete Funktionen: In die e-Funktion ist die lineare Funktion $y = ax + b$ eingesetzt. Zum Ableiten muss deshalb die Kettenregel (Nachdifferenzieren) zum Einsatz kommen. Wird $x \mapsto e^{ax+b}$ abgeleitet, so erhält man:

$$(e^{ax+b})' = e^{ax+b} \cdot (ax+b)' = e^{ax+b} \cdot a = ae^{ax+b}$$

Es entsteht beim Ableiten der Faktor a gegenüber der ursprünglichen Funktion, weshalb $x \mapsto e^{ax+b}$ selbst keine Stammfunktion ist. Das Auftreten des Faktors a lässt sich aber leicht „korrigieren". Leitet man nämlich $\frac{1}{a}e^{ax+b}$ ab, so erhält man tatsächlich e^{ax+b}, da sich a wegkürzt.

Regel

$$\int e^{ax+b}\,dx = \frac{1}{a}e^{ax+b} + C$$

Bei der **Verkettung der e-Funktion** mit einer linearen Funktion muss beim Bilden der Stammfunktion die ursprüngliche Funktion noch mit dem Kehrwert des bei x stehenden Faktors multipliziert werden.

Beispiele

Schreiben Sie die folgenden unbestimmten Integrale in integralfreier Darstellung:

a) $\int e^{3x-1}\,dx$ b) $\int e^{2-x}\,dx$

c) $\int e^{\frac{1}{2}x-1}\,dx$ d) $\int e^{0,1x-2}\,dx$

Lösung:

a) $\int e^{3x-1}\,dx = \frac{1}{3}e^{3x-1} + C$

b) $\int e^{2-x}\,dx = \frac{1}{-1}e^{2-x} + C = -e^{2-x} + C$

c) $\int e^{\frac{1}{2}x-1}\,dx = \frac{1}{\frac{1}{2}}e^{\frac{1}{2}x-1} + C = 2e^{\frac{1}{2}x-1} + C$

d) $\int e^{0,1x-2}\,dx = \frac{1}{0,1}e^{0,1x-2} + C = 10e^{0,1x-2} + C$

Aufgaben **54.** Stellen Sie nachfolgende unbestimmte Integrale in integralfreier Form dar:

a) $\int \left(1 - x + \frac{1}{2}e^x\right) dx$

b) $\int \frac{3e^x - 2x}{3} dx$

c) $\int 4\left(2x^2 + \frac{1}{2}e^x\right) dx$

55. Berechnen Sie die angegebenen Integrale.

a) $\int e^{\frac{x}{2}} dx$ b) $\int e^{-2x} dx$

56. Ermitteln Sie die Stammfunktionen der nachfolgenden Funktionen und machen Sie jeweils die Probe mittels Ableiten.

a) $f(x) = 1 - e^{-x}$ b) $f(x) = 4e^{-\frac{x}{2}}$

c) $f(x) = e^{2(x-1)} - e^2$ d) $f(x) = ae^{kx} + c;\ k \neq 0$

57. Weisen Sie nach, dass $F(x) = -2 \cdot (x + 2) \cdot e^{-\frac{x}{2}}$ eine Stammfunktion von $f(x) = x \cdot e^{-\frac{x}{2}}$ ist.

4.2 Das bestimmte Integral

Neben dem unbestimmten Integral gibt es auch noch ein bestimmtes Integral. Dieses spielt bei Flächenberechnungen eine tragende Rolle.

Definition

Das bestimmte Integral
Eine Funktion f sei im Intervall [a; b] definiert und besitze eine Stammfunktion F. Dann heißt

$$\int_a^b f(x)\, dx$$

das **bestimmte Integral** von f(x) in den Grenzen von a bis b. Das bestimmte Integral wird wie folgt berechnet:

$$\int_a^b f(x)\, dx := \left[F(x)\right]_a^b := F(b) - F(a)$$

Um das bestimmte Integral einer Funktion f zu berechnen, geht man folgendermaßen vor: Man verschafft sich eine Stammfunktion F, sprich: Man integriert f und
erhält F. Anschließend setzt man in diese Stammfunktion die **obere Grenze** sowie
die **untere Grenze** ein und bildet die Differenz. Der so erhaltene Zahlenwert ist
das bestimmte Integral.

Beispiele

1. Berechnen Sie das bestimmte Integral der Funktion $f(x) = \frac{1}{4}x^2$ in den
   Grenzen von $a=2$ bis $b=5$.

   Lösung:
   Ansatz:

   $$\int_2^5 \frac{1}{4}x^2\,dx$$

   Man braucht eine (beliebige) Stammfunktion von $f(x)$. Man nimmt die
   einfachste, d. h. die mit der Integrationskonstante $C=0$ (jede andere ginge
   auch, macht die Rechnung aber nur aufwendiger):

   $$\int_2^5 \frac{1}{4}x^2\,dx = \left[\frac{1}{12}x^3\right]_2^5 = \frac{1}{12}5^3 - \frac{1}{12}2^3 = \frac{117}{12}$$

2. Berechnen Sie:

   $$\int_{-4}^0 x^2(x-4)\,dx$$

   Lösung:

   $$\int_{-4}^0 x^2(x-4)\,dx = \int_{-4}^0 (x^3 - 4x^2)\,dx = \left[\frac{1}{4}x^4 - \frac{4}{3}x^3\right]_{-4}^0$$

   $$= 0 - \left(\frac{1}{4}(-4)^4 - \frac{4}{3}(-4)^3\right) = -\frac{448}{3}$$

3. Ermitteln Sie:

   $$\int_{-1}^2 e^{-\frac{x}{2}}\,dx$$

   Lösung:

   $$\int_{-1}^2 e^{-\frac{x}{2}}\,dx = \left[-2e^{-\frac{x}{2}}\right]_{-1}^2 = -2e^{-\frac{2}{2}} - \left(-2e^{-\frac{-1}{2}}\right) = -2e^{-1} + 2e^{\frac{1}{2}}$$

   $$= 2(e^{0,5} - e^{-1}) \approx 2,56$$

Für bestimmte Integrale hat man einige Rechenregeln, die sich unmittelbar aus der Definition des bestimmten Integrals ergeben.

Rechenregeln für bestimmte Integrale

1. $\displaystyle\int_a^a f(x)\,dx = 0$

2. $\displaystyle\int_a^b f(x)\,dx = -\int_b^a f(x)\,dx$

3. Für $a < b < c$ gilt: $\displaystyle\int_a^c f(x)\,dx = \int_a^b f(x)\,dx + \int_b^c f(x)\,dx$

Nach Regel 1 ergibt das bestimmte Integral den Wert null, wenn obere und untere Grenze gleich sind. Regel 2 besagt, dass sich beim Vertauschen der Integrationsgrenzen beim bestimmten Integral das Vorzeichen wechselt. Regel 3 benötigt man beispielsweise bei der Integration abschnittsweise definierter Funktionen, wie das folgende Beispiel zeigt.

Integrieren Sie die Funktion $x \mapsto |x|$ in den Grenzen von $a = -2$ bis $b = 3$.

Lösung:

$|x|$ wird definitionsgemäß aufgespalten:

$$|x| = \begin{cases} x & \text{für } x \geq 0 \\ -x & \text{für } x < 0 \end{cases}$$

Dann wird über die jeweils zutreffenden Teilintervalle integriert:

$$\int_{-2}^{3} |x|\,dx = \int_{-2}^{0} (-x)\,dx + \int_{0}^{3} x\,dx = \left[-\tfrac{1}{2}x^2\right]_{-2}^{0} + \left[\tfrac{1}{2}x^2\right]_{0}^{3}$$

$$= 0 - \left(-\tfrac{1}{2}(-2)^2\right) + \tfrac{1}{2}3^2 - 0 = \tfrac{13}{2}$$

58. Berechnen Sie die bestimmten Integrale:

a) $\displaystyle\int_{-2}^{2} x\,dx$

b) $\displaystyle\int_{0}^{5} x(x-3)\,dx$

c) $\int\limits_{-2}^{1} \left(4x^3 + x^2 - \frac{1}{2}x + 5\right) dx$

d) Bestimmen Sie t so, dass gilt:

$$\int\limits_{-1}^{t} (x+1)^3 \, dx = 4$$

59. Bestimmen Sie ferner:

a) $\int\limits_{0}^{1} e^x \, dx$

b) $\int\limits_{-2}^{2} 3e^{-x+1} \, dx$

c) $\int\limits_{-1}^{0} \frac{1}{2} e^{3 - \frac{x}{2}} \, dx$

4.3 Flächenberechnung

Die Notwendigkeit, die Inhalte ebener Flächenstücke zu berechnen, ist in der Praxis an vielen Stellen vorhanden: Bei Grundstückskäufen benötigt man die Quadratmeterzahl des betreffenden Stück Landes. Vor dem Kauf eines Teppichbodens muss der Flächeninhalt des Zimmers ermittelt werden, in dem er verlegt werden soll, usw. Mit dem bestimmten Integral können nun auch die Inhalte krummlinig begrenzter Flächen berechnet werden.

Das bestimmte Integral hängt mit der Berechnung von Flächeninhalten wie folgt zusammen.

Regel

Fläche oberhalb der x-Achse
Hat eine Funktion f im Intervall [a; b] keinen Sprung und keine negativen Werte, dann gilt für den Inhalt A der vom Graphen von f, der x-Achse sowie den Grenzgeraden x = a und x = b eingeschlossenen Fläche:

$$A = \int\limits_{a}^{b} f(x) \, dx$$

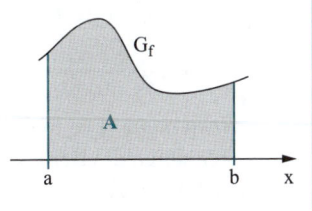

Beispiele

1. Berechnen Sie den Flächeninhalt A der Fläche, die vom Graphen der Funktion $f(x) = \frac{1}{4}x^2$, der x-Achse sowie den Grenzgeraden x = 2 und x = 5 eingeschlossen wird.

Lösung:
Die Fläche liegt vollständig oberhalb der x-Achse. Deshalb liefert das bestimmte Integral den gewünschten Flächeninhalt (Angabe in **F**lächen-**E**inheiten FE):

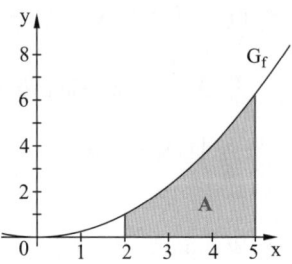

$$A = \int_2^5 \frac{1}{4} x^2 \, dx = \left[\frac{1}{12} x^3 \right]_2^5$$

$$= \frac{1}{12} 5^3 - \frac{1}{12} 2^3 = \frac{39}{4} \text{ FE} = 9,75 \text{ FE}$$

2. Berechnen Sie den Inhalt der vom Graphen der Funktion $f(x) = -x^2 + 2$ und der x-Achse eingeschlossenen Fläche.

Lösung:
Die eingeschlossene Fläche ist in der Abbildung eingefärbt. Eine andere endliche zwischen Graph und x-Achse eingeschlossene Fläche gibt es nicht. Diesmal sind die untere und obere Grenze des Integrals nicht angegeben. Sie müssen berechnet werden. Es sind die Nullstellen von f(x):

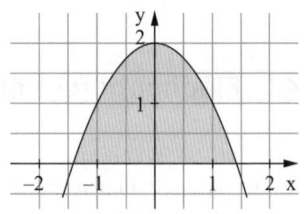

$$f(x) = 0 \iff -x^2 + 2 = 0 \iff x^2 = 2 \implies x_{1/2} = \pm\sqrt{2}$$

Damit kann das bestimmte Integral angesetzt werden:

$$A = \int_{-\sqrt{2}}^{\sqrt{2}} (-x^2 + 2) \, dx = \left[-\frac{1}{3} x^3 + 2x \right]_{-\sqrt{2}}^{\sqrt{2}}$$

$$= -\frac{1}{3}\sqrt{2}^3 + 2\sqrt{2} - \left(-\frac{1}{3}(-\sqrt{2})^3 + 2(-\sqrt{2}) \right)$$

$$= -\frac{2}{3}\sqrt{2} + 2\sqrt{2} - \left(\frac{2}{3}\sqrt{2} - 2\sqrt{2} \right)$$

$$= \sqrt{2} \cdot \left(-\frac{2}{3} + 2 - \frac{2}{3} + 2 \right) = \frac{8}{3}\sqrt{2} \text{ FE} \approx 3,77 \text{ FE}$$

Bemerkung: Die Rechnung vereinfacht sich durch die Berücksichtigung der **Symmetrie** erheblich, weil die untere Grenze jetzt 0 ist:

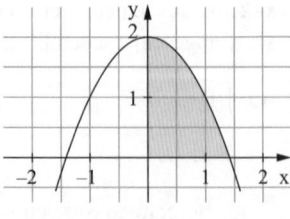

$$A = 2 \cdot \int_0^{\sqrt{2}} (-x^2 + 2) \, dx = 2 \cdot \left[-\frac{1}{3} x^3 + 2x \right]_0^{\sqrt{2}}$$

$$= 2 \cdot \left(-\frac{1}{3}\sqrt{2}^3 + 2\sqrt{2} - 0 \right)$$

$$= 2\sqrt{2} \cdot \left(-\frac{2}{3} + 2 \right) = \frac{8}{3}\sqrt{2} \text{ FE}$$

Regel

Fläche unterhalb der x-Achse

Wenn die Fläche vollständig unter der x-Achse liegt, muss man berücksichtigen, dass das zugehörige bestimmte Integral zwar den richtigen Zahlenwert liefert, jedoch mit negativem Vorzeichen. Deshalb lautet der Ansatz für den Flächeninhalt in solchen Fällen:

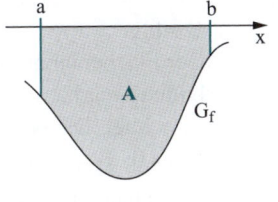

$$A = \left| \int_a^b f(x)\, dx \right|$$

Beispiel

Der Graph der Funktion $f(x) = x^2(x-3)$ schließt mit der x-Achse ein endliches Flächenstück ein. Berechnen Sie seinen Inhalt.

Lösung:

Da das Flächenstück vollständig unter der x-Achse liegt und Flächeninhalte nicht negativ sein können, wird der Betrag angesetzt. Die Integrationsgrenzen sind die Nullstellen der Funktion; man erkennt sie sofort am faktorisierten Funktionsterm: $x_{1/2} = 0$, $x_3 = 3$

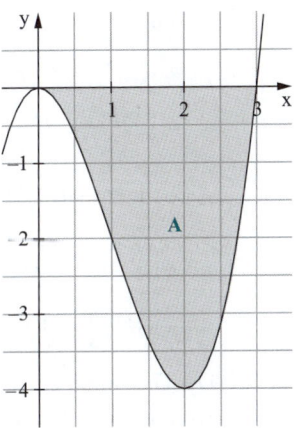

$$A = \left| \int_0^3 x^2(x-3)\, dx \right| = \left| \int_0^3 (x^3 - 3x^2)\, dx \right|$$

$$= \left| \left[\tfrac{1}{4}x^4 - x^3 \right]_0^3 \right| = \left| \tfrac{1}{4}3^4 - 3^3 - 0 \right|$$

$$= 3^3 \cdot \left| \tfrac{3}{4} - 1 \right| = 27 \cdot \left| -\tfrac{1}{4} \right| = \tfrac{27}{4}\ \text{FE}$$

$$= 6,75\ \text{FE}$$

Regel

Flächenanteile ober- und unterhalb der x-Achse

Hat eine Fläche Anteile ober- und unterhalb der x-Achse und soll der gesamte Flächeninhalt bestimmt werden, so muss man die Anteile einzeln integrieren und ihr Vorzeichen berücksichtigen. Als Formel kann man das folgendermaßen angeben (siehe Abbildung):

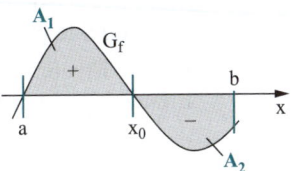

$$A_1 = \int_a^{x_0} f(x)\, dx \quad \text{und} \quad A_2 = \left| \int_{x_0}^b f(x)\, dx \right|$$

$$A = A_1 + A_2$$

Beispiele

1. Der Graph der Funktion $f(x)=x^2(x-2)(x-3)$ schließt mit der x-Achse eine endliche Fläche ein. Berechnen Sie den Inhalt.

Lösung:

Der Flächeninhalt der in der Abbildung markierten Fläche wird berechnet. Die Nullstellen sind: $x_{1/2}=0$; $x_3=2$ und $x_4=3$

Die Inhalte der zwei Flächenanteile werden getrennt berechnet:

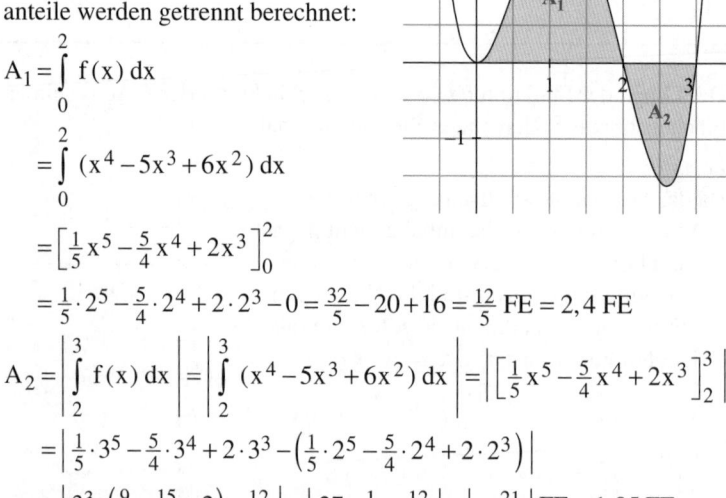

$$A_1 = \int_0^2 f(x)\,dx$$

$$= \int_0^2 (x^4 - 5x^3 + 6x^2)\,dx$$

$$= \left[\tfrac{1}{5}x^5 - \tfrac{5}{4}x^4 + 2x^3\right]_0^2$$

$$= \tfrac{1}{5}\cdot 2^5 - \tfrac{5}{4}\cdot 2^4 + 2\cdot 2^3 - 0 = \tfrac{32}{5} - 20 + 16 = \tfrac{12}{5}\ \text{FE} = 2,4\ \text{FE}$$

$$A_2 = \left|\int_2^3 f(x)\,dx\right| = \left|\int_2^3 (x^4 - 5x^3 + 6x^2)\,dx\right| = \left|\left[\tfrac{1}{5}x^5 - \tfrac{5}{4}x^4 + 2x^3\right]_2^3\right|$$

$$= \left|\tfrac{1}{5}\cdot 3^5 - \tfrac{5}{4}\cdot 3^4 + 2\cdot 3^3 - \left(\tfrac{1}{5}\cdot 2^5 - \tfrac{5}{4}\cdot 2^4 + 2\cdot 2^3\right)\right|$$

$$= \left|3^3\cdot\left(\tfrac{9}{5} - \tfrac{15}{4} + 2\right) - \tfrac{12}{5}\right| = \left|27\cdot\tfrac{1}{20} - \tfrac{12}{5}\right| = \left|-\tfrac{21}{20}\right|\ \text{FE} = 1,05\ \text{FE}$$

Der Gesamtinhalt ist damit:
$A = A_1 + A_2 = 2,4\ \text{FE} + 1,05\ \text{FE} = 3,45\ \text{FE}$

2. Es wird nochmals die Funktion f von Beispiel 1 betrachtet.

Berechnen Sie das bestimmte Integral $\int_0^3 f(x)\,dx$

a) durch direkte Integration und

b) mit den Ergebnissen von Beispiel 1.
   Erläutern Sie, wie der Zahlenwert dieses bestimmten Integrals zustande kommt.

Lösung:

a) $\displaystyle\int_0^3 f(x)\,dx = \int_0^3 (x^4 - 5x^3 + 6x^2)\,dx = \left[\tfrac{1}{5}x^5 - \tfrac{5}{4}x^4 + 2x^3\right]_0^3 = \tfrac{27}{20} = 1,35$

b) $\int_0^3 f(x)\,dx = A_1 - A_2$

$\qquad\quad = 2,40 - 1,05 = 1,35$

Das bestimmte Integral ist die
Bilanz der Flächenanteile über
der x-Achse abzüglich der
Anteile unter der x-Achse.

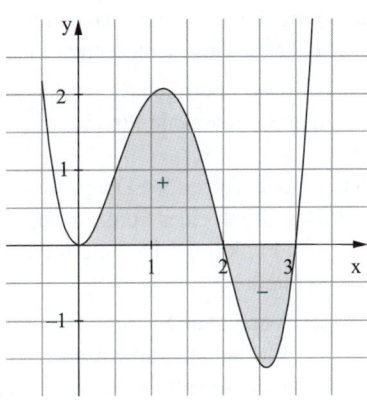

Aufgaben 60. Bei der in den obigen Beispielen
verwendeten Funktion
$f(x) = x^2(x-2)(x-3)$ gilt:

$\int_{-0,5}^3 f(x)\,dx = \frac{539}{320} = 1,684375$

Berechnen Sie den Flächeninhalt
von A_0 (siehe Abbildung)

a) ohne Integration, aber unter
Verwendung der Ergebnisse
von Beispiel 2,

b) durch direkte Berechnung.

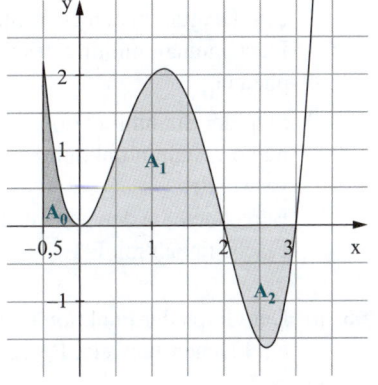

61. Der Graph der Funktion $f(x) = x^4 - 2x^2 + 1$, die x-Achse sowie die Geraden
$x = -2$ und $x = 2$ schließen ein Flächenstück ein.

a) Fertigen Sie eine Skizze des Graphen von f und markieren Sie das beschriebene Flächenstück.

b) Berechnen Sie den zugehörigen Flächeninhalt.

62. Der Graph der Funktion $g(x) = -\frac{1}{2}(x^3 + 6x^2 + 9x)$ schließt mit der x-Achse
ein Flächenstück ein.

a) Berechnen Sie die Lage und Vielfachheit der Nullstellen von g.

b) Skizzieren Sie den Graphen von g und schraffieren Sie die genannte Fläche.

c) Berechnen Sie den zugehörigen Flächeninhalt.

63. Berechnen Sie den Flächeninhalt der zwischen $h(x) = -x^3 + x^2 + 5x + 3$ und der x-Achse eingeschlossenen Fläche.

Hinweis: Fertigen Sie vorher eine Skizze des Graphen von h an und berechnen Sie relevante Punkte.

64. Im nachfolgenden Diagramm sind die Graphen zweier Funktionen abgebildet: Der Graph einer Funktion f (schwarz) und der Graph einer Stammfunktion F von Funktion f. Es geht um den Flächeninhalt, den G_f im I. Quadranten einschließt.

a) Versuchen Sie, den Inhalt dieser Fläche näherungsweise zu bestimmen, indem Sie die Kästchen im Gitter des Koordinatensystems zählen.

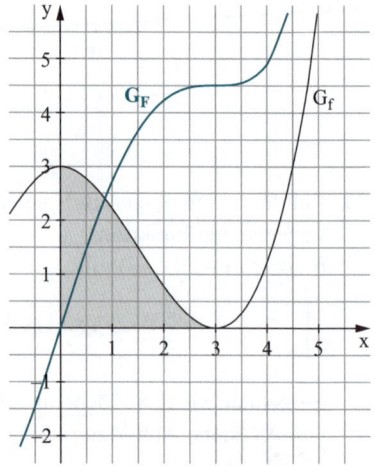

b) Ermitteln Sie durch Ablesen aus dem Diagramm den gesuchten Flächeninhalt mithilfe des Graphen G_F.

c) Statt der Stammfunktion F wird nun die Stammfunktion $F^* = F - 1$ verwendet.
Berechnen Sie den genannten Flächeninhalt mit F^*.

65. a) Der Graph der Funktion $f(x) = x^3 - 6x$ schließt mit der positiven x-Achse ein Flächenstück ein. Berechnen Sie seinen Inhalt.

b) Berechnen Sie den Inhalt der Fläche, den die Funktion $g(x) = \frac{1}{4}x^4 - x^2$ mit der x-Achse einschließt.

66. Gegeben ist die Funktion $f(x) = x^3 - 3x$.

a) Berechnen Sie ihre Nullstellen und Extremwerte. Skizzieren Sie mit diesen Informationen den Graphen.

b) Berechnen Sie den Inhalt der Fläche, die der Graph von f mit der x-Achse einschließt. Nutzen Sie Rechenvorteile aus, die sich aus speziellen Eigenschaften des Graphen von f ergeben.

c) Geben Sie den Wert des bestimmten Integrals $\int\limits_{-\sqrt{3}}^{\sqrt{3}} (x^3 - 3x)\, dx$ begründet an.

67. Gegeben sind die Funktionen $f_t(x) = x^2 - t^2$ mit $t \in \mathbb{R} \wedge t > 0$.

a) Zunächst ist $t = 1$.
Berechnen Sie den Inhalt derjenigen Fläche, die von G_{f_1}, der x-Achse sowie den Grenzen $x_1 = 0$ und $x_2 = 3$ eingeschlossen wird. Fertigen Sie zuerst eine Skizze der beschriebenen Fläche.

b) Bestimmen Sie die Nullstellen von f_t in Abhängigkeit von t.

c) Für welchen Wert von t schließen der Graph von f_t und die x-Achse ein Flächenstück mit einem Inhalt von $\frac{9}{16}$ FE ein?

4.4 Fläche zwischen zwei Graphen

Wird eine Fläche von den Graphen zweier Funktionen f und g begrenzt, so muss man zur Berechnung des Flächeninhalts das Integral über die **Differenzfunktion** $f(x) - g(x)$ bilden. Achtet man darauf, dass man bei der Differenzbildung die obere Randfunktion (im Bild $f(x)$) minus die untere Randfunktion ansetzt, so ergibt sich automatisch das richtige Vorzeichen „+" für den Flächeninhalt. Für den Inhalt A der abgebildeten Fläche gilt dann:

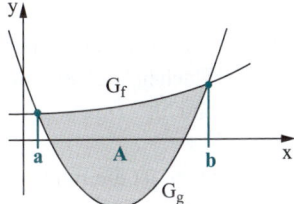

$$A = \int_a^b \big(f(x) - g(x)\big)\, dx$$

Beispiel

Bestimmen Sie den Inhalt der zwischen den beiden Graphen von f_1 und f_2 eingeschlossenen Fläche, wobei $f_1(x) = x^2 - 2x + 1$ und $f_2(x) = -x^2 + \frac{5}{2}$.

Lösung:
Als Integrationsgrenzen sind die Schnittstellen zu bestimmen.

Ansatz auf Schneiden:
$f_1(x) = f_2(x)$
Man erhält:

$x_1 = -\frac{1}{2}; \quad x_2 = \frac{3}{2}$

Zur Flächeninhaltsbestimmung überlegt man sich, dass der Graph von f_2 den oberen Rand bildet und der Graph von f_1 den unteren.

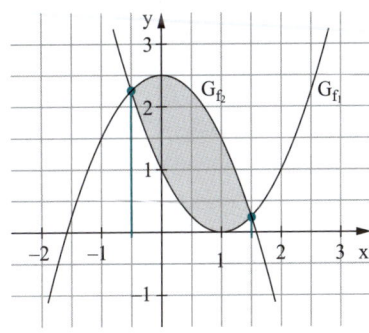

Damit lautet der Ansatz:

$$A = \int\limits_{-\frac{1}{2}}^{\frac{3}{2}} \left(f_2(x) - f_1(x)\right) dx = \int\limits_{-\frac{1}{2}}^{\frac{3}{2}} \left(-x^2 + \frac{5}{2} - (x^2 - 2x + 1)\right) dx$$

$$= \int\limits_{-\frac{1}{2}}^{\frac{3}{2}} \left(-2x^2 + 2x + \frac{3}{2}\right) dx = \left[-\frac{2}{3}x^3 + x^2 + \frac{3}{2}x\right]_{-\frac{1}{2}}^{\frac{3}{2}}$$

$$= -\frac{2}{3}\left(\frac{3}{2}\right)^3 + \left(\frac{3}{2}\right)^2 + \frac{3}{2}\cdot\frac{3}{2} - \left(-\frac{2}{3}\left(-\frac{1}{2}\right)^3 + \left(-\frac{1}{2}\right)^2 + \frac{3}{2}\cdot\left(-\frac{1}{2}\right)\right)$$

$$= -\frac{9}{4} + \frac{9}{4} + \frac{9}{4} - \left(\frac{1}{12} + \frac{1}{4} - \frac{3}{4}\right) = \frac{9}{4} + \frac{5}{12} = \frac{32}{12} = \frac{8}{3} \text{ FE}$$

Aufgaben

68. Die Parabeln der beiden Funktionen $f(x) = x^2$ und $g(x) = \frac{1}{4}x^2 + 2$ schließen ein Flächenstück ein. Fertigen Sie eine Skizze und berechnen Sie den Flächeninhalt.

69. Gegeben ist die Funktion $f(x) = \frac{1}{2}x^3 - 3x^2 + \frac{9}{2}x$. Die Gerade g, die senkrecht auf der Wendetangente steht und durch den Wendepunkt verläuft, schließt mit dem Graphen von f zwei Flächenstücke ein.

a) Zeichnen Sie den Graphen von f sowie die Gerade g und kennzeichnen Sie die Flächenstücke.

b) Ermitteln Sie die Inhalte der Flächenstücke.

70. Parabelherz

Berechnen Sie den Flächeninhalt des nebenstehenden „Parabelherzens".

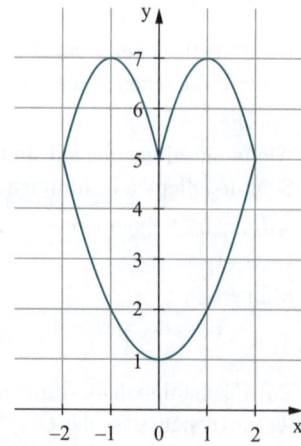

71. Ermitteln Sie die Inhalte der beiden grau gefärbten Flächen und zeigen Sie, dass sie in einem bestimmten, von a unabhängigen Verhältnis zueinander stehen. Geben Sie auch dieses Verhältnis an.

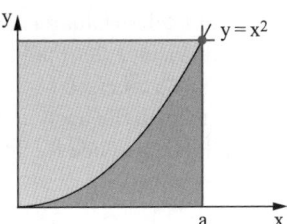

72. Für eine Funktion g soll gelten, dass $g(0) = g'(0) = 0$ und

$$\int_0^a g(x)\,dx = -2 \text{ für } a \in \mathbb{R} \wedge a > 0.$$

Skizzieren Sie einen möglichen Verlauf für den Graphen von g in $0 \le x \le a$.

73. **Staumauer**
Die Abbildung zeigt den Querschnitt einer 10 m hohen, symmetrischen Staumauer.
Alle Längeneinheiten sind in Meter angegeben. Der rechte Mauerrand wird in einem geeigneten Intervall durch den quadratischen Funktionsterm

$r_a(x) = a(x-2)^2$, mit $a \in \mathbb{R}$,

dargestellt.

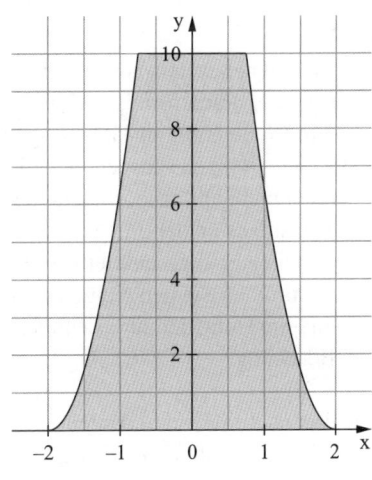

a) Bestimmen Sie a so, dass die Mauer oben noch 1,5 m breit ist. [Ergebnis: $a = 6{,}4$]

b) Berechnen Sie den Flächeninhalt des Mauerquerschnitts.

c) Stellen Sie die seitlichen Mauerränder und den oberen Mauerrand als abschnittsweise definierte Funktion g dar.

d) Welche mathematischen Eigenschaften hat diese Funktion g an den Übergangsstellen?

74. a) Betrachten Sie einen Halbkreis mit Radius 1 und ein flächenmäßig gleich großes Rechteck. Ermitteln Sie die Rechteckhöhe (ohne Integralrechnung).
Identifizieren Sie in der Abbildung weitere gleich große Flächenstücke.

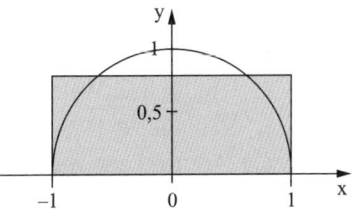

b) Jetzt ist der Halbkreis durch ein
   Parabelstück der Funktion
   $p(x) = 1 - x^2$ ersetzt.
   Berechnen Sie auch in diesem
   Fall die passende Rechteckhöhe.

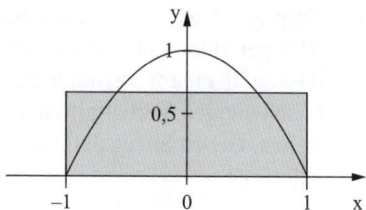

c) Diese ermittelten Rechteckhöhen bezeichnet man als die Mittelwerte der
   entsprechenden Funktionen auf den betrachteten Intervallen.

   (1) Geben Sie eine allgemeine Formel für den Mittelwert einer Funktion
       $f(x)$ auf dem Intervall $[a; b]$ an.

   (2) Bestimmen Sie den Mittelwert der Funktion $f(x) = x^2$ auf dem Inter-
       vall $[0; 3]$.

75. Kanal

Gemäß nebenstehender Abbildung
soll ein parabelförmiger Kanal mit
4 m Breite und 2 m Tiefe ausgehoben
werden. Um das ausgehobene Erd-
reich nicht abtransportieren zu müssen, soll es an der 3 m entfernten
Stützmauer angeschüttet werden.
Bestimmen Sie den Neigungswinkel
und die Höhe der aufzuschüttenden
Böschung.

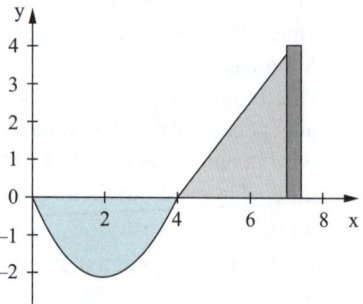

Die drei nachfolgenden Aufgaben sind aus größeren Stoffzusammenhängen ge-
stellt. Sie sind wie in Schulaufgaben oder Abschlussprüfungen aufgebaut. Sie
können damit Ihre gesamten Analysiskenntnisse testen.

76. Der Graph der ganzrationalen Funktion dritten Grades f berührt die x-Achse
an der Stelle $x = 3$ und die Gerade g: $y = 2x$ im Ursprung.

a) Ermitteln Sie eine Funktionsgleichung von f und stellen Sie f auch in faktorisierter Form dar.

   [Teilergebnis: $f(x) = \frac{2}{9}x^3 - \frac{4}{3}x^2 + 2x$]

b) Untersuchen Sie den Graphen von f auf:

   (1) Nullstellen. Welche Folgerung können Sie daraus im Hinblick auf
       Extrempunkte ziehen?

   (2) Art und Lage von Extrempunkten

c) Bestimmen Sie das Krümmungsverhalten des Graphen und geben Sie die Koordinaten des Wendepunktes an.

d) Die Gerade g schneidet den Graphen von f in einem weiteren Punkt. Berechnen Sie die Koordinaten des Schnittpunktes.
[Ergebnis: $x_S = 6$]

e) Bestimmen Sie den Inhalt des Flächenstückes, das die Gerade g und der Graph von f einschließen.

f) Zeichnen Sie den Graphen von f im Bereich [−1; 6]. Tragen Sie auch die Tangente mit ein, die der Graph im Ursprung besitzt.

g) In welchem weiteren Punkt des Graphen von f ist die Tangente parallel zu der Geraden mit der Gleichung $y = 2x$?
Bestimmen Sie die Koordinaten des Punktes.

77. Die reelle Funktion $f''(x) = \frac{2}{9}(x^2 - 2)$ mit $D_{f''} = \mathbb{R}$ ist die zweite Ableitung der Funktion f.

a) Ermitteln Sie die maximalen Krümmungsintervalle des Graphen G_f.

b) Der Graph G_f berührt die x-Achse an der Stelle $x_1 = 3$.
Bestimmen Sie den Funktionsterm $f(x)$, auch in faktorisierter Form.
[Teilergebnis: $f(x) = \frac{1}{54} \cdot (x^4 - 12x^2 - 36x + 135)$]

c) Die x-Achse und der Graph G_f schließen im I. Quadranten ein endliches Flächenstück ein.
Bestimmen Sie den Inhalt dieses Flächenstücks.

d) Zeigen Sie, dass der Graph G_f keine weitere waagrechte Tangente außer der an seiner doppelten Nullstelle besitzt.
Geben Sie die größtmöglichen Monotonieintervalle von f an.

e) Ermitteln Sie eine Gleichung der Tangente t des Graphen G_f an der Stelle $x_0 = 0$.
[Ergebnis: t: $y = -\frac{2}{3}x + \frac{5}{2}$]

f) Zeichnen Sie den Graphen G_f und die Tangente t im Bereich [−4; 5].

g) Der Graph G_f und die Tangente t schließen zwei Flächenstücke ein.
Untersuchen Sie, ob sie die gleiche Größe haben.

78. Eine Kugel sinkt in einer viskosen Flüssigkeit (z. B. Öl) unter Einfluss der Schwerkraft nach unten. Ihre Geschwindigkeit v nimmt in Abhängigkeit der Zeit $t \geq 0$ nach der Funktion

$$v(t) = 15(1 - e^{-\frac{t}{1,5}})$$

zu. Dabei wird t in Sekunden gemessen.

Ferner werden die aus der Physik bekannten Bezeichnungen und Zusammenhänge verwendet:

s: zurückgelegte Strecke

v: Geschwindigkeit

a: Beschleunigung

Dabei besteht der Zusammenhang:

$v(t) = s'(t)$ und $a(t) = v'(t)$

a) Fertigen Sie in Sekundenschritten von 0 bis 10 eine Tabelle mit den jeweiligen Geschwindigkeiten und zeichnen Sie damit das Zeit-Geschwin-
digkeitsdiagramm.

b) Erläutern Sie, welche Bedeutung die Zahl 15 in diesem Zusammenhang
hat und wie sich die Kurve ändert, wenn die im Exponenten stehende Zahl
1,5 vergrößert wird.

c) Wie viel Prozent der „Endgeschwindigkeit" erreicht die Kugel nach
1 bzw. 2 Sekunden?

d) Wie lange dauert es, bis sie die Geschwindigkeit $10\,\frac{m}{s}$ erreicht hat, und
welche Zeit wird benötigt, um auf 80 % der Endgeschwindigkeit zu kommen?

e) Zeichnen Sie in Ihr Diagramm von Teilaufgabe a ein, wo s(2) und a(2) zu
finden sind, und lesen Sie die ungefähren Werte aus Ihrem Diagramm ab.
Erläutern Sie, welche Bedeutung diese beiden Größen im Sachzusammen-
hang haben, und berechnen Sie ihre Werte auf zwei Nachkommastellen
genau.

Analytische Geometrie

In der Geometrie werden geometrische Objekte, wie z. B. Punkte, Geraden, Dreiecke, Kugeln, untersucht. Im Mittelpunkt der Analytischen Geometrie stehen Vektoren. Dabei werden die mithilfe von Vektoren beschriebenen geometrischen Objekte in der Regel rechnerisch behandelt, was durch das Adjektiv „analytisch" ausgedrückt wird. Die notwendigen rechnerischen Verfahren, wie beispielsweise das Lösen von linearen Gleichungssystemen, stellt die Lineare Algebra zur Verfügung.

Die Analytische Geometrie hat viele Anwendungen:
Fast immer, wenn auf Computerbildschirmen ein geometrisches Objekt erscheint, ist dieses mithilfe der Methoden der Analytischen Geometrie berechnet und dargestellt worden. Auch in der Physik benötigt man häufig gerichtete (= vektorielle) Größen wie z. B. die Kraft oder Geschwindigkeit.

Zum Lösen der Aufgaben aus der Analytischen Geometrie ist es meist hilfreich, eine Planfigur zu zeichnen.

5 Das Spatprodukt und Volumenberechnungen

Im Geometrie-Teil des Bandes 1 wurden ab Seite 136 Vektoren definiert und der Umgang mit ihnen. Die elementaren Rechenoperationen sind die Addition von Vektoren und die Skalarmultiplikation. In Bezug auf die Lage von Vektoren zueinander sind die Begriffe lineare Abhängigkeit bzw. lineare Unabhängigkeit eingeführt worden, die von grundlegender Bedeutung sind. Ferner sind die Produkte von je zwei Vektoren definiert worden: das Skalarprodukt und das Vektorprodukt. Mit ersterem bestimmt man Winkel und Längen von Vektoren, mit zweitem in erster Linie Flächeninhalte, die von Vektoren erzeugt werden.

Zur Vorbereitung auf das Nachfolgende werden zunächst die Definition und die Berechnung der oben genannte Produkte wiederholt.

Regel

> **Berechnungsformel für das Skalarprodukt**
>
> Sind Vektoren in einem kartesischen Koordinatensystem gegeben, so berechnet sich ihr Skalarprodukt wie folgt:
>
> Im $\mathbb{R}^3$:
>
> $$\vec{a} \circ \vec{b} = \begin{pmatrix} a_1 \\ a_2 \\ a_3 \end{pmatrix} \circ \begin{pmatrix} b_1 \\ b_2 \\ b_3 \end{pmatrix} = a_1 \cdot b_1 + a_2 \cdot b_2 + a_3 \cdot b_3$$
>
> Im $\mathbb{R}^2$:
>
> $$\vec{a} \circ \vec{b} = \begin{pmatrix} a_1 \\ a_2 \end{pmatrix} \circ \begin{pmatrix} b_1 \\ b_2 \end{pmatrix} = a_1 \cdot b_1 + a_2 \cdot b_2$$

Beispiel

Berechnen Sie die Skalarprodukte:

a) $\begin{pmatrix} 1 \\ -3 \\ 2 \end{pmatrix} \circ \begin{pmatrix} 5 \\ -1 \\ 0,5 \end{pmatrix}$

b) $\begin{pmatrix} 1 \\ -2 \end{pmatrix} \circ \begin{pmatrix} -3 \\ 2 \end{pmatrix}$

c) $\begin{pmatrix} x \\ 2x \end{pmatrix} \circ \begin{pmatrix} -x \\ 3 \end{pmatrix}$

d) $\begin{pmatrix} a^2 \\ 2a \\ -b \end{pmatrix} \circ \begin{pmatrix} 4 \\ -a \\ b \end{pmatrix}$

Lösung:

a) $\begin{pmatrix} 1 \\ -3 \\ 2 \end{pmatrix} \circ \begin{pmatrix} 5 \\ -1 \\ 0,5 \end{pmatrix} = 1 \cdot 5 + (-3) \cdot (-1) + 2 \cdot 0,5 = 5 + 3 + 1 = 9$

b) $\begin{pmatrix} 1 \\ -2 \end{pmatrix} \circ \begin{pmatrix} -3 \\ 2 \end{pmatrix} = -3 + (-4) = -7$

c) $\begin{pmatrix} x \\ 2x \end{pmatrix} \circ \begin{pmatrix} -x \\ 3 \end{pmatrix} = -x^2 + 6x$

d) $\begin{pmatrix} a^2 \\ 2a \\ -b \end{pmatrix} \circ \begin{pmatrix} 4 \\ -a \\ b \end{pmatrix} = 4a^2 - 2a^2 - b^2 = 2a^2 - b^2$

Regel

Das Vektorprodukt im kartesischen Koordinatensystem
Das Vektorprodukt aus den Vektoren $\vec{a}$ und $\vec{b}$ berechnet sich gemäß:

$$\begin{pmatrix} a_1 \\ a_2 \\ a_3 \end{pmatrix} \times \begin{pmatrix} b_1 \\ b_2 \\ b_3 \end{pmatrix} = \begin{pmatrix} a_2 b_3 - a_3 b_2 \\ a_3 b_1 - a_1 b_3 \\ a_1 b_2 - a_2 b_1 \end{pmatrix}$$

Beispiel

Berechnen Sie:

a) $\begin{pmatrix} -5 \\ 3 \\ 4 \end{pmatrix} \times \begin{pmatrix} -2 \\ -1 \\ 2 \end{pmatrix}$

b) $\begin{pmatrix} 2k \\ 5 \\ 2 \end{pmatrix} \times \begin{pmatrix} -1 \\ -k \\ 3 \end{pmatrix}$

Lösung:

a) $\begin{pmatrix} -5 \\ 3 \\ 4 \end{pmatrix} \times \begin{pmatrix} -2 \\ -1 \\ 2 \end{pmatrix} = \begin{pmatrix} 3 \cdot 2 - 4 \cdot (-1) \\ 4 \cdot (-2) - (-5) \cdot 2 \\ -5 \cdot (-1) - 3 \cdot (-2) \end{pmatrix} = \begin{pmatrix} 10 \\ 2 \\ 11 \end{pmatrix}$

Es soll gleich noch die Probe auf Senkrechtstehen gemacht werden:

$\begin{pmatrix} 10 \\ 2 \\ 11 \end{pmatrix} \circ \begin{pmatrix} -5 \\ 3 \\ 4 \end{pmatrix} = -50 + 6 + 44 = 0; \quad \begin{pmatrix} 10 \\ 2 \\ 11 \end{pmatrix} \circ \begin{pmatrix} -2 \\ -1 \\ 2 \end{pmatrix} = -20 - 2 + 22 = 0$

Tatsächlich steht der Ergebnisvektor auf beiden Ausgangsvektoren senkrecht! Diese Probe sollte man zur Kontrolle seiner Rechnung immer machen.

b) $\begin{pmatrix} 2k \\ 5 \\ 2 \end{pmatrix} \times \begin{pmatrix} -1 \\ k \\ 3 \end{pmatrix} = \begin{pmatrix} 5 \cdot 3 - 2 \cdot (-k) \\ 2 \cdot (-1) - 2k \cdot 3 \\ 2k \cdot (-k) - 5 \cdot (-1) \end{pmatrix} = \begin{pmatrix} 2k + 15 \\ -6k - 2 \\ -2k^2 + 5 \end{pmatrix}$

Damit kann ein weiteres Produkt aus Vektoren definiert werden, das insbesondere bei der Berechnung von Volumen gebraucht wird.

Drei linear unabhängige Vektoren $\vec{a}; \vec{b}; \vec{c} \in \mathbb{R}^3$ legen einen Spat fest. Das Volumen des Spates soll bestimmt werden, wobei grundsätzlich „$V_{\text{Spat}} = \text{Grundfläche} \cdot \text{Höhe}$" gilt. Die Grundfläche ist das Parallelogramm, das von den Vektoren $\vec{a}$ und $\vec{b}$ aufgespannt wird. Sein Inhalt ist:
$A_P = |\vec{a} \times \vec{b}|$

Die Höhe h ist der Betrag der senkrechten Projektion des Vektors $\vec{c}$ (der Vektor $\vec{c}$ ist hier nicht das Vektorprodukt von $\vec{a}$ und $\vec{b}$) auf den Normalenvektor $\vec{a} \times \vec{b}$, also die Projektionslänge $|\vec{p}|$ (siehe Abbildung).

Diese Länge ist die Ankathete im eingezeichneten rechtwinkligen Dreieck AEP, die sich unter Verwendung des Cosinus des Winkels φ berechnen lässt. Dieser Winkel wird auch von den beiden Vektoren $\vec{a}\times\vec{b}$ und $\vec{c}$ eingeschlossen. Mithilfe der Formel zur Winkelberechnung zwischen zwei Vektoren ergibt sich dann zusammen:

$$|\cos(\varphi)| = \frac{|\vec{p}|}{|\vec{c}|} \quad \text{und} \quad |\cos(\varphi)| = \frac{|(\vec{a}\times\vec{b})\circ\vec{c}|}{|\vec{a}\times\vec{b}|\cdot|\vec{c}|} \quad \Rightarrow \quad h = |\vec{p}| = \frac{|(\vec{a}\times\vec{b})\circ\vec{c}|}{|\vec{a}\times\vec{b}|}$$

Mit $V_{Spat} = A_P \cdot h$ ist das Spatvolumen bestimmt.

Regel

> **Spatvolumen**
> Der durch drei linear unabhängige Vektoren $\vec{a}; \vec{b}; \vec{c} \in \mathbb{R}^3$ festgelegte Spat hat das Volumen:
> $$V_{Spat} = |(\vec{a}\times\vec{b})\circ\vec{c}|$$

Beispiele

1. Ein Spat werde von den drei Kantenvektoren $\vec{a} = \begin{pmatrix} 3 \\ 10 \\ 5 \end{pmatrix}; \vec{b} = \begin{pmatrix} 8 \\ -12 \\ 24 \end{pmatrix}; \vec{c} = \begin{pmatrix} -5 \\ 2 \\ -12 \end{pmatrix}$ aufgespannt. Berechnen Sie sein Volumen.

   Lösung:

   $$V_{Spat} = \left| \left(\begin{pmatrix} 3 \\ 10 \\ 5 \end{pmatrix} \times \begin{pmatrix} 8 \\ -12 \\ 24 \end{pmatrix} \right) \circ \begin{pmatrix} -5 \\ 2 \\ -12 \end{pmatrix} \right| = \left| \begin{pmatrix} 300 \\ -32 \\ -116 \end{pmatrix} \circ \begin{pmatrix} -5 \\ 2 \\ -12 \end{pmatrix} \right| = |-172| = \mathbf{172}$$

   Die Rechnung erfolgte in mehreren Schritten. Zuerst wurde das Vektorprodukt berechnet, mit dem Ergebnisvektor dann das Skalarprodukt bestimmt. Letzteres ergibt eine negative Zahl, weshalb noch der Betrag zu bilden ist, weil ein Volumen nur positiv sein kann.

2. Ein Quader ist ein spezieller Spat mit rechtem Winkel. Bezeichnet man seine Kantenlängen mit a, b und c, so beträgt sein Volumen:
   $$V_Q = a \cdot b \cdot c$$

   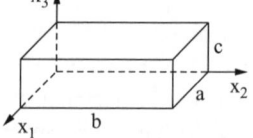

   Weisen Sie nach, dass man auch bei vektorieller Berechnung zu diesem Ergebnis kommt.

   Lösung:
   Mit den aufspannenden Vektoren $\begin{pmatrix} a \\ 0 \\ 0 \end{pmatrix}; \begin{pmatrix} 0 \\ b \\ 0 \end{pmatrix}; \begin{pmatrix} 0 \\ 0 \\ c \end{pmatrix}$ erhält man:

   $$V_{Spat} = \left| \left(\begin{pmatrix} a \\ 0 \\ 0 \end{pmatrix} \times \begin{pmatrix} 0 \\ b \\ 0 \end{pmatrix} \right) \circ \begin{pmatrix} 0 \\ 0 \\ c \end{pmatrix} \right| = \left| \begin{pmatrix} 0 \\ 0 \\ ab \end{pmatrix} \circ \begin{pmatrix} 0 \\ 0 \\ c \end{pmatrix} \right| = abc$$

3. Bestimmen Sie sämtliche Werte für $k \in \mathbb{R}$, für die der von den Vektoren $\begin{pmatrix} 2 \\ 1 \\ -1 \end{pmatrix}; \begin{pmatrix} 3 \\ 0 \\ 1 \end{pmatrix}; \begin{pmatrix} -2 \\ 2 \\ k \end{pmatrix}$ aufgespannte Spat ein Volumen von 9 hat.

Lösung:

Es muss $V_{Spat} = 9$ gelten. Mit den Vektoren ergibt sich:

$$V_{Spat} = \left| \left(\begin{pmatrix} 2 \\ 1 \\ -1 \end{pmatrix} \times \begin{pmatrix} 3 \\ 0 \\ 1 \end{pmatrix} \right) \circ \begin{pmatrix} -2 \\ 2 \\ k \end{pmatrix} \right| = \left| \begin{pmatrix} 1 \\ -5 \\ -3 \end{pmatrix} \circ \begin{pmatrix} -2 \\ 2 \\ k \end{pmatrix} \right| = |-2 - 10 - 3k| = |-12 - 3k|$$

Somit muss also $|-12 - 3k| = 9$ gelten. Dafür gibt es 2 Lösungen, nämlich:

$$-12 - 3k = 9 \iff \mathbf{k = -7} \quad \text{oder} \quad -12 - 3k = -9 \iff \mathbf{k = -1}$$

Man muss beachten, dass man hier eine Betragsgleichung mit zwei Lösungen hat. Auch wenn im Inneren des Betrages -9 steht, erhält man ein Volumen von $+9$.

Oft kann man die beiden Gleichungen, die in einer Betragsgleichung enthalten sind, zusammen behandeln:

$$-12 - 3k = \pm 9 \iff -3k = 12 \pm 9 \iff k = \frac{12 \pm 9}{-3}$$

Erst jetzt berechnet man die beiden Werte für k getrennt:

$$k_1 = \frac{12 + 9}{-3} = \mathbf{-7} \quad \text{oder} \quad k_2 = \frac{12 - 9}{-3} = \mathbf{-1}$$

Das Spatvolumen berechnet sich mithilfe der drei den Spat aufspannenden Vektoren gemäß $V_{Spat} = |(\vec{a} \times \vec{b}) \circ \vec{c}|$. Der in den Betragsstrichen stehende Ausdruck $(\vec{a} \times \vec{b}) \circ \vec{c}$ ist ein gemischtes Produkt aus Vektorprodukt und Skalarprodukt. Weil sich damit – bis auf das Vorzeichen – das Spatvolumen berechnen lässt, wird es als **Spatprodukt** bezeichnet. Als Ergebnis liefert das Spatprodukt einen (vorzeichenbehafteten) Skalar, der das Volumen des von den drei Vektoren $\vec{a}; \vec{b}; \vec{c}$ aufgespannten Spates darstellt, wenn diese ein Rechtssystem bilden; dann ist nämlich $(\vec{a} \times \vec{b}) \circ \vec{c} > 0$. Bilden sie ein Linkssystem ($\vec{c}$ zeigt bezogen auf $\vec{a}; \vec{b}$ „nach unten"), so ist $(\vec{a} \times \vec{b}) \circ \vec{c} < 0$. Das Spatprodukt kann deshalb als vorzeichenbehaftetes Spatvolumen betrachtet werden, das zusätzlich über das Vorzeichen die Information liefert, wie die drei Vektoren zueinander orientiert sind.

Sind die Vektoren $\vec{a}; \vec{b}; \vec{c}$ linear abhängig, dann spannen sie gar keinen Spat auf; sie sind dann komplanar (liegen in einer Ebene) oder sogar kollinear. In diesem Fall ergibt das Spatprodukt den Wert null. Man kann also das Spatprodukt auch benutzen, um drei Vektoren aus dem $\mathbb{R}^3$ auf lineare Abhängigkeit $((\vec{a} \times \vec{b}) \circ \vec{c} = 0)$ und lineare Unabhängigkeit $((\vec{a} \times \vec{b}) \circ \vec{c} \neq 0)$ zu untersuchen.

Die Verbindung zum Kapitel „Lineare Abhängigkeit und Unabhängigkeit" geht sogar noch weiter: Die dort eingeführte Determinante für drei Vektoren aus dem $\mathbb{R}^3$ ist das Gleiche wie das Spatprodukt. Es gilt also $\det(\vec{a}; \vec{b}; \vec{c}) = (\vec{a} \times \vec{b}) \circ \vec{c}$.

Definition

> **Spatprodukt**
> Für drei Vektoren $\vec{a}; \vec{b}; \vec{c} \in \mathbb{R}^3$ heißt das gemischte Produkt $(\vec{a} \times \vec{b}) \circ \vec{c}$ das Spatprodukt dieser Vektoren.

Das Spatprodukt liefert eine Zahl (Skalar) mit den folgenden Eigenschaften.

Regel

> **Eigenschaften des Spatproduktes**
> $(\vec{a} \times \vec{b}) \circ \vec{c} = 0 \iff \vec{a}; \vec{b}; \vec{c}$ sind linear abhängig (spannen keinen Spat auf).
> $(\vec{a} \times \vec{b}) \circ \vec{c} > 0 \iff \vec{a}; \vec{b}; \vec{c}$ sind linear unabhängig und bilden ein Rechtssystem.
> $(\vec{a} \times \vec{b}) \circ \vec{c} < 0 \iff \vec{a}; \vec{b}; \vec{c}$ sind linear unabhängig und bilden ein Linkssystem.
> Schließlich gilt: $\det(\vec{a}; \vec{b}; \vec{c}) = (\vec{a} \times \vec{b}) \circ \vec{c}$

Da $\det(\vec{a}; \vec{b}; \vec{c}) = (\vec{a} \times \vec{b}) \circ \vec{c}$ gilt, bleibt es jedem selbst überlassen, ob man das Spatprodukt als Vektorprodukt mit anschließendem Skalarprodukt berechnet oder lieber die Determinante, wie im Band 1 auf Seite 155 eingeführt, bestimmt.

Beispiel

Zeigen Sie anhand der Vektoren $\vec{a} = \begin{pmatrix} 4 \\ -2 \\ 1 \end{pmatrix}$; $\vec{b} = \begin{pmatrix} 8 \\ -12 \\ -2 \end{pmatrix}$; $\vec{c} = \begin{pmatrix} -1 \\ 3 \\ -7 \end{pmatrix}$, dass Determinante und Spatprodukt das gleiche Ergebnis liefern. Welche Aussagen können Sie aufgrund des Ergebnisses über die drei Vektoren machen?

Lösung:

$$\mathbf{\det(\vec{a}; \vec{b}; \vec{c})} = \begin{vmatrix} 4 & 8 & -1 \\ -2 & -12 & 3 \\ 1 & -2 & -7 \end{vmatrix} = \begin{array}{l} 4 \cdot (-12) \cdot (-7) + 8 \cdot 3 \cdot 1 + (-1) \cdot (-2) \cdot (-2) \\ -1 \cdot (-12) \cdot (-1) - (-2) \cdot 3 \cdot 4 - (-7) \cdot (-2) \cdot 8 \end{array}$$

$$= 336 + 24 - 4 - 12 + 24 - 112 = \mathbf{256}$$

$$\mathbf{(\vec{a} \times \vec{b}) \circ \vec{c}} = \left(\begin{pmatrix} 4 \\ -2 \\ 1 \end{pmatrix} \times \begin{pmatrix} 8 \\ -12 \\ -2 \end{pmatrix} \right) \circ \begin{pmatrix} -1 \\ 3 \\ -7 \end{pmatrix} = \begin{pmatrix} 16 \\ 16 \\ -32 \end{pmatrix} \circ \begin{pmatrix} -1 \\ 3 \\ -7 \end{pmatrix} = -16 + 48 + 224 = \mathbf{256}$$

Die drei Vektoren sind linear unabhängig, bilden ein Rechtssystem und spannen einen Spat mit einem Volumen von 256 auf.

Für einen Körper mit der Grundfläche A_G und einer Spitze, die in der Höhe h über der Grundfläche liegt, berechnet sich das Volumen gemäß:

$$V = \tfrac{1}{3} A_G \cdot h$$

Das Zulaufen in einer Spitze bewirkt also gegenüber der Formel des Volumens des Vollkörpers (Zylinder, Spat usw.), dass der Faktor $\tfrac{1}{3}$ zu berücksichtigen ist. Diese Drittelung hat man beim Kegel genauso wie bei der Pyramide.

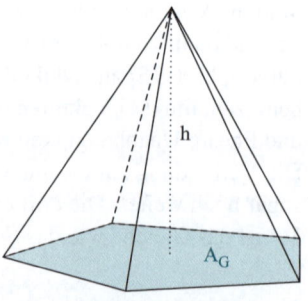

Für eine Pyramide mit Parallelogramm-Grundfläche ergibt sich damit die Volumenformel aus dem Spatvolumen.

Regel

> **Volumen einer Pyramide**
> Das Volumen V einer **vierseitigen Pyramide** mit **Parallelogramm-Grundfläche**, die durch drei linear unabhängige Vektoren $\vec{a}; \vec{b}; \vec{c} \in \mathbb{R}^3$ festgelegt ist, beträgt:
> $$V = \frac{1}{3} V_{Spat} = \frac{1}{3} \left| (\vec{a} \times \vec{b}) \circ \vec{c} \right|$$

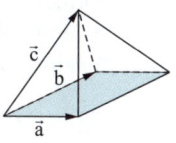

Dabei gibt das Vorzeichen des Spatproduktes $(\vec{a} \times \vec{b}) \circ \vec{c}$ wie schon beim Spat Auskunft darüber, ob die drei erzeugenden Vektoren ein Rechtssystem oder ein Linkssystem bilden.

Beispiel

In einem kartesischen Koordinatensystem des $\mathbb{R}^3$ mit dem Ursprung $O(0|0|0)$ und den Punkten $A(1|2|2)$ sowie $B(0|3|0)$ legen die Vektoren $\overrightarrow{OA}$ und $\overrightarrow{OB}$ die Parallelogramm-Grundfläche einer vierseitigen Pyramide mit der Spitze in $S(4|-1|-5)$ fest.

a) Ermitteln Sie die Koordinaten des 4. Eckpunktes des Parallelogramms der Grundfläche.

b) Berechnen Sie das Pyramidenvolumen und skizzieren Sie die prinzipielle Lage des Vektors $\overrightarrow{OS}$ in Bezug auf die Vektoren $\overrightarrow{OA}$ und $\overrightarrow{OB}$.

c) Ermitteln Sie den Betrag der Pyramidenhöhe.

d) Geben Sie mithilfe des Ergebnisses von Teilaufgabe c den Höhenvektor $\overrightarrow{FS}$ der Pyramide an, wobei F den Fußpunkt der Höhe auf der Grundfläche der Pyramide bezeichnet.

e) Ermitteln Sie schließlich mithilfe einer geeigneten Vektorkette die Koordinaten des Höhenfußpunktes F.

Lösung:

a) Der gesuchte Punkt werde mit D bezeichnet, wofür dann gilt:
$$\overrightarrow{OD} = \overrightarrow{OA} + \overrightarrow{OB} = \begin{pmatrix} 1 \\ 5 \\ 2 \end{pmatrix}$$

Somit hat D die Koordinaten **D(1|5|2)**.

b) Es wird das Spatprodukt berechnet:
$$(\overrightarrow{OA} \times \overrightarrow{OB}) \circ \overrightarrow{OS} = -39$$

Bezüglich $\overrightarrow{OA}$ und $\overrightarrow{OB}$ liegt $\overrightarrow{OS}$ wie eingezeichnet:

$\overrightarrow{OB}$ zeigt in die Zeichenebene hinein, $\overrightarrow{OS}$ nach unten.

Das Pyramidenvolumen V beträgt daher:
$$V = \frac{1}{3} \cdot 39 = \mathbf{13}$$

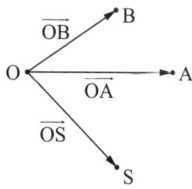

c) Den Betrag der Höhe berechnet man am einfachsten aus der Volumenformel für spitzförmige Körper $V = \frac{1}{3} A_G \cdot h$, wobei die Grundfläche noch
zu ermitteln ist. Das ist die Parallelogrammfläche, welche sich mit dem
Vektorprodukt von $\overrightarrow{OA}$ und $\overrightarrow{OB}$ berechnet:

$$A_G = \left| \overrightarrow{OA} \times \overrightarrow{OB} \right| = \left| \begin{pmatrix} -6 \\ 0 \\ 3 \end{pmatrix} \right| = \sqrt{45} = 3\sqrt{5}$$

Damit ergibt sich die Pyramidenhöhe:

$$h = \frac{3V}{A_G} = \frac{3 \cdot 13}{3\sqrt{5}} = \frac{13}{5}\sqrt{5} \approx 5,81$$

d) Der Höhenvektor hat die Richtung von
$\overrightarrow{OA} \times \overrightarrow{OB}$ und ist entgegengesetzt orientiert, weil die die Pyramide erzeugenden
Vektoren ein Linkssystem bilden. Der
Betrag von $\overrightarrow{FS}$ ist natürlich h.

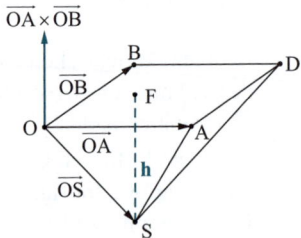

Um $\overrightarrow{FS}$ angeben zu können, wird zu-
nächst der Gegenvektor von $\overrightarrow{OA} \times \overrightarrow{OB}$
auf Länge 1 gebracht:

$$\vec{h}^0 = -\frac{1}{3\sqrt{5}} \begin{pmatrix} -6 \\ 0 \\ 3 \end{pmatrix} = \frac{1}{\sqrt{5}} \begin{pmatrix} 2 \\ 0 \\ -1 \end{pmatrix}$$

Dieser wird dann mit h multipliziert:

$$\overrightarrow{FS} = h \cdot \vec{h}^0 = \frac{13}{5}\sqrt{5} \cdot \frac{1}{\sqrt{5}} \begin{pmatrix} 2 \\ 0 \\ -1 \end{pmatrix} = \frac{13}{5} \begin{pmatrix} 2 \\ 0 \\ -1 \end{pmatrix}$$

e) Der Ortsvektor zum Fußpunkt F ist die Vektorkette:

$$\overrightarrow{OF} = \overrightarrow{OS} - \overrightarrow{FS} = \begin{pmatrix} 4 \\ -1 \\ -5 \end{pmatrix} - \frac{13}{5} \begin{pmatrix} 2 \\ 0 \\ -1 \end{pmatrix} = \begin{pmatrix} -\frac{6}{5} \\ -1 \\ -\frac{12}{5} \end{pmatrix}$$

Damit hat der Höhenfußpunkt die Koordinaten $\mathbf{F\left(-\frac{6}{5} \mid -1 \mid -\frac{12}{5}\right)}$.

Eine dreiseitige Pyramide mit einem Dreieck als
Grundfläche wird als **Tetraeder** (oder Vierflach)
bezeichnet. Es wird von vier Dreiecksflächen
begrenzt. Da sich beim Tetraeder gegenüber der
vierseitigen Pyramide die Grundfläche halbiert,
halbiert sich auch das Volumen des Tetraeders im
Vergleich zur Pyramide. Auf das Spatvolumen
bezogen ergibt sich damit der Faktor $\frac{1}{6}$.

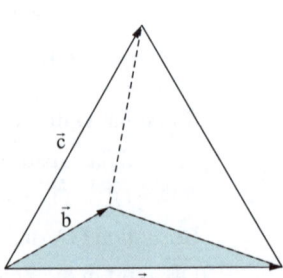

Regel

Volumen eines Tetraeders

Das Volumen V_T eines Tetraeders (dreiseitige Pyramide) mit Dreiecksgrundfläche, das durch drei linear unabhängige Vektoren $\vec{a}; \vec{b}; \vec{c} \in \mathbb{R}^3$ festgelegt ist, beträgt:

$$V_T = \frac{1}{6}V_{Spat} = \frac{1}{6}\left| (\vec{a} \times \vec{b}) \circ \vec{c} \right|$$

Beispiel

Eine dreieckige Glasscheibe wird in ein Mauereck mit den Eckpunkten A(2|0|0), B(0|2,5|0) und C(0|0|3) eingepasst (alle Koordinaten in Meter).

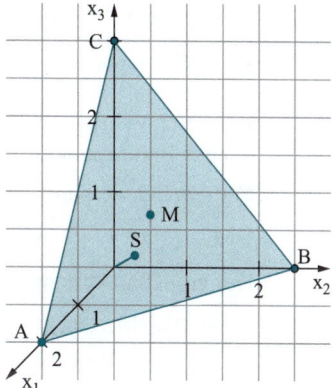

a) Berechnen Sie das mit der Scheibe abgegrenzte Volumen und den Flächeninhalt der Glasscheibe.

b) Vom unteren Mauereckpunkt (Ursprung) ausgehend, soll eine zu der Scheibe senkrecht stehende Stütze eingepasst werden. Bestimmen Sie die Länge dieser Stütze und die Koordinaten des Punktes S, wo die Stütze die Glasscheibe berührt (auf zwei Nachkommastellen).

c) Ermitteln Sie, wie groß der Abstand des Berührpunktes der Stütze S vom Schwerpunkt M der Scheibe ist. Recherchieren Sie dazu die passende Formel zur Berechnung der Koordinaten des Schwerpunkts eines Dreiecks.

Lösung:

a) Wegen der rechten Winkel kann diese Berechnung elementargeometrisch durchgeführt werden. Das abgegrenzte Volumen ist ein Tetraeder:

$$A_G = \frac{1}{2} \cdot 2 \cdot 2{,}5 = 2{,}5\,[m^2] \quad \text{und} \quad V = \frac{1}{3}A_G \cdot h = \frac{1}{3} \cdot 2{,}5 \cdot 3 = \mathbf{2{,}5\,[m^3]}$$

Zur Berechnung der Glasfläche werden zwei Seitenvektoren herangezogen:

$$A_{Glas} = \frac{1}{2} \cdot \left| \overrightarrow{AB} \times \overrightarrow{AC} \right| = \frac{1}{2}\left| \begin{pmatrix} -2 \\ 2{,}5 \\ 0 \end{pmatrix} \times \begin{pmatrix} -2 \\ 0 \\ 3 \end{pmatrix} \right| = \frac{1}{2}\left| \begin{pmatrix} 7{,}5 \\ 6 \\ 5 \end{pmatrix} \right| = \frac{1}{4}\sqrt{469} \approx \mathbf{5{,}41\,[m^2]}$$

b) Da die Stütze senkrecht auf der Glasscheibe steht, kann ihre Länge h mit der Formel $V = \frac{1}{3}A_G \cdot h$ berechnet werden, wobei als Grundfläche A_{Glas} verwendet werden muss:

$$h = \frac{3V}{A_{Glas}} = \frac{3 \cdot 2{,}5}{5{,}41} \approx \mathbf{1{,}39\,[m]}$$

Der Vektor $\vec{s}$, der in Richtung Stütze zeigt, ist kollinear zu $\overrightarrow{AB} \times \overrightarrow{AC}$, weil er senkrecht auf der Glasscheibe steht. Nach der Rechte-Hand-Regel ist dieser Vektor vom Ursprung weg zur Scheibe orientiert. Der Vektor

$$\overrightarrow{AB} \times \overrightarrow{AC} = \begin{pmatrix} 7,5 \\ 6 \\ 5 \end{pmatrix}$$

muss noch auf die richtige Länge gebracht werden. Dazu wird er auf Länge 1 normiert und dann mit h multipliziert:

$$\vec{s} \approx 1,39 \cdot \frac{1}{\sqrt{7,5^2 + 6^2 + 5^2}} \begin{pmatrix} 7,5 \\ 6 \\ 5 \end{pmatrix} \approx \begin{pmatrix} 0,96 \\ 0,77 \\ 0,64 \end{pmatrix}$$

Da dieser Vektor beim Ursprung beginnt, sind das zugleich die Koordinaten des Berührpunktes **S(0,96 | 0,77 | 0,64)** der Stütze mit der Glasscheibe.

c) Für den Schwerpunkt M der Dreiecksglasfläche gilt die Formel:

$$\overrightarrow{OM} = \tfrac{1}{3}(\overrightarrow{OA} + \overrightarrow{OB} + \overrightarrow{OC}) \quad \Rightarrow \quad M\left(\tfrac{2}{3} \,\middle|\, \tfrac{5}{6} \,\middle|\, 1\right)$$

Der gesuchte Abstand beträgt daher:

$$d(M; S) = |\overrightarrow{MS}| = \sqrt{(0,96 - 0,67)^2 + (0,77 - 0,83)^2 + (0,64 - 1,00)^2}$$
$$\approx \mathbf{0,47 \, [m]}$$

Aufgaben

79. Berechnen Sie das Volumen des im Würfel farbig eingezeichneten Tetraeders, indem Sie ein Koordinatensystem festlegen.
Setzen Sie das Tetraedervolumen ins Verhältnis zum Würfelvolumen.
Welches Verhältnis gilt für den Einheitswürfel (a = 1)?

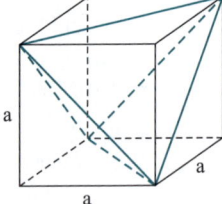

80. Durch die Punkte OABC mit O(0|0|0); A(6|5|2); B(9|10|4) und C(0|0|−2) ist ein Tetraeder festgelegt.

a) Berechnen Sie sein Volumen.

b) Der Punkt C des Tetraeders soll nun auf der x_3-Achse so verschoben werden, dass das Tetraedervolumen 10 beträgt. Berechnen Sie die entsprechende Koordinate des Punktes C.

Hinweis: Es gibt zwei Lösungen.

81. In der Abbildung unten ist das Zweitafelbild eines Hallendaches dargestellt, wobei sich alle angegebenen Maßzahlen in der Längeneinheit Meter verstehen.

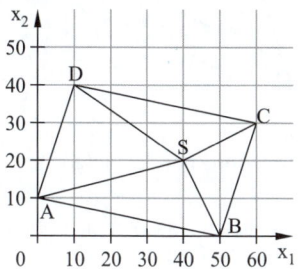 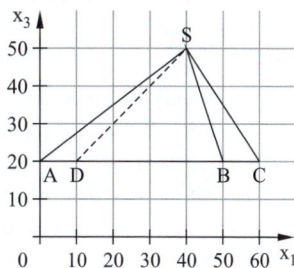

a) Berechnen Sie das Volumen der Daches.

b) Ermitteln Sie, ebenfalls rechnerisch, die Höhe des Daches und vergleichen Sie Ihr Rechenergebnis mit der Zeichnung.

6 Geraden- und Ebenengleichungen

Mit den Vektoren sind in Band 1 geometrische Gebilde betrachtet worden, die frei im Raum verschiebbar bzw. an jeden Punkt des $\mathbb{R}^3$ (oder auch des $\mathbb{R}^2$) angeheftet werden können. Jetzt geht es um Geraden und Ebenen (hauptsächlich im $\mathbb{R}^3$), die fest im Raum verankert sind. Dabei stellt man sich eine Gerade und auch eine Ebene als eine Ansammlung von (unendlich vielen) Punkten des Raumes vor, die in einer für sie charakteristischen Weise angeordnet sind. Diese Geraden und Ebenen besitzen eine unendliche Ausdehnung.

6.1 Geraden

Um eine Gerade eindeutig festzulegen, genügt es, einen Punkt der Geraden und ihre Richtung zu kennen.

Definition

Geraden in Punkt-Richtungs-Form

Die Punkt-Richtungs-Form einer Geraden g
hat in vektorieller Schreibweise die Gestalt:

$g: \vec{x} = \vec{a} + \lambda\vec{u}$

Dabei sind

g: Name oder **Bezeichner** der Geraden
 (gehört selbst nicht mit zu der Vektorgleichung).

$\vec{a}$: Ortsvektor (auch Stützvektor von g) zum **Aufhängepunkt** A der Geraden.

$\vec{u}$: **Richtungsvektor** der Geraden, muss $\neq \vec{0}$ sein.

$\vec{x}$: Ortsvektor zum **Geradenpunkt** X, diesen stellt man sich als festen, aber beliebigen Punkt der Geraden vor.

λ: Skalar, auch **Parameter** genannt, der für jeden Wert zu einem bestimmten
 Punkt X der Geraden führt. Für die gesamte Gerade durchläuft λ ganz $\mathbb{R}$.

Es ist sehr wichtig, sich die Struktur der Geradengleichung mit ihren Bestimmungsstücken einzuprägen!

Im Prinzip gelingt es mit dieser Konstruktion, mithilfe eines einzigen Skalars,
also der Zahlengeraden $\mathbb{R}$, die Koordinaten jeden Punktes einer Geraden im
Raum (im allgemeinen Fall sogar im $\mathbb{R}^n$) zu beschreiben.

Die **x_1-Achse** als Gerade im $\mathbb{R}^3$ betrachtet
kann beispielsweise in der Gestalt
$g: \vec{x} = \vec{0} + \lambda\vec{e}_1$ angegeben werden, wobei

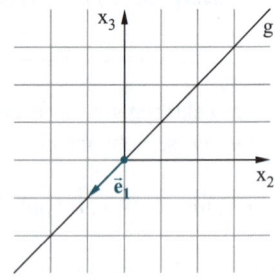

$\vec{0} = \begin{pmatrix} 0 \\ 0 \\ 0 \end{pmatrix}$ der Nullvektor und $\vec{e}_1 = \begin{pmatrix} 1 \\ 0 \\ 0 \end{pmatrix}$ der

Standardbasisvektor ist, der in Richtung
der x_1-Achse zeigt. Statt $\vec{e}_1$ könnte man
auch jeden anderen zu $\vec{e}_1$ kollinearen
Vektor als Richtungsvektor heranziehen.

Da als Aufhängepunkt der Geraden der Ursprung gewählt wurde, kann der zugehörige Ortsvektor auch weggelassen werden, sodass die Gleichung nur noch
$g: \vec{x} = \lambda\vec{e}_1$ lautet. Das kann man bei **Ursprungsgeraden** immer so machen. Es
hätte aber auch jeder andere Punkt auf g als Aufhängepunkt gewählt werden
können.

Für jedes $\lambda \in \mathbb{R}$ erhält man einen bestimmten Geradenpunkt, z. B. liefert $\lambda = 7$
den Punkt $(7\,|\,0\,|\,0)$ und $\lambda = -2,3$ den Punkt $(-2,3\,|\,0\,|\,0)$. Umgekehrt gehört auch
zu jedem Geradenpunkt genau ein λ-Wert; z. B. gehört zum Punkt $(-0,5\,|\,0\,|\,0)$
der Wert $\lambda = -0,5$.

Ein Punkt P, der nicht zu g gehört (symbolisch: $P \notin g$), hat auch keinen λ-Wert, der die Geradengleichung erfüllt, z. B. ist $\mathbf{P(0\,|\,1\,|\,0)}$ kein Punkt der x_1-Achse. Möchte man das rechnerisch testen, so muss man den Ortsvektor von P für $\vec{x}$ in g einsetzen:

P in g: $\begin{pmatrix} 0 \\ 1 \\ 0 \end{pmatrix} = \lambda \begin{pmatrix} 1 \\ 0 \\ 0 \end{pmatrix}$

Die erste Koordinate ist nur für $\lambda = 0$ erfüllt, die dritte immer. Aber die zweite Koordinate wird für kein $\lambda \in \mathbb{R}$ wahr. Es folgt:

$P(0\,|\,1\,|\,0) \notin g$

Geradengleichungen sind **nicht eindeutig**. So stellt auch diese Gleichung

$g^*: \vec{x} = \begin{pmatrix} 3 \\ 0 \\ 0 \end{pmatrix} + \mu \begin{pmatrix} -2{,}1 \\ 0 \\ 0 \end{pmatrix}$ die x_1-Achse dar.

Beispiel

Punktprobe
Gegeben ist die Geradengleichung

$g: \vec{x} = \begin{pmatrix} 3 \\ 2 \\ -2 \end{pmatrix} + \lambda \begin{pmatrix} -2 \\ 1 \\ 5 \end{pmatrix}$.

Stellen Sie rechnerisch fest, ob die Punkte $P(5\,|\,1\,|\,{-7})$ und $Q(-1\,|\,2\,|\,3)$ auf der Geraden g liegen.

Lösung:
P wird in g eingesetzt:

$\begin{pmatrix} 5 \\ 1 \\ -7 \end{pmatrix} = \begin{pmatrix} 3 \\ 2 \\ -2 \end{pmatrix} + \lambda \begin{pmatrix} -2 \\ 1 \\ 5 \end{pmatrix}$

P liegt genau dann auf g (in Zeichen: $P \in g$), wenn sich in allen drei Koordinaten der gleiche Wert für den Parameter λ ergibt. Die erste Gleichung führt auf $\lambda = -1$ (folgt aus $5 = 3 - 2\lambda$), die zweite ebenfalls und auch die dritte Gleichung. Damit gibt es in allen drei Koordinaten dasselbe $\lambda = -1$. Für dieses λ ist die Vektorgleichung erfüllt und damit liegt P auf g.

Entsprechend wird mit Q verfahren:

$\begin{pmatrix} -1 \\ 2 \\ 3 \end{pmatrix} = \begin{pmatrix} 3 \\ 2 \\ -2 \end{pmatrix} + \lambda \begin{pmatrix} -2 \\ 1 \\ 5 \end{pmatrix} \quad \Leftrightarrow \quad \begin{matrix} (1) & -1 = 3 - 2\lambda \\ (2) & 2 = 2 + \lambda \\ (3) & 3 = -2 + 5\lambda \end{matrix}$

Aus Gleichung (1) folgt $\lambda = 2$, aus Gleichung (2) jedoch $\lambda = 0$. Unabhängig davon, welcher Wert von λ sich aus Gleichung (3) ergibt, ist diese Vektorgleichung nicht erfüllbar, woraus folgt, dass Q nicht auf g liegt: $Q \notin g$

Statt einen Punkt und die Richtung zur eindeutigen Fest-
legung einer Geraden vorzugeben, kann eine Gerade
durch die Angabe von zwei Punkten A und B festgelegt
werden. Um eine Gleichung für diese Gerade anzugeben, wählt man einen der beiden Punkte als Aufhängepunkt und den Verbindungsvektor der beiden Punkte als
Richtungsvektor. Das führt auf die **Zwei-Punkte-Form**
g: $\vec{x} = \vec{a} + \lambda(\vec{b} - \vec{a})$ der Geradengleichung, wobei $\vec{a}$ und $\vec{b}$
die Ortsvektoren der Punkte A und B sind.

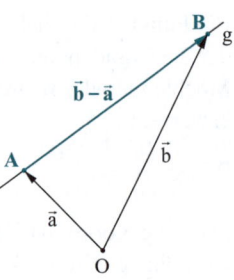

Beispiel

Gegeben sind die Punkte A(2|6|−1) und B(4|−2|1). Geben Sie eine Glei-
chung der die beiden Punkte enthaltenden Geraden an.

Lösung:

Es wird A als Aufhängepunkt gewählt (B wäre genauso möglich) und $\overrightarrow{AB}$ als
Richtungsvektor (hier wäre auch $\overrightarrow{BA}$ möglich):

$$g: \vec{x} = \begin{pmatrix} 2 \\ 6 \\ -1 \end{pmatrix} + \lambda \begin{pmatrix} 2 \\ -8 \\ 2 \end{pmatrix}$$

Bei dieser Geradengleichung bietet es sich an, den Faktor 2 aus dem Richtungsvektor herauszuziehen. Formal muss dann der Parameter eine neue
Bezeichnung erhalten. Auch mit

$$g: \vec{x} = \begin{pmatrix} 2 \\ 6 \\ -1 \end{pmatrix} + \mu \begin{pmatrix} 1 \\ -4 \\ 1 \end{pmatrix}$$

ist eine Geradengleichung angegeben, welche die Punkte A und B enthält.

Wie Funktionen in der Analysis enthalten häufig auch geometrische Objekte
einen oder sogar mehrere Parameter.

Beispiel

Betrachtet man den Punkt P(2|−1|3), so ist damit die Lage von P im $\mathbb{R}^3$
beschrieben. Hingegen stellt P_k(k|−1|3k) mit k ∈ $\mathbb{R}$ eine ganze **Schar von**
Punkten im $\mathbb{R}^3$ dar. Für jeden Wert von k ergibt sich ein anderer Punkt, z. B.
P_0(0|−1|0); P_1(1|−1|3); P_3(3|−1|9); P_{-2}(−2|−1|−6) usw.
Wie sind diese unendlich vielen Punkte angeordnet?

Lösung:

Sie liegen alle auf einer Geraden. Das sieht man folgendermaßen ein. Es wird
der Ortsvektor zu P_k betrachtet:

$$\overrightarrow{OP_k} = \begin{pmatrix} k \\ -1 \\ 3k \end{pmatrix}$$

Dieser Vektor wird aufgeteilt in den Teil ohne Parameter und den Teil mit Parameter:

$$\overrightarrow{OP_k} = \begin{pmatrix} k \\ -1 \\ 3k \end{pmatrix} = \begin{pmatrix} 0 \\ -1 \\ 0 \end{pmatrix} + \begin{pmatrix} k \\ 0 \\ 3k \end{pmatrix}$$

Zieht man schließlich den Parameter noch aus dem zweiten Vektor heraus, so erkennt man die Struktur einer Geradengleichung:

$$\overrightarrow{OP_k} = \begin{pmatrix} k \\ -1 \\ 3k \end{pmatrix} = \begin{pmatrix} 0 \\ -1 \\ 0 \end{pmatrix} + k \begin{pmatrix} 1 \\ 0 \\ 3 \end{pmatrix}$$

Das bedeutet: Bei der Punktemenge P_k handelt es sich um eine Gerade.

Umgekehrt kann man jede Gerade als Punkteschar schreiben. Die Geradengleichung

$$g: \vec{x} = \begin{pmatrix} 2 \\ 6 \\ -1 \end{pmatrix} + \mu \begin{pmatrix} 1 \\ -4 \\ 1 \end{pmatrix}$$

ergibt durch Zusammenfassen die Ortsvektoren $\vec{x} = \begin{pmatrix} 2+\mu \\ 6-4\mu \\ -1+\mu \end{pmatrix}$ und damit die Punkteschar $Q_\mu(2+\mu\,|\,6-4\mu\,|\,\mu-1)$ mit $\mu \in \mathbb{R}$.

Auch bei Geraden können Parameter eingebaut sein:

$$g_t: \vec{x} = \begin{pmatrix} t-1 \\ 2t \\ -1 \end{pmatrix} + \lambda \begin{pmatrix} -2 \\ 4 \\ 1 \end{pmatrix} \text{ mit } t \in \mathbb{R}$$

Neben dem „Hauptparameter" λ enthält diese **Geradenschar** noch den Parameter t. Für jeden Wert von t ist eine eigene Gerade definiert. Man hat also eine unendliche Menge von Geraden, eine Geradenschar.

Bei g_t erkennt man, dass es sich um lauter parallele Geraden handelt, da der Parameter t nur den Aufhängepunkt betrifft, nicht aber den Richtungsvektor.

fgaben 82. Im unten stehenden Schema ist in das entsprechende Gitter die Gerade
$g: \vec{x} = \vec{a} + \lambda\vec{u}$ eingezeichnet.
Für welche Werte von λ erhält man die Geradenpunkte X_0, X_1, X_2, X_3, X_4, X_5?

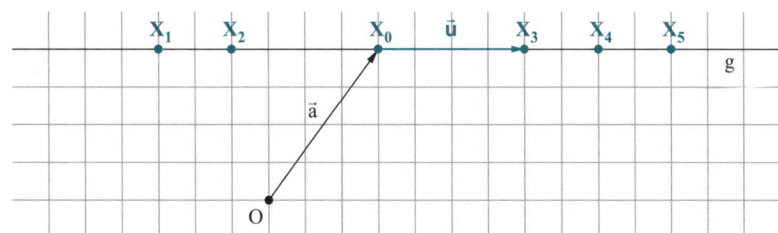

83. In die Abbildung ist der Quader ABCDEFGH eingezeichnet.

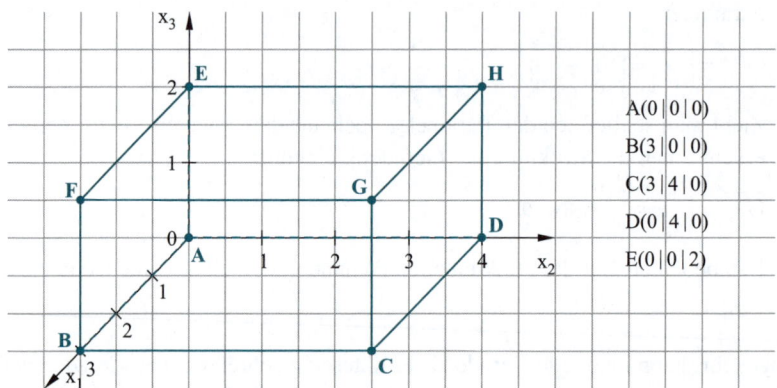

A(0 | 0 | 0)

B(3 | 0 | 0)

C(3 | 4 | 0)

D(0 | 4 | 0)

E(0 | 0 | 2)

a) Geben Sie an, durch welche Punkte des Quaders die Geraden g und h verlaufen:

$$g:\ \vec{x} = \begin{pmatrix} 0 \\ 4 \\ 2 \end{pmatrix} + \lambda \begin{pmatrix} 1 \\ 0 \\ 0 \end{pmatrix}; \quad h:\ \vec{x} = \begin{pmatrix} 3 \\ 4 \\ 0 \end{pmatrix} + \mu \begin{pmatrix} 3 \\ 4 \\ -2 \end{pmatrix}$$

b) Stellen Sie die Gleichungen g_{BH}, g_{EC} und g_{AF} der Geraden auf, die durch die angegebenen Punkte verlaufen.

84. Stellen Sie die Gleichungen der Geraden auf, die folgende Lagen haben.

a) Die Gerade enthält den Ursprung und läuft winkelhalbierend (diagonal) in der $x_1 x_2$-Koordinatengrundebene.

b) Die Gerade geht durch (1 | 1 | 1) und verläuft parallel zur x_3-Achse.

85. Gegeben ist die Gerade g durch die Gleichung $g:\ \vec{x} = \begin{pmatrix} 2 \\ 1 \\ 4 \end{pmatrix} + \lambda \begin{pmatrix} 1 \\ 3 \\ 2 \end{pmatrix}$.

a) Geben Sie drei frei gewählte Geradenpunkte an.

b) Untersuchen Sie, ob die Punkte P(2 | 1 | 4), Q(−3 | 4 | 6) und R(0 | −5 | 0) auf g liegen.

c) Geben Sie eine Gleichung der Geraden h an, die den Punkt Q enthält und parallel zu g verläuft.

86. a) Gesucht ist die Geradengleichung jener Geraden, die durch die Punkte A(2|–3|1) und B(5|–2|4) verläuft.

b) Jemand hat die Zwei-Punkte-Form falsch verwendet und gibt die Gleichung der Geraden durch die zwei Punkte A und B in der folgenden Form an:

$$g^*: \vec{x} = \vec{a} + \lambda \vec{b}$$

Skizzieren Sie mithilfe zweier beliebiger Punkte A und B und ihrer Ortsvektoren $\vec{a}$ und $\vec{b}$ den Verlauf der Geraden g*. Wie muss die Geradengleichung richtig lauten, wenn g die beiden Punkte A und B enthalten soll?

87. Spurpunkte einer Geraden

Im $\mathbb{R}^3$ hat ein Koordinatensystem drei Koordinatengrundebenen, nämlich die $x_1 x_2$-Ebene, die $x_1 x_3$-Ebene und die $x_2 x_3$-Ebene. Eine Gerade, welche nicht parallel zu einer dieser Grundebenen verläuft, wird diese in einem Punkt durchstoßen (schneiden). Diese Punkte nennt man die Spurpunkte der Geraden.

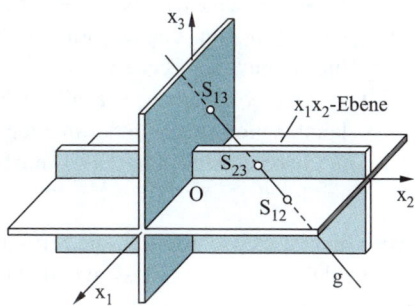

Für die Gerade g: $\vec{x} = \begin{pmatrix} 2 \\ 1 \\ 4 \end{pmatrix} + \lambda \begin{pmatrix} 1 \\ 3 \\ 2 \end{pmatrix}$ sollen die Koordinaten der Schnittpunkte mit den Koordinatengrundebenen (= Spurpunkte) berechnet werden.

Anleitung: Der Spurpunkt in der $x_1 x_2$-Koordinatengrundebene hat die Form $S_{12}(x_1|x_2|0)$; die x_3-Koordinate ist also null. Außerdem liegt er auf g. Also setzen Sie ihn in g ein, berechnen mit der 3. Koordinate λ und damit dann die beiden Koordinaten x_1 und x_2.

Berechnen Sie in analoger Weise auch die Koordinaten der Spurpunkte S_{13} und S_{23}.

6.2 Ebenen

Das nach den Geraden nächste, logisch folgende geometrische Objekt sind Ebenen, also zweidimensionale Gebilde im $\mathbb{R}^3$. Auch sie werden zunächst in vektorieller Darstellung beschrieben, wobei diese in naheliegender Weise aus der vektoriellen Beschreibung der Geraden folgt.

Definition

Ebenen in Punkt-Richtungs-Form
Die Punkt-Richtungs-Form einer Ebene
hat in vektorieller Schreibweise die
Gestalt:
$$E: \vec{x} = \vec{a} + \lambda\vec{u} + \mu\vec{v}$$

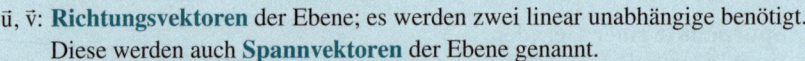

Dabei sind
E: Name oder **Bezeichner** der Ebene.
$\vec{a}$:   Ortsvektor (auch Stützvektor von E)
       zum **Aufhängepunkt** A der Ebene.
$\vec{u}, \vec{v}$: **Richtungsvektoren** der Ebene; es werden zwei linear unabhängige benötigt.
       Diese werden auch **Spannvektoren** der Ebene genannt.
$\vec{x}$:   Ortsvektor zum **Ebenenpunkt** X, diesen stellt man sich als festen, aber belie-
       bigen Punkt der Ebene vor.
λ, μ: zwei unterscheidbare Skalare, auch **Parameter** genannt, die für jede Werte-
       kombination zu einem bestimmten Punkt X der Ebene führen. Für die gesam-
       te Ebene durchlaufen λ und μ unabhängig voneinander jeweils ganz $\mathbb{R}$.

Auch hier ist es wichtig, sich die Struktur der Ebenengleichung einzuprägen!
Diese Gleichung besagt, dass man den Ortsvektor $\vec{x}$ des Punktes X erhält, wenn
man, vom Ursprung ausgehend, zunächst per $\vec{a}$ zum Punkt A und von dort über
$\lambda\vec{u} + \mu\vec{v}$ schließlich zum Punkt X gelangt (Vektorkette).

Betrachtet man in einem Zimmer
die beiden eine Ecke einschließen-
den Wände sowie den Fußboden
als die Koordinatengrundebenen,
so erhält man eine räumliche Vor-
stellung. Jede darin vorkommende
Ebene kann mit einer vektoriellen
Gleichung, wie sie oben angegeben
ist, beschrieben werden.
Der Fußboden, also die $x_1 x_2$-Koor-
dinatengrundebene, könnte in der
Form E: $\vec{x} = \vec{0} + \lambda\vec{e}_1 + \mu\vec{e}_2$ mit den

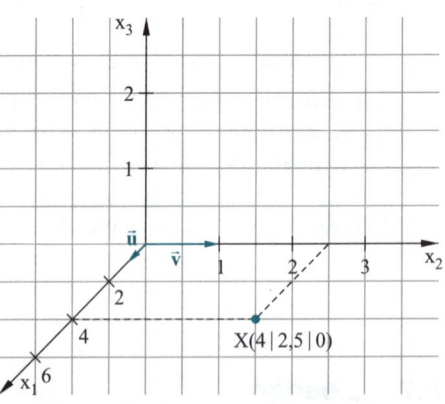

beiden Standardbasisvektoren $\vec{e}_1$; $\vec{e}_2$ angegeben werden. Der Nullvektor könnte,
da es eine Ursprungsebene ist, auch ganz weggelassen werden. Den eingezeichneten Ebenenpunkt erhält man mit den Parameterwerten $\lambda = 4$ und $\mu = 2{,}5$.

Wie bei den Geraden wird bei einer **Punktprobe** der Ortsvektor des entsprechenden Punktes in die Vektorgleichung der Ebene für $\vec{x}$ eingesetzt. Man erhält dann
drei Gleichungen mit zwei Unbekannten (λ und μ) und muss untersuchen, ob dieses überbestimmte lineare Gleichungssystem eine Lösung besitzt.

Beispiel

Gegeben sei die Ebene E: $\vec{x} = \begin{pmatrix} 1 \\ 2 \\ -2 \end{pmatrix} + \lambda \begin{pmatrix} 2 \\ -1 \\ 3 \end{pmatrix} + \mu \begin{pmatrix} -1 \\ 1 \\ 5 \end{pmatrix}$. Untersuchen Sie, ob die

Punkte P(−6|7|7) und Q(−4|−3|5) auf der Ebene E liegen.

Lösung:

Einsetzen von P in E führt auf die Vektorgleichung:

$$\begin{pmatrix} -6 \\ 7 \\ 7 \end{pmatrix} = \begin{pmatrix} 1 \\ 2 \\ -2 \end{pmatrix} + \lambda \begin{pmatrix} 2 \\ -1 \\ 3 \end{pmatrix} + \mu \begin{pmatrix} -1 \\ 1 \\ 5 \end{pmatrix}$$

Diese wird aufgelöst in ein Gleichungssystem mit drei Gleichungen und zwei Unbekannten:

(1) $2\lambda - \mu = -7$
(2) $-\lambda + \mu = 5$
(3) $3\lambda + 5\mu = 9$

Aus zwei der drei Gleichungen wird λ und μ bestimmt und dann muss die bislang nicht benutzte Gleichung noch mit den ermittelten Zahlenwerten für λ und μ auf „wahre Aussage" überprüft werden.

Im vorliegenden Fall ist es vorteilhaft, da μ dann herausfällt, die Gleichungen (1) und (2) zu addieren:

(1)+(2) $\lambda = -2$ (Additionsverfahren)

Das so ermittelte λ kann in (1) oder (2) eingesetzt werden. Eingesetzt in (1):

$2 \cdot (-2) - \mu = -7 \ \Rightarrow \ \mu = 3$

Damit sind λ und μ bestimmt. Entscheidend für die Frage, ob P ∈ E oder ob P ∉ E, ist nun, ob die 3. Gleichung auf eine wahre Aussage oder eine falsche Aussage führt, wenn man $\lambda = -2$ und $\mu = 3$ einsetzt. Eingesetzt in (3):

$3 \cdot (-2) + 5 \cdot 3 = 9 \ \Leftrightarrow \ 9 = 9$ (wahre Aussage)

Daraus folgt, dass der Punkt **P auf E** liegt.

Setzt man Q in E ein, so ergibt sich das Gleichungssystem:

(1) $2\lambda - \mu = -5$
(2) $-\lambda + \mu = -5$
(3) $3\lambda + 5\mu = 7$

Aus (2) folgt (Einsetzverfahren): $\mu = -5 + \lambda$, in (3) $3\lambda + 5(-5 + \lambda) = 7$, also $8\lambda = 32$ und somit $\lambda = 4$. Daraus folgt $\mu = -1$. Testen von Gleichung (1): $2 \cdot 4 - (-1) = -5$, also $9 = -5$ (falsche Aussage). Daher liegt **Q nicht auf E**.

Hat man drei nicht auf einer Geraden liegende Punkte, so legen diese Punkte eindeutig eine Ebene fest. Wie sich aus nebenstehender Zeichnung erkennen lässt, kann man deren Gleichung in der sogenannten **Drei-Punkte-Form** folgendermaßen angeben:

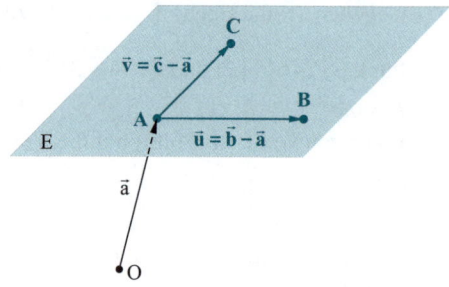

E: $\vec{x} = \vec{a} + \lambda(\vec{b} - \vec{a}) + \mu(\vec{c} - \vec{a})$

Welcher Punkt als Aufhängepunkt herangezogen wird, ist ohne Bedeutung. Wichtig ist wiederum, dass als Richtungsvektoren die Verbindungsvektoren der gegebenen Punkte genommen werden.

Beispiel

Geben Sie eine Gleichung der Ebene E an, die die Punkte A(2|−1|1), B(4|1|1) und C(0|−2|−1) enthält.

Lösung:

Mit A als Aufhängepunkt ergibt sich:

E: $\vec{x} = \begin{pmatrix} 2 \\ -1 \\ 1 \end{pmatrix} + \lambda \begin{pmatrix} 2 \\ 2 \\ 0 \end{pmatrix} + \mu \begin{pmatrix} -2 \\ -1 \\ -2 \end{pmatrix}$ Falls man Minuszeichen vermeiden möchte, könnte man den Richtungsvektor $\begin{pmatrix} -2 \\ -1 \\ -2 \end{pmatrix}$ durch $\begin{pmatrix} 2 \\ 1 \\ 2 \end{pmatrix}$ ersetzen.

Eine **Punkteschar mit zwei Parametern** führt in der Regel auf Ebenen.

Beispiel

Stellt die Punkteschar P(2r|1−s|r+2s) mit r, s ∈ ℝ eine Ebene dar?

Lösung:

$$\overrightarrow{OP} = \begin{pmatrix} 2r \\ 1-s \\ r+2s \end{pmatrix} = \begin{pmatrix} 0 \\ 1 \\ 0 \end{pmatrix} + r \begin{pmatrix} 2 \\ 0 \\ 1 \end{pmatrix} + s \begin{pmatrix} 0 \\ -1 \\ 2 \end{pmatrix}$$

Der rechts stehende Ausdruck hat den Aufbau einer Ebene mit Ortsvektor zum Aufhängepunkt (0|1|0) und den zwei linear unabhängigen Richtungsvektoren mit den Parametern r und s.

Wie bei einer Geradenschar können auch in den Ebenengleichungen zusätzliche Parameter auftreten. Man hat dann nicht nur eine bestimmte Ebene, sondern eine ganze **Schar von Ebenen**. Falls der zusätzliche Parameter nur im Stützvektor auftritt, handelt es sich um lauter parallele Ebenen, wie das nachfolgende Beispiel zeigt:

$E_t: \vec{x} = \begin{pmatrix} \frac{1}{2} \\ 1 \\ t-1 \end{pmatrix} + \lambda \begin{pmatrix} 2 \\ 0 \\ -1 \end{pmatrix} + \mu \begin{pmatrix} 1 \\ -2 \\ 2 \end{pmatrix}$ mit t ∈ ℝ

Aufgaben

88. Die Abbildung zeigt das Gitter eines Ausschnittes der Ebene
E: $\vec{x} = \vec{a} + \lambda \vec{u} + \mu \vec{v}$.

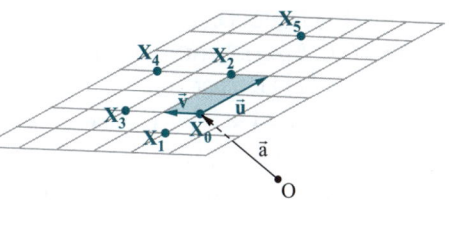

a) Für welche Wertepaare von $(\lambda; \mu)$ erhält man die eingezeichneten Ebenenpunkte $X_0, X_1, X_2, X_3, X_4, X_5$?

b) Welche Bedingungen müssen für λ und μ gelten, damit man einen Ebenenpunkt erhält, der innerhalb des von $\vec{u}$ und $\vec{v}$ aufgespannten Parallelogramms liegt?

89. Der abgebildete Quader enthält ein markiertes Dreieck. Dafür soll eine Ebenengleichung aufgestellt werden, sodass das Dreieck in der zugehörigen Ebene enthalten ist.

Hinweis: Legen Sie zunächst ein geeignetes Koordinatensystem fest.

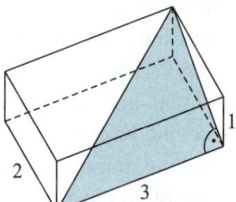

90. Gegeben sind in einem kartesischen Koordinatensystem die Punkte A(2|−1|3), B(1|1|4) und C(−2|1|3).

a) Weisen Sie rechnerisch nach, dass die Punkte A, B und C nicht auf einer Geraden liegen.

b) Zusammen mit dem Punkt D sollen A, B und C die Eckpunkte eines Parallelogramms sein. Ermitteln Sie die Koordinaten von D.

c) Geben Sie eine Ebenengleichung an, sodass die zugehörige Ebene die Punkte A, B und C enthält, und zeigen Sie rechnerisch, dass auch D in dieser Ebene enthalten ist.

91. Gegeben sind die Gerade g: $\vec{x} = \begin{pmatrix} 2 \\ 1 \\ 4 \end{pmatrix} + \lambda \begin{pmatrix} 1 \\ 3 \\ 2 \end{pmatrix}$ und der Punkt P(2|−1|−2).

a) Zeigen Sie, dass P nicht auf g liegt.

b) Ermitteln Sie eine Gleichung für eine Ebene, die g und P enthält.

c) Wenn für einen anderen Punkt P* ∈ g gelten würde, so wäre durch die Angabe von g und P* keine eindeutige Ebene festgelegt. Erläutern Sie diese Aussage anhand einer Skizze.

92. Gegeben ist das Dreieck ABC mit den Eckpunkten A(2|−1|1), B(1|−3|2) und C(0|5|−4). Ferner liegt mit $D_t(t|t+2|-2t)$, wobei $t \in \mathbb{R}$ ein Parameter ist, eine Punkteschar vor.

a) Bestimmen Sie eine Gleichung der Ebene E, welche die Punkte A, B und C enthält.

b) Ermitteln Sie, für welchen Wert von t der zugehörige Punkt D_t auf E liegt, sodass man ein Viereck $ABCD_t$ erhält. Warum stellen für alle anderen Werte für t die Punkte A, B, C und D_t kein Viereck dar?

93. Spurgeraden

Eine Ebene schneidet jede Koordinatengrundebene in einer Geraden (wenn die Ebene nicht parallel zu einer der Grundebenen verläuft). Diese Schnittgeraden nennt man auch die Spurgeraden der Ebene und bezeichnet sie, wie es in der Abbildung eingezeichnet ist.
Sie ermitteln die Spurgerade s_{12} der Ebene

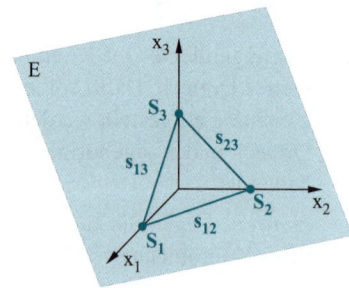

$$E: \vec{x} = \begin{pmatrix} 2 \\ -1 \\ 1 \end{pmatrix} + \lambda \begin{pmatrix} 2 \\ 2 \\ -3 \end{pmatrix} + \mu \begin{pmatrix} -2 \\ -1 \\ -2 \end{pmatrix},$$

indem Sie in E die x_3-Koordinate null setzen und aus der zugehörigen Gleichung der 3. Koordinate den Zusammenhang zwischen λ und μ ermitteln:
$$0 = 1 - 3\lambda - 2\mu$$

Nach μ aufgelöst erhält man:

$$\mu = \frac{1}{2} - \frac{3}{2}\lambda$$

Ersetzt man damit in der Ebenengleichung den Parameter μ, so ergibt sich eine Vektorgleichung mit nur noch einem Parameter, nämlich mit λ:

$$\vec{x} = \begin{pmatrix} 2 \\ -1 \\ 1 \end{pmatrix} + \lambda \begin{pmatrix} 2 \\ 2 \\ -3 \end{pmatrix} + \left(\frac{1}{2} - \frac{3}{2}\lambda \right) \begin{pmatrix} -2 \\ -1 \\ -2 \end{pmatrix}$$

Ausmultipliziert und zusammengefasst ergibt sich:

$$\vec{x} = \begin{pmatrix} 2 \\ -1 \\ 1 \end{pmatrix} + \lambda \begin{pmatrix} 2 \\ 2 \\ -3 \end{pmatrix} + \frac{1}{2} \begin{pmatrix} -2 \\ -1 \\ -2 \end{pmatrix} - \frac{3}{2}\lambda \begin{pmatrix} -2 \\ -1 \\ -2 \end{pmatrix} = \begin{pmatrix} 1 \\ -1,5 \\ 0 \end{pmatrix} + \lambda \begin{pmatrix} 5 \\ 3,5 \\ 0 \end{pmatrix}$$

Im letzten Ausdruck erkennt man die Struktur einer Geradengleichung wieder. Da die 3. Koordinate bei Aufhängepunkt und Richtungsvektor jeweils null ist, handelt es sich um eine Gerade in der x_1x_2-Grundebene; es ist die Spurgerade s_{12} der Ebene E.

Ermitteln Sie mit diesem Verfahren die Spurgeraden s_{13} und s_{23}.

94. Spurpunkte

Die Schnittpunkte von E mit den Koordinatenachsen sind, sofern vorhanden, die Spurpunkte der Ebene.

a) Berechnen Sie die drei Spurpunkte S_1, S_2 und S_3 der Ebene:

$$E:\ \vec{x} = \begin{pmatrix} 2 \\ -1 \\ 1 \end{pmatrix} + \lambda \begin{pmatrix} 2 \\ 2 \\ -3 \end{pmatrix} + \mu \begin{pmatrix} -2 \\ -1 \\ -2 \end{pmatrix}$$

Nutzen Sie dabei aus, dass auf den Achsen jeweils zwei Koordinaten null sind. Außerdem muss jeder Spurpunkt die Ebenengleichung erfüllen. Zeigen Sie schließlich noch rechnerisch, dass der Spurpunkt S_1 auf den Spurgeraden s_{12} und s_{13} liegt (vergleiche Aufgabe 93).

b) Eine Geradengleichung für die Spurgeraden einer Ebene kann man auch mithilfe der Spurpunkte aufstellen.
Bestimmen Sie je eine Gleichung der Spurgeraden der Ebene E, indem Sie die Zwei-Punkt-Form der Geradendarstellung auf die entsprechenden Spurpunkte anwenden.

6.3 Normalen- und Koordinatenform von Ebenen

Geraden und Ebenen lassen sich (siehe die beiden vorangehenden Abschnitte) in der vektoriellen Punkt-Richtungs-Form, auch Parameterform genannt, beschreiben. Im Gegensatz zu den Geraden im $\mathbb{R}^3$ gibt es für die Beschreibung von Ebenen weitere Darstellungsmöglichkeiten.

In der Parameterform ist die Richtung einer Ebene durch ihre beiden (linear unabhängigen) Richtungsvektoren $\vec{u}$ und $\vec{v}$ festgelegt. Sie kann aber auch durch einen einzigen Vektor vorgegeben werden, der senkrecht zu der Ebene steht und **Normalenvektor** der Ebene genannt wird.

Um mithilfe eines Normalenvektors $\vec{n}$ eine Gleichung für eine Ebene aufstellen zu können, macht man sich zunutze, dass für jeden Ebenenpunkt X der Verbindungsvektor $\overrightarrow{AX}$ (A bezeichnet wiederum den Aufhängepunkt der Ebene) senkrecht zu $\vec{n}$ steht (siehe Abbildung). Demnach ist das zugehörige Skalarprodukt null:

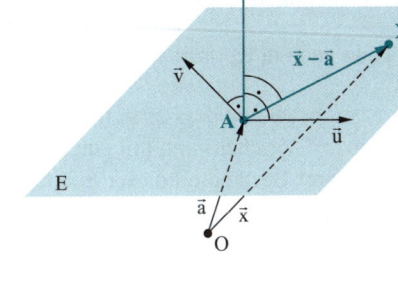

$$\vec{n} \circ \overrightarrow{AX} = 0$$

Drückt man $\overline{AX} = \vec{x} - \vec{a}$ mit den zugehörigen Ortsvektoren aus, so hat man die Ebenengleichung, die als Normalenform oder auch Normalengleichung der Ebene bezeichnet wird.

Definition

Normalenform der Ebene

Die Normalenform einer Ebene hat die Gestalt:

E: $\vec{n} \circ (\vec{x} - \vec{a}) = 0$

Dabei sind

E: Name oder **Bezeichner** der Ebene.

$\vec{a}$: Ortsvektor (auch Stützvektor von E) zum **Aufhängepunkt** A der Ebene.

$\vec{n}$: **Normalenvektor** der Ebene; es muss $\vec{n} \perp E$ gelten.

$\vec{x}$: Ortsvektor zum **Ebenenpunkt** X.

∘: Verknüpfungssymbol des Skalarproduktes.

0: Skalare (reelle) Null.

Es ist wieder wichtig, sich die Struktur der Normalengleichung von Anfang an fest einzuprägen: Links vom Gleichheitszeichen stehen zwei Vektoren, die zum Skalarprodukt verrechnet werden. Ergibt dieses null (also eine wahre Aussage der Gleichung), so liegt der betrachtete Punkt X in der Ebene E. Ergibt sich eine falsche Aussage, ist der eingesetzte Punkt kein Punkt der Ebene.

Beispiel

Mit E: $\begin{pmatrix} 1 \\ -2 \\ 2 \end{pmatrix} \circ \left(\vec{x} - \begin{pmatrix} 2 \\ 4 \\ -1 \end{pmatrix} \right) = 0$ ist eine konkrete Ebene in Normalenform gege-

ben; der Normalenvektor ist direkt ablesbar: $\vec{n} = \begin{pmatrix} 1 \\ -2 \\ 2 \end{pmatrix}$, ebenso der Ortsvektor

des Aufhängepunktes: $\vec{a} = \begin{pmatrix} 2 \\ 4 \\ -1 \end{pmatrix}$. Der Ortsvektor zu einem beliebigen Ebenen-

punkt kann auch in Koordinatendarstellung geschrieben werden: $\vec{x} = \begin{pmatrix} x_1 \\ x_2 \\ x_3 \end{pmatrix}$

Ferner ist zu beachten, dass es sich um eine Gleichung mit einer linken Seite (links vom „="-Zeichen) und mit einer rechten Seite handelt. Das „=0" ist unverzichtbarer Bestandteil dieser Ebenendarstellung.

Wie schon bei der Parameterform kann für konkrete Punkte rechnerisch festgestellt werden, ob sie auf E liegen oder nicht. Führen Sie diese **Punktprobe** für die Punkte P(5|−3|2) und Q(−10|2|3) durch.

Lösung:

P in E eingesetzt:

$$\begin{pmatrix} 1 \\ -2 \\ 2 \end{pmatrix} \circ \left(\begin{pmatrix} 5 \\ -3 \\ 2 \end{pmatrix} - \begin{pmatrix} 2 \\ 4 \\ -1 \end{pmatrix} \right) = 0 \quad \Leftrightarrow \quad \begin{pmatrix} 1 \\ -2 \\ 2 \end{pmatrix} \circ \begin{pmatrix} 3 \\ -7 \\ 3 \end{pmatrix} = 0 \quad \Leftrightarrow \quad 3 + 14 + 6 = 0 \quad \Leftrightarrow \quad 23 = 0$$

Das ist offenbar eine falsche Aussage, woraus folgt: **P ∉ E**

Q in E eingesetzt:

$$\begin{pmatrix} 1 \\ -2 \\ 2 \end{pmatrix} \circ \left(\begin{pmatrix} -10 \\ 2 \\ 3 \end{pmatrix} - \begin{pmatrix} 2 \\ 4 \\ -1 \end{pmatrix} \right) = 0 \quad \Leftrightarrow \quad \begin{pmatrix} 1 \\ -2 \\ 2 \end{pmatrix} \circ \begin{pmatrix} -12 \\ -2 \\ 4 \end{pmatrix} = 0 \quad \Leftrightarrow \quad -12 + 4 + 8 = 0 \quad \Leftrightarrow \quad 0 = 0$$

Aus dieser wahren Aussage wird gefolgert: **Q ∈ E**

Bei der Punktprobe mit der Normalengleichung muss also kein lineares Gleichungssystem gelöst werden. Die Punktprobe ist in diesem Fall viel einfacher.

Man kann sich diese Rechnungen noch einfacher machen, indem man in der Normalengleichung von E die linke Seite der Gleichung ausmultipliziert:

$$E: \begin{pmatrix} 1 \\ -2 \\ 2 \end{pmatrix} \circ \vec{x} - \begin{pmatrix} 1 \\ -2 \\ 2 \end{pmatrix} \circ \begin{pmatrix} 2 \\ 4 \\ -1 \end{pmatrix} = 0$$

Das zweite Skalarprodukt wird noch ausgerechnet:

$$\begin{pmatrix} 1 \\ -2 \\ 2 \end{pmatrix} \circ \begin{pmatrix} 2 \\ 4 \\ -1 \end{pmatrix} = 2 - 8 - 2 = -8$$

Damit kann man die Ebenengleichung auch in der Form

$$E: \begin{pmatrix} 1 \\ -2 \\ 2 \end{pmatrix} \circ \vec{x} + 8 = 0 \text{ oder auch } E: \begin{pmatrix} 1 \\ -2 \\ 2 \end{pmatrix} \circ \vec{x} = -8 \text{ schreiben.}$$

Das ist eine sehr prägnante Form; sie hat allerdings den Nachteil, dass man den Aufhängepunkt der Ebene nicht mehr direkt ablesen kann. Bei der Punktprobe ist nun nur noch zu prüfen, ob das Skalarprodukt von Normalenvektor und Ortsvektor -8 ergibt oder eben nicht.

Um die **Punkt-Richtungs-Form in die Normalenform umwandeln** zu können, werden ein Aufhängepunkt und ein Normalenvektor der Ebene benötigt. Der Aufhängepunkt kann unmittelbar aus der Punkt-Richtungs-Form abgelesen werden. Einen Normalenvektor für die Ebene erzeugt man mithilfe des Vektorproduktes der beiden Richtungsvektoren: $\vec{n} = \vec{u} \times \vec{v}$. Der so ermittelte Vektor steht senkrecht auf den beiden Richtungsvektoren und damit auch senkrecht auf der Ebene.

Beispiel

Gegeben ist eine Ebene in Punkt-Richtungs-Form gemäß:

$$E: \vec{x} = \begin{pmatrix} 3 \\ -1 \\ 1 \end{pmatrix} + \lambda \begin{pmatrix} 2 \\ 2 \\ -3 \end{pmatrix} + \mu \begin{pmatrix} 2 \\ -1 \\ -2 \end{pmatrix}$$

Wandeln Sie diese Darstellung der Ebene in eine Normalenform um.

Lösung:

$$\vec{n} = \begin{pmatrix} 2 \\ 2 \\ -3 \end{pmatrix} \times \begin{pmatrix} 2 \\ -1 \\ -2 \end{pmatrix} = \begin{pmatrix} 2 \cdot (-2) - (-3) \cdot (-1) \\ (-3) \cdot 2 - 2 \cdot (-2) \\ 2 \cdot (-1) - 2 \cdot 2 \end{pmatrix} = \begin{pmatrix} -7 \\ -2 \\ -6 \end{pmatrix}$$

Dass der ermittelte Vektor tatsächlich senkrecht auf beiden Richtungsvektoren steht und man keine Rechenfehler gemacht hat, sollte man kurz im Kopf mithilfe des Skalarproduktes überprüfen:

$$\begin{pmatrix} 2 \\ 2 \\ -3 \end{pmatrix} \circ \begin{pmatrix} -7 \\ -2 \\ -6 \end{pmatrix} = -14 - 4 + 18 = 0 \quad \text{und} \quad \begin{pmatrix} 2 \\ -1 \\ -2 \end{pmatrix} \circ \begin{pmatrix} -7 \\ -2 \\ -6 \end{pmatrix} = -14 + 2 + 12 = 0$$

Der in der Normalengleichung verwendete Vektor muss lediglich die Eigenschaft haben, senkrecht auf E zu stehen. Aus diesem Grund kann jeder zu $\vec{n}$ kollineare Vektor verwendet werden. Wegen der drei negativen Koordinaten im vorliegenden Fall wird man eher den mit (−1) multiplizierten Vektor in der Normalengleichung verwenden:

$$E: \begin{pmatrix} 7 \\ 2 \\ 6 \end{pmatrix} \circ \left(\vec{x} - \begin{pmatrix} 3 \\ -1 \\ 1 \end{pmatrix} \right) = 0$$

Multipliziert man die Klammer noch aus und berechnet das Skalarprodukt

$$\begin{pmatrix} 7 \\ 2 \\ 6 \end{pmatrix} \circ \begin{pmatrix} 3 \\ -1 \\ 1 \end{pmatrix} = 21 - 2 + 6 = 25,$$

so hat man die allgemeine Normalengleichung der Ebene $E: \begin{pmatrix} 7 \\ 2 \\ 6 \end{pmatrix} \circ \vec{x} - 25 = 0$.

Dies sind also zwei unterschiedliche Darstellungsformen derselben Ebene:

$$E: \vec{x} = \begin{pmatrix} 3 \\ -1 \\ 1 \end{pmatrix} + \lambda \begin{pmatrix} 2 \\ 2 \\ -3 \end{pmatrix} + \mu \begin{pmatrix} 2 \\ -1 \\ -2 \end{pmatrix} \quad \text{und} \quad E: \begin{pmatrix} 7 \\ 2 \\ 6 \end{pmatrix} \circ \vec{x} - 25 = 0$$

Auch die Umwandlung in umgekehrter Richtung, also von **Normalenform in Punkt-Richtungs-Form**, kann durchgeführt werden.

Beispiel

Vorgelegt sei eine Ebene in allgemeiner Normalenform: $F: \begin{pmatrix} -3 \\ 2 \\ 5 \end{pmatrix} \circ \vec{x} - 4 = 0$

Ermitteln Sie eine Punkt-Richtungs-Form (oder Parameterform) der Ebene F.

Lösung:

Man benötigt zur Formulierung der Ebenengleichung in Parameterform einen Aufhängepunkt und zwei Richtungsvektoren von F.

Als Aufhängepunkt (den man aus obiger Darstellung nicht direkt ablesen kann) kommt jeder Punkt infrage, der die Ebenengleichung erfüllt. Da es sich um eine Gleichung mit drei Unbekannten x_1, x_2 und x_3 handelt, kann man zwei Werte frei wählen. Offensichtlich ist $A(0|2|0)$ ein Punkt auf F, auch $B(-2|-1|0)$ wäre einer. Durch Einsetzen der Ortsvektoren der Punkte für $\vec{x}$ in die Gleichung von F bestätigt man, dass die Gleichung jeweils erfüllt ist.

Es fehlen noch zwei Richtungsvektoren. Diese müssen zum Normalenvektor senkrecht stehen. Mit der in Band 1 am Ende von Seite 189 eingeführten Methode zum Auffinden orthogonaler Vektoren ergeben sich beispielsweise als Richtungsvektoren:

$$\vec{u} = \begin{pmatrix} 2 \\ 3 \\ 0 \end{pmatrix} \quad \text{und} \quad \vec{v} = \begin{pmatrix} 0 \\ -5 \\ 2 \end{pmatrix}$$

Dabei wird eine Koordinate null gesetzt, die beiden anderen werden vertauscht und bei einer wird ein Vorzeichenwechsel durchgeführt. Damit lässt sich eine Parameterform von F wie folgt angeben:

$$F: \vec{x} = \begin{pmatrix} 0 \\ 2 \\ 0 \end{pmatrix} + \lambda \begin{pmatrix} 2 \\ 3 \\ 0 \end{pmatrix} + \mu \begin{pmatrix} 0 \\ -5 \\ 2 \end{pmatrix}$$

Mit der Normalenform kann man zu zwei vorgegebenen Punkten A und B die sogenannte **Spiegel- oder Symmetrieebene** aufstellen, also die Ebene, bezüglich der A und B symmetrisch liegen.

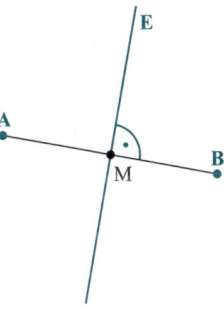

Beispiel

Bestimmen Sie zu den Punkten A(1|−3|2) und B(0|3|4) eine Gleichung der Spiegelebene.

Lösung:
Für die Normalenform werden ein Aufhängepunkt und ein Normalenvektor benötigt. Beides ist leicht zu ermitteln.

Als Aufhängepunkt (ein beliebiger Punkt auf E) nimmt man den Mittelpunkt der Strecke [AB], der sich nach der Formel in Band 1 auf Seite 150 folgendermaßen berechnet:

$$\overrightarrow{OM} = \frac{1}{2}(\overrightarrow{OA} + \overrightarrow{OB}) = \frac{1}{2}\left(\begin{pmatrix} 1 \\ -3 \\ 2 \end{pmatrix} + \begin{pmatrix} 0 \\ 3 \\ 4 \end{pmatrix} \right) = \begin{pmatrix} 0{,}5 \\ 0 \\ 3 \end{pmatrix}$$

Als Normalenvektor kann der Verbindungsvektor der beiden Punkte A und B herangezogen werden:

$$\vec{n} = \overrightarrow{AB} = \begin{pmatrix} 0 \\ 3 \\ 4 \end{pmatrix} - \begin{pmatrix} 1 \\ -3 \\ 2 \end{pmatrix} = \begin{pmatrix} -1 \\ 6 \\ 2 \end{pmatrix}$$

Mit den beiden Bestimmungsstücken lässt sich nun die Gleichung der Spiegelebene angeben, wenn man diese in die Grundstruktur der Normalengleichung einsetzt:

$$E: \begin{pmatrix} -1 \\ 6 \\ 2 \end{pmatrix} \circ \left(\vec{x} - \begin{pmatrix} 0{,}5 \\ 0 \\ 3 \end{pmatrix} \right) = 0$$

Von der Normalengleichung einer Ebene ist es nur noch ein kleiner Schritt zur Koordinatenform. Das vollständige Ausmultiplizieren der Normalengleichung liefert die Ebenendarstellung in Form einer linearen Gleichung, die als **Koordinatenform** der Ebene bezeichnet wird.

Die Normalengleichung $E: \vec{n} \circ (\vec{x} - \vec{a}) = 0$ lautet ausführlich geschrieben:

$$E: \begin{pmatrix} n_1 \\ n_2 \\ n_3 \end{pmatrix} \circ \left(\begin{pmatrix} x_1 \\ x_2 \\ x_3 \end{pmatrix} - \begin{pmatrix} a_1 \\ a_2 \\ a_3 \end{pmatrix} \right) = 0$$

Multipliziert man aus, so erhält man die beiden Skalarprodukte

$$\begin{pmatrix} n_1 \\ n_2 \\ n_3 \end{pmatrix} \circ \begin{pmatrix} x_1 \\ x_2 \\ x_3 \end{pmatrix} = n_1 x_1 + n_2 x_2 + n_3 x_3 \quad \text{und} \quad \begin{pmatrix} n_1 \\ n_2 \\ n_3 \end{pmatrix} \circ \begin{pmatrix} a_1 \\ a_2 \\ a_3 \end{pmatrix} = n_1 a_1 + n_2 a_2 + n_3 a_3.$$

Letzteres ist einfach eine reelle Zahl, die d genannt wird.

Definition

> **Koordinatenform der Ebene**
> Die Koordinatenform einer Ebene hat die Gestalt:
> $E: n_1 x_1 + n_2 x_2 + n_3 x_3 - d = 0$
>
> Sie ergibt sich unmittelbar aus der Normalengleichung der Ebene. Die Koeffizienten der Koordinaten x_1, x_2 und x_3 sind die entsprechenden Koordinaten des zugehörigen Normalenvektors der Ebene.

In der Koordinatenform wird eine Ebene als eine lineare Gleichung mit drei Unbekannten x_1, x_2 und x_3 dargestellt. Jedes Zahlentripel $(x_1^* \mid x_2^* \mid x_3^*)$, das die Gleichung erfüllt, stellt die Koordinaten eines Punktes der Ebene dar.

Beispiel

Erstellen Sie für die $x_1 x_2$-Koordinatengrundebene („Fußboden") eine Gleichung in Koordinatenform.

Lösung:

Zunächst wird die Normalenform aufgestellt, dazu sind ein Normalenvektor und ein Aufhängepunkt erforderlich:

Als Normalenvektor wird in naheliegender Weise $\vec{n} = \vec{e}_3 = \begin{pmatrix} 0 \\ 0 \\ 1 \end{pmatrix}$ und als Aufhängepunkt der Ursprung gewählt.

Damit lautet die Normalenform:

$$E_{12}: \begin{pmatrix} 0 \\ 0 \\ 1 \end{pmatrix} \circ \left(\begin{pmatrix} x_1 \\ x_2 \\ x_3 \end{pmatrix} - \begin{pmatrix} 0 \\ 0 \\ 0 \end{pmatrix} \right) = 0$$

Ausmultipliziert und damit in Koordinatenform erhält man:

$E_{12}: x_3 = 0$

Das ist die denkbar einfachste Beschreibung der $x_1 x_2$-Koordinatengrundebene. Alle Punkte dieser Ebene haben die gemeinsame Eigenschaft, dass ihre x_3-Koordinate null ist.

Wenn wie im letzten Beispiel in der Koordinatenform bestimmte „x" fehlen, dann heißt das, dass diese Koordinate beliebig ist (also nicht etwa null, das ist ihr Koeffizient). Folglich ist dann die zugehörige Ebene parallel zu der entsprechenden „x"-Achse. Die obige Ebene E_{12} ist also parallel zur x_1- und zur x_2-Achse, sie enthält sogar beide Achsen.

Aus der Normalenform einer Ebene kann man den Normalenvektor ablesen. Die Gleichung E: $2x_1 - \frac{1}{2}x_2 + x_3 + 3 = 0$ zum Beispiel stellt eine Ebene im $\mathbb{R}^3$ mit dem Normalenvektor $\vec{n} = \begin{pmatrix} -2 \\ -\frac{1}{2} \\ 1 \end{pmatrix}$ dar.

Jedes Tripel, welches die Gleichung erfüllt, ist ein Punkt auf der zugehörigen Ebene, z. B. $(0\,|\,0\,|\,-3)$ oder $(1\,|\,0\,|\,-5)$, außerdem $(0\,|\,6\,|\,0)$. Hingegen ist $(1\,|\,0\,|\,0)$ kein Punkt der Ebene. Die Punktprobe mit der Koordinatenform ist besonders einfach.

Mit einer Ebenengleichung darf man alles machen, was man mit Gleichungen machen darf, beispielsweise mit einer Zahl $\neq 0$ durchmultiplizieren. So stellt E: $4x_1 - x_2 + 2x_3 + 6 = 0$ dieselbe Ebene dar wie die, welche von der weiter oben stehenden Gleichung beschrieben wird. Obige Gleichung wurde mit 2 durchmultipliziert. Der Normalenvektor, den man aus dieser Darstellung erhält, hat im Vergleich zum oben angegebenen die doppelte Länge.

Beispiele

1. Wandeln Sie die Normalengleichung E: $\begin{pmatrix} 1 \\ 3 \\ -3 \end{pmatrix} \circ \left(\vec{x} - \begin{pmatrix} 5 \\ -2 \\ -3 \end{pmatrix} \right) = 0$ in die Koordinatenform um.

   Lösung:

   E: $x_1 + 3x_2 - 3x_3 - \begin{pmatrix} 1 \\ 3 \\ -3 \end{pmatrix} \circ \begin{pmatrix} 5 \\ -2 \\ -3 \end{pmatrix} = 0$ ausmultiplizieren

   E: $x_1 + 3x_2 - 3x_3 - 8 = 0$ Berechnung des Skalarproduktes

2. Wandeln Sie die Ebenenschar F_t: $\vec{x} = \begin{pmatrix} \frac{t}{2} \\ 1 \\ t-1 \end{pmatrix} + \lambda \begin{pmatrix} 2 \\ 0 \\ -1 \end{pmatrix} + \mu \begin{pmatrix} 1 \\ -2 \\ 2 \end{pmatrix}$ in Koordinatenform um.

   Lösung:

   $\vec{n} = \begin{pmatrix} 2 \\ 0 \\ -1 \end{pmatrix} \times \begin{pmatrix} 1 \\ -2 \\ 2 \end{pmatrix} = \begin{pmatrix} -2 \\ -5 \\ -4 \end{pmatrix} = -\begin{pmatrix} 2 \\ 5 \\ 4 \end{pmatrix}$ Normalenvektor ermitteln

   F_t: $\begin{pmatrix} 2 \\ 5 \\ 4 \end{pmatrix} \circ \left(\vec{x} - \begin{pmatrix} \frac{t}{2} \\ 1 \\ t-1 \end{pmatrix} \right) = 0$ Normalengleichung ansetzen

   F_t: $2x_1 + 5x_2 + 4x_3 - 5t - 1 = 0$ ausmultiplizieren

Aufgaben

95. Gegeben ist die Ebene E in Koordinatenform E: $-x_1 + 3x_2 - 2x_3 + 1 = 0$.

a) Untersuchen Sie, ob die Punkte $A(0|-1|-1)$, $B(1|0|0)$ und $C(2|1|0)$ auf der Ebene E liegen.

b) Bestimmen Sie $k \in \mathbb{R}$ so, dass $D_k(2k|k-1|-2)$ auf E liegt.

c) Geben Sie die Koordinaten von zwei weiteren Punkten P und Q an, die auf E liegen.

d) Ermitteln Sie eine Darstellung der Ebene E in Parameterform.

96. a) Ermitteln Sie eine Ebenengleichung für die Ebene, die senkrecht zur x_2-Achse verläuft und die den Punkt $P(1|-2|1)$ enthält.

b) Stellen Sie eine Ebenengleichung in Koordinatenform für diejenige Ebene auf, die senkrecht zu der Geraden g: $\vec{x} = \begin{pmatrix} 0 \\ -1 \\ 1 \end{pmatrix} + \lambda \begin{pmatrix} -2 \\ 1 \\ -2 \end{pmatrix}$ und durch den Punkt $A(1|-2|2)$ verläuft.

c) Zu der Ebene E: $2x_1 - 2x_2 + x_3 - 4 = 0$ sind parallele Ebenen F_t gesucht, welche durch die Punkte $P_t(1|-1|t)$ mit $t \in \mathbb{R}$ verlaufen. Geben Sie F_t in Koordinaten- und Parameterform an.

97. a) Geben Sie E: $x_2 = x_3$ in Parameterform an und skizzieren Sie die Lage von E im Koordinatensystem.

b) Die Ebene F: $x_1 + x_3 = 1$ soll ebenfalls in Parameterform umgewandelt werden. Welche Lage hat F im Koordinatensystem?

98. Berechnen Sie die Spurpunkte der Ebene E: $-x_1 + 3x_2 - 2x_3 + 1 = 0$ und stellen Sie damit die Spurgeraden auf.

99. a) Geben Sie für die Ebene, die das eingezeichnete Dreieck enthält, eine Gleichung in Koordinatenform an.

b) Stellen Sie für die beiden Ebenen, die die farbigen Schrägdächer enthalten, jeweils eine Gleichung in Koordinatenform auf.

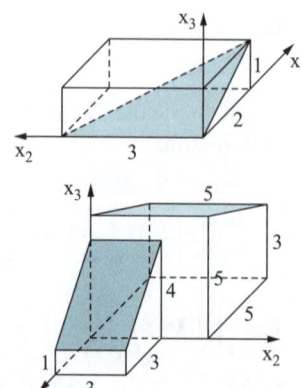

7 Lagebeziehungen zwischen den geometrischen Objekten

In Kapitel 6 wurde erklärt, wie sich Geraden und Ebenen mathematisch darstellen lassen. Nun wird untersucht, wie diese Objekte zueinander liegen können. Beispielsweise können Geraden **parallel** sein, sie können sich **schneiden** oder sie sind **windschief** (sie sind nicht parallel und schneiden sich nicht).

7.1 Lagen von Geraden zueinander

Zunächst werden Geraden auf ihre gegenseitige Lage hin untersucht. Vier Fälle werden unterschieden.

Regel

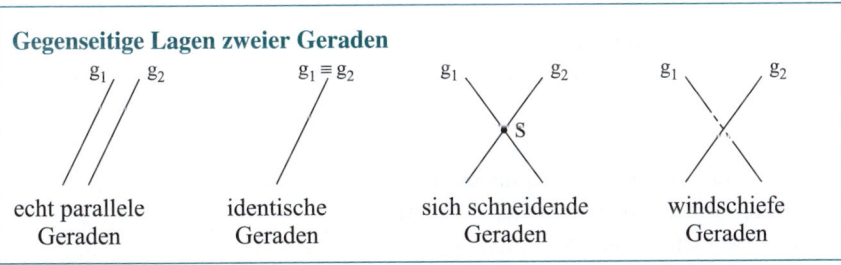

Gegenseitige Lagen zweier Geraden

echt parallele Geraden | identische Geraden | sich schneidende Geraden | windschiefe Geraden

Diese vier unterschiedlichen Fälle lassen sich aus den Gleichungen der Geraden entnehmen. Ihre Gleichungen werden hier folgendermaßen bezeichnet:

$g_1: \vec{x} = \vec{a}_1 + \lambda_1 \vec{u}_1$

$g_2: \vec{x} = \vec{a}_2 + \lambda_2 \vec{u}_2$

Parallele Geraden
Zwei Geraden g_1 und g_2 sind parallel, wenn ihre **Richtungsvektoren kollinear** sind, d. h., wenn es einen Skalar $\alpha \in \mathbb{R}$ gibt, sodass gilt:

$\vec{u}_1 = \alpha \vec{u}_2$

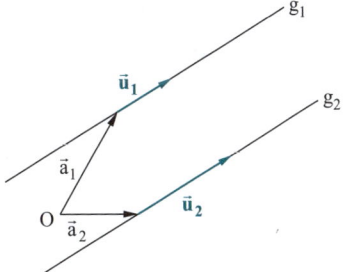

a) **Echt parallele Geraden**
Zwei parallele Geraden sind echt parallel, wenn sie keinen Punkt gemeinsam haben, d. h. verschieden sind.

b) **Identische Geraden**

Zwei parallele Geraden können sogar identisch sein (aufeinanderliegen).

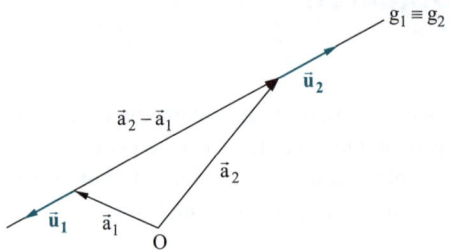

Das ist dann der Fall, wenn der Differenzvektor der beiden Aufhängepunkte auch noch kollinear zu den Richtungsvektoren ist, wenn also zusätzlich zu der Bedingung der Parallelität gilt:
Es gibt einen Skalar $\beta \in \mathbb{R}$ mit der Eigenschaft $\vec{a}_2 - \vec{a}_1 = \beta\vec{u}_1$.

Nicht parallele Geraden

Für Geraden, die nicht parallel sind, gibt es zwei zu unterscheidende Lagen.

c) **Schneidende Geraden**

Zur Untersuchung auf Schneiden werden die beiden Geradengleichungen gleichgesetzt:

$$g_1 = g_2 \quad \Leftrightarrow \quad \vec{a}_1 + \lambda_1\vec{u}_1 = \vec{a}_2 + \lambda_2\vec{u}_2$$

Das führt auf ein überbestimmtes Gleichungssystem von drei Gleichungen mit den zwei Unbekannten λ_1 und λ_2.
Ist dieses System eindeutig lösbar (es gibt je einen Wert für λ_1 und λ_2, die auf jeder der beiden Geraden zum selben Punkt S führen), dann schneiden sich die beiden Geraden in genau einem Schnittpunkt, dessen Koordinaten rechnerisch durch Einsetzen der Parameter in die jeweilige Geradengleichung bestimmt werden.

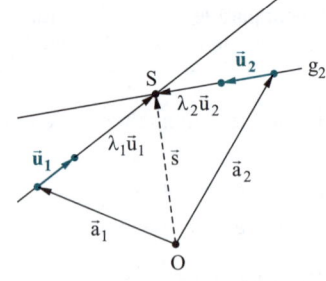

d) **Windschiefe Geraden**

Besitzt das in c genannte, aus dem Gleichsetzen der beiden Geradengleichungen entstehende Gleichungssystem keine Lösung (rechnerisch ergibt sich eine falsche Aussage, ein Widerspruch), so handelt es sich um zwei windschiefe Geraden.

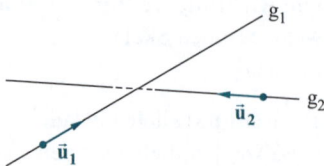

Beispiel

Untersuchen Sie folgende Geradenpaare auf ihre gegenseitige Lage. Berechnen Sie auch die Koordinaten des Schnittpunktes, falls sie sich schneiden.

a) $g: \vec{x} = \begin{pmatrix} 0 \\ -1 \\ 1 \end{pmatrix} + \lambda \begin{pmatrix} -2 \\ 1 \\ -2 \end{pmatrix}$ und $h: \vec{x} = \begin{pmatrix} 3 \\ 1 \\ -1 \end{pmatrix} + \mu \begin{pmatrix} 1 \\ -0{,}5 \\ 1 \end{pmatrix}$

b) $g: \vec{x} = \begin{pmatrix} 2 \\ 1 \\ 0 \end{pmatrix} + \lambda \begin{pmatrix} 3 \\ -1 \\ -2 \end{pmatrix}$ und $h: \vec{x} = \begin{pmatrix} -4 \\ 3 \\ 4 \end{pmatrix} + \mu \begin{pmatrix} -4{,}5 \\ 1{,}5 \\ 3 \end{pmatrix}$

c) $g: \vec{x} = \begin{pmatrix} 4 \\ -2 \\ 1 \end{pmatrix} + \lambda \begin{pmatrix} 2 \\ -1 \\ 0 \end{pmatrix}$ und $h: \vec{x} = \begin{pmatrix} 0 \\ -5 \\ 3 \end{pmatrix} + \mu \begin{pmatrix} 1 \\ 3 \\ -1 \end{pmatrix}$

d) $g: \vec{x} = \begin{pmatrix} 1 \\ 2 \\ 1 \end{pmatrix} + \lambda \begin{pmatrix} 2 \\ -1 \\ 5 \end{pmatrix}$ und $h: \vec{x} = \begin{pmatrix} 2 \\ 4 \\ 3 \end{pmatrix} + \mu \begin{pmatrix} 3 \\ 1 \\ 7 \end{pmatrix}$

Lösung:

a) **g ∥ h?** $\begin{pmatrix} -2 \\ 1 \\ -2 \end{pmatrix} = \alpha \begin{pmatrix} 1 \\ -0{,}5 \\ 1 \end{pmatrix}$ $\begin{array}{l} \Rightarrow \alpha = -2 \\ \Rightarrow \alpha = -2 \\ \Rightarrow \alpha = -2 \end{array}$ $\Rightarrow$ g ∥ h

Sind g und h **identisch?**

$\vec{a}_2 - \vec{a}_1 = \begin{pmatrix} 3 \\ 2 \\ -2 \end{pmatrix}$; $\begin{pmatrix} 3 \\ 2 \\ -2 \end{pmatrix} = \beta \begin{pmatrix} -2 \\ 1 \\ -2 \end{pmatrix}$ $\begin{array}{l} \Rightarrow \beta = -1{,}5 \\ \Rightarrow \beta = 2 \end{array}$

$\Rightarrow$ g ≢ h; g und h sind echt parallel.

b) **g ∥ h?** $\begin{pmatrix} 3 \\ -1 \\ -2 \end{pmatrix} = \alpha \begin{pmatrix} -4{,}5 \\ 1{,}5 \\ 3 \end{pmatrix}$ $\begin{array}{l} \Rightarrow \alpha = -\frac{2}{3} \\ \Rightarrow \alpha = -\frac{2}{3} \\ \Rightarrow \alpha = -\frac{2}{3} \end{array}$ $\Rightarrow$ g ∥ h

Sind g und h **identisch?**

$\vec{a}_2 - \vec{a}_1 = \begin{pmatrix} -6 \\ 2 \\ 4 \end{pmatrix}$; $\begin{pmatrix} -6 \\ 2 \\ 4 \end{pmatrix} = \beta \begin{pmatrix} 3 \\ -1 \\ -2 \end{pmatrix}$ $\begin{array}{l} \Rightarrow \beta = -2 \\ \Rightarrow \beta = -2 \\ \Rightarrow \beta = -2 \end{array}$

$\Rightarrow$ g ≡ h; g und h sind identisch.

c) **g ∥ h?** $\begin{pmatrix} 2 \\ -1 \\ 0 \end{pmatrix} = \alpha \begin{pmatrix} 1 \\ 3 \\ -1 \end{pmatrix}$ $\begin{array}{l} \Rightarrow \alpha = 2 \\ \Rightarrow \alpha = 0 \end{array}$ $\Rightarrow$ g ∦ h

Ansatz auf **Schneiden**

$g = h: \begin{pmatrix} 4 \\ -2 \\ 1 \end{pmatrix} + \lambda \begin{pmatrix} 2 \\ -1 \\ 0 \end{pmatrix} = \begin{pmatrix} 0 \\ -5 \\ 3 \end{pmatrix} + \mu \begin{pmatrix} 1 \\ 3 \\ -1 \end{pmatrix}$

Aufgelöst in ein Gleichungssystem und zusammengefasst ergibt sich:

(1) $\quad 2\lambda - \mu = -4$

(2) $\quad -\lambda - 3\mu = -3$

(3) $\qquad \mu = 2 \quad$ in (2) $-\lambda - 6 = -3$

$\lambda = -3$

Bislang nicht verwendet wurde Gleichung (1). Es ist zu prüfen, ob (1) von $\lambda = -3$ und $\mu = 2$ erfüllt wird. Eingesetzt in (1):

$$2 \cdot (-3) - 2 = -4 \quad \Leftrightarrow \quad -8 = -4$$

Dies ist eine falsche Aussage, also $g \cap h = \varnothing$; wegen $g \nparallel h$ folgt, dass die Geraden g und h windschief sind.

d) $g \parallel h$? $\quad \begin{pmatrix} 2 \\ -1 \\ 5 \end{pmatrix} = \alpha \begin{pmatrix} 3 \\ 1 \\ 7 \end{pmatrix} \quad \begin{array}{l} \Rightarrow \alpha = \frac{2}{3} \\ \Rightarrow \alpha = -1 \end{array} \quad \Rightarrow \quad g \nparallel h$

Ansatz auf **Schneiden**

$g = h$: $\begin{pmatrix} 1 \\ 2 \\ 1 \end{pmatrix} + \lambda \begin{pmatrix} 2 \\ -1 \\ 5 \end{pmatrix} = \begin{pmatrix} 2 \\ 4 \\ 3 \end{pmatrix} + \mu \begin{pmatrix} 3 \\ 1 \\ 7 \end{pmatrix}$

Aufgelöst in ein Gleichungssystem und zusammengefasst ergibt sich:

(1) $\quad 2\lambda - 3\mu = 1$

(2) $\quad -\lambda - \mu = 2 \quad \Leftrightarrow \quad \lambda = -\mu - 2$ (2*)

(3) $\quad 5\lambda - 7\mu = 2$

(2*) in (1): $2 \cdot (-\mu - 2) - 3\mu = 1 \quad \Rightarrow \quad -5\mu = 5 \quad \Rightarrow \quad \mu = -1$

Dies eingesetzt in (2*): $\lambda = -(-1) - 2 = -1$

Gleichung (3) ist damit erfüllt: $5 \cdot (-1) - 7 \cdot (-1) = 2 \quad \Leftrightarrow \quad 2 = 2$

Zur Berechnung des Schnittpunktes wird $\lambda = -1$ in die Gleichung von g (oder $\mu = -1$ in die Gleichung von h) eingesetzt:

$$\vec{x} = \begin{pmatrix} 1 \\ 2 \\ 1 \end{pmatrix} - \begin{pmatrix} 2 \\ -1 \\ 5 \end{pmatrix} = \begin{pmatrix} -1 \\ 3 \\ -4 \end{pmatrix} \quad \Rightarrow \quad \text{Schnittpunkt } S(-1 \mid 3 \mid -4)$$

Bei Geradenscharen kann je nach Wert des auftretenden Parameters die Lage zu einer anderen Geraden variieren.

Beispiel

Untersuchen Sie in Abhängigkeit von $k \in \mathbb{R}$ die Lage der Geradenschar

g_k: $\vec{x} = \begin{pmatrix} 0 \\ -2 \\ 2 \end{pmatrix} + \lambda \begin{pmatrix} 2 \\ k \\ -4 \end{pmatrix}$ zu der Geraden h: $\vec{x} = \begin{pmatrix} 1 \\ -3 \\ 3 \end{pmatrix} + \mu \begin{pmatrix} -1 \\ 2 \\ 2 \end{pmatrix}$.

Lösung:

$\begin{pmatrix} 2 \\ k \\ -4 \end{pmatrix} = \alpha \begin{pmatrix} -1 \\ 2 \\ 2 \end{pmatrix} \quad \begin{array}{l} \Rightarrow \alpha = -2 \\ \Rightarrow \alpha = -2 \end{array}$

Setzt man in der 2. Koordinate $\alpha = -2$ ein, so folgt:

$k = (-2) \cdot 2 = -4$

Das bedeutet: Für $k = -4$ gilt $g \parallel h$. In diesem Fall ist dann $\vec{a}_2 - \vec{a}_1 = \begin{pmatrix} 1 \\ -1 \\ 1 \end{pmatrix}$ und

dieser Differenzvektor ist nicht kollinear zu den beiden Richtungsvektoren.

$\Rightarrow$ Für $k = -4$ sind g_{-4} und h echt parallel.

Für $k \neq -4$ wird auf Schneiden angesetzt:

$$g = h: \begin{pmatrix} 0 \\ -2 \\ 2 \end{pmatrix} + \lambda \begin{pmatrix} 2 \\ k \\ -4 \end{pmatrix} = \begin{pmatrix} 1 \\ -3 \\ 3 \end{pmatrix} + \mu \begin{pmatrix} -1 \\ 2 \\ 2 \end{pmatrix}$$

(1) $\quad 2\lambda + \mu = 1 \quad \Leftrightarrow \quad \mu = 1 - 2\lambda \quad (1*)$

(2) $\quad k \cdot \lambda - 2\mu = -1$

(3) $\quad -4\lambda - 2\mu = 1$

$(1*)$ in (3): $\quad -4\lambda - 2 \cdot (1 - 2\lambda) = 1$

$$-4\lambda - 2 + 4\lambda = 1$$

$$-2 = 1 \quad \text{falsche Aussage}$$

Das Gleichungssystem hat keine Lösung. Das bedeutet, dass g und h windschief zueinander sind, wenn $k \neq -4$ ist.

Insgesamt ergibt sich: Für $k = -4$ sind die Geraden parallel, sonst windschief.

Für die Untersuchung der Lage zweier Geraden zueinander sollte man nach folgendem Schema vorgehen.

Regel

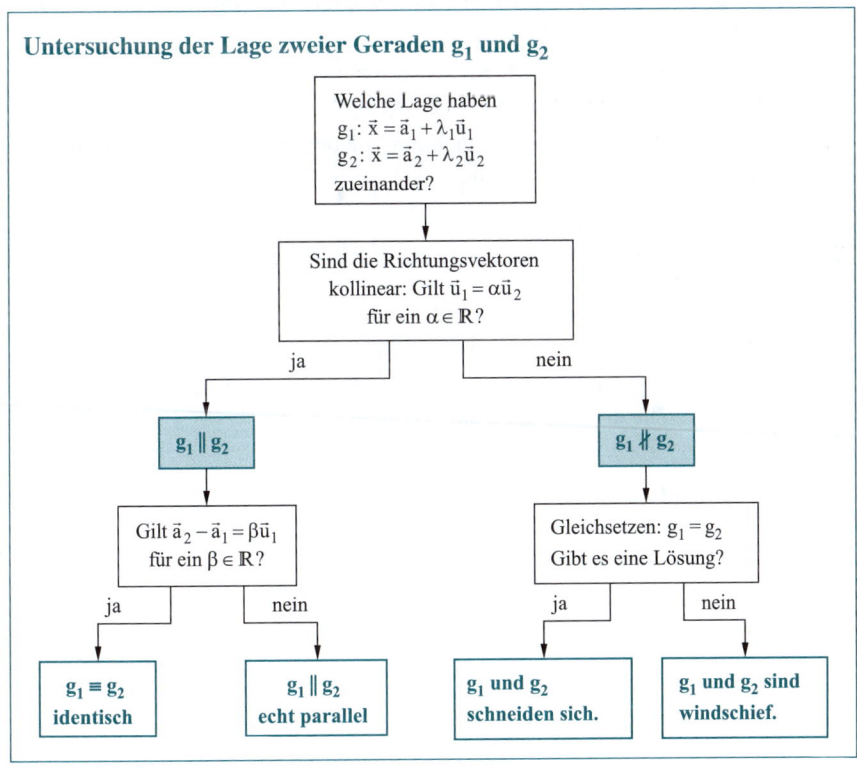

Untersuchung der Lage zweier Geraden g_1 und g_2

Welche Lage haben
$g_1: \vec{x} = \vec{a}_1 + \lambda_1 \vec{u}_1$
$g_2: \vec{x} = \vec{a}_2 + \lambda_2 \vec{u}_2$
zueinander?

Sind die Richtungsvektoren kollinear: Gilt $\vec{u}_1 = \alpha \vec{u}_2$ für ein $\alpha \in \mathbb{R}$?

ja

nein

$g_1 \parallel g_2$

$g_1 \nparallel g_2$

Gilt $\vec{a}_2 - \vec{a}_1 = \beta \vec{u}_1$ für ein $\beta \in \mathbb{R}$?

Gleichsetzen: $g_1 = g_2$
Gibt es eine Lösung?

ja

nein

ja

nein

$g_1 \equiv g_2$
identisch

$g_1 \parallel g_2$
echt parallel

g_1 und g_2
schneiden sich.

g_1 und g_2 sind
windschief.

Aufgaben

100. Untersuchen Sie jeweils die Geradenpaare auf ihre Lage zueinander. Berechnen Sie ggf. die Koordinaten des Schnittpunktes.

a) $g: \vec{x} = \begin{pmatrix} 14 \\ -8 \\ 17 \end{pmatrix} + \lambda \begin{pmatrix} -2 \\ 5 \\ -4 \end{pmatrix}$ und $h: \vec{x} = \begin{pmatrix} 2 \\ 1 \\ -3 \end{pmatrix} + \mu \begin{pmatrix} 10 \\ -4 \\ 16 \end{pmatrix}$

b) $g: \vec{x} = \begin{pmatrix} 4 \\ 0 \\ 0 \end{pmatrix} + \lambda \begin{pmatrix} 2 \\ -3 \\ 1 \end{pmatrix}$ und $h: \vec{x} = \begin{pmatrix} 0 \\ 7 \\ -2 \end{pmatrix} + \mu \begin{pmatrix} -4 \\ 6 \\ -2 \end{pmatrix}$

c) $g: \vec{x} = \begin{pmatrix} 1 \\ 2 \\ 1 \end{pmatrix} + \lambda \begin{pmatrix} 2 \\ 1 \\ -5 \end{pmatrix}$ und $h: \vec{x} = \begin{pmatrix} 2 \\ 4 \\ 3 \end{pmatrix} + \mu \begin{pmatrix} 3 \\ 1 \\ 7 \end{pmatrix}$

d) $g: \vec{x} = \begin{pmatrix} 2 \\ 1 \\ -1 \end{pmatrix} + \lambda \begin{pmatrix} 2 \\ 6 \\ -4 \end{pmatrix}$ und $h: \vec{x} = \begin{pmatrix} -2 \\ -11 \\ 7 \end{pmatrix} + \mu \begin{pmatrix} -3 \\ -9 \\ 6 \end{pmatrix}$

101. Im Folgenden sind zwei Geraden gegeben:

$$g: \vec{x} = \begin{pmatrix} 2 \\ 1 \\ -1 \end{pmatrix} + \lambda \begin{pmatrix} 1 \\ 3 \\ -2 \end{pmatrix}; \quad h: \vec{x} = \begin{pmatrix} 3 \\ 0 \\ 1 \end{pmatrix} + \mu \begin{pmatrix} 0 \\ -1 \\ 1 \end{pmatrix}$$

a) Zeigen Sie, dass sich g und h schneiden, und berechnen Sie die Koordinaten des Schnittpunktes.

b) Zeigen Sie, dass die Richtungsvektoren und der Differenzvektor der beiden Aufhängepunkte linear abhängig sind.

c) Ermitteln Sie eine Ebenengleichung in Koordinatenform für die Ebene E, welche g und h enthält.

102. Gegeben sind die Punkte A(−1|3|3) und B(0|1|−2) sowie der Vektor $\vec{v} = \begin{pmatrix} -1 \\ 0 \\ 3 \end{pmatrix}$.

a) Stellen Sie zwei parallele Geraden durch A und durch B auf, welche die Richtung des gegebenen Vektors $\vec{v}$ haben.

b) Ermitteln Sie eine Ebenengleichung in Koordinatenform für die Ebene E, welche die beiden Geraden enthält.

103. Gegeben sind die Geraden $g: \vec{x} = \begin{pmatrix} 2 \\ -1 \\ -1 \end{pmatrix} + \lambda \begin{pmatrix} 1 \\ 3 \\ -2 \end{pmatrix}$ und $h: \vec{x} = \begin{pmatrix} -2 \\ 3 \\ 1 \end{pmatrix} + \lambda \begin{pmatrix} 3 \\ -3 \\ -2 \end{pmatrix}$.

a) Zeigen Sie, dass g und h keine gemeinsamen Punkte haben.

b) Welche zwei Lagen können solche Geraden prinzipiell zueinander haben? Welche Lage liegt im konkreten Fall vor?

c) Weisen Sie nach, dass die drei Vektoren

$$\begin{pmatrix} 1 \\ 3 \\ -2 \end{pmatrix}; \begin{pmatrix} 3 \\ -3 \\ -2 \end{pmatrix} \text{ und } \begin{pmatrix} 2 \\ -1 \\ -1 \end{pmatrix} - \begin{pmatrix} -2 \\ 3 \\ 1 \end{pmatrix}$$

(die beiden Richtungsvektoren von g und h sowie der Differenzvektor der beiden Aufhängepunkte) linear unabhängig sind.
Dies gilt bei windschiefen Geraden immer.

104. Parameteraufgabe

Untersuchen Sie in Abhängigkeit von $t \in \mathbb{R}$ die Lage der beiden Geraden g_t und h_t:

$$g_t: \vec{x} = \begin{pmatrix} t \\ 2 \\ 2 \end{pmatrix} + \lambda \begin{pmatrix} -3 \\ 2 \\ 6 \end{pmatrix}; \quad h_t: \vec{x} = \begin{pmatrix} -4 \\ 12t \\ 8 \end{pmatrix} + \mu \begin{pmatrix} -1 \\ 2t \\ 2 \end{pmatrix}$$

7.2 Lagen von Geraden und Ebenen

Untersucht man die gegenseitige Lage einer Geraden mit einer Ebene, so gibt es im $\mathbb{R}^3$ die Lage „windschief" bei diesen beiden Objekten nicht.

Regel

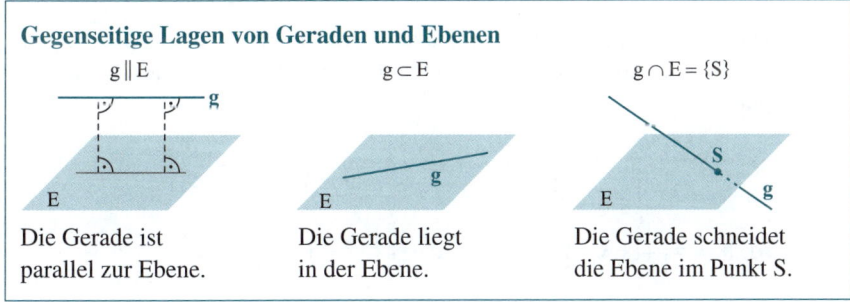

Gegenseitige Lagen von Geraden und Ebenen

$g \parallel E$	$g \subset E$	$g \cap E = \{S\}$
Die Gerade ist parallel zur Ebene.	Die Gerade liegt in der Ebene.	Die Gerade schneidet die Ebene im Punkt S.

Die drei Fälle lassen sich wieder rechnerisch mithilfe der jeweiligen Gleichungen bestimmen. Im Unterschied zur Lagebeziehung „Gerade – Gerade" hat man bei „Gerade – Ebene" für die Ebene verschiedene Darstellungsformen, die Punkt-Richtungs-Form (Parameterform) und die Normalen- oder Koordinatenform. Rechnerisch ist es vorteilhaft, die Ebene in Normalen- oder Koordinatenform vorliegen zu haben bzw. sie in diese Form zu bringen, sodass die Ausgangslage sich folgendermaßen darstellt:

$$g: \vec{x} = \vec{a} + \lambda \vec{u} \quad \text{und} \quad E: \vec{n} \circ (\vec{x} - \vec{b}) = 0$$

Die Richtung von g ist durch den Richtungsvektor $\vec{u}$, die von E durch den Normalenvektor $\vec{n}$ bestimmt.

a) g und E schneiden sich, wenn Richtungsvektor und Normalenvektor **nicht senkrecht** zueinander stehen, d. h., wenn:
$\vec{u} \circ \vec{n} \neq 0$
Um die Koordinaten des Schnittpunktes
zu berechnen, setzt man die Koordinaten
von g in die Koordinatenform von E ein.
Daraus gewinnt man einen Wert für λ.
Setzt man diesen in g ein, erhält man damit den Ortsvektor zum **Schnittpunkt S**.

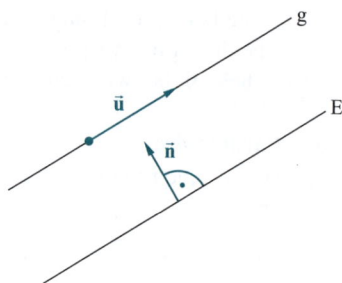

b) Steht $\vec{u}$ **senkrecht** zu $\vec{n}$, also $\vec{u} \perp \vec{n} \iff \vec{u} \circ \vec{n} = 0$, so sind g und E parallel
oder liegt g in E.
Setzt man g, wie in a beschrieben, in die Koordinatenform ein, so erhält man
eine Gleichung mit der Unbekannten λ. Der Parameter λ fällt dabei aus der
Gleichung heraus.
Ergibt sich eine falsche Aussage, so sind g und E echt parallel: **g ∥ E**
Ergibt sich eine wahre Aussage, so liegt g in E: **g ⊂ E** (Teilmenge)

Beispiele

1. Untersuchen Sie jeweils die Lage der Geraden mit der Ebene und berechnen Sie im Falle, dass sie sich schneiden, die Koordinaten des Schnittpunktes.

a) $g: \vec{x} = \begin{pmatrix} -2 \\ -1 \\ 1 \end{pmatrix} + \lambda \begin{pmatrix} 1 \\ 3 \\ -2 \end{pmatrix}$ 	 $E: \vec{x} = \begin{pmatrix} 3 \\ 0 \\ -1 \end{pmatrix} + \mu \begin{pmatrix} 1 \\ -1 \\ 1 \end{pmatrix} + \nu \begin{pmatrix} 0 \\ 2 \\ -1 \end{pmatrix}$

b) $h: \vec{x} = \begin{pmatrix} 2 \\ 4 \\ 3 \end{pmatrix} + \lambda \begin{pmatrix} 3 \\ 1 \\ -2 \end{pmatrix}$ 	 $F: \begin{pmatrix} -2 \\ 4 \\ -1 \end{pmatrix} \circ \vec{x} - 3 = 0$

c) $g: \vec{x} = \begin{pmatrix} -1 \\ 2 \\ 1 \end{pmatrix} + \lambda \begin{pmatrix} 2 \\ -2 \\ 5 \end{pmatrix}$ 	 $E: 2x_1 - \frac{1}{2}x_2 - x_3 + 4 = 0$

Lösung:
a) Berechnung eines Normalenvektors von E:

$$\vec{n} = \begin{pmatrix} 1 \\ -1 \\ 1 \end{pmatrix} \times \begin{pmatrix} 0 \\ 2 \\ -1 \end{pmatrix} = \begin{pmatrix} -1 \\ 1 \\ 2 \end{pmatrix}$$

Überprüfen auf Senkrechtstehen mit dem Richtungsvektor von g:

$$\vec{u} \circ \vec{n} = \begin{pmatrix} 1 \\ 3 \\ -2 \end{pmatrix} \circ \begin{pmatrix} -1 \\ 1 \\ 2 \end{pmatrix} = -1 + 3 - 4 = -2 \neq 0$$

$\Rightarrow$ g und E **schneiden sich.**

Berechnung des Schnittpunktes:

(1) E in Koordinatenform umwandeln:

$$E: \begin{pmatrix} -1 \\ 1 \\ 2 \end{pmatrix} \circ \left(\vec{x} - \begin{pmatrix} 3 \\ 0 \\ -1 \end{pmatrix} \right) = 0$$

$$E: -x_1 + x_2 + 2x_3 + 5 = 0$$

(2) g in E einsetzen:

$$-(-2+\lambda) + (-1+3\lambda) + 2(1-2\lambda) + 5 = 0$$
$$-2\lambda + 8 = 0 \quad \Rightarrow \quad \lambda = 4$$

(3) $\lambda = 4$ in g einsetzen:

$$\vec{x}_S = \begin{pmatrix} -2 \\ -1 \\ 1 \end{pmatrix} + 4 \cdot \begin{pmatrix} 1 \\ 3 \\ -2 \end{pmatrix} = \begin{pmatrix} 2 \\ 11 \\ -7 \end{pmatrix}$$

$$\Rightarrow \quad \text{Schnittpunkt: } \mathbf{S(2\,|\,11\,|\,-7)}$$

Der alternative Rechenweg besteht im Gleichsetzen von g und E in Parameterform. Es ist dann ein Gleichungssystem von drei Gleichungen mit den drei Unbekannten λ, μ, ν zu lösen. Das ist rechnerisch aufwendiger. Man erhält:

$\lambda = 4$; $\mu = -1$ und $\nu = 5$

Das führt beim Einsetzen von λ in g oder von μ und ν in E zum gleichen Punkt.

b) Ein Normalenvektor von F ist gegeben:

$$\vec{u}_h \circ \vec{n}_F = \begin{pmatrix} 3 \\ 1 \\ -2 \end{pmatrix} \circ \begin{pmatrix} -2 \\ 4 \\ -1 \end{pmatrix} = -6 + 4 + 2 = 0$$

$\Rightarrow$ h und F sind zumindest parallel.

Aufhängepunkt von h in F einsetzen:

$$\begin{pmatrix} -2 \\ 4 \\ -1 \end{pmatrix} \circ \begin{pmatrix} 2 \\ 4 \\ 3 \end{pmatrix} - 3 = 0 \quad \Leftrightarrow \quad -4 + 16 - 3 - 3 = 0 \quad \Leftrightarrow \quad 6 = 0 \quad \text{falsche Aussage}$$

$\Rightarrow$ h und F sind **echt parallel**.

c) Ein Normalenvektor von E kann abgelesen werden:

$$\vec{u}_g \circ \vec{n}_E = \begin{pmatrix} 2 \\ -2 \\ 5 \end{pmatrix} \circ \begin{pmatrix} 2 \\ -\frac{1}{2} \\ -1 \end{pmatrix} = 4 + 1 - 5 = 0$$

$\Rightarrow$ g und E sind zumindest parallel.

Aufhängepunkt von g in E einsetzen:

$$2 \cdot (-1) - \frac{1}{2} \cdot 2 - 1 + 4 = 0 \quad \Leftrightarrow \quad 0 = 0 \quad \text{wahre Aussage}$$

$\Rightarrow$ g liegt in E: $\mathbf{g \subset E}$

2. In folgender Abbildung ist ein Haus dargestellt. Alle Zahlenangaben sind Längenmaße in Meter. Der Kamin wird durch eine Gerade k modelliert. Bestimmen Sie die Koordinaten des Punktes S, in dem das Dach von k durchstoßen wird.

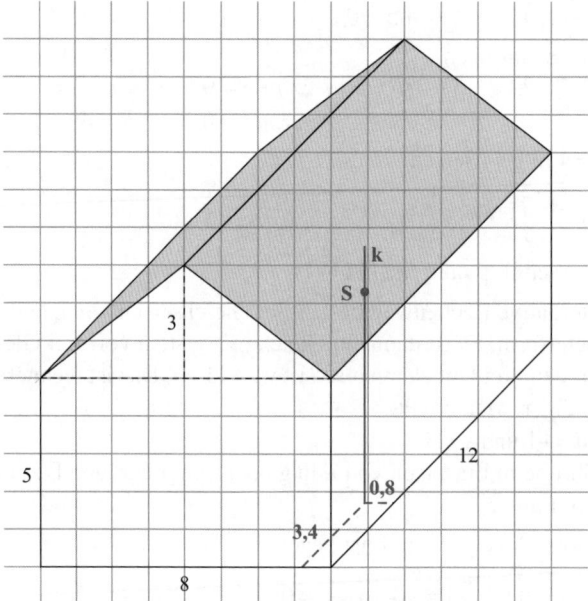

Lösung:

Der Ursprung des Koordinatensystems wird in den rechten unteren Eckpunkt an der Vorderseite des Hauses gelegt. Die x_1-Achse geht entlang der mit „12" beschrifteten Kante, die x_2-Achse zeigt nach links entlang der mit „8" beschrifteten Kante und die x_3-Achse senkrecht nach oben.

Die Gleichung für den Kamin lautet dann:

$$k: \vec{x} = \begin{pmatrix} 3,4 \\ 0,8 \\ 0 \end{pmatrix} + \lambda \begin{pmatrix} 0 \\ 0 \\ 1 \end{pmatrix}$$

Die betreffende Dachseite wird als Ebene D modelliert:
Aufhängepunkt: $(0|0|5)$
Erster Richtungsvektor (Kante parallel zur x_1-Achse):

$$\vec{u} = \begin{pmatrix} 1 \\ 0 \\ 0 \end{pmatrix}$$

Zweiter Richtungsvektor (Kante schräg nach links oben):

$$\vec{v} = \begin{pmatrix} 0 \\ 4 \\ 3 \end{pmatrix}$$

Ebenengleichung in Parameterform:

$$D: \vec{x} = \begin{pmatrix} 0 \\ 0 \\ 5 \end{pmatrix} + \mu \begin{pmatrix} 1 \\ 0 \\ 0 \end{pmatrix} + v \begin{pmatrix} 0 \\ 4 \\ 3 \end{pmatrix}$$

Zur Umwandlung in die Koordinatenform braucht man einen Normalenvektor:

$$\vec{n}_D = \begin{pmatrix} 1 \\ 0 \\ 0 \end{pmatrix} \times \begin{pmatrix} 0 \\ 4 \\ 3 \end{pmatrix} = \begin{pmatrix} 0 \\ -3 \\ 4 \end{pmatrix}$$

Ebenengleichung in Koordinatenform:

$$D: -3x_2 + 4x_3 - 20 = 0$$

k in D einsetzen:

$$-3 \cdot 0,8 + 4\lambda - 20 = 0 \quad \Rightarrow \quad \lambda = 5,6$$

$\lambda = 5,6$ in k einsetzen:

S(3,4 | 0,8 | 5,6)

In der Höhe von 5,6 m tritt der Kamin aus dem Dach.

Aufgaben **105.** Im Folgenden sind eine Ebene E und drei Geraden g, h, k gegeben:

$$E: \vec{x} = \begin{pmatrix} 3 \\ 1 \\ -1 \end{pmatrix} + \lambda \begin{pmatrix} 1 \\ -1 \\ 1 \end{pmatrix} + \mu \begin{pmatrix} 0 \\ 2 \\ -1 \end{pmatrix}$$

$$g: \vec{x} = \begin{pmatrix} 3 \\ -1 \\ -2 \end{pmatrix} + \alpha \begin{pmatrix} 3 \\ -1 \\ 2 \end{pmatrix}; \quad h: \vec{x} = \begin{pmatrix} 2 \\ -3 \\ 3 \end{pmatrix} + \beta \begin{pmatrix} 1 \\ 0 \\ -1 \end{pmatrix}; \quad k: \vec{x} = \begin{pmatrix} 5 \\ 1 \\ 0 \end{pmatrix} + \gamma \begin{pmatrix} -6 \\ 2 \\ -4 \end{pmatrix}$$

Untersuchen Sie die Lagen der Geraden g, h und k in Bezug auf die Ebene E.

106. Ein Sonnenstrahl längs des Vektors $\vec{s} = \begin{pmatrix} 1 \\ 1 \\ -2 \end{pmatrix}$ tritt durch das Dach des oben

im Beispiel abgebildeten Hauses, und zwar an der Stelle, wo der Kamin aus dem Dach austritt, also im Punkt S(3,4 | 0,8 | 5,6).

Untersuchen Sie, ob der Sonnenstrahl im Hausinneren auf eine Wand oder auf den Boden auftreffen wird, und geben Sie die Koordinaten des Auftreffpunktes an.

107. Parameteraufgabe

Gegeben sind eine Gerade g und eine Ebenenschar E_k mit dem Parameter $k \in \mathbb{R}$:

$$g: \vec{x} = \begin{pmatrix} 2 \\ -1 \\ 3 \end{pmatrix} + \lambda \begin{pmatrix} 4 \\ 1 \\ 1 \end{pmatrix}; \quad E_k: kx_1 - 3x_2 + 2kx_3 + k + 2 = 0$$

Untersuchen Sie in Abhängigkeit von k, welche gegenseitigen Lagen g und E_k haben.

7.3 Lagen von Ebenen zueinander

Auch die Lagebeziehung Ebene–Ebene ist von Interesse. Am einfachsten lässt sich diese anhand der Normalenvektoren beurteilen. Es ist dabei hilfreich, Ebenen als Schnittbilder mit der Zeichenebene darzustellen, räumliche Darstellungen sind nicht nötig, um die Lagen zu erkennen.

Regel

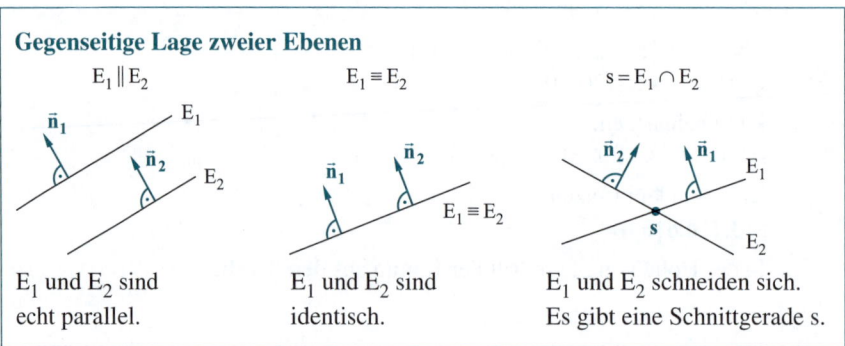

Gegenseitige Lage zweier Ebenen

$E_1 \parallel E_2$	$E_1 \equiv E_2$	$s = E_1 \cap E_2$
E_1 und E_2 sind echt parallel.	E_1 und E_2 sind identisch.	E_1 und E_2 schneiden sich. Es gibt eine Schnittgerade s.

Wie aus den Abbildungen zu erkennen ist, beurteilt man die Lage zweier Ebenen am einfachsten mithilfe ihrer Normalenvektoren. Liegen beide Ebenen in Parameterform vor, bestimmt man zunächst die Normalenvektoren. Sind diese nicht kollinear, so schneiden sich die zugehörigen Ebenen. Gilt hingegen $\vec{n}_2 = \lambda \vec{n}_1$, so sind die beiden Ebenen parallel; liegt zusätzlich ein Punkt der einen Ebene (z. B. der Aufhängepunkt) auch auf der anderen Ebene, so sind sie sogar identisch.

Soll im Falle des Schneidens die Gleichung der Schnittgeraden ermittelt werden, so sollte eine der beiden Ebenen in Parameterform und die andere in Koordinatenform vorliegen. Ist das zunächst nicht der Fall, lohnt es sich, diese Konstellation herzustellen.

Beispiele

1. Untersuchen Sie folgende Ebenen auf ihre Lagen zueinander und bestimmen Sie, falls vorhanden, die Gleichung der Schnittgeraden.

    a) $E_1: \vec{x} = \begin{pmatrix} 3 \\ 0 \\ -\frac{3}{2} \end{pmatrix} + \lambda \begin{pmatrix} 2 \\ -3 \\ 0 \end{pmatrix} + \mu \begin{pmatrix} 2 \\ 0 \\ -1 \end{pmatrix}$ $E_2: \vec{x} = \sigma \begin{pmatrix} 6 \\ -3 \\ -2 \end{pmatrix} + \tau \begin{pmatrix} 0 \\ 3 \\ -1 \end{pmatrix}$

    b) $E_1: \vec{x} = \begin{pmatrix} 2 \\ 1 \\ 4 \end{pmatrix} + \mu \begin{pmatrix} 0 \\ 2 \\ 1 \end{pmatrix} + \nu \begin{pmatrix} 2 \\ -4 \\ -5 \end{pmatrix}$ $E_2: 3x_1 - x_2 + 2x_3 - 7 = 0$

    c) $E_1: 5x_1 - x_2 - 3x_3 = 0$ $E_2: x_1 - 2x_2 + 3x_3 = 9$

Lösung:

a) Es werden die Normalenvektoren berechnet:

$$\vec{n}_1 = \begin{pmatrix} 2 \\ -3 \\ 0 \end{pmatrix} \times \begin{pmatrix} 2 \\ 0 \\ -1 \end{pmatrix} = \begin{pmatrix} 3 \\ 2 \\ 6 \end{pmatrix}$$

$$\vec{n}_2 = \begin{pmatrix} 6 \\ -3 \\ -2 \end{pmatrix} \times \begin{pmatrix} 0 \\ 3 \\ -1 \end{pmatrix} = \begin{pmatrix} 9 \\ 6 \\ 18 \end{pmatrix} = 3 \cdot \begin{pmatrix} 3 \\ 2 \\ 6 \end{pmatrix}$$

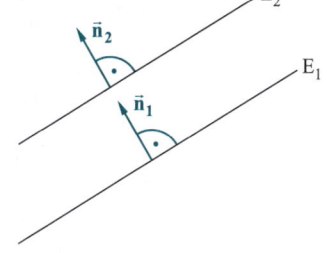

Da beide kollinear sind, sind die Ebenen **zumindest parallel**.

Es wird untersucht, ob die Ebenen identisch sind. Dazu wird mit dem Aufhängepunkt von E_1 die Punktprobe für E_2 gemacht:

$$\begin{pmatrix} 3 \\ 0 \\ -\frac{3}{2} \end{pmatrix} = \sigma \begin{pmatrix} 6 \\ -3 \\ -2 \end{pmatrix} + \tau \begin{pmatrix} 0 \\ 3 \\ -1 \end{pmatrix} \quad \begin{array}{l} \Rightarrow \text{(1)} \quad \sigma = \frac{1}{2} \\ \Rightarrow \text{(2)} \quad 0 = -\frac{3}{2} + 3\tau \Rightarrow \tau = \frac{1}{2} \end{array}$$

Beide Werte in (3) einsetzen:

$$-\frac{3}{2} = -2 \cdot \frac{1}{2} - 1 \cdot \frac{1}{2} \quad \Leftrightarrow \quad -\frac{3}{2} = -\frac{3}{2} \quad \text{wahre Aussage}$$

$\Rightarrow \ E_1 \equiv E_2$; die Ebenen sind **identisch**.

b) Der Normalenvektor $\vec{n}_2 = \begin{pmatrix} 3 \\ -1 \\ 2 \end{pmatrix}$ lässt sich direkt ablesen.

$$\vec{n}_1 = \begin{pmatrix} 0 \\ 2 \\ 1 \end{pmatrix} \times \begin{pmatrix} 2 \\ -4 \\ -5 \end{pmatrix} = \begin{pmatrix} -6 \\ 2 \\ -4 \end{pmatrix} \quad \Rightarrow \quad \vec{n}_1 = -2 \cdot \vec{n}_2$$

Die Ebenen sind also **zumindest parallel**: $E_1 \parallel E_2$

Punktprobe mit dem Aufhängepunkt $(2 \,|\, 1 \,|\, 4)$ von E_1 für E_2:

$$3 \cdot 2 - 1 + 2 \cdot 4 - 7 = 0 \quad \Leftrightarrow \quad 6 = 0 \quad \text{falsche Aussage}$$

$\Rightarrow \ E_1$ und E_2 sind **echt parallel**.

c) Die beiden Normalenvektoren werden abgelesen:

$$\vec{n}_1 = \begin{pmatrix} 5 \\ -1 \\ -3 \end{pmatrix} \qquad \vec{n}_2 = \begin{pmatrix} 1 \\ -2 \\ 3 \end{pmatrix}$$

Offensichtlich gibt es keinen Skalar $\alpha \in \mathbb{R}$, sodass $\vec{n}_2 = \alpha \vec{n}_1$.
Das sieht man auch ohne formale Rechnung sofort:
Gleichheit in der 3. Koordinate ist nur für $\alpha = -1$ erfüllt; für diesen Wert stimmt aber die 2. Koordinate nicht überein.

Das reicht bereits, um festhalten zu können:
$\vec{n}_1$ und $\vec{n}_2$ sind nicht kollinear.

$\Rightarrow \ E_1$ und E_2 **schneiden sich**.

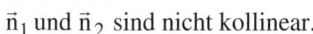

Zur Berechnung der **Schnittgeraden** wird E_1 in Parameterform verwendet.

$$\vec{n}_1 = \begin{pmatrix} 5 \\ -1 \\ -3 \end{pmatrix} \;\Rightarrow\; \vec{u}_1 = \begin{pmatrix} 0 \\ 3 \\ -1 \end{pmatrix};\; \vec{u}_2 = \begin{pmatrix} 1 \\ 5 \\ 0 \end{pmatrix}$$

Die Richtungsvektoren ergeben sich aus dem Normalenvektor.

$$E_1:\; \vec{x} = \lambda \begin{pmatrix} 0 \\ 3 \\ -1 \end{pmatrix} + \mu \begin{pmatrix} 1 \\ 5 \\ 0 \end{pmatrix}$$

E_1 geht durch den Ursprung, da $(0|0|0)$ die Gleichung von E_1 erfüllt.

$$0 + \mu - 2 \cdot (3\lambda + 5\mu) + 3 \cdot (-\lambda) = 9$$

E_1 in E_2 einsetzen

$$\mu = -\lambda - 1$$

nach μ auflösen

$$s:\; \vec{x} = \lambda \begin{pmatrix} 0 \\ 3 \\ -1 \end{pmatrix} + (-\lambda - 1)\begin{pmatrix} 1 \\ 5 \\ 0 \end{pmatrix}$$

μ in E_1 ersetzen

$$s:\; \vec{x} = \begin{pmatrix} -1 \\ -5 \\ 0 \end{pmatrix} + \lambda \begin{pmatrix} -1 \\ -2 \\ -1 \end{pmatrix}$$

zusammenfassen

$$s:\; \vec{x} = \begin{pmatrix} -1 \\ -5 \\ 0 \end{pmatrix} + \lambda^* \begin{pmatrix} 1 \\ 2 \\ 1 \end{pmatrix}$$

Schnittgerade

2. Parameteraufgabe

Beurteilen Sie in Abhängigkeit von $t \in \mathbb{R}$ die Lagen der Ebenen E_t und F:

$$E_t:\; \vec{x} = \begin{pmatrix} 3 \\ 1 \\ -2 \end{pmatrix} + \lambda \begin{pmatrix} 2 \\ 1 \\ t \end{pmatrix} + \mu \begin{pmatrix} 2 \\ 0 \\ -t \end{pmatrix}; \quad F:\; \begin{pmatrix} 1 \\ -4 \\ 2 \end{pmatrix} \circ \vec{x} = -3$$

Lösung:

$$\vec{n}_{E_t} = \begin{pmatrix} 2 \\ 1 \\ t \end{pmatrix} \times \begin{pmatrix} 2 \\ 0 \\ -t \end{pmatrix} = \begin{pmatrix} -t \\ 4t \\ -2 \end{pmatrix}$$

Normalenvektor von E_t

$$\vec{n}_{E_t} = \alpha \vec{n}_F \;\Leftrightarrow\; \begin{pmatrix} -t \\ 4t \\ -2 \end{pmatrix} = \alpha \begin{pmatrix} 1 \\ -4 \\ 2 \end{pmatrix}$$

Untersuchung der Normalenvektoren auf Kollinearität

Aus (3): $\alpha = -1$

In (1): $-t = -1 \cdot 1 \;\Rightarrow\; t = 1$

In (2): $4 \cdot 1 = (-1) \cdot (-4)$ wahre Aussage

$\Rightarrow$ Für $t = 1$ sind $\vec{n}_{E_1}$ und $\vec{n}_F$ kollinear und damit sind E_1 und F **zumindest parallel**.

Aufhängepunkt von E_1 in F einsetzen:

$$\begin{pmatrix} 1 \\ -4 \\ 2 \end{pmatrix} \circ \begin{pmatrix} 3 \\ 1 \\ -2 \end{pmatrix} = -3 \;\Leftrightarrow\; 3 - 4 - 4 = -3 \;\Leftrightarrow\; -5 = -3 \quad \text{falsche Aussage}$$

$\Rightarrow$ **E_1 und F sind echt parallel.**

Für $t \neq 1$ sind $\vec{n}_{E_t}$ und $\vec{n}_F$ nicht kollinear, also **schneiden** sich E_t und F.

Die folgende Zusammenfassung zeigt, wie man beim Untersuchen der gegenseitigen Lage von Geraden und Ebenen vorgeht.

Regel

Übersicht: Gegenseitige Lagen geometrischer Objekte	
Gerade – Gerade $g_1: \vec{x} = \vec{a}_1 + \lambda_1 \vec{u}_1$ $g_2: \vec{x} = \vec{a}_2 + \lambda_2 \vec{u}_2$	*Methode:* **Richtungsvektoren auf lineare Abhängigkeit prüfen** • Gilt $\vec{u}_2 = \alpha \vec{u}_1$, so sind g_1 und g_2 zumindest **parallel**; gilt zusätzlich $\vec{a}_2 - \vec{a}_1 = \beta \vec{u}_1$, so sind sie **identisch**. • Sind die Richtungsvektoren linear unabhängig, so sind die Geraden entweder windschief oder sie schneiden sich. Um dies zu unterscheiden, wird auf Schneiden angesetzt. Ergibt sich eine falsche Aussage, sind sie **windschief**, andernfalls **schneiden** sie sich.
Gerade – Ebene $g: \vec{x} = \vec{a} + \lambda \vec{u}$ $E: \vec{n} \circ (\vec{x} - \vec{b}) = 0$	*Methode:* **Richtungsvektor und Normalenvektor auf Senkrechtstehen prüfen** • Gilt $\vec{u} \circ \vec{n} = 0$, so sind g und E zumindest **parallel**; gilt zusätzlich, dass der Aufhängepunkt von g auf E liegt, so liegt g in E. • Gilt hingegen $\vec{u} \circ \vec{n} \neq 0$, so **schneiden** sich g und E.
Ebene – Ebene $E_1: \vec{n}_1 \circ (\vec{x} - \vec{a}_1) = 0$ $E_2: \vec{n}_2 \circ (\vec{x} - \vec{a}_2) = 0$	*Methode:* **Normalenvektoren auf lineare Abhängigkeit prüfen** • Gilt $\vec{n}_2 = \alpha \vec{n}_1$, so sind E_1 und E_2 zumindest **parallel**; liegt zusätzlich ein Punkt von E_1 auch auf E_2, so sind sie **identisch**. • Sind hingegen die beiden Normalenvektoren linear unabhängig (obige Gleichung gilt nicht), so **schneiden** sich die beiden Ebenen.

Aufgaben

108. Gegeben sind die drei Ebenen:

$$E: \vec{x} = \begin{pmatrix} 2 \\ 1 \\ -2 \end{pmatrix} + \lambda \begin{pmatrix} 2 \\ 0 \\ 1 \end{pmatrix} + \mu \begin{pmatrix} 2 \\ 1 \\ -4 \end{pmatrix}; \quad F: \begin{pmatrix} 1 \\ -10 \\ -2 \end{pmatrix} \circ \vec{x} = -3; \quad H: -\frac{1}{2}x_1 + 5x_2 + x_3 - 2 = 0$$

Untersuchen Sie jeweils die gegenseitigen Lagen der Ebenen.

a) E und F

b) E und H

c) F und H

109. Parameteraufgabe

Untersuchen Sie in Abhängigkeit von $a \in \mathbb{R}$, welche gegenseitigen Lagen die Ebenen haben können:

$$E_a: ax_1 + x_2 + 2ax_3 - a + 1 = 0; \quad F: x_1 - x_2 + 2x_3 = 5$$

110. Gegeben sind die Gerade g sowie die Ebenen E und F:

$$g: \vec{x} = \begin{pmatrix} 2 \\ 1 \\ 4 \end{pmatrix} + \lambda \begin{pmatrix} -1 \\ 3 \\ 2 \end{pmatrix}; \quad E: x_1 - x_2 + 2x_3 = 9; \quad F: \vec{x} = \begin{pmatrix} 2 \\ 1 \\ -2 \end{pmatrix} + \lambda \begin{pmatrix} 2 \\ 0 \\ 1 \end{pmatrix} + \mu \begin{pmatrix} 2 \\ 1 \\ -4 \end{pmatrix}$$

Ermitteln Sie die gegenseitigen Lagen von:

a) g und E   b) g und F

c) E und F

7.4   Schnittaufgaben

Bereits bei der Bestimmung der gegenseitigen Lagen der geometrischen Objekte Geraden und Ebenen sind Schnittpunkte bzw. Schnittgeraden ermittelt worden. Die dafür verwendeten Methoden werden hier noch einmal übersichtlich zusammengestellt.

Regel

Übersicht: Schnittaufgaben
Gerade – Gerade   *Methode:* **Gleichsetzen**

Gerade – Gerade

$g_1: \vec{x} = \vec{a}_1 + \lambda_1 \vec{u}_1$

$g_2: \vec{x} = \vec{a}_2 + \lambda_2 \vec{u}_2$

Methode: **Gleichsetzen**

Das führt auf eine Vektorgleichung, die in ein Gleichungssystem mit drei Gleichungen und (nur) zwei Unbekannten, nämlich λ_1 und λ_2, aufgelöst wird.

Aus zwei Gleichungen muss λ_1 und λ_2 bestimmt werden (Einsetzverfahren, Additionsverfahren). Mit diesen Werten von λ_1 und λ_2 überprüft man die dritte (bislang nicht verwendete) Gleichung auf „wahre Aussage" hin:

- Ergibt sich eine **falsche Aussage**, schneiden sich g_1 und g_2 **nicht**.
- Ergibt sich eine **wahre Aussage**, schneiden sich g_1 und g_2 in einem **Punkt S**.

Im letzten Fall wird der berechnete Wert für λ_1 in die Gleichung der Geraden g_1 (oder der Wert für λ_2 in die Gleichung der Geraden g_2) eingesetzt, woraus sich dann der Ortsvektor des **Schnittpunktes S** ergibt.

Gerade – Ebene

g: $\vec{x} = \vec{a} + \lambda \vec{u}$

E: $n_1 x_1 + n_2 x_2 + n_3 x_3 - d = 0$

Methode: **Einsetzen**

Zunächst muss E in Koordinatenform vorliegen. Ist das ursprünglich nicht der Fall, muss E zuerst in diese Form gebracht werden.

Dann werden die drei Koordinaten von g für x_1, x_2 und x_3 in die Ebenengleichung E eingesetzt. Man erhält eine Gleichung mit der Unbekannten λ. Drei Fälle sind möglich:

- λ fällt heraus und es ergibt sich eine **wahre Aussage**. $\Rightarrow$ g **liegt in** E.
- λ fällt heraus und es ergibt sich eine **falsche Aussage**. $\Rightarrow$ g ist **echt parallel** zu E.
- λ fällt nicht heraus; die Gleichung wird nach λ aufgelöst, man erhält genau einen Wert für λ. $\Rightarrow$ g und E **schneiden** sich in einem **Punkt S**.

Im letzten Fall wird der berechnete Wert für λ in die Geradengleichung eingesetzt, woraus sich der Ortsvektor des **Schnittpunktes S** ergibt.

Ebene – Ebene

E: $\vec{x} = \vec{a} + \lambda \vec{u} + \mu \vec{v}$

F: $n_1 x_1 + n_2 x_2 + n_3 x_3 - d = 0$

Methode: **Einsetzen**

Zunächst muss eine der beiden Ebenen in Parameterform (E) und die andere in Koordinatenform (F) vorliegen. Ist das ursprünglich nicht der Fall, müssen E bzw. F zuerst in diese Formen gebracht werden.

Dann werden die drei Koordinaten von E für x_1, x_2 und x_3 in die Koordinatenform von F eingesetzt. Man erhält eine Gleichung mit den zwei Unbekannten λ und μ. Drei Fälle sind möglich:

- λ und μ fallen heraus und es ergibt sich eine **wahre Aussage**. $\Rightarrow$ E ist **identisch** mit F.
- λ und μ fallen heraus und es ergibt sich eine **falsche Aussage**. $\Rightarrow$ E ist **echt parallel** zu F.
- λ und μ fallen nicht heraus; die Gleichung wird nach λ oder nach μ aufgelöst. $\Rightarrow$ E und F **schneiden** sich in einer **Schnittgeraden s**.

Im letzten Fall wird in der Ebenengleichung E der Parameter λ durch den aus der F-Gleichung gewonnenen Ausdruck mit μ ersetzt (oder umgekehrt μ durch λ). Dadurch wird die Parameterform von E zu einer Geradengleichung, welche die **Schnittgerade s** der beiden Ebenen darstellt.

Da es sich hier um Standardaufgaben der Analytischen Geometrie handelt, ist es wichtig, diese drei Verfahren sicher zu beherrschen.

111. Berechnen Sie, falls vorhanden, die Koordinaten der Schnittpunkte der nachfolgenden Geradenpaare.

a) $g: \vec{x} = \begin{pmatrix} 2 \\ 1 \\ 3 \end{pmatrix} + \lambda \begin{pmatrix} 2 \\ 2 \\ -1 \end{pmatrix}$ und $h: \vec{x} = \begin{pmatrix} 4 \\ -1 \\ 5 \end{pmatrix} + \mu \begin{pmatrix} 4 \\ 0 \\ 1 \end{pmatrix}$

b) $g: \vec{x} = \begin{pmatrix} 5 \\ 6 \\ 0 \end{pmatrix} + \lambda \begin{pmatrix} 1 \\ 0 \\ -3 \end{pmatrix}$ und $h: \vec{x} = \begin{pmatrix} 8 \\ 4 \\ -1 \end{pmatrix} + \mu \begin{pmatrix} 2 \\ 1 \\ -2 \end{pmatrix}$

c) $g: \vec{x} = \begin{pmatrix} 3 \\ 5,5 \\ -1 \end{pmatrix} + \lambda \begin{pmatrix} 4 \\ -3 \\ 6 \end{pmatrix}$ und $h: \vec{x} = \begin{pmatrix} 13 \\ -2 \\ 14 \end{pmatrix} + \mu \begin{pmatrix} -6 \\ 4,5 \\ -9 \end{pmatrix}$

d) $g: \vec{x} = \begin{pmatrix} 3 \\ 5,5 \\ 1 \end{pmatrix} + \lambda \begin{pmatrix} 4 \\ -3 \\ 6 \end{pmatrix}$ und $h: \vec{x} = \begin{pmatrix} 13 \\ -2 \\ 14 \end{pmatrix} + \mu \begin{pmatrix} -6 \\ 4,5 \\ -9 \end{pmatrix}$

112. Bestimmen Sie, falls vorhanden, die Schnittpunkte der nachfolgenden Geraden-Ebenen-Paare.

a) $E: \vec{x} = \begin{pmatrix} 2 \\ 0 \\ 0 \end{pmatrix} + \lambda \begin{pmatrix} -2 \\ 3 \\ 0 \end{pmatrix} + \mu \begin{pmatrix} -2 \\ 0 \\ 4 \end{pmatrix}$ und $g: \vec{x} = \begin{pmatrix} 0 \\ 0 \\ 1 \end{pmatrix} + \nu \begin{pmatrix} 1 \\ 1 \\ 0 \end{pmatrix}$

b) $E: 6x_1 + 4x_2 + 3x_2 - 12 = 0$ und $h: \vec{x} = \begin{pmatrix} 0 \\ 0 \\ 1 \end{pmatrix} + \sigma \begin{pmatrix} -1 \\ 0 \\ 2 \end{pmatrix}$

c) $E: 6x_1 + 4x_2 + 3x_2 = 12$ und $k: \vec{x} = \begin{pmatrix} 2 \\ 0 \\ 0 \end{pmatrix} + \tau \begin{pmatrix} -1 \\ 0 \\ 2 \end{pmatrix}$

113. Bestimmen Sie, soweit vorhanden, die Schnittgerade der angegebenen Ebenenpaare.

a) $E: \vec{x} = \begin{pmatrix} 3 \\ 1 \\ -2 \end{pmatrix} + \lambda \begin{pmatrix} 2 \\ 3 \\ 1 \end{pmatrix} + \mu \begin{pmatrix} -4 \\ 1 \\ 0 \end{pmatrix}$ und $F: \vec{x} = \begin{pmatrix} 11 \\ -1 \\ -2 \end{pmatrix} + \sigma \begin{pmatrix} 10 \\ 1 \\ 1 \end{pmatrix} + \tau \begin{pmatrix} 8 \\ 5 \\ 2 \end{pmatrix}$

b) $E: x_1 + 2x_2 + x_3 - 2 = 0$ und $F: -3x_1 + 9x_2 + 2x_3 - 9 = 0$

c) $E: \vec{x} = \begin{pmatrix} -6 \\ -2 \\ 4 \end{pmatrix} + \lambda \begin{pmatrix} 6 \\ 2 \\ 1 \end{pmatrix} + \mu \begin{pmatrix} -2 \\ 4 \\ 1 \end{pmatrix}$ und $F: \begin{pmatrix} 1 \\ 4 \\ -14 \end{pmatrix} \circ \left(\vec{x} - \begin{pmatrix} 3 \\ 1 \\ -2 \end{pmatrix} \right) = 0$

114. Berechnen Sie die Schnittgerade der beiden Ebenen

$$E: \vec{x} = \begin{pmatrix} -4 \\ -2 \\ 1 \end{pmatrix} + \lambda \begin{pmatrix} 9 \\ 2 \\ -2 \end{pmatrix} + \mu \begin{pmatrix} 2 \\ 3 \\ 1 \end{pmatrix} \quad \text{und} \quad F: \vec{x} = \begin{pmatrix} -2 \\ 2 \\ -1 \end{pmatrix} + \sigma \begin{pmatrix} -6 \\ 1 \\ 2 \end{pmatrix} + \tau \begin{pmatrix} 5 \\ -1 \\ -1 \end{pmatrix}$$

mithilfe zweier unterschiedlicher Methoden:

a) durch Gleichsetzen

b) durch vorheriges Umwandeln einer der beiden Ebenen in Koordinatenform

Falls Sie unterschiedliche Darstellungen der Schnittgeraden herausbekom-
men, überzeugen Sie sich, dass beide Darstellungen dieselbe Gerade beschreiben.

Beurteilen Sie, welche Methode rechnerisch einfacher ist.

7.5 Ebenen und Gleichungssysteme

Eine beliebige Ebene E im $\mathbb{R}^3$ kann, wie auf Seite 112 gezeigt, in Koordinatenform angegeben werden. Sie hat dann die Darstellung
E: $n_1 x_1 + n_2 x_2 + n_3 x_3 - d = 0$.
Das ist aus algebraischer Sicht eine lineare Gleichung der Gestalt
$ax_1 + bx_2 + cx_3 = d$
mit den drei Unbekannten x_1, x_2, x_3. Umgekehrt lässt sich jede lineare Gleichung
mit drei Unbekannten als eine Ebene im $\mathbb{R}^3$ interpretieren.

Regel

> **Ebenen und lineare Gleichungssysteme**
> Zwei lineare Gleichungen (man spricht dann von einem **linearen Gleichungs-
> system, kurz LGS**) mit drei Unbekannten (**2 × 3-LGS**, sprich „2 kreuz 3")
> (1) $a_1 x_1 + b_1 x_2 + c_1 x_3 = d_1$
> (2) $a_2 x_1 + b_2 x_2 + c_2 x_3 = d_2$
> lassen sich als zwei Ebenen (1) und (2) im $\mathbb{R}^3$ interpretieren. Jedes Zahlentripel
> $(x_1^* | x_2^* | x_3^*)$, das die beiden Gleichungen (1) und (2) erfüllt, stellt damit die Koor-
> dinaten eines Punktes dar, der auf beiden Ebenen liegt.
> Aus diesem Grunde ist das Lösen des 2 × 3-LGS gleichbedeutend mit dem Pro-
> blem der Schnittberechnung der beiden Ebenen (1) und (2).

Das Lösen eines linearen Gleichungssystems mit dem **Gauß'schen Algorithmus**
und eine Regel für die Lösbarkeit eines LGS mithilfe des **Rangbegriffs** werden
zur Wiederholung auf den Seiten 165 und 166 erläutert.

1. Gegeben sind die beiden Ebenen

   E: $x_1 \quad -2x_3 + 5 = 0$

   F: $2x_1 - 3x_2 + x_3 - 5 = 0$

   Bestimmen Sie, falls vorhanden, die Schnittgerade der Ebenen E und F.

   Lösung:

   E wird auf Parameterform gebracht: $A(-5\,|\,0\,|\,0) \in E$ wird zum Aufhänge-

   punkt gemacht; aus $\vec{n} = \begin{pmatrix} 1 \\ 0 \\ -2 \end{pmatrix}$ werden zwei Richtungsvektoren gewonnen:

   $\vec{u} = \begin{pmatrix} 0 \\ 1 \\ 0 \end{pmatrix}$; $\vec{v} = \begin{pmatrix} 2 \\ 0 \\ 1 \end{pmatrix}$

   Damit ergibt sich eine Parameterform:

   E: $\vec{x} = \begin{pmatrix} -5 \\ 0 \\ 0 \end{pmatrix} + \lambda \begin{pmatrix} 0 \\ 1 \\ 0 \end{pmatrix} + \mu \begin{pmatrix} 2 \\ 0 \\ 1 \end{pmatrix}$

   Deren Koordinaten werden in F eingesetzt:

   E in F: $2 \cdot (-5 + 2\mu) - 3\lambda + \mu - 5 = 0 \quad \Leftrightarrow \quad -3\lambda + 5\mu = 15 \quad \Leftrightarrow \quad \lambda = \frac{5}{3}\mu - 5$

   Dieser letzte Ausdruck wird in E für λ eingesetzt:

   s: $\vec{x} = \begin{pmatrix} -5 \\ 0 \\ 0 \end{pmatrix} + \left(\frac{5}{3}\mu - 5\right) \begin{pmatrix} 0 \\ 1 \\ 0 \end{pmatrix} + \mu \begin{pmatrix} 2 \\ 0 \\ 1 \end{pmatrix}$

   Das Zusammenfassen in die Vektorteile mit und ohne μ ergibt eine mögliche Darstellung der Schnittgeraden von E und F:

   s: $\vec{x} = \begin{pmatrix} -5 \\ -5 \\ 0 \end{pmatrix} + \mu \begin{pmatrix} 2 \\ \frac{5}{3} \\ 1 \end{pmatrix}$

   Als Richtungsvektor der Schnittgeraden kann, um den Bruch zu vermeiden, auch der 3-fache Vektor genommen werden. Beim Aufhängepunkt ist so etwas nicht möglich!

   Somit ergibt sich als mögliche Darstellung der Schnittgeraden:

   s: $\vec{x} = \begin{pmatrix} -5 \\ -5 \\ 0 \end{pmatrix} + \mu^* \begin{pmatrix} 6 \\ 5 \\ 3 \end{pmatrix}$

2. Jetzt wird die gleiche Aufgabenstellung wie oben im ersten Beispiel als Aufgabe, das Gleichungssystem zu lösen, betrachtet:

   (1) $x_1 \quad -2x_3 + 5 = 0$

   (2) $2x_1 - 3x_2 + x_3 - 5 = 0$

   Dafür gibt es verschiedene Methoden. Man kann das Gleichungssystem „zu Fuß" lösen oder systematischer mit dem Gauß'schen Algorithmus.

   Führen Sie beide Lösungsmöglichkeiten durch.

Lösung:

a) **Direkte Lösung**

Da es sich um ein unterbestimmtes Gleichungssystem handelt, kann man mindestens eine Unbekannte frei wählen, z. B. $x_3 = \sigma$, wobei $\sigma \in \mathbb{R}$ ein freier Parameter ist. Damit hat man zunächst einmal:

(1) $\quad x_1 \qquad - 2\sigma = -5$

(2) $\quad 2x_1 - 3x_2 + \sigma = 5$

Löst man (1) nach x_1 auf, so ergibt sich $x_1 = 2\sigma - 5$; in (2) eingesetzt, führt das auf:

$$2 \cdot (2\sigma - 5) - 3x_2 + \sigma = 5 \quad \Leftrightarrow \quad x_2 = \tfrac{5}{3}\sigma - 5$$

Damit hat man:

$$x_1 = 2\sigma - 5; \; x_2 = \tfrac{5}{3}\sigma - 5 \text{ und } x_3 = \sigma$$

Die Lösungsmenge besteht damit aus den Zahlentripeln:

$$L = \left\{ \left(2\sigma - 5 \,\middle|\, \tfrac{5}{3}\sigma - 5 \,\middle|\, \sigma \right) \,\middle|\, \sigma \in \mathbb{R} \right\}$$

Interpretiert man diese Lösungstripel als Koordinaten von Punkten im $\mathbb{R}^3$, so kann man ihre Ortsvektoren angeben als:

$$\vec{x} = \begin{pmatrix} 2\sigma - 5 \\ \tfrac{5}{3}\sigma - 5 \\ \sigma \end{pmatrix}$$

Zieht man den Vektor auseinander, so erhält man

$$\vec{x} = \begin{pmatrix} -5 \\ -5 \\ 0 \end{pmatrix} + \sigma \begin{pmatrix} 2 \\ \tfrac{5}{3} \\ 1 \end{pmatrix},$$

eine Geradengleichung im $\mathbb{R}^3$. Sie beschreibt die Schnittgerade von E und F, wie sie im ersten Beispiel berechnet wird.

b) Lösen mit dem **Gauß'schen Algorithmus** (siehe Seite 165)

Dazu wird das Gleichungssystem auf Zeilenstufenform gebracht. Die erste Gleichung wird mit –2 multipliziert und dann zur 2. Gleichung addiert, wodurch die Variable x_1 aus der 2. Gleichung herausfällt. Es brauchen jeweils nur die entsprechenden Koeffizienten miteinander verrechnet zu werden:

(1) $\quad x_1 \qquad - 2x_3 = -5$

(2) $\quad 2x_1 - 3x_2 + \; x_3 = 5$

———————————————————

(1) $\quad\; x_1 \qquad - 2x_3 = -5$

(2*) $\qquad - 3x_2 + 5x_3 = 15 \qquad \big| (2*) = -2 \cdot (1) + (2)$

Man hat daher zwei unabhängige Gleichungen, aber drei Unbekannte, weshalb das Gleichungssystem unendlich viele Lösungen besitzt. In geometrischer Interpretation ist jeder Punkt auf der Schnittgeraden der beiden Ebenen (1) und (2) eine Lösung des Gleichungssystems.

Man wählt jetzt einen freien Parameter; es wird $x_3 = \tau$ gesetzt, wobei $\tau \in \mathbb{R}$. Nun wird das Gleichungssystem (1), (2∗) „von unten nach oben gelöst": Aus (2∗) folgt $x_2 = \frac{5}{3}\tau - 5$ und aus (1) $x_1 = 2\tau - 5$.

Die Lösungsmenge gibt man beispielsweise so an:

$$L = \left\{ \left(2\tau - 5 \,\middle|\, \tfrac{5}{3}\tau - 5 \,\middle|\, \tau \right) \,\middle|\, \tau \in \mathbb{R} \right\}$$

Für jeden möglichen Wert von τ hat man eine Lösung des Gleichungssystems bzw., was dasselbe ist, einen Punkt auf der Schnittgeraden. Um die Darstellung der Lösungsmenge als Geradengleichung wie in der Geometrie üblich zu erhalten, schreibt man die Lösungstripel als Ortsvektor:

$$\vec{x} = \begin{pmatrix} 2\tau - 5 \\ \frac{5}{3}\tau - 5 \\ \tau \end{pmatrix} = \begin{pmatrix} -5 \\ -5 \\ 0 \end{pmatrix} + \begin{pmatrix} 2\tau \\ \frac{5}{3}\tau \\ \tau \end{pmatrix} = \begin{pmatrix} -5 \\ -5 \\ 0 \end{pmatrix} + \tau \begin{pmatrix} 2 \\ \frac{5}{3} \\ 1 \end{pmatrix}$$

Damit ergibt sich die gleiche Darstellung wie bei Lösung a.

Man kann demnach die Aufgabe, die Schnittmenge zweier Ebenen zu bestimmen, auch rein algebraisch, ohne geometrische Interpretation, durchführen, indem man das Gleichungssystem mit den beiden Ebenengleichungen in Koordinatenform löst. Das ist nur dann zu empfehlen, wenn beide Ebenen bereits in Koordinatenform gegeben sind.

Regel

Lösbarkeit von 2 × 3-LGS

Aus der Anschauung heraus, dass zwei lineare Gleichungen mit drei Unbekannten geometrisch interpretiert zwei Ebenen E_1 und E_2 im $\mathbb{R}^3$ darstellen, kann man die Lösbarkeit eines solchen Gleichungssystems angeben. Die Lösungsmenge besteht aus sämtlichen Punkten, die auf beiden Ebenen liegen.
Es sind drei Fälle zu unterscheiden:

E_1 und E_2 sind echt parallel, d. h. $L = \emptyset$.	E_1 und E_2 sind identisch; es gibt unendlich viele Lösungen mit zwei freien Parametern.	E_1 und E_2 schneiden sich in einer Schnittgeraden; die Lösungsmenge hat einen freien Parameter.

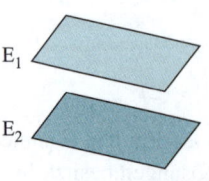

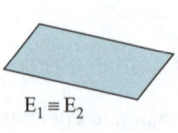

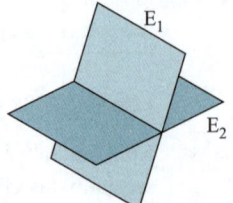

115. Lösen Sie das Schnittproblem für die beiden unten angegebenen Ebenen einmal nach der Methode „Schneiden zweier Ebenen" wie im Beispiel 1 auf Seite 134 vorgeführt und zum anderen mit der Methode „Lösen eines Gleichungssystems". Vergleichen Sie beide Ergebnisse und weisen Sie nach, falls Sie unterschiedliche Darstellungen bekommen, dass damit die gleiche Punktmenge und somit die gleiche Schnittgerade beschrieben wird. Überlegen Sie sich, welche Lösungsmethode Ihnen leichterfällt.
E: $4x_1 - x_2 - 2x_3 + 8 = 0$ und F: $2x_1 - 4x_2 + x_3 + 3 = 0$

116. Bestimmen Sie die Schnittgerade der Ebenen E und F, indem Sie zunächst das Gleichungssystem algebraisch lösen und dann die Lösungsmenge in eine Geradengleichung umschreiben.
E: $x_1 + 2x_2 + x_3 - 2 = 0$ und F: $-3x_1 + 9x_2 + 2x_3 - 9 = 0$

7.6 Lagen von drei Ebenen

Die Erkenntnisse mit zwei Gleichungen werden nun auf Systeme mit drei Gleichungen übertragen. Man hat dann algebraisch ein 3×3-System. In der geometrischen Interpretation handelt es sich um drei Ebenen im Raum. Nur die Punkte, die auf allen drei Ebenen zugleich liegen, gehören zur Lösungsmenge L des zugehörigen Gleichungssystems. Ist $L \neq \varnothing$, so können drei Fälle vorliegen.

Regel

Lage von drei Ebenen mit nicht leerer Schnittmenge
Geometrisch lassen sich bei Lösbarkeit des zu den drei Ebenen gehörigen Gleichungssystems ($L \neq \varnothing$) die folgenden Fälle unterscheiden:

Die drei Ebenen schneiden sich in einem Punkt. Das LGS besitzt **genau eine Lösung**. Das ist genau dann der Fall, wenn ihre **Normalenvektoren linear unabhängig** sind.	Die drei Ebenen haben eine **Schnittgerade**. Das LGS hat eine Lösungsmenge mit einem Parameter.	Die drei Ebenen sind **identisch**. Das LGS hat eine Lösungsmenge mit zwei Parametern.

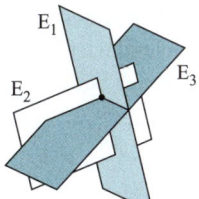

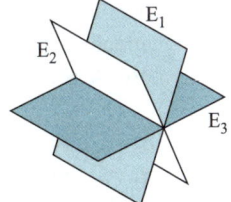

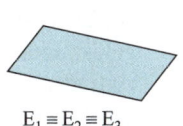
$E_1 \equiv E_2 \equiv E_3$

Ist das Gleichungssystem **unlösbar** (L $= \varnothing$; es gibt keine Punkte, die auf allen drei Ebenen liegen), so sind auch drei Lagen der zugehörigen Ebenen möglich.

Regel

> **Lage von drei Ebenen mit leerer Schnittmenge**
> Geometrisch lassen sich bei Unlösbarkeit des zu den drei Ebenen gehörigen Gleichungssystems (L $= \varnothing$) die folgenden Fälle unterscheiden:
>
> | | | |
> |---|---|---|
> | Die drei Ebenen sind parallel, aber nicht identisch, d. h., mindestens zwei sind echt parallel. | Zwei der drei Ebenen sind echt parallel. Es gibt keinen Punkt, der auf allen drei Ebenen liegt. | Je zwei Ebenen schneiden sich, wobei deren Schnittgerade jeweils echt parallel zu der dritten Ebene verläuft. |
>
>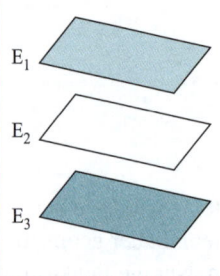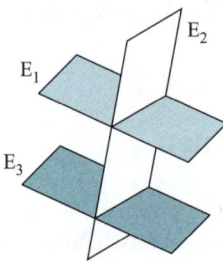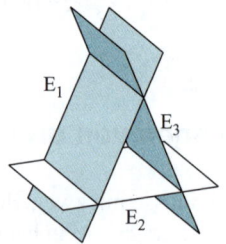

Wenn die Schnittmenge von drei Ebenen zu bestimmen ist, so ist es meist vorteilhaft, das Problem als **Lösen eines Gleichungssystems** zu bearbeiten.

Beispiele

1. Bestimmen Sie jeweils die Schnittmenge der drei Ebenen.

   a) (1) $5x_1 - 8x_2 + 19x_3 + 154 = 0$
       (2) $8x_1 - 13x_2 + 23x_3 + 210 = 0$
       (3) $3x_1 + x_2 - 4x_3 - 2 = 0$

   b) (1) $x_1 - 4x_2 - 3x_3 = -1$
       (2) $-2x_1 + 12x_2 + 8x_3 = 8$
       (3) $-2x_1 + 8x_2 + 6x_3 = 2$

   Lösung:
   Die Gleichungssysteme werden jeweils mit dem Gauß'schen Algorithmus auf Zeilenstufenform gebracht und dann von unten beginnend nach oben gelöst. Eine ausführlichere Darstellung dieser Methode ist auf Seite 165 zu finden.

   a) (1) $5x_1 - 8x_2 + 19x_3 = -154$
       (2) $8x_1 - 13x_2 + 23x_3 = -210$
       (3) $3x_1 + x_2 - 4x_3 = 2$

Gleichung (1) bleibt unverändert, in den neuen Gleichungen (2∗) und (3∗) soll jeweils x_1 herausfallen:

(1) $5x_1 - 8x_2 + 19x_3 = -154$

(2∗) $\quad\quad -x_2 - 37x_3 = 182 \quad\quad \big|(2*) = -8\cdot(1)+5\cdot(2)$

(3∗) $\quad\quad 29x_2 - 77x_3 = 472 \quad\quad \big|(3*) = -3\cdot(1)+5\cdot(3)$

Nächster Schritt, damit in (3∗∗) x_2 herausfällt:

(1) $5x_1 - 8x_2 + \quad 19x_3 = -154$

(2∗) $\quad\quad -x_2 - \quad 37x_3 = 182$

(3∗∗) $\quad\quad\quad\quad -1150x_3 = 5750 \quad \big|(3**) = 29\cdot(2*)+(3*)$

Damit ist die Zeilenstufenform hergestellt, nun wird von „unten nach oben" gelöst:

Aus (3∗∗) $x_3 = -\frac{5750}{1150}$ $\quad\quad\quad\quad\quad\quad\quad \Leftrightarrow \ \mathbf{x_3 = -5}$

In (2∗) $\quad -x_2 - 37\cdot(-5) = 182 \quad\quad \Leftrightarrow \ \mathbf{x_2 = 3}$

In (1) $\quad 5x_1 - 8\cdot3 + 19\cdot(-5) = -154 \ \Leftrightarrow \ \mathbf{x_1 = -7}$

Die Lösung des Gleichungssystems liefert die **Koordinaten des Schnittpunktes** der drei Ebenen: **S(–7|3|–5)**

b) (1) $\quad x_1 - 4x_2 - 3x_3 = -1$

(2) $-2x_1 + 12x_2 + 8x_3 = 8$

(3) $-2x_1 + \ 8x_2 + 6x_3 = 2$

(1) $x_1 - 4x_2 - 3x_3 = -1$

(2∗) $\quad\quad 4x_2 + 2x_3 = 6 \quad\quad \big|(2*) = 2\cdot(1)+(2)$

(3∗) $\quad\quad\quad\quad\quad\quad\quad\quad \big|(3*) = 2\cdot(1)+(3)$

Die Gleichung (3∗) fällt komplett weg!

Man hat demnach nur zwei unabhängige Gleichungen und drei Unbekannte. Es wird ein freier Parameter eingeführt, $\mathbf{x_3 = \lambda}$ mit $\lambda \in \mathbb{R}$:

In (2∗) $4x_2 + 2\lambda = 6 \quad\quad\quad\quad \Leftrightarrow \ \mathbf{x_2 = \frac{3}{2} - \frac{1}{2}\lambda}$

In (1) $x_1 - 4\left(\frac{3}{2} - \frac{1}{2}\lambda\right) - 3\lambda = -1 \ \Leftrightarrow \ \mathbf{x_1 = 5 + \lambda}$

Die Lösungsmenge enthält einen freien Parameter. Es gibt unendlich viele Lösungen. In geometrischer Interpretation schneiden sich die drei Ebenen in einer Schnittgeraden, die folgendermaßen geschrieben werden kann:

$$\vec{x} = \begin{pmatrix} 5+\lambda \\ \frac{3}{2} - \frac{1}{2}\lambda \\ \lambda \end{pmatrix} = \begin{pmatrix} 5 \\ \frac{3}{2} \\ 0 \end{pmatrix} + \begin{pmatrix} \lambda \\ -\frac{1}{2}\lambda \\ \lambda \end{pmatrix} = \underbrace{\begin{pmatrix} 5 \\ \frac{3}{2} \\ 0 \end{pmatrix} + \lambda \begin{pmatrix} 1 \\ -\frac{1}{2} \\ 1 \end{pmatrix}}_{\text{Schnittgerade}}$$

2. Parameteraufgabe

Bestimmen Sie in Abhängigkeit von $a \in \mathbb{R}$ die Schnittmenge der Gleichungen E_a, F_a, H_a, also die Menge $E_a \cap F_a \cap H_a$.

E_a: $x_1 - ax_2 - x_3 - 1 = 0$
F_a: $x_1 + x_2 + ax_3 - 1 = 0$
H_a: $ax_1 + x_2 + x_3 - 1 = 0$

Lösung:

Es wird der Gauß'sche Algorithmus verwendet, um das LGS auf Zeilenstufenform zu bringen.

(1) $x_1 - ax_2 - x_3 = 1$
(2) $x_1 + x_2 + ax_3 = 1$
(3) $ax_1 + x_2 + x_3 = 1$

---

(1) $x_1 - ax_2 - x_3 = 1$
(2*) $(-a-1)x_2 + (-a-1)x_3 = 0$ $\qquad$ | $(2*) = (1) - (2)$
(3*) $(a^2+1)x_2 + (a+1)x_3 = -a+1$ $\qquad$ | $(3*) = -a \cdot (1) + (3)$

Hier ist eine kurze Unterbrechung erforderlich: (2*) wird für $a = -1$ komplett wegfallen, weil sämtliche Koeffizienten und die rechte Seite null ergeben. Wenn a einen anderen Wert hat, bleibt (2*) als Gleichung erhalten. Es wäre also eine Fallunterscheidung erforderlich. Um diese an dieser Stelle zu vermeiden, werden die Zeilen (2*) und (3*) vertauscht. Bei dieser Gelegenheit wird wegen der vielen Minuszeichen (2*) gleich noch mit (−1) durchmultipliziert.

(1) $x_1 - ax_2 - x_3 = 1$
(2*) $(a^2+1)x_2 + (a+1)x_3 = -a+1$ $\qquad$ mit vertauschten Zeilen
(3*) $(a+1)x_2 + (a+1)x_3 = 0$ $\qquad$ Hier muss x_2 eliminiert werden.

Für den nächsten Schritt wird folgende Umformung gemacht:

$(3**) = -(a+1) \cdot (2*) + (a^2+1) \cdot (3*)$

Damit erhält man:

(1) $x_1 - ax_2 - x_3 = 1$
(2*) $(a^2+1)x_2 + (a+1)x_3 = -a+1$
(3**) $a(a^2-1)x_3 = (a+1)(a-1)$

Die letzte Zeile erfordert einiges an Algebra. Deshalb wird in Einzelschritten aufgelöst, wie man zu ihr kommt: Dass in (3**) x_2 wegfällt, sieht man daran, dass nach Multiplikation von (2*) mit „$-(a+1)$" und von (3*) mit „(a^2+1)" in (2*) und (3*) die Koeffizienten bei x_2 bis auf das Vorzeichen gleich sind. Mit anderen Worten, sie addieren sich in (3**) zu null.

Der Koeffizient von x_3 in $(2*)$ hat nach der Multiplikation mit „$-(a+1)$"
den Term „$-(a+1)^2$" und in $(3*)$ den Ausdruck „$(a+1)(a^2+1)$". Beide
werden für $(3**)$ addiert:
$$-(a+1)^2+(a+1)(a^2+1)$$
Dieser Term wird ausmultipliziert und zusammengefasst:
$$-(a+1)^2+(a+1)(a^2+1)=-a^2-2a-1+a^3+a+a^2+1=a^3-a$$
Damit ergibt sich tatsächlich $a(a^2-1)$ als Koeffizient von x_3 in $(3**)$, der
sich nach der 3. binomischen Formel auch als $a(a+1)(a-1)$ faktorisieren
lässt.

Entscheidend für die Lösbarkeit des 3×3-LGS ist die Gleichung:

$(3**)$ $a(a+1)(a-1)x_3=(a+1)(a-1)$

Es gibt vier Fälle zu unterscheiden:

Fall 1: $a=0$
Von Gleichung $(3**)$ bleibt:
$$0\cdot x_3=-1$$
Das ist eine nicht erfüllbare Gleichung, folglich
gibt es keine Lösung bzw. haben die drei Ebenen für $a=0$ keinen gemeinsamen Punkt:
$$E_0\cap F_0\cap H_0=\varnothing$$
Betrachtet man für $a=0$ die drei Normalenvektoren, so erkennt man, dass eine Konstellation wie
in nebenstehender Abbildung vorliegt.

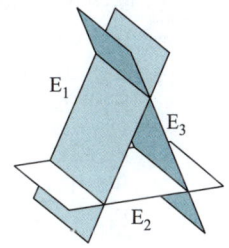

Fall 2: $a=1$
Von Gleichung $(3**)$ bleibt:
$$0\cdot x_3=0$$
Diese Gleichung ist allgemeingültig, deshalb
kann x_3 als freier Parameter gewählt werden,
z. B. $x_3=\lambda$. Aus $(2*)$ folgt dann mit $a=1$:
$$2x_2+2\lambda=0 \iff x_2=-\lambda$$
(1) ergibt: $x_1-(-\lambda)-\lambda=1 \iff x_1=1$
$$E_1\cap F_1\cap H_1=\{(1\,|\,-\lambda\,|\,\lambda)\,|\,\lambda\in\mathbb{R}\}$$
Natürlich kann man diese Menge auch als (Schnitt-)Gerade darstellen.

Fall 3: $a=-1$
Von Gleichung $(3**)$ bleibt wieder:
$$0\cdot x_3=0$$
Setzt man $x_3=\mu$ als freien Parameter in $(2*)$ ein, so ergibt sich $x_2=1$ und
aus (1) schließlich $x_1=\mu$. Also hat man wieder eine Schnittgerade wie
schon im Fall 2:
$$E_{-1}\cap F_{-1}\cap H_{-1}=\{(\mu\,|\,1\,|\,\mu)\,|\,\mu\in\mathbb{R}\}$$

Fall 4: $a \in \mathbb{R} \setminus \{-1; 0; 1\}$

Für jedes dieser a lässt sich (3∗∗) eindeutig lösen:

$ax_3 = 1$

Es gibt für jedes a damit genau einen Schnittpunkt.
Man findet:

$x_3 = \frac{1}{a}$; $x_2 = -\frac{1}{a}$ und $x_1 = \frac{1}{a}$

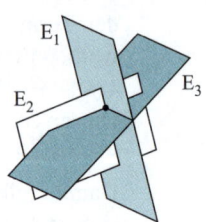

$E_a \cap F_a \cap H_a = \left\{ \left(\frac{1}{a} \mid -\frac{1}{a} \mid \frac{1}{a} \right) \mid a \in \mathbb{R} \setminus \{-1; 0; 1\} \right\}$

Für jedes zulässige a gibt es genau einen Schnittpunkt der drei Ebenen.

Aufgaben

117. Ermitteln Sie jeweils die Schnittmengen der drei Ebenen, also die Lösungsmengen der zugehörigen Gleichungssysteme.

a) E_1: $\quad x_1 - x_2 - 2x_3 - 4 = 0$
E_2: $3x_1 - 2x_2 - x_3 - 8 = 0$
E_3: $10x_1 - 5x_2 - x_3 - 26 = 0$

b) E: $\quad x_1 + 5x_2 - 3x_3 + 15 = 0$
F: $6x_1 + 5x_2 - 3x_3 + 5 = 0$
H: $11x_1 + 5x_2 - 3x_3 - 5 = 0$

c) F_1: $-2x_1 + 2x_2 + x_3 - 9 = 0$
F_2: $4x_1 + 3x_2 - x_3 + 4 = 0$
F_3: $x_1 + 2{,}5x_2 - 1 = 0$

118. Parameteraufgabe

Gegeben sind die drei Gleichungen mit Parameter $a \in \mathbb{R}$:

(1) $\quad x_1 - 2x_2 + 2x_3 + 6 = 0$
(2) $\quad 4x_1 - 2x_2 - 4x_3 + 19 - 2a = 0$
(3) $\quad ax_1 + ax_2 - 6x_3 + 3 = 0$

a) Untersuchen Sie die Lösbarkeit des Gleichungssystems in Abhängigkeit von a. Interpretieren Sie die verschiedenen Fälle geometrisch.

b) Bestimmen Sie die Schnittmengen für $a = \frac{3}{2}$ und für $a = 2$.

7.7   Schnittwinkel

Neben den Schnittpunkten und Schnittgeraden sind auch die Winkel, unter denen sich Geraden bzw. Ebenen schneiden, von Interesse. Dabei wird die Bestimmung der Schnittwinkel auf die Ermittlung der Winkel zwischen entsprechenden Vektoren zurückgeführt.

Am Beispiel des Schnittwinkels zweier sich
schneidender Geraden zeigt sich, dass es insgesamt vier infrage kommende Winkel gibt, wobei
gegenüberliegende Winkel gleich groß sind (siehe Abbildung). Von den beiden verbleibenden
Winkelwerten, die sich zu 180° addieren, definiert man den kleineren Winkel als den **Schnittwinkel**. Er kann damit nicht größer als 90° sein.

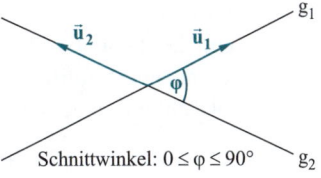

Berechnet man den Winkel zwischen den beiden eingezeichneten Richtungsvektoren, so erhält man, wie in Band 1 auf Seite 178 gezeigt, Winkel bis zu 180°. Um
den korrekten Schnittwinkel von 0° bis 90° zu erhalten, muss man noch den Betrag in die Formel aufnehmen, da für den angegebenen Winkelbereich $\cos(\varphi) \geq 0$
ist. Folglich hat man für den Schnittwinkel von zwei sich schneidenden Geraden
die Formel:

$$\cos(\varphi) = \left| \frac{\vec{u}_1 \circ \vec{u}_2}{|\vec{u}_1| \cdot |\vec{u}_2|} \right| = \frac{|\vec{u}_1 \circ \vec{u}_2|}{|\vec{u}_1| \cdot |\vec{u}_2|}$$

Die Formel für den Schnittwinkel zwischen zwei sich schneidenden Ebenen hat
die gleiche Struktur, wobei allerdings die Normalenvektoren der Ebenen zu nehmen sind, nicht die Richtungsvektoren. Eine Sonderstellung nimmt der Schnittwinkel zwischen einer Ebene und einer Geraden ein. Dafür benötigt man einen
Normalenvektor der Ebene und einen Richtungsvektor der Geraden. Allerdings
muss man dabei noch den Komplementärwinkel auf 90° nehmen, um tatsächlich
den Schnittwinkel zu erhalten. Wegen $\sin(\varphi) = \cos(90° - \varphi)$ kann man den Schnittwinkel direkt erhalten, indem man den Sinus statt des Kosinus ansetzt.
Insgesamt berechnen sich die drei möglichen Schnittwinkel folgendermaßen.

Regel

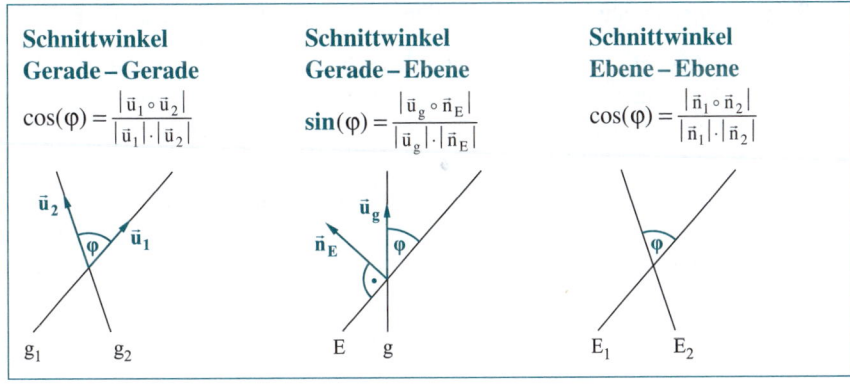

Schnittwinkel Gerade – Gerade	Schnittwinkel Gerade – Ebene	Schnittwinkel Ebene – Ebene
$\cos(\varphi) = \dfrac{|\vec{u}_1 \circ \vec{u}_2|}{|\vec{u}_1| \cdot |\vec{u}_2|}$	$\sin(\varphi) = \dfrac{|\vec{u}_g \circ \vec{n}_E|}{|\vec{u}_g| \cdot |\vec{n}_E|}$	$\cos(\varphi) = \dfrac{|\vec{n}_1 \circ \vec{n}_2|}{|\vec{n}_1| \cdot |\vec{n}_2|}$

Beispiele

1. Die beiden Geraden g: $\vec{x} = \begin{pmatrix} 1 \\ 2 \\ 1 \end{pmatrix} + \lambda \begin{pmatrix} 2 \\ -1 \\ 5 \end{pmatrix}$ und h: $\vec{x} = \begin{pmatrix} 2 \\ 4 \\ 3 \end{pmatrix} + \mu \begin{pmatrix} 3 \\ 1 \\ 7 \end{pmatrix}$ schneiden
   sich.
   Berechnen Sie ihren Schnittwinkel.

Lösung:

Um den Schnittwinkel zu bestimmen, muss der Schnittpunkt nicht bekannt sein. Natürlich muss sichergestellt sein, dass sich die Geraden auch tatsächlich schneiden. Aber das ist hier vorgegeben.

$$\cos(\varphi) = \frac{|\vec{u}_1 \circ \vec{u}_2|}{|\vec{u}_1| \cdot |\vec{u}_2|} = \frac{\left|\begin{pmatrix}2\\-1\\5\end{pmatrix} \circ \begin{pmatrix}3\\1\\7\end{pmatrix}\right|}{\left|\begin{pmatrix}2\\-1\\5\end{pmatrix}\right| \cdot \left|\begin{pmatrix}3\\1\\7\end{pmatrix}\right|} = \frac{|6-1+35|}{\sqrt{4+1+25} \cdot \sqrt{9+1+49}} = \frac{40}{\sqrt{30} \cdot \sqrt{59}}$$

$$\Rightarrow \quad \boldsymbol{\varphi \approx 18{,}1°}$$

Die beiden Geraden g und h schneiden sich unter dem Winkel von 18,1°.

2. Die Gerade g und die Ebene E schneiden sich. Berechnen Sie den Schnittwinkel.

$$g: \vec{x} = \begin{pmatrix}-2\\-1\\1\end{pmatrix} + \lambda \begin{pmatrix}1\\3\\-2\end{pmatrix} \qquad\qquad E: \vec{x} = \begin{pmatrix}3\\0\\-1\end{pmatrix} + \mu \begin{pmatrix}1\\-1\\1\end{pmatrix} + \nu \begin{pmatrix}0\\2\\-1\end{pmatrix}$$

Lösung:

Von der Ebene wird ein Normalenvektor benötigt:

$$\vec{n} = \begin{pmatrix}1\\-1\\1\end{pmatrix} \times \begin{pmatrix}0\\2\\-1\end{pmatrix} = \begin{pmatrix}-1\\1\\2\end{pmatrix}$$

Beim Schnittwinkel Gerade–Ebene muss der Sinus angesetzt werden!

$$\boldsymbol{\sin(\varphi)} = \frac{|\vec{u} \circ \vec{n}|}{|\vec{u}| \cdot |\vec{n}|} = \frac{\left|\begin{pmatrix}1\\3\\-2\end{pmatrix} \circ \begin{pmatrix}-1\\1\\2\end{pmatrix}\right|}{\left|\begin{pmatrix}1\\3\\-2\end{pmatrix}\right| \cdot \left|\begin{pmatrix}-1\\1\\2\end{pmatrix}\right|} = \frac{|-1+3-4|}{\sqrt{1+9+4} \cdot \sqrt{1+1+4}} = \frac{2}{\sqrt{14} \cdot \sqrt{6}}$$

$$\Rightarrow \quad \boldsymbol{\varphi \approx 12{,}6°}$$

3. Ein Sonnenstrahl längs der Geraden s: $\vec{x} = \begin{pmatrix}1\\1\\10\end{pmatrix} + \lambda \begin{pmatrix}2\\-1\\-15\end{pmatrix}$ trifft auf den

Fußboden auf, der im betrachteten Koordinatensystem durch die x_1x_2-Koordinatengrundebene beschrieben wird.

Ermitteln Sie den Winkel, unter dem der Sonnenstrahl auftrifft.

Lösung:

Auch bei dieser Problemstellung handelt es sich um eine Schnittwinkelberechnung Gerade–Ebene. Der Schnittpunkt muss dazu nicht bekannt sein, auch die Ebenengleichung muss nicht aufgestellt werden. Allerdings benötigt man einen Normalenvektor der Ebene. Dafür nimmt man den

Vektor $\begin{pmatrix}0\\0\\1\end{pmatrix}$, der senkrecht zum Fußboden steht.

$$\boldsymbol{\sin(\varphi)} = \frac{|\vec{u} \circ \vec{n}|}{|\vec{u}| \cdot |\vec{n}|} = \frac{|-15|}{\sqrt{4+1+225} \cdot \sqrt{1}} = \frac{15}{\sqrt{230}} \quad \Rightarrow \quad \boldsymbol{\varphi \approx 81{,}5°}$$

4. Berechnen Sie den Schnittwinkel der beiden Ebenen:

$E_1: 5x_1 - x_2 - 3x_3 = 0$ und $E_2: x_1 - 2x_2 + 3x_3 = 9$

Lösung:

Die Normalenvektoren von E_1 und E_2 sind offensichtlich nicht kollinear, also schneiden sich E_1 und E_2.

$$\cos(\varphi) = \frac{|\vec{n}_1 \circ \vec{n}_2|}{|\vec{n}_1| \cdot |\vec{n}_2|} = \frac{\left| \begin{pmatrix} 5 \\ -1 \\ -3 \end{pmatrix} \circ \begin{pmatrix} 1 \\ -2 \\ 3 \end{pmatrix} \right|}{\left| \begin{pmatrix} 5 \\ -1 \\ -3 \end{pmatrix} \right| \cdot \left| \begin{pmatrix} 1 \\ -2 \\ 3 \end{pmatrix} \right|} = \frac{|5 + 2 - 9|}{\sqrt{25 + 1 + 9} \cdot \sqrt{1 + 4 + 9}} = \frac{2}{\sqrt{35} \cdot \sqrt{14}}$$

$\Rightarrow$ **$\varphi \approx 84{,}8°$**

Aufgabe **119.** Ein rechteckiges Solarpaneel ist wie in der Abbildung zu sehen aufgestellt, wobei für die Koordinaten der Punkte A, B und C gilt:

A(50|0|0); B(0|50|0); C(0|0|120)

Dabei gilt 1 LE = 1 cm.

Bei einem bestimmten Sonnenstand treffen die Sonnenstrahlen längs des Richtungsvektors

$$\vec{r} = \begin{pmatrix} -3 \\ -4 \\ -7 \end{pmatrix}$$

auf das Paneel.

a) Bestimmen Sie den Winkel, den das Paneel mit der $x_1 x_2$-Ebene bildet.

b) Berechnen Sie die Winkel, unter denen die Sonnenstrahlen auf dem Paneel und auf der $x_1 x_2$-Ebene auftreffen.

Die Stromausbeute ist dann maximal, wenn die Sonnenstrahlen senkrecht auf die Solarzellen treffen.

c) Wie lautet ein möglicher Richtungsvektor für die Sonnenstrahlen, die zum maximalen Stromertrag führen?

d) Unter welchem Winkel treffen diese Strahlen dann auf der $x_1 x_2$-Ebene auf?

8 Abstandsberechnungen

In vielen Anwendungen benötigt man den Abstand zwischen zwei Objekten, beispielsweise den zwischen einem Flugzeug und einer Bergspitze. Im Folgenden werden Abstandsberechnungen zwischen geometrischen Objekten betrachtet.

8.1 Abstand Punkt – Gerade

Zunächst muss definiert werden, was man als Abstand zwischen zwei Objekten verstehen will. Wenn ein Asteroid längs einer geraden Flugbahn an der Erde vorbeifliegt, so interessiert man sich selbstverständlich für den kleinsten Abstand, den beide Himmelskörper haben werden. Betrachtet man die Flugbahn des Asteroiden als eine Gerade, so hat der

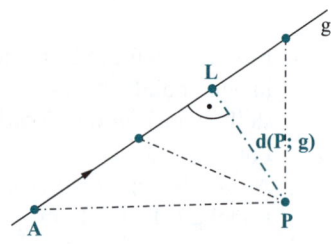

Asteroid genau dort den geringsten Abstand von der Erde, wo die Verbindungsstrecke Erde – Asteroid einen rechten Winkel mit der Geraden der Flugbahn bildet (siehe Abbildung). Diesen Geradenpunkt, der den kleinsten Abstand aller Geradenpunkte vom Punkt P hat, bezeichnet man als den **Lotfußpunkt L** des Punktes P auf der Geraden g.

In diesem Zusammenhang nennt man die gerade Linie PL das **Lot** von P auf g.

Definition

> **Abstand Punkt – Gerade**
> Der Abstand d(P; g) eines Punktes P von einer Geraden g wird definiert als die kürzeste Entfernung zwischen g und P. Diese ist gegeben durch den Abstand des Lotfußpunktes L vom Punkt P:
>
> $$d(P; g) = d(P; L) = |\overrightarrow{PL}|$$
>
> Dabei gilt stets $\overrightarrow{PL} \perp g$.

Das Lot und der Lotfußpunkt spielen bei Abstandsbestimmungen eine zentrale Rolle. Es wird nun der Lotfußpunkt eines Punktes P auf einer Geraden g bestimmt.

Gegeben sind eine Gerade g: $\vec{x} = \vec{a} + \lambda \vec{u}$ und ein Punkt $P \notin g$. Um L zu bestimmen, wird eine Hilfsebene H aufgestellt, die P enthält und die senkrecht zu g steht:

$P \in H$ und $g \perp H$

Diese Ebene H nennt man die **Lotebene**. Aus der Abbildung (mit dem Schnittbild links) geht hervor, dass der Schnittpunkt von H und g der Lotfußpunkt L ist.

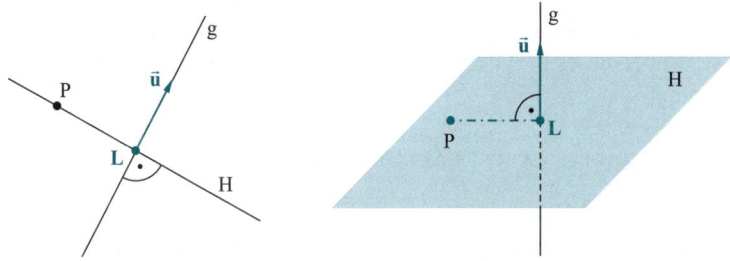

Regel

Koordinaten des Lotfußpunktes auf einer Geraden bestimmen
1. Lotebene H aufstellen, wobei P als Aufhängepunkt und $\vec{u}$, der Richtungsvektor von g, als Normalenvektor von H herangezogen werden: H: $\vec{u} \circ (\vec{x} - \vec{p}) = 0$
2. H mit g schneiden; der Schnittpunkt ist der Lotfußpunkt L.

Beispiel

Gegeben ist der Punkt $P(5|0|0)$ und die Gerade g: $\vec{x} = \begin{pmatrix} 1 \\ 1 \\ 1 \end{pmatrix} + \lambda \begin{pmatrix} 2 \\ 1 \\ 1 \end{pmatrix}$.

a) Zeigen Sie, dass P nicht auf g liegt, und bestimmen Sie dann den Abstand, den P von der Geraden g hat.

b) Ermitteln Sie den Abstand der Geraden g vom Ursprung O.

Lösung:

a) P in g: $\begin{pmatrix} 5 \\ 0 \\ 0 \end{pmatrix} = \begin{pmatrix} 1 \\ 1 \\ 1 \end{pmatrix} + \lambda \begin{pmatrix} 2 \\ 1 \\ 1 \end{pmatrix}$

Die Punktprobe kann im Kopf durchgeführt werden: In der 2. und 3. Koordinate ergibt sich jeweils $\lambda = -1$, das führt aber in der 1. Koordinate auf eine falsche Aussage, also $P \notin g$.

Abstandsberechnung:

H: $\begin{pmatrix} 2 \\ 1 \\ 1 \end{pmatrix} \circ \left(\vec{x} - \begin{pmatrix} 5 \\ 0 \\ 0 \end{pmatrix} \right) = 0$ Lotebene aufstellen

H: $2x_1 + x_2 + x_3 = 10$ H in Koordinatenform umwandeln

g in H: $2 \cdot (1 + 2\lambda) + (1 + \lambda) + (1 + \lambda) = 10$ g mit H schneiden

$6\lambda = 6 \implies \lambda = 1$ Bestimmen des Parameters

In g einsetzen: $\vec{x}_L = \begin{pmatrix} 1 \\ 1 \\ 1 \end{pmatrix} + 1 \cdot \begin{pmatrix} 2 \\ 1 \\ 1 \end{pmatrix} = \begin{pmatrix} 3 \\ 2 \\ 2 \end{pmatrix}$ Dies ergibt den Lotfußpunkt L(3|2|2).

$d(P; g) = |\overrightarrow{PL}| = \left| \begin{pmatrix} 3 \\ 2 \\ 2 \end{pmatrix} - \begin{pmatrix} 5 \\ 0 \\ 0 \end{pmatrix} \right| = \left| \begin{pmatrix} -2 \\ 2 \\ 2 \end{pmatrix} \right|$

$= \sqrt{4+4+4} = 2\sqrt{3} \approx \mathbf{3{,}464}$ Das ist der gesuchte Abstand.

b) Der Abstand der Geraden g vom Ursprung berechnet sich in gleicher Weise, wobei dieses Mal lediglich der Punkt O(0|0|0) genommen werden muss.

F: $2x_1 + x_2 + x_3 = 0$ Lotebene durch O, senkrecht zu g

g in F: $2(1+2\lambda) + (1+\lambda) + (1+\lambda) = 0$ g mit F schneiden

$6\lambda = -4 \iff \lambda = -\frac{2}{3}$ Bestimmen des Parameters

In g einsetzen: $L\left(-\frac{1}{3} \middle| \frac{1}{3} \middle| \frac{1}{3}\right)$ Lotfußpunkt des Ursprungs auf g

$|\overrightarrow{OL}| = \sqrt{\frac{1}{9} + \frac{1}{9} + \frac{1}{9}} = \frac{1}{3}\sqrt{3} \approx \mathbf{0{,}577}$ Das ist der Abstand vom Ursprung.

Aufgaben   **120.** Berechnen Sie jeweils den Abstand des Punktes P von der Geraden g.

a) $P(3|2|-4)$ und g: $\vec{x} = \begin{pmatrix} -3 \\ -4 \\ -4 \end{pmatrix} + \lambda \begin{pmatrix} 2 \\ 1 \\ 2 \end{pmatrix}$

b) $P(2|0|0)$ und g: $\vec{x} = \begin{pmatrix} 0 \\ -2 \\ 1 \end{pmatrix} + \lambda \begin{pmatrix} 0 \\ 1 \\ 0 \end{pmatrix}$

c) $P(0|0|1)$ und g: $\vec{x} = \lambda \begin{pmatrix} 1 \\ 1 \\ 1 \end{pmatrix}$

d) $P(0|0|0)$ und g: $\vec{x} = \begin{pmatrix} 1 \\ -3 \\ 1 \end{pmatrix} + \lambda \begin{pmatrix} 5 \\ 1 \\ -1 \end{pmatrix}$

121. Abstand paralleler Geraden
Gegeben sind die beiden Geraden
g: $\vec{x} = \begin{pmatrix} 2 \\ -1 \\ 1 \end{pmatrix} + \lambda \begin{pmatrix} -2 \\ 1 \\ -2 \end{pmatrix}$ und h: $\vec{x} = \begin{pmatrix} -2 \\ 1 \\ -1 \end{pmatrix} + \mu \begin{pmatrix} 1 \\ -0{,}5 \\ 1 \end{pmatrix}$.

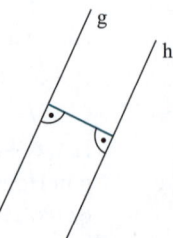

a) Zeigen Sie, dass die Geraden echt parallel sind.

b) Berechnen Sie ihren Abstand, indem Sie dieses Abstandsproblem auf die Bestimmung des Abstands eines Punktes von einer Geraden zurückführen.

122. Höhe eines Dreiecks

Die Punkte $A(-1|-11|-10)$; $B(2|-11|5)$ und $C(2|-1|5)$ sind die Eckpunkte des Dreiecks ABC.

a) Bestimmen Sie, welchen Abstand der Punkt C von der Grundseite AB hat.

b) Berechnen Sie mit dem Ergebnis aus Teilaufgabe a den Flächeninhalt des Dreiecks.

c) Ermitteln Sie zum Vergleich den Flächeninhalt des Dreiecks auch vektoriell.

8.2 Abstand Punkt – Ebene

In entsprechender Weise wie beim Abstand Punkt – Gerade wird die Abstandsbestimmung bei Punkt – Ebene vorgenommen. Auch hier ist der Lotfußpunkt L der Punkt der Ebene, welcher die kürzeste Entfernung zum außerhalb der Ebene liegenden Punkt P aufweist. Wiederum ist das Lot PL senkrecht zu E.

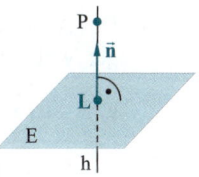

Vorgegeben sind also eine Ebene E: $\vec{n} \circ (\vec{x} - \vec{a}) = 0$ und ein Punkt $P \notin E$. Um L zu bestimmen, wird eine **Lotgerade** h aufgestellt, die P enthält und die senkrecht zu E steht, d. h. $P \in h$ und $E \perp h$. Aus der Abbildung geht hervor, dass der Schnittpunkt von h und E der Lotfußpunkt L ist.

Regel

Koordinaten des Lotfußpunktes auf einer Ebene bestimmen
1. Lotgerade h aufstellen, wobei P als Aufhängepunkt und $\vec{n}$, der Normalenvektor von E, als Richtungsvektor von h genommen werden kann: h: $\vec{x} = \vec{p} + \lambda \vec{n}$ 2. h mit E schneiden; der Schnittpunkt ist der Lotfußpunkt L. 3. Der Abstand des Punktes P von der Ebene E ist: $d(P; E) = d(P; L) = |\overrightarrow{PL}|$

Man beachte den wichtigen Unterschied, dass bei der Abstandsbestimmung **Punkt – Gerade** eine **Lotebene** aufzustellen ist, bei der Abstandsberechnung **Punkt – Ebene** hingegen eine **Lotgerade**.

Beispiel

Gegeben sind der Punkt $P(2|1|3)$ und die Ebene E: $2x_1 + 5x_2 + x_3 + 3 = 0$.

a) Zeigen Sie, dass P nicht auf E liegt, und bestimmen Sie dann den Abstand, den P von der Ebene E hat.

b) Ermitteln Sie außerdem den Abstand der Ebene E vom Ursprung O.

Lösung:

a) P in E: $2 \cdot 2 + 5 \cdot 1 + 3 + 3 = 0 \iff 15 = 0$ falsche Aussage $\Rightarrow$ P $\notin$ E

Abstandsberechnung:

$h: \vec{x} = \begin{pmatrix} 2 \\ 1 \\ 3 \end{pmatrix} + \lambda \begin{pmatrix} 2 \\ 5 \\ 1 \end{pmatrix}$ Lotgerade aufstellen

h in E: $2(2+2\lambda) + 5(1+5\lambda) + (3+\lambda) + 3 = 0$ h mit E schneiden

$30\lambda = -15 \Rightarrow \lambda = -\dfrac{1}{2}$ Bestimmen des Parameters

In h einsetzen: $\vec{x}_L = \begin{pmatrix} 2 \\ 1 \\ 3 \end{pmatrix} - \dfrac{1}{2} \cdot \begin{pmatrix} 2 \\ 5 \\ 1 \end{pmatrix} = \begin{pmatrix} 1 \\ -1{,}5 \\ 2{,}5 \end{pmatrix}$ Dies ergibt den Lotfußpunkt L(1 | −1,5 | 2,5).

$d(P; E) = |\overrightarrow{PL}| = \left| \begin{pmatrix} 2 \\ 1 \\ 3 \end{pmatrix} - \begin{pmatrix} 1 \\ -1{,}5 \\ 2{,}5 \end{pmatrix} \right| = \left| \begin{pmatrix} 1 \\ 2{,}5 \\ 0{,}5 \end{pmatrix} \right|$

$\qquad\qquad = \sqrt{1 + 6{,}25 + 0{,}25} = \sqrt{7{,}5} \approx \mathbf{2{,}74}$ Das ist der gesuchte Abstand.

b) Der Abstand der Ebene E vom Ursprung wird in gleicher Weise berechnet, wobei der Punkt O(0 | 0 | 0) verwendet werden muss.

$g: \vec{x} = \mu \begin{pmatrix} 2 \\ 5 \\ 1 \end{pmatrix}$ Lotgerade durch O, senkrecht zu E

g in E: $2(2\mu) + 5(5\mu) + \mu + 3 = 0$ g mit E schneiden

$30\mu = -3 \iff \mu = -\dfrac{1}{10}$ Bestimmen des Parameters

In g einsetzen: $L\left(-\dfrac{1}{5} \Big| -\dfrac{1}{2} \Big| -\dfrac{1}{10}\right)$ Lotfußpunkt des Ursprungs auf E

$|\overrightarrow{OL}| = \sqrt{\dfrac{1}{25} + \dfrac{1}{4} + \dfrac{1}{100}} = \sqrt{\dfrac{3}{10}} \approx \mathbf{0{,}55}$ Das ist der Abstand vom Ursprung.

Zum Abschluss dieses Kapitels werden die drei grundlegenden Abstandsberechnungen zusammengestellt. Alle weiteren Abstandsprobleme lassen sich auf diese drei Grundtypen zurückführen.

Regel

Abstand zweier Punkte A$(a_1 | a_2 | a_3)$ und B$(b_1 | b_2 | b_3)$	$d(A; B) = |\overrightarrow{AB}|$ $= \sqrt{(b_1 - a_1)^2 + (b_2 - a_2)^2 + (b_3 - a_3)^2}$
Abstand Punkt – Gerade g: $\vec{x} = \vec{a} + \lambda\vec{u}$ P$(p_1 | p_2 | p_3)$	• **Lotebene** aufstellen: H: $\vec{u} \circ (\vec{x} - \vec{p}) = 0$ • H und g schneiden, ergibt **Lotfußpunkt** L • $d(P; g) = d(P; L) = |\overrightarrow{PL}|$
Abstand Punkt – Ebene E: $\vec{n} \circ (\vec{x} - \vec{a}) = 0$ P$(p_1 | p_2 | p_3)$	• **Lotgerade** aufstellen: h: $\vec{x} = \vec{p} + \lambda\vec{n}$ • E und h schneiden, ergibt **Lotfußpunkt** L • $d(P; E) = d(P; L) = |\overrightarrow{PL}|$

Aufgaben **123.** Berechnen Sie jeweils den Abstand des Punktes P von der Ebene E.

a) $P(21|8|-1)$ und $E: \vec{x} = \begin{pmatrix} 3 \\ 2 \\ -2 \end{pmatrix} + \lambda \begin{pmatrix} 2 \\ 1 \\ 2 \end{pmatrix} + \mu \begin{pmatrix} 5 \\ -1 \\ 2 \end{pmatrix}$

b) $P(0|0|0)$ und $E: -x_1 + 3x_2 - 2x_3 + 1 = 0$

c) $P(2|0|1)$ und $E: \vec{x} = \begin{pmatrix} 1 \\ 3 \\ -1 \end{pmatrix} + \lambda \begin{pmatrix} 5 \\ 1 \\ -1 \end{pmatrix} + \mu \begin{pmatrix} 1 \\ -1 \\ 1 \end{pmatrix}$

d) $P(4|0|0)$ und $E: x_1 = -2$

124. Abstand einer Geraden zu einer parallelen Ebene
Die Gerade g und die Ebene E verlaufen echt parallel. Weisen Sie dies nach und berechnen Sie den Abstand, den g von E hat, indem Sie diese Problemstellung auf die Aufgabe der Abstandsberechnung Punkt – Ebene zurückführen.

$g: \vec{x} = \begin{pmatrix} 2 \\ 4 \\ 3 \end{pmatrix} + \lambda \begin{pmatrix} 3 \\ 1 \\ -2 \end{pmatrix}$ $\qquad E: -2x_1 + 4x_2 - x_3 = 3$

125. Abstand paralleler Ebenen
Zeigen Sie zunächst, dass die jeweiligen Ebenenpaare parallel sind, und berechnen Sie den Abstand der parallelen Ebenen, indem Sie diese Problemstellung auf die Aufgabe der Abstandsberechnung Punkt – Ebene zurückführen.

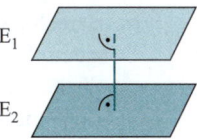

a) $E_1: \vec{x} = \begin{pmatrix} 3 \\ 1 \\ -1 \end{pmatrix} + \lambda \begin{pmatrix} 2 \\ -3 \\ 0 \end{pmatrix} + \mu \begin{pmatrix} 2 \\ 0 \\ -1 \end{pmatrix}$ $\qquad E_2: \vec{x} = \sigma \begin{pmatrix} 6 \\ -3 \\ -2 \end{pmatrix} + \tau \begin{pmatrix} 0 \\ 3 \\ -1 \end{pmatrix}$

b) $E_1: \vec{x} = \begin{pmatrix} 2 \\ 1 \\ 4 \end{pmatrix} + \mu \begin{pmatrix} 0 \\ 2 \\ 1 \end{pmatrix} + \nu \begin{pmatrix} 2 \\ -4 \\ -5 \end{pmatrix}$ $\qquad E_2: 3x_1 - x_2 + 2x_3 - 7 = 0$

c) $E_1: 2x_1 - 2x_2 - 3x_3 = 0$ $\qquad E_2: -x_1 + x_2 + 1{,}5x_3 = 3$

126. Spitze einer Pyramide
Die Punkte OABC sind die Eckpunkte der Parallelogramm-Grundfläche einer vierseitigen Pyramide mit $O(0|0|0)$, $A(5|10|10)$ und $C(10|0|10)$. Die Spitze der Pyramide liegt in $S(17|25|17)$.

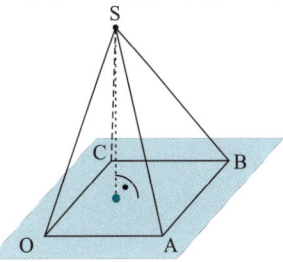

a) Berechnen Sie die Koordinaten des Eckpunktes B der Pyramide und bestimmen Sie die Koordinaten des Mittelpunktes M der Grundfläche OABC.

b) Ermitteln Sie die Pyramidenhöhe, indem Sie den Abstand der Spitze S von der Grundfläche OABC bestimmen.

c) Welche Länge hat der Vektor $\overrightarrow{MS}$ im Vergleich zur Pyramidenhöhe? Verdeutlichen Sie anhand einer Skizze, wie $\left|\overrightarrow{MS}\right|$ wesentlich größer als die Pyramidenhöhe sein kann.

127. Abstand windschiefer Geraden

In der Praxis spielt der Abstand zweier windschiefer Geraden eine wichtige Rolle (etwa bei sich kreuzenden Hochspannungsleitungen oder Flugrouten).

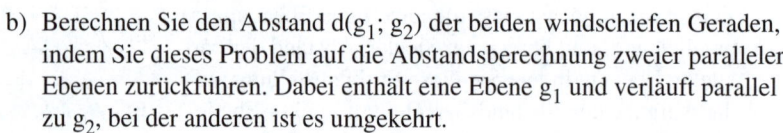

a) Zeigen Sie, dass die beiden Geraden g_1 und g_2 windschief sind:

$$g_1: \vec{x} = \begin{pmatrix} 1 \\ 2 \\ 1 \end{pmatrix} + \lambda \begin{pmatrix} 3 \\ 2 \\ -2 \end{pmatrix} \quad \text{und} \quad g_2: \vec{x} = \begin{pmatrix} 4 \\ 3 \\ 3 \end{pmatrix} + \lambda \begin{pmatrix} 0 \\ -2 \\ 1 \end{pmatrix}$$

b) Berechnen Sie den Abstand $d(g_1; g_2)$ der beiden windschiefen Geraden, indem Sie dieses Problem auf die Abstandsberechnung zweier paralleler Ebenen zurückführen. Dabei enthält eine Ebene g_1 und verläuft parallel zu g_2, bei der anderen ist es umgekehrt.
Der Abstand zwischen diesen beiden Ebenen ist dann die kürzeste Entfernung zwischen den beiden windschiefen Geraden und wird daher als ihr Abstand definiert.

9 Projektionen und Spiegelungen mithilfe des Lotfußpunktes

Alle Abstandsberechnungen des vorangehenden Kapitels wurden mit der Lotfußpunktmethode durchgeführt. Mit ihrer Hilfe können auch Projektionen und Spiegelungen von geometrischen Objekten vorgenommen werden.

Wegen ihrer zentralen Bedeutung für Abstandsberechnungen, Projektionen und Spiegelungen werden die beiden Lotfußpunktbestimmungen nochmals kurz zusammengestellt.

Regel

Lotfußpunkt eines Punktes auf einer Geraden	**Lotfußpunkt eines Punktes auf einer Ebene**
Gegeben: Punkt $P(p_1\|p_2\|p_3)$ und Gerade $g: \vec{x} = \vec{a} + \lambda\vec{u}$	Gegeben: Punkt $P(p_1\|p_2\|p_3)$ und Ebene $E: \vec{n} \circ (\vec{x} - \vec{a}) = 0$
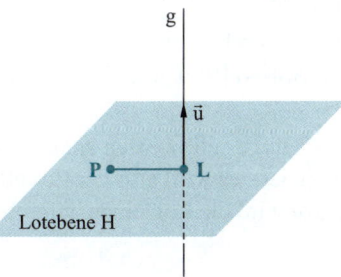	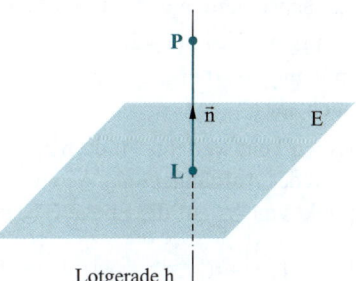
Lotebene H aufstellen: Bedingungen $P \in H \;\wedge\; g \perp H$ Ebenengleichung $H: \vec{u} \circ (\vec{x} - \vec{p}) = 0$ $H \cap g$ ergibt den **Lotfußpunkt L**.	**Lotgerade** h aufstellen: Bedingungen $P \in h \;\wedge\; E \perp h$ Geradengleichung $h: \vec{x} = \vec{p} + \lambda\vec{n}$ $h \cap E$ ergibt den **Lotfußpunkt L**.

Die Lotfußpunktmethode wird nun verwendet, um Projektionen und Spiegelungen durchzuführen.

9.1 Projektionen

Wird etwa ein gespanntes Seil von oben beleuchtet, dann sieht man einen Schatten des Seils auf dem Fußboden. Dieser Schatten ist eine **Projektion** des Seils auf der Fußbodenebene.

Beispiel

Gegeben sind die Ebene
$E: x_1 + 3x_2 - x_3 + 3 = 0$
und die Gerade

$$g: \vec{x} = \begin{pmatrix} 3 \\ 1 \\ -2 \end{pmatrix} + \lambda \begin{pmatrix} -3 \\ -2 \\ 2 \end{pmatrix}.$$

Gesucht ist die Gleichung der projizierten Geraden g*, die durch senkrechte Projektion von g auf E entsteht.

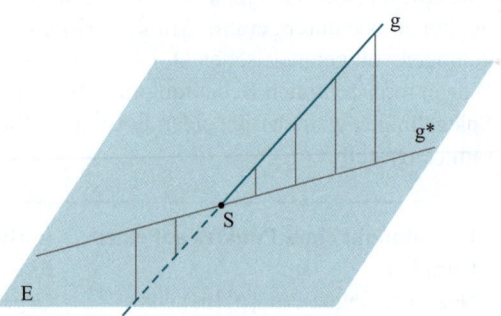

Lösung:
Zunächst werden g und E auf Schneiden angesetzt.

g in E: $3 - 3\lambda + 3(1 - 2\lambda) - (-2 + 2\lambda) + 3 = 0 \iff \lambda = 1$

In g eingesetzt ergibt sich der **Schnittpunkt S(0|−1|0)**. Dieser Punkt liegt auch auf g*.

Es wird ein weiterer Punkt benötigt, damit g* aufgestellt werden kann. Dazu wird der Aufhängepunkt A_g von g auf E projiziert; es wird also der Lotfußpunkt von A_g auf die Ebene E bestimmt. Dazu wird die Lotgerade aufgestellt:

$$h: \vec{x} = \underbrace{\begin{pmatrix} 3 \\ 1 \\ -2 \end{pmatrix}}_{\overrightarrow{OA_g}} + \mu \underbrace{\begin{pmatrix} 1 \\ 3 \\ -1 \end{pmatrix}}_{\vec{n}_E}$$

h mit E schneiden: $3 + \mu + 3(1 + 3\mu) - (-2 - \mu) + 3 = 0 \iff \mu = -1$
$\Rightarrow$ **Lotfußpunkt L(2|−2|−1)**

Die projizierte Gerade g* verläuft durch die beiden Punkte S und L und hat damit die Gleichung:

$$g^*: \vec{x} = \underbrace{\begin{pmatrix} 0 \\ -1 \\ 0 \end{pmatrix}}_{\overrightarrow{OS}} + \mu \underbrace{\begin{pmatrix} 2 \\ -1 \\ -1 \end{pmatrix}}_{\overrightarrow{SL}}$$

Es wird noch mit dieser Gleichung (und nicht nur mit den beiden Punkten S und L) nachgewiesen, dass g* tatsächlich in E liegt:

$$\vec{u}_{g^*} \circ \vec{n}_E = \begin{pmatrix} 2 \\ -1 \\ -1 \end{pmatrix} \circ \begin{pmatrix} 1 \\ 3 \\ -1 \end{pmatrix} = 2 - 3 + 1 = 0 \quad \text{und}$$

A_{g^*} in E: $0 + 3 \cdot (-1) - 0 + 3 = 0 \iff 0 = 0$ wahre Aussage $\Rightarrow$ **g* ⊂ E**

Aufgabe **128.** Projizieren Sie jeweils die angegebene Gerade in die zugehörige Ebene und geben Sie eine Gleichung der projizierten Geraden an.

a) $E: \vec{x} = \begin{pmatrix} 2 \\ -1 \\ -12 \end{pmatrix} + \lambda_1 \begin{pmatrix} 1 \\ 0 \\ -2 \end{pmatrix} + \lambda_2 \begin{pmatrix} 1 \\ 1 \\ 1 \end{pmatrix}$ $g: \vec{x} = \begin{pmatrix} 1 \\ 1 \\ -4 \end{pmatrix} + \mu \begin{pmatrix} 5 \\ -4 \\ -8 \end{pmatrix}$

b) $h: \vec{x} = \begin{pmatrix} 1 \\ 0 \\ 0 \end{pmatrix} + \lambda \begin{pmatrix} 1 \\ 1 \\ 3 \end{pmatrix}$ $F: x_1 + 2x_2 - x_3 + 4 = 0$

9.2   Spiegelungen

Ähnlich wie ein vor einem Spiegel stehendes Objekt ein Spiegelbild erzeugt, kann man auch Punkte an Geraden bzw. an Ebenen spiegeln. Aus mehreren gespiegelten Punkten lassen sich dann auch komplexere Objekte zusammenstellen.

Beispiel Gesucht sind die Koordinaten des Punktes P', der sich durch Spiegelung des Punktes $P(5|2|-3)$ an der Ebene $E: 2x_1 + 4x_2 - 3x_3 = -2$ ergibt.

Lösung:
Lotgerade:

$h: \vec{x} = \begin{pmatrix} 5 \\ 2 \\ -3 \end{pmatrix} + \lambda \begin{pmatrix} 2 \\ 4 \\ -3 \end{pmatrix}$

Einsetzen von h in E:
$$2(5 + 2\lambda) + 4(2 + 4\lambda) - 3(-3 - 3\lambda) = -2$$
$$29\lambda + 27 = -2$$
$$29\lambda = -29$$
$$\lambda = -1$$

Setzt man dies in h ein, erhält man:
$L(3|-2|0)$

Um die Koordinaten des Spiegelpunktes P' zu berechnen, benötigt man eine Vektorkette vom Ursprung zum Punkt P' mit bereits bekannten Vektoren. Dabei nutzt man aus, dass wegen der Spiegelsymmetrie gelten muss:
$\overrightarrow{PL} = \overrightarrow{LP'}$

Mit dieser Überlegung gibt es zwei Vektorketten, die zu P' führen (siehe Skizze):

(1) $\overrightarrow{OP'} = \overrightarrow{OP} + 2 \cdot \overrightarrow{PL} = \begin{pmatrix} 5 \\ 2 \\ -3 \end{pmatrix} + 2 \cdot \begin{pmatrix} -2 \\ -4 \\ 3 \end{pmatrix} = \begin{pmatrix} 1 \\ -6 \\ 3 \end{pmatrix}$

(2) $\overrightarrow{OP'} = \overrightarrow{OL} + \overrightarrow{PL} = \begin{pmatrix} 3 \\ -2 \\ 0 \end{pmatrix} + \begin{pmatrix} -2 \\ -4 \\ 3 \end{pmatrix} = \begin{pmatrix} 1 \\ -6 \\ 3 \end{pmatrix}$

Auf beiden Wegen erhält man die Koordinaten des Spiegelpunktes:
P'(1|−6|3)

Aufgaben

129. Im Folgenden sind jeweils eine Gerade und eine Ebene gegeben. Ermitteln Sie in beiden Teilaufgaben jeweils die an der Ebene gespiegelte Gerade.

a) $E: \vec{x} = \begin{pmatrix} 1 \\ 4 \\ 0 \end{pmatrix} + \lambda_1 \begin{pmatrix} 1 \\ 0 \\ 1 \end{pmatrix} + \lambda_2 \begin{pmatrix} 1 \\ 1 \\ 3 \end{pmatrix}$

$g: \vec{x} = \begin{pmatrix} 3 \\ 4 \\ -1 \end{pmatrix} + \mu \begin{pmatrix} 2 \\ 2 \\ 3 \end{pmatrix}$

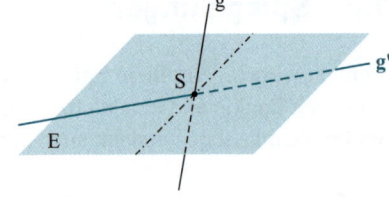

b) $h: \vec{x} = \begin{pmatrix} 1 \\ 3 \\ -1 \end{pmatrix} + \lambda \begin{pmatrix} 5 \\ 3 \\ 1 \end{pmatrix}$

$F: x_2 = 2x_3$

130. Punktspiegelung an einer Geraden

Der Punkt $P(1|-2|1)$ soll an der Geraden

$g: \vec{x} = \begin{pmatrix} -1 \\ 2 \\ -5 \end{pmatrix} + \lambda \begin{pmatrix} 1 \\ -1 \\ 2 \end{pmatrix}$

gespiegelt werden.
Bestimmen Sie die Koordinaten des Punktes P', der durch Spiegelung von P an g entsteht.

10 Aufgaben aus größeren Stoffgebieten

Mit den vorangehenden Kapiteln ist das „Haus" der Analytischen Geometrie vollständig und Sie können einen Blick auf komplexere Aufgaben zur Vorbereitung auf Schulaufgaben und die Fachabiturprüfung werfen.

131. In einem kartesischen Koordinatensystem sind die Punkte $A(3\,|-1\,|\,2)$, $B(2\,|-3\,|\,2)$ und $C(5\,|-3\,|-3)$ gegeben.

a) Zeigen Sie, dass die Vektoren $\overrightarrow{OA}$, $\overrightarrow{OB}$ und $\overrightarrow{OC}$ linear unabhängig sind.

b) Bestimmen Sie eine Gleichung der von A, B und C aufgespannten Ebene E in Parameterform und in Koordinatenform.
[mögliches Teilergebnis: E: $10x_1 - 5x_2 + 6x_3 = 47$]

Vom Punkt $P(-30\,|-5\,|\,0)$ wird das Lot auf die Ebene E gefällt.

c) Berechnen Sie die Koordinaten des Lotfußpunktes L.

d) Der Spiegelpunkt von P an E sei P'. Berechnen Sie die Koordinaten von P'.

Durch P wird eine zur x_1x_3-Ebene parallele Ebene F gelegt.

e) Geben Sie eine Gleichung von F an.

f) Berechnen Sie den Schnittwinkel von E und F.

Gegeben seien weiterhin die Punkte $D_a(1\,|\,a\,|\,a)$ mit $a \in \mathbb{R}$.

g) Zeigen Sie, dass die durch A und B gelegte Gerade g nicht die gleiche Richtung haben kann wie die durch C und D_a gelegte Gerade g_a.

h) Für welchen Wert von a schneiden sich g und g_a?

i) Bestimmen Sie den Abstand der Punkte D_a von der Ebene E in Abhängigkeit von a.

j) Für welche Werte von a liegt D_a auf E?

k) Die Punkte A, B, C und D_a legen ein Tetraeder fest. Bestimmen Sie a so, dass das Tetraedervolumen 10 beträgt.
Hinweis: Es gibt zwei Lösungen.

132. Gegeben ist in einem kartesischen Koordinatensystem die Ebenenschar E_t: $tx_1 + (t-2)x_2 + x_3 - 4 = 0$; $t \in \mathbb{R}$.
Ferner wird mit g die Schnittgerade der Ebene E_0 mit der Ebene E_2 bezeichnet.

a) Bestimmen Sie eine Gleichung der Geraden g und zeigen Sie, dass g die x_3-Achse schneidet.

[mögliche Geradengleichung: g: $\vec{x} = \begin{pmatrix} 0 \\ 0 \\ 4 \end{pmatrix} + \lambda \begin{pmatrix} -1 \\ 1 \\ 2 \end{pmatrix}$]

b) Zeigen Sie, dass g für alle t in E_t liegt.

Die senkrechte Projektion von g auf die x_1x_2-Ebene wird mit g' bezeichnet.

c) Geben Sie eine Gleichung von g' an.

d) Berechnen Sie den Schnittpunkt von g und g'.
Zeigen Sie, dass dieser Punkt auf allen Ebenen E_t liegt.
Geben Sie eine kurze verbale Begründung für diesen Sachverhalt.

e) Ermitteln Sie den Schnittwinkel von g und g'.

Im Folgenden werden die Ebenen E_{-1} und E_1 (siehe E_t) sowie die Ebenenschar F_a betrachtet, wobei:

$$F_a: \vec{x} = \begin{pmatrix} 2 \\ a \\ -a \end{pmatrix} + \sigma \begin{pmatrix} -2 \\ 1 \\ 1 \end{pmatrix} + \tau \begin{pmatrix} 1 \\ 3 \\ 4 \end{pmatrix}; \quad a \in \mathbb{R}$$

f) Wandeln Sie F_a in Koordinatenform um.

g) Untersuchen Sie, welche Lage g (siehe angegebenes Zwischenergebnis in Teilaufgabe a) und F_a zueinander haben.
Welche Schlussfolgerung können Sie daraus für die Lösbarkeit des linearen Gleichungssystems E_{-1}, E_1, F_a ziehen?

h) Berechnen Sie den Schnittpunkt und den Schnittwinkel von g und F_{-3}.

i) Ermitteln Sie die Schnittmenge $E_{-1} \cap E_1 \cap F_{-3}$, indem Sie das zugehörige lineare Gleichungssystem lösen.

133. In einem kartesischen Koordinatensystem sind die Ebene E, die Geraden g_k und der Punkt $P(2|2|3)$ gegeben:

$$E: 2x_1 + 4x_2 + x_3 - 4 = 0; \quad g_k: \vec{x} = \begin{pmatrix} 2 \\ 0 \\ 0 \end{pmatrix} + \lambda \begin{pmatrix} -2 \\ k \\ 1 \end{pmatrix} \quad \text{mit } k \in \mathbb{R}$$

a) Ermitteln Sie (auf zwei Nachkommastellen gerundet) die Koordinaten des Lotfußpunktes des Ursprungs auf der Ebene E und berechnen Sie den Abstand der Ebene E vom Ursprung.

Der Ursprung, die Koordinatenachsen und die Ebene E legen ein Tetraeder fest.

b) Ermitteln Sie die Koordinaten der Spurpunkte der Ebene E.

c) Zeichnen Sie ein Schrägbild des erzeugten Tetraeders.

d) Berechnen Sie den Flächeninhalt des durch die Spurpunkte der Ebene E erzeugten Dreiecks und schließlich damit das Tetraedervolumen mithilfe des Ergebnisses von Teilaufgabe a.

e) Berechnen Sie das Tetraedervolumen vektoriell.

f) Bestimmen Sie schließlich den Winkel, den die durch die Spurpunkte von E erzeugte Dreiecksfläche mit der x_3-Achse einschließt.

g) Untersuchen Sie, ob es für k Werte gibt, sodass g_k senkrecht zu E verläuft.

h) Bestimmen Sie k so, dass g_k parallel zu E verläuft. Prüfen Sie, ob in diesem Fall g_k vollständig in E liegt.

i) Weisen Sie nach, dass der Punkt P auf keiner der Geraden g_k liegt.

j) Stellen Sie eine Normalengleichung der Ebenen F_k auf, die durch P und g_k festgelegt sind.

Mit h_k werden die Geraden bezeichnet, welche P enthalten und senkrecht zu F_k verlaufen.

k) Geben Sie eine Gleichung von h_k an.

l) Erklären Sie kurz, welche Lage die Geraden g_k und h_k zueinander haben.

m) Berechnen Sie den Abstand der beiden Geraden g_1 und h_1.

134. Ein Geländeabschnitt, bestehend aus einer Ebene und einem Hanggebiet, soll mathematisch modelliert werden. In der Ebene steht ein Windrad mit einer Turmhöhe von 120 Metern und einem Rotordurchmesser von 100 Metern. Das Hanggebiet, das als Baugebiet ausgewiesen werden soll, beginnt in einer Entfernung von einem Dreiviertelkilometer vom Windrad und hat eine Steigung von 10 %.

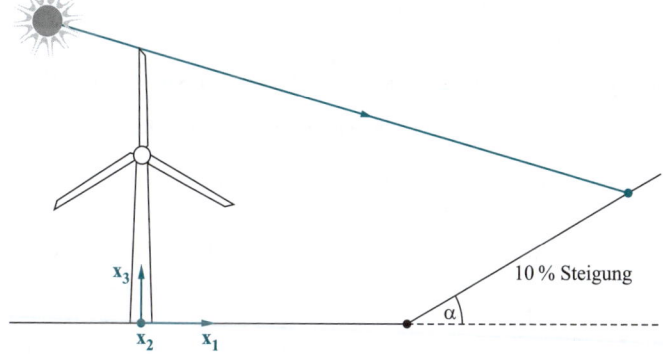

In der nicht maßstabsgetreuen Skizze ist das Gelände mit um 90 Grad in die Zeichenebene gedrehtem Windrad dargestellt. Die Ebene, auf der das Windrad steht, wird als x_1x_2-Ebene modelliert. Der Ursprung des Koordinatensystems liegt im Fußpunkt des Windrades, die x_2-Achse verläuft senkrecht zur Zeichenebene und ist in sie hinein orientiert. Der „Geländeknick" zwischen Ebene und Hanggebiet ist parallel zur x_2-Achse. Der ebenfalls eingezeichnete Sonnenstrahl ist die senkrechte Projektion in die Zeichenebene. Alle Längen- und Koordinatenangaben werden in Meter gemacht. Auf das Mitführen der Einheiten kann bei den Rechnungen verzichtet werden.

a) Stellen Sie eine Geradengleichung für den Geländeknick auf.

b) Geben Sie je eine Ebenengleichung in Parameter- und in Koordinatenform für das Hanggebiet an.

c) Berechnen Sie den Winkel, den das Hanggebiet gegenüber der horizontalen Ebene hat.

Für das auszuweisende Baugebiet ist der durch das Windrad entstehende
„Schlagschatten" der sich drehenden Rotorblätter ein Problem. Beim tiefs-
ten relevanten Sonnenstand liefert die Sonne parallele Strahlen in Richtung

des Vektors $\vec{s} = \begin{pmatrix} 10 \\ 1 \\ -1 \end{pmatrix}$.

d) Berechnen Sie den Winkel, den die Sonnenstrahlen bei diesem Sonnenstand mit der horizontalen Ebene haben.

e) Stellen Sie eine Geradengleichung für den Sonnenstrahl im höchsten
   Punkt des Windrades auf (vergleiche Skizze).

f) Berechnen Sie die Koordinaten des Punktes P, wo der in Teilaufgabe e
   genannte Sonnenstrahl auf das Hanggebiet auftrifft. Ermitteln Sie auch
   den zugehörigen Winkel.
   [Teilergebnis: P(1 225 | 122,5 | 47,5)]

g) Berechnen Sie, welchen Abstand der Punkt P von der Geraden des
   Geländeknicks hat.

h) Bestimmen Sie den horizontalen Abstand des Punktes P vom Windrad.

Ein Ballon startet im Punkt P (siehe Teilaufgabe f) und fliegt auf seiner

Route längs des Vektors $\vec{r} = \begin{pmatrix} -25 \\ -1 \\ 2 \end{pmatrix}$ am Windrad vorbei.

i) Ermitteln Sie, in welchem Punkt auf seiner Route der Ballon dem höchsten Punkt des Windrades am nächsten ist und wie groß der Abstand in
   diesem Fall noch ist.

j) Da sich der in Teilaufgabe i berechnete Punkt der Route unterhalb des
   höchsten Punktes der Windkraftanlage befindet, besteht die Gefahr, dass
   der Ballon in die Rotorblätter kommt.
   Zur Sicherheit soll noch der Abstand zwischen dem als Gerade aufge-
   fassten Turm der Windkraftanlage und der Flugroute berechnet werden.
   Besteht demnach die Gefahr, dass der Ballon mit der Windkraftanlage
   kollidiert?

135. In der Ecke eines Verkaufsraumes sollen wertvolle Verkaufsgegenstände hinter einer entsprechenden Verglasung ausgelegt werden.

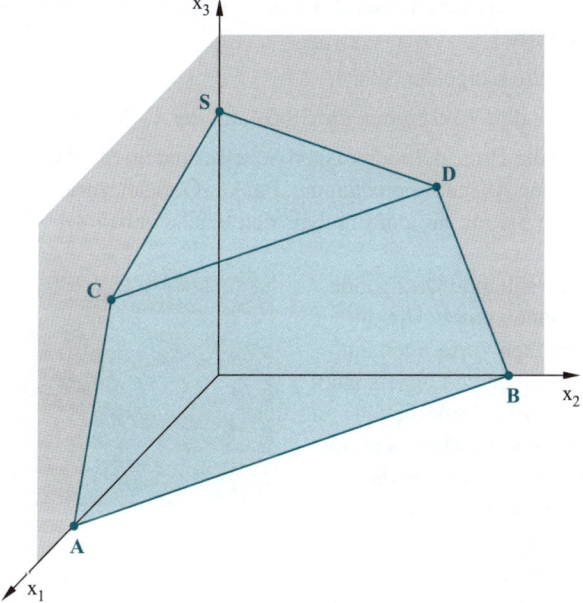

Die Verglasung soll entsprechend der Zeichnung angefertigt werden, wobei die Eckpunkte folgende Koordinaten haben:

A(4|0|0), B(0|4|0), C(3|0|2,5), D(0|3|2,5), S(0|0|3,5)

a) Zeigen Sie, dass die Eckpunkte A, B, C, D der viereckigen Scheibe in einer Ebene liegen.

b) Stellen Sie je eine Ebenengleichung in Parameter- und in Koordinatenform auf, welche die viereckige bzw. die dreieckige Scheibe enthält.

c) Berechnen Sie
   - den Winkel, den beide Scheiben einschließen;
   - den Winkel zwischen Boden und Vierecksscheibe;
   - den Winkel zwischen x_3-Achse und Dreiecksscheibe.

d) Für die dreieckige Scheibe sollen folgende Größen bestimmt werden:
   - der Flächeninhalt
   - die Seitenlängen
   - die drei Winkel
   - die Höhe des Dreiecks im Punkt S

Die dreieckige Glasscheibe soll eine Stütze erhalten, die im Punkt $P(0|0|1)$ befestigt wird und senkrecht zur Scheibe verläuft.

e) Berechnen Sie die Koordinaten des Punktes, in dem die Stütze auf die Glasscheibe trifft.

f) Ermitteln Sie die Länge der Stütze.

g) Bestimmen Sie den Winkel, den die Stütze mit der x_3-Achse einschließt.

h) Ermitteln Sie die Höhe der viereckigen Scheibe, indem Sie diese Fragestellung auf eine Abstandsberechnung „Punkt – Gerade" zurückführen, und berechnen Sie mit diesem Ergebnis den Flächeninhalt der Scheibe.

136. Für ein Hausdach soll eine Dachgaube (siehe Foto) geplant werden. Um die erforderlichen Balken vorfertigen und maßgenau zuschneiden zu können, sind einige Berechnungen erforderlich.
Aus der Vermessung des Hauses ergibt sich die angegebene Planskizze des Daches mit den Eckpunkten im eingezeichneten Koordinatensystem (alle Längenangaben in Meter):

$A(20|0|0)$; $B(20|8|0)$; $C(0|8|0)$; $D_1(0|4|5)$; $D_2(20|4|5)$

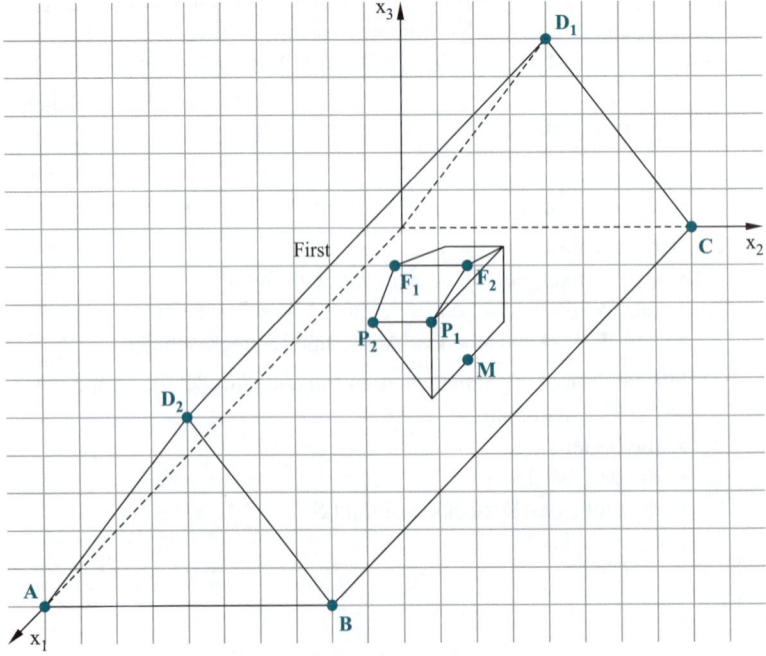

a) Erstellen Sie für jede der beiden Hausdachhälften eine Ebenengleichung in Parameter- und Koordinatenform.
   Berechnen Sie den Winkel, den die beiden Dachseiten miteinander einschließen, und den Winkel der Dachneigung gegenüber der Horizontale.

In der Mitte der rechten Dachseite soll die Gaube eingebaut werden. Der First der Gaube soll 1 Höhenmeter unterhalb des Dachfirsts liegen.

b) Berechnen Sie die Koordinaten des Punktes F_1, an dem der Gaubenfirst auf die Dachfläche trifft.
   Hinweis: Stellen Sie für den Gaubenfirst eine Geradengleichung auf und schneiden Sie diese Gerade mit der Dachebene.

c) Der Gaubenfirst soll 2 Meter lang sein. Geben Sie die Koordinaten des Endpunktes F_2 an.

d) Bestimmen Sie die Koordinaten des Punktes M, der senkrecht unter dem Punkt F_2 und auf der Dachebene liegt.
   [Ergebnis: M(10|6,8|1,5)]

e) Das Rechteck an der Vorderseite der Gaube soll 4 Meter breit und 2 Meter hoch sein.
   Ermitteln Sie die Koordinaten der Punkte P_1 und P_2 (siehe Skizze).

f) Stellen Sie eine Ebenengleichung der vorderen Gaubendachseite auf.

g) Berechnen Sie die Schnittgerade der rechten Dachebene mit der Ebene des vorderen Gaubendaches und zeigen Sie, dass ihr Richtungsvektor kollinear zum Vektor $\overrightarrow{F_1P_2}$ ist.

h) Zeigen Sie, dass sich die Geraden F_1P_2 und D_1D_2 schneiden. Berechnen Sie die Koordinaten ihres Schnittpunktes und ihren Schnittwinkel.

Wiederholung: Gauß'scher Algorithmus und Rang einer Matrix

Viele Rechnungen in diesem Trainingsband führen auf lineare Gleichungssysteme. Die wichtigsten Definitionen und Regeln werden daher an dieser Stelle kurz wiederholt. Ausführliche Beispiele und viele Aufgaben bietet Band 1.

Ziel des Gauß'schen Algorithmus ist es, ein beliebiges lineares $m \times n$-Gleichungssystem durch äquivalente Umformungen auf Stufenform zu bringen, denn diese Art von Gleichungssystemen lässt sich dann besonders einfach lösen. Der Vorteil liegt ganz klar darin, dass man sehr systematisch zu einem Ergebnis kommt.

Definition

Lineares Gleichungssystem in Stufen- oder Dreiecksform

Ein lineares Gleichungssystem ist in **Stufen- oder Dreiecksform**, wenn es die nebenstehende Gestalt hat.

$$
\begin{aligned}
(1) \quad & a_{11}x_1 + a_{12}x_2 + a_{13}x_3 + \ldots + a_{1n}x_n = b_1 \\
(2) \quad & \phantom{a_{11}x_1 +} a_{22}x_2 + a_{23}x_3 + \ldots + a_{2n}x_n = b_2 \\
(3) \quad & \phantom{a_{11}x_1 + a_{22}x_2 +} a_{33}x_3 + \ldots + a_{3n}x_n = b_3 \\
\vdots \quad & \\
(m) \quad & \ldots = b_m
\end{aligned}
$$

In der erweiterten Koeffizientenmatrix stehen also unter der „Hauptdiagonale" nur **Nullen**. Man sagt dann auch, die Koeffizientenmatrix hat Stufen- oder Dreiecksform.

$$
\left(
\begin{array}{ccccc|c}
a_{11} & a_{12} & a_{13} & \cdots & a_{1n} & b_1 \\
0 & a_{22} & a_{23} & \cdots & a_{2n} & b_2 \\
\vdots & 0 & a_{33} & \cdots & a_{3n} & b_3 \\
 & & 0 & & \vdots & \vdots \\
\vdots & \vdots & \vdots & & \vdots & \vdots \\
0 & 0 & 0 & \cdots & & b_m
\end{array}
\right)
$$

Um ein allgemeines lineares Gleichungssystem auf Stufenform (Dreiecksform) zu bringen, geht man wie folgt vor.

Regel

Der Gauß'sche Algorithmus

Schritt 1: Das lineare Gleichungssystem wird in das sogenannte **Gauß-Schema** umgeschrieben, d. h., man übernimmt nur die erweiterte Koeffizientenmatrix des Gleichungssystems (die Unbekannten $x_1, \ldots, x_n$ werden dabei nicht mitgeführt).

$$
\begin{array}{cccccc|c}
(1) & a_{11} & a_{12} & \cdots & a_{1n} & & b_1 \\
(2) & a_{21} & a_{22} & \cdots & a_{2n} & & b_2 \\
(3) & a_{31} & a_{32} & \cdots & a_{3n} & & b_3 \\
\vdots & \vdots & \vdots & & \vdots & & \vdots \\
(m) & a_{m1} & a_{m2} & \cdots & a_{mn} & & b_m
\end{array}
$$

Schritt 2: Durch **elementare Zeilenumformungen** bringt man die erweiterte Koeffizientenmatrix schrittweise auf **Stufenform**. Diese elementaren Zeilenumformungen umfassen drei jeweils die gesamte Zeile betreffende Operationen:

$$\begin{array}{c} (1) \\ (2) \\ (3) \\ \vdots \\ (m) \end{array} \left[\begin{array}{cccc|c} a_{11} & a_{12} & \cdots & a_{1n} & b_1 \\ 0 & a_{22}^* & \cdots & a_{2n}^* & b_2^* \\ \vdots & 0 & & a_{3n}^* & b_3^* \\ \vdots & \vdots & \vdots & \vdots & \vdots \\ 0 & 0 & \cdots & & b_m^* \end{array} \right]$$

- **Vertauschen** von zwei Zeilen
- **Multiplikation** einer Zeile mit einer Zahl $k \in \mathbb{R} \setminus \{0\}$
- **Addition** des k-Fachen einer Zeile zu einer anderen Zeile, wobei $k \in \mathbb{R}$

Schritt 3: Das auf Stufenform gebrachte System wird dann schrittweise von unten nach oben gelöst, man sagt dazu auch **Rücksubstitution**.

Ein weiterer Vorteil des Gauß'schen Algorithmus ist, dass man eine Aussage über die Lösbarkeit eines beliebigen linearen Gleichungssystems machen kann. Dazu wird der Begriff des Ranges einer Matrix benötigt.

Definition

Rang einer Matrix
Der **Rang** einer $m \times n$-Matrix A ist die Anzahl der Zeilen der Matrix, in denen nicht nur Nullen stehen, nachdem A auf Stufenform gebracht worden ist. Man schreibt für diese Zahl **rg(A)** und es gilt $0 \leq rg(A) \leq m$.

Mit dem Gauß'schen Algorithmus bestimmt man den Rang der Koeffizientenmatrix eines Gleichungssystems und erhält damit vollständigen Aufschluss über die Lösbarkeit.

Regel

Lösbarkeit linearer $m \times n$-Gleichungssysteme
Für ein beliebiges lineares Gleichungssystem $A \cdot \vec{x} = \vec{b}$ mit m Gleichungen und n Unbekannten gelten folgende Lösbarkeitsaussagen:

1. $rg(A_e) > rg(A) \Rightarrow$ Es gibt **keine Lösung, $L = \emptyset$**.

2. $rg(A_e) = rg(A)$. Man sagt, es besteht **Ranggleichheit**.
   $\Rightarrow$ Das Gleichungssystem ist **lösbar**.
   Genauer gilt:
   - $rg(A_e) = rg(A) = n \Rightarrow$ Es gibt **genau eine Lösung**.
   - $rg(A_e) = rg(A) < n \Rightarrow$ Es gibt **unendlich viele Lösungen**.

Dabei bezeichnet A die Koeffizientenmatrix und $A_e = (A; \vec{b})$ die erweiterte Koeffizientenmatrix des $m \times n$-Gleichungssystems.

Lösungen

Auf den folgenden Seiten finden Sie vollständige Lösungen zu allen im Buch
enthaltenen Übungsaufgaben.

1. a) Unmittelbar rechts von $x_0 = 0$ hat $x \mapsto x^3$ größere Funktionswerte als an der Stelle $x_0 = 0$ und unmittelbar links davon kleinere. Deshalb ist $(0\,|\,0)$ kein Extrempunkt der x^3-Funktion.

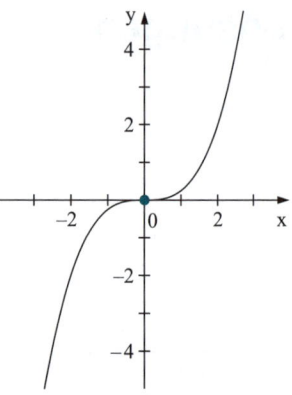

Es ist ein Graphenpunkt mit waagrechter Tangente, aber ohne Monotoniewechsel (= kein Extrempunkt), dafür aber mit Krümmungswechsel. Deshalb ist es ein Wendepunkt. Wegen der zusätzlichen Besonderheit der waagrechten Tangente ist es ein **Terrassenpunkt**.

   b) Für $a > 0$ haben die Funktionen $x \mapsto ax^3$ prinzipiell das gleiche Verhalten wie in Teilaufgabe a beschrieben.
   Für $a < 0$ verlaufen die Graphen an der x-Achse gespiegelt im Vergleich zu $a > 0$.
   In beiden Fällen ist der Ursprung Terrassenpunkt der Graphen $x \mapsto ax^3$ mit $a > 0$ oder $a < 0$.

2. Die ganzrationalen Funktionen vom Grad 1 und 3 haben Funktionswerte von $-\infty$ bis $+\infty$. Sie besitzen keine globalen Extrempunkte. Ihre Wertemengen sind ganz $\mathbb{R}$.

Die ganzrationalen Funktionen 2. und 4. Grades gehen an ihren Rändern für $x \to \pm\infty$ mit gleichen Vorzeichen (betragsmäßig) nach ∞ (nach $+\infty$, wenn die Graphen nach oben geöffnet sind, nach $-\infty$ bei Öffnung nach unten). Sie haben einen globalen Tiefpunkt bei Öffnung nach oben bzw. einen globalen Hochpunkt bei Öffnung nach unten.

Verallgemeinerung: Bei ungeradem Grad ($n = 1$; 3; ...) haben die entsprechenden ganzrationalen Funktionen **keine** globalen Extrempunkte. Bei geradem Grad ($n = 2$; 4; ...) gibt es immer einen globalen Extrempunkt.

3. Es ist eine nach unten geöffnete Parabel. Wenn die x-Koordinate des Scheitels in D_f liegt, $x_S \in [1; 4]$, hat G_f im Scheitel einen globalen Hochpunkt.

   a) Berechnung der Scheitelkoordinaten:
   $f'(x) = -3x + 9$

   $f'(x) = 0 \ \Rightarrow \ x_S = 3 \in D_f \ \Rightarrow \$ globaler Hochpunkt $H(3\,|\,4)$

   Randwertuntersuchung:
   $f(1) = -2$ Randminimum
   $f(4) = 2{,}5$ Randminimum

Der kleinere Wert liegt am linken Rand. Damit ist T(1|−2) globaler Tiefpunkt.

$W_f = [-2; 4]$ (vom globalen Tiefpunkt bis zum globalen Hochpunkt)

b) f* hat beim Definitionsbereich offene Ränder, weswegen die Randminima entfallen. Am globalen Hochpunkt H(3|4) ändert sich nichts; einen globalen Tiefpunkt gibt es nicht. Für die Wertemenge gilt: $W_{f*} =]-2; 4]$

c) $D_{f**} = [0; \infty[$

Wegen $\lim\limits_{x \to \infty} f**(x) = -\infty$ (nach unten geöffnete Parabel) gibt es keinen globalen Tiefpunkt. H(3|4) bleibt unverändert globaler Hochpunkt. Am linken Rand liegt ein lokales Randminimum vor.

$W_{f**} =]-\infty; 4]$

d)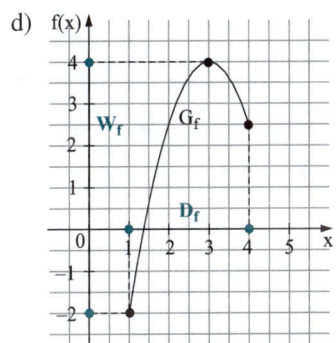

4. a) $f(x) = \frac{1}{2}(x-2)^2 - 3 = \frac{1}{2}x^2 - 2x - 1$ ist eine nach oben geöffnete Parabel mit Scheitel S(2|−3). Wegen $x_S = 2 \in D_f = [0; \infty[$ ist S globaler Tiefpunkt. Einen globalen Hochpunkt gibt es nicht. Das Randmaximum in (0|−1) ist ein lokaler Hochpunkt.

$g(x) = \frac{1}{4}(x+1)^2(x-2) = \frac{1}{4}(x^3 - 3x - 2)$ ist eine Funktion 3. Grades, für die gilt:

$\lim\limits_{x \to \infty} g(x) = +\infty$

Sie hat damit keinen globalen Hochpunkt.

Untersuchung auf Extrempunkte:

$g'(x) = \frac{1}{4}(3x^2 - 3) = \frac{3}{4}(x^2 - 1) = \frac{3}{4}(x-1)(x+1)$

$g'(x) = 0 \implies x_1 = 1 \in D_g$

Beachte: $x_2 = -1 \notin D_g$ hat keine Bedeutung für g.

$g''(x) = \frac{3}{4} \cdot 2x = \frac{3}{2}x$

$g''(1) = \frac{3}{2} > 0 \implies T(1|-1)$

Randuntersuchung:

$g(0) = -\frac{1}{2}$

Vergleich zu T: $g(1) = -1$

-1 liegt tiefer als $-\frac{1}{2}$. $\implies$ globaler Tiefpunkt $T(1|-1)$

b) $W_f = [-3; \infty[; \quad W_g = [-1; \infty[$

c)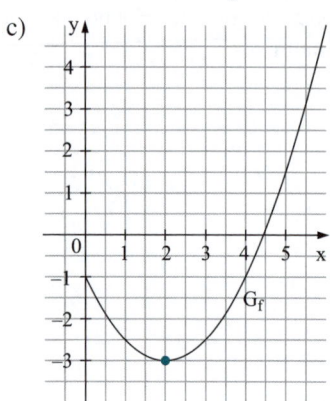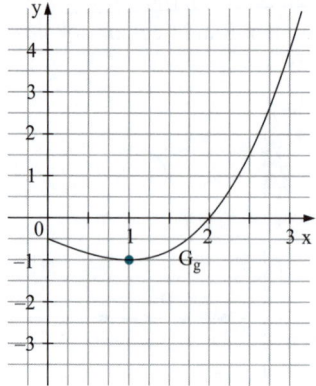

5. a) $f(x) = (4-x) \cdot \left(\frac{1}{4}x^2+1\right) = -\frac{1}{4}x^3 + x^2 - x + 4$

$g(x) = (4-x) \cdot \left(\frac{1}{3}x^2+1\right) = -\frac{1}{3}x^3 + \frac{4}{3}x^2 - x + 4$

b) $f'(x) = -\frac{3}{4}x^2 + 2x - 1$ $\qquad$ $g'(x) = -x^2 + \frac{8}{3}x - 1$

$\quad f'(x) = 0$ $\qquad\qquad\qquad\qquad$ $g'(x) = 0 \implies x_{1/2} = \frac{1}{3}(4 \pm \sqrt{7})$

$\implies x_1 = \frac{2}{3} \in D_f$ $\qquad\qquad\quad$ $\implies x_1 = \frac{1}{3}(4-\sqrt{7}) \approx 0{,}45 \in D_g$

$\qquad x_2 = 2 \in D_f$ $\qquad\qquad\qquad$ $x_2 = \frac{1}{3}(4+\sqrt{7}) \approx 2{,}22 \in D_g$

$\quad f''(x) = -\frac{3}{2}x + 2$ $\qquad\qquad\quad$ $g''(x) = -2x + \frac{8}{3}$

$\quad f''(\frac{2}{3}) = 1 > 0 \implies T\left(\frac{2}{3}\,\middle|\,3{,}70\right)$ $\quad$ $g''(x_1) \approx 1{,}76 > 0 \implies T(0{,}45|3{,}79)$

$\quad f''(2) = -1 < 0 \implies H(2|4)$ $\qquad$ $g''(x_2) \approx -1{,}76 < 0 \implies H(2{,}22|4{,}70)$

Randuntersuchung:

$f(0) = 4; \quad f(4) = 0$ $\qquad\qquad\qquad$ $g(0) = 4; \quad g(4) = 0$

Der Vergleich der y-Koordinaten
der Punkte H und T ergibt:

zwei globale Hochpunkte   globaler Hochpunkt H(2,22|4,70) (weil
$H_1(2|4)$ und $H_2(0|4)$ 4,70>4)
H_2 ist Randhochpunkt.
globaler Randtiefpunkt T(4|0)   globaler Randtiefpunkt T(4|0)

c) $W_f = [0; 4]$; $W_g = [0; 4,70]$

d)

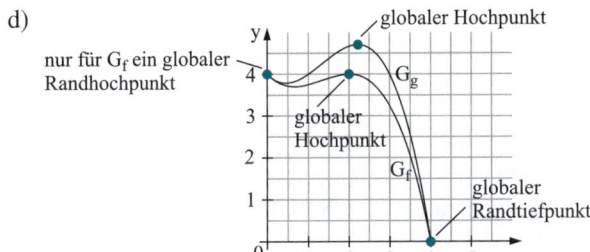

6. $h'(x) = -\frac{3}{5}x^2 + \frac{8}{5}x - 1$; $h''(x) = -\frac{6}{5}x + \frac{8}{5}$

$h'(x) = 0 \Rightarrow x_1 = 1$; $x_2 = \frac{5}{3}$; beide Lösungen liegen im Intervall [0; 4].

$h''(1) = \frac{2}{5} > 0 \quad \Rightarrow T(1|3,60)$

$h''\left(\frac{5}{3}\right) = -\frac{2}{5} < 0 \Rightarrow H\left(\frac{5}{3}\,\middle|\,3,63\right)$

Randuntersuchung:
$h(0) = 4$, liegt höher als die y-Koordinate 3,63 von H.
$h(4) = 0$, liegt tiefer als die y-Koordinate 3,60 von T.

Ergebnis: Der Graph von h hat den globalen Randhochpunkt (0|4) und den globalen Randtiefpunkt (4|0).

Die inneren Extrempunkte $H\left(\frac{5}{3}\,\middle|\,3,63\right)$ und T(1|3,60) sind „nur" lokale Extrempunkte.

7.   a) $f(x) = x^3 - x$; $f'(x) = 3x^2 - 1$; $f''(x) = 6x$

Die größte negative Steigung findet man an der Nullstelle der 2. Ableitung:
$f''(x) = 0 \Rightarrow 6x = 0 \Rightarrow x_1 = 0$ mit VZW $-\nearrow+$

An der Stelle $x_1 = 0$ ist die negative Steigung am größten. Ihren Wert liefert die erste Ableitung f':
$f'(0) = -1$

Die größte negative Steigung beträgt -1.

b) $f_k(x) = x^3 - kx;\quad f_k'(x) = 3x^2 - k;\quad f_k''(x) = 6x\quad$ mit k>0

$f_k''(x) = 0\ \Rightarrow\ 6x = 0\ \Rightarrow\ x_1 = 0$ mit VZW $- \nearrow +$

Auch hier ist die größte negative Steigung an der Stelle $x_1 = 0$. Diese Steigung hängt von k ab:

$f_k'(0) = -k$

Es gilt $f(x) = f_k(x)$, wenn $k = 1$ ist, also gilt $f(x) = f_1(x)$. Für die größte negative Steigung ergibt sich demnach wie in Teilaufgabe a: $f_1'(0) = -1$

8. a) Der Zusammenhang zwischen Beschleunigung a(t) und Geschwindigkeit v(t) ist allgemein $a(t) = v'(t)$:

$a(t) = v'(t) = -\frac{12}{25}t^2 + \frac{26}{5}t\quad$ mit $t \in [0; 10]$

Bei a(t) handelt es sich um eine nach unten geöffnete Parabel. Der größte Beschleunigungswert liegt deshalb im Scheitel, wenn dieser zum Definitionsbereich gehört.

b) Die Abszisse des Scheitels einer Parabel kann auch als Mitte zwischen den beiden Nullstellen berechnet werden:

$a(t) = 0\ \Leftrightarrow\ t \cdot \left(-\frac{12}{25}t + \frac{26}{5}\right) = 0\ \Leftrightarrow\ t_1 = 0\ \vee\ \frac{12}{25}t = \frac{26}{5}\ \Leftrightarrow\ t_2 = \frac{65}{6}$

Die Mitte zwischen t_1 und t_2 liegt bei $t_{max} = \frac{65}{12} \approx 5,4 \in [0; 10]$.

Ergebnis: Bei ca. 5,4 s ist die Beschleunigung des Fahrzeuges am größten. Dieser Maximalwert ist:

$a_{max} = a(t_{max}) \approx 14,08$

Vergleich mit dem Wert bei $v_{max} = 100$:

Die höchste Geschwindigkeit im Beobachtungsintervall ist bei $t = 10$. $a(10) = 4$ ist deutlich kleiner als beim Maximum.

Bemerkung: Einen Randuntersuchung ist nicht erforderlich, da a(t) eine nach unten geöffnete Parabel ist.

c)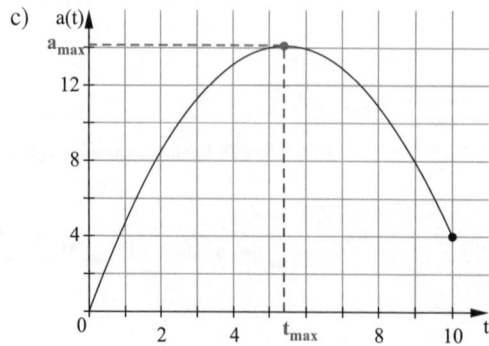

9. a) G_f ist in I streng monoton fallend, weil f' negativ ist.

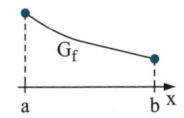 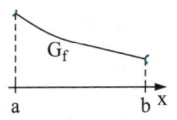 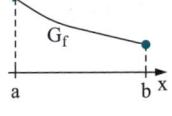 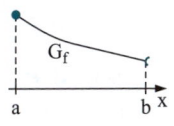

I = [a; b]
abgeschlossen

I =]a; b[
offen

I =]a; b]
halboffen

I = [a; b[
halboffen

b) zwei globale
Randextrem-
punkte

$H(a\,|\,f(a))$; $T(b\,|\,f(b))$

keine Extrem-
punkte

ein globaler
Randextrem-
punkt

$T(b\,|\,f(b))$

ein globaler
Randextrem-
punkt

$H(a\,|\,f(a))$

10. a)

x	a	x_1	x_2	b
f'(x)	+	0 −	0	+

b)

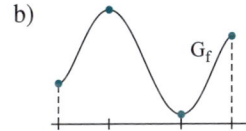 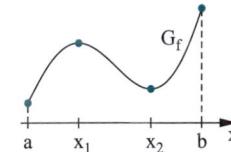 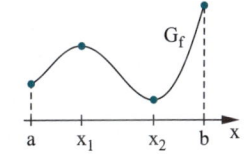

c) $T(a\,|\,f(a))$
globaler $H(x_1\,|\,f(x_1))$
globaler $T(x_2\,|\,f(x_2))$
$H(b\,|\,f(b))$

globaler $T(a\,|\,f(a))$
$H(x_1\,|\,f(x_1))$
$T(x_2\,|\,f(x_2))$
globaler $H(b\,|\,f(b))$

$T(a\,|\,f(a))$
$H(x_1\,|\,f(x_1))$
globaler $T(x_2\,|\,f(x_2))$
globaler $H(b\,|\,f(b))$

11. Schritt 1:

$$f(x) = ax^3 + bx^2 + cx + d \qquad \text{Ansatz}$$
$$\Rightarrow \ f'(x) = 3ax^2 + 2bx + c \qquad \text{1. Ableitung}$$

Schritt 2:

Man benötigt vier Gleichungen für die vier Koeffizienten a, b, c, d:

(1) $f(0) = 0 \Rightarrow d = 0$ \qquad Der Graph geht durch den Ursprung.

(2) $f'(0) = 2 \Rightarrow c = 2$ \qquad Die Steigung im Ursprung ist gleich der Tangen-
tensteigung.

(3) $f(3) = 0$ \qquad Nullstelle bei 3
$$\Rightarrow \ a \cdot 3^3 + b \cdot 3^2 + c \cdot 3 + d = 0$$

(4) $f'(3) = 0 \Rightarrow 3a \cdot 3^2 + 2b \cdot 3 + c = 0$ \quad waagrechte Tangente wegen doppelter Nullstelle

Schritt 3:

(3*) $27a + 9b = -6$ \qquad d = 0 und c = 2 werden in (3) und (4) eingesetzt
(4*) $27a + 6b = -2$ \qquad und daraus b und a bestimmt.

$3b = -4 \Rightarrow b = -\frac{4}{3}$ $(3^*) - (4^*)$

$27a - 6 \cdot \frac{4}{3} = -2 \Rightarrow a = \frac{2}{9}$ in (4^*)

Schritt 4:

$f(x) = \frac{2}{9}x^3 - \frac{4}{3}x^2 + 2x$ Einsetzen der Parameter liefert die Funktionsgleichung.

12. Schritt 1:

$\qquad f(x) = ax^3 + bx^2 + cx + d$ Ansatz

$\Rightarrow f'(x) = 3ax^2 + 2bx + c$ 1. Ableitung

Schritt 2:

(1) $f(-2) = 1$ Aufstellen der 4 Bestimmungs-

$\quad \Rightarrow a \cdot (-2)^3 + b \cdot (-2)^2 + c \cdot (-2) + d = 1$ gleichungen anhand der Angaben

(2) $f'(-2) = 0$

$\quad \Rightarrow 3a \cdot (-2)^2 + 2b \cdot (-2) + c = 0$

(3) $f(3) = 0$

$\quad \Rightarrow a \cdot 3^3 + b \cdot 3^2 + c \cdot 3 + d = 0$

(4) $f'(3) = 1$ $\tan 45° = 1$

$\quad \Rightarrow 3a \cdot 3^2 + 2b \cdot 3 + c = 1$

(1) $-8a + 4b - 2c + d = 1$ resultierendes Gleichungssystem

(2) $12a - 4b + c \quad\quad = 0$

(3) $27a + 9b + 3c + d = 0$

(4) $27a + 6b + c \quad\quad = 1$

Schritt 3:

$(1^*) \; 35a + 5b + 5c = -1$ $(3) - (1)$

(2) $\; 12a - 4b + c = 0$

(4) $\; 27a + 6b + c = 1$ Lösen des Gleichungssystems:

$c = -12a + 4b \qquad\qquad (2^*)$ aus (2)

$35a + 5b + 5(-12a + 4b) = -1$ (2^*) in (1^*)

$\Leftrightarrow -25a + 25b = -1 \qquad (1^{**})$

$27a + 6b - 12a + 4b = 1$ (2^*) in (4)

$\Leftrightarrow 15a + 10b = 1 \qquad\quad (2^{**})$

$\Leftrightarrow b = 0{,}1 - 1{,}5a$

$-25a + 25(0{,}1 - 1{,}5a) = -1$ in (1^{**})

$\Leftrightarrow -62{,}5a = -3{,}5$

$\Leftrightarrow a = \frac{7}{125}$

$b = \frac{2}{125}; c = -\frac{76}{125}$ und $d = \frac{21}{125}$ Von unten nach oben einsetzen ergibt die restlichen Parameter.

Schritt 4:

$f(x) = \frac{1}{125}(7x^3 + 2x^2 - 76x + 21)$ Einsetzen liefert die Funktionsgleichung.

13. a) $f(x) = ax^4 + bx^3 + cx^2 + dx + e$ Ansatz
$f'(x) = 4ax^3 + 3bx^2 + 2cx + d$ 1. Ableitung
$f''(x) = 12ax^2 + 6bx + 2c$ 2. Ableitung

(1) $f(0) = 0 \;\Rightarrow\; e = 0$ Bestimmungsgleichungen für die 5 Parameter
(2) $f'(0) = 0 \;\Rightarrow\; d = 0$ anhand der Angaben
(3) $f''(0) = 0 \;\Rightarrow\; c = 0$
(4) $f(-3) = -\frac{9}{8}$
     $\Rightarrow a(-3)^4 + b(-3)^3 = -\frac{9}{8}$
(5) $f'(-3) = 0$
     $\Rightarrow 4a(-3)^3 + 3b(-3)^2 = 0$

(4) $81a - 27b = -\frac{9}{8}$ Auswerten von (4) und (5)
(5) $-108a + 27b = 0$

$-27a = -\frac{9}{8} \;\Rightarrow\; a = \frac{1}{24}$ (4) + (5)

$27b = \frac{108}{24} \;\Rightarrow\; b = \frac{1}{6}$

$f(x) = \frac{1}{24}x^4 + \frac{1}{6}x^3$ Einsetzen liefert die Funktionsgleichung.

b) $p(x) = ax^2 + bx + c$ Ansatz
$p'(x) = 2ax + b$ 1. Ableitung

(1) $p(-3) = f(-3)$ Bestimmungsgleichungen für a, b, c
    $\Rightarrow 9a - 3b + c = -\frac{9}{8}$
(2) $p'(-3) = f'(-3)$
    $\Rightarrow -6a + b = 0$
(3) $p(0) = f(0) \;\Rightarrow\; c = 0$

$-9a = -\frac{9}{8} \;\Rightarrow\; a = \frac{1}{8} \;\Rightarrow\; b = \frac{6}{8}$ (1) + 3 · (2); Einsetzen in (2)

$p(x) = \frac{1}{8}x^2 + \frac{3}{4}x$ Einsetzen liefert die Funktionsgleichung.

c) $f(x) = p(x)$ Ansatz zur Schnittpunktbestimmung
$\frac{1}{24}x^4 + \frac{1}{6}x^3 = \frac{1}{8}x^2 + \frac{3}{4}x \;\;|\cdot 24$ Lösen der Gleichung
$\Leftrightarrow x^4 + 4x^3 - 3x^2 - 18x = 0$
$\Leftrightarrow x(x^3 + 4x^2 - 3x - 18) = 0$
$\Rightarrow x_1 = 0$
$(x^3 + 4x^2 - 3x - 18) : (x + 3)$ Eine (doppelte) Lösung muss bei –3 liegen.
$= x^2 + x - 6$
$x^2 + x - 6 = (x + 3)(x - 2) = 0$
$\Rightarrow x_{2/3} = -3; \; x_4 = 2$ weitere Schnittstelle
$f(2) = 2 \;\Rightarrow\; S(2\,|\,2)$

d) Wertetabelle:

x	f(x)	p(x)
−7	42,9	0,88
−6	18	0
−5	5,21	−0,6
−4	0	−1
−3	−1,1	−1,1
−2	−0,7	−1
−1	−0,1	−0,6
0	0	0
1	0,21	0,88
2	2	2
3	7,88	3,38

Grafische Darstellung:

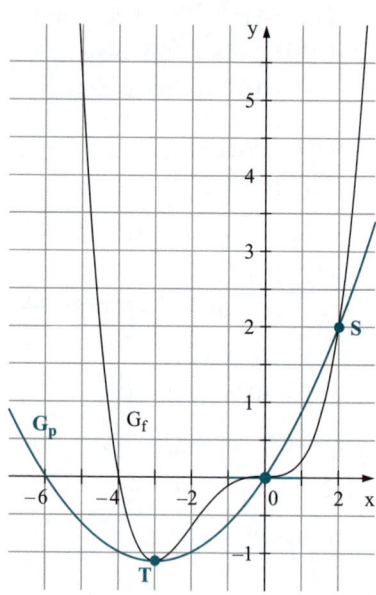

14. a) $f(x) = ax^4 + bx^3 + cx + d$ Ansatz

$f'(x) = 4ax^3 + 3bx^2 + c$ 1. Ableitung

$f''(x) = 12ax^2 + 6bx$ 2. Ableitung

(1) $f(0) = 0 \quad \Rightarrow \quad d = 0$ Der Graph geht durch den Ursprung.

(2) $f'(0) = -1 \Rightarrow c = -1$ Die Senkrechte zur Winkelhalbierenden des

(3) $f(-2) = 0$ I. und III. Quadranten hat die Steigung −1.

$\Rightarrow a(-2)^4 + b(-2)^3 - (-2) = 0$

$\Rightarrow 16a - 8b + 2 = 0$

$\Rightarrow b = 2a + \frac{1}{4}$

$f(x) = ax^4 + \left(2a + \frac{1}{4}\right)x^3 - x$ Funktionsgleichung in Abhängigkeit von a

b) Es muss gelten: $f'(-2) = 0$

$\Leftrightarrow 4a(-2)^3 + 3\left(2a + \frac{1}{4}\right)(-2)^2 - 1 = 0$

$\Leftrightarrow -32a + 12\left(2a + \frac{1}{4}\right) - 1 = 0$

$\Leftrightarrow -8a = -2 \Leftrightarrow a = \frac{1}{4}$

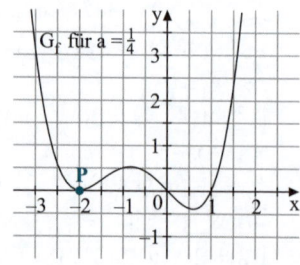

15. $f_k(x) = ax^3 + bx^2 + cx + d$

$f_k'(x) = 3ax^2 + 2bx + c$

(1) $f_k(3) = 0 \Rightarrow 27a + 9b + 3c + d = 0$

(2) $f_k'(3) = 0 \Rightarrow 27a + 6b + c = 0$

(3) $f_k(0) = 0 \Rightarrow d = 0$

(4) $f_k'(0) = k \Rightarrow c = k$

$(1) - (2)$: $3b + 2k = 0 \Rightarrow b = -\frac{2}{3}k$

In (2): $27a - 4k + k = 0 \Rightarrow a = \frac{1}{9}k$

Ergebnis: $f_k(x) = \frac{1}{9}kx^3 - \frac{2}{3}kx^2 + kx = \frac{1}{9}kx(x^2 - 6x + 9) = \frac{1}{9}kx(x-3)^2$

16. a) Ansatz: $\ell(x) = mx$ (mit Steigung m), wobei $m = \frac{\Delta y}{\Delta x} = \frac{5}{20} = \frac{1}{4} \Rightarrow \ell(x) = \frac{1}{4}x$

$\tan\alpha_1 = \frac{1}{4} \Rightarrow \alpha_1 \approx 14°$

Für den Teil jenseits der 20 m gilt:

$\tan\alpha_2 = \frac{8-5}{24-20} = \frac{3}{4} \Rightarrow \alpha_2 \approx 37°$

b) Es wird mit einer ganzrationalen Funktion dritten Grades modelliert und ein sprung- und knickfreier (differenzierbarer) Übergang an den Randpunkten verlangt.

$f(x) = ax^3 + bx^2 + cx + d$

$f'(x) = 3ax^2 + 2bx + c$

(1) $f(0) = 0 \Rightarrow d = 0$

(2) $f'(0) = 0 \Rightarrow c = 0$

(3) $f(20) = 5 \Rightarrow a \cdot 20^3 + b \cdot 20^2 = 5$

(4) $f'(20) = \frac{3}{4} \Rightarrow 3a \cdot 20^2 + 2b \cdot 20 = \frac{3}{4}$

(3*) $1\,600a + 80b = 1$

(4*) $4\,800a + 160b = 3$

$\Rightarrow a = \frac{1}{1\,600}$; $b = 0$; also: $f(x) = \frac{1}{1\,600}x^3$

c) $d(x) = \ell(x) - f(x) = \frac{1}{4}x - \frac{1}{1\,600}x^3$ Höhenunterschied zwischen beiden Varianten

$d'(x) = \frac{1}{4} - \frac{3}{1\,600}x^2$
Gesucht ist das Maximum von d(x) im Bereich $0 \le x < 20$.

$d'(x) = 0 \Rightarrow x_1 \approx 11{,}5$
Die negative Lösung hat in diesem Zusammenhang keine Bedeutung.

$d(11{,}5) \approx 1{,}9$

Der maximale Höhenunterschied beträgt ca. 1,9 m und tritt bei $x \approx 11{,}5$ m auf.

17. $V(x) = (300 - 2x)(200 - 2x)x$ Ansatz für das Behältervolumen

und $x \in [0; 100]$

$V(x) = 4x^3 - 1\,000x^2 + 60\,000x$ Berechnung der Maximalstelle

$V'(x) = 12x^2 - 2\,000x + 60\,000$

$V''(x) = 24x - 2\,000$

$V'(x) = 0$

$\Leftrightarrow \quad 12x^2 - 2\,000x + 60\,000 = 0$

$\Rightarrow \quad x_1 \approx 39,24; \ x_2 \approx 127,43 \notin [0; 100]$

$\qquad V''(39,24) \approx -1\,058 < 0 \quad \Rightarrow \quad$ Maximum

An den Rändern ergibt sich jeweils null als Behältervolumen.

Ergebnis: Das Behältervolumen besitzt ein absolutes Maximum für $x \approx 39,24$ cm mit $V_{max} \approx V(39,24) \approx 1\,056\,306$ cm$^3 \approx 1,056$ m^3.

18. a) $f(x) = g(x) \ \Leftrightarrow \ \frac{1}{4}x^2 = -\frac{1}{2}x^2 + \frac{3}{2}x + \frac{23}{8} \ \Rightarrow \ x_1 \approx -1,20; \ x_2 \approx 3,20$

   b) $d(u) = g(u) - f(u) = -\frac{3}{4}u^2 + \frac{3}{2}u + \frac{23}{8}$ und $u \in [-1,20; \ 3,20]$

   c) $d'(u) = -\frac{3}{2}u + \frac{3}{2} = -\frac{3}{2}(u - 1); \ d'(u) = 0$ für $u = 1$

       Hier liegt auch das absolute Maximum, da es sich bei $d(u)$ um eine nach unten geöffnete Parabel handelt.

19. Die x-Koordinate der linken unteren Ecke wird mit u bezeichnet, wobei dann $u \in [0; 4]$ gilt. Der Inhalt des Dreiecks ist:

$A(u) = \frac{1}{2}gh = \frac{1}{2}(4 - u) \cdot f(u)$ f einsetzen und ausmultiplizieren

$\qquad = \frac{1}{2}(4 - u) \cdot \left(-\frac{1}{2}u^3 + 2u^2\right)$

$\qquad = \frac{1}{4}u^4 - 2u^3 + 4u^2$

$A'(u) = u^3 - 6u^2 + 8u$ 1. und 2. Ableitung

$A''(u) = 3u^2 - 12u + 8$

$A'(u) = 0 \ \Rightarrow \ u_1 = 0; \ u_2 = 2; \ u_3 = 4$ Alle drei Werte gehören zum Definitionsbereich, wobei die Randpunkte natürlich nicht als Maximum infrage kommen, weil dort jeweils der zugehörige Flächeninhalt null ist.

$A''(2) < 0 \ \Rightarrow \$ Maximum bei $u_2 = 2$ Art des Extremums bei u_2

$A_{max} = A(2) = 4$ maximale Fläche

20. a)
   b) (1)

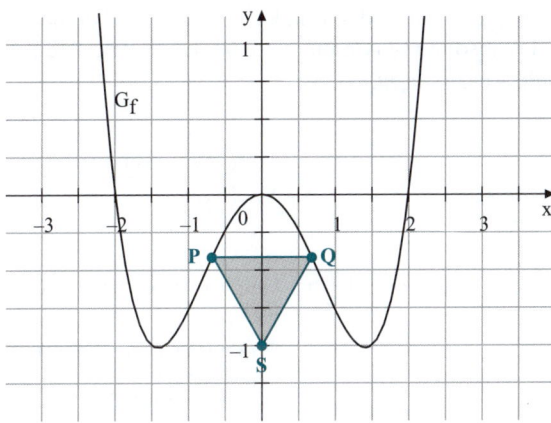

(2) Die allgemeine Formel für die Dreiecksfläche lautet $A = \frac{1}{2}gh$.

Wird die x-Koordinate des rechten Eckpunktes mit x bezeichnet, so ist die Grundlinie des Dreiecks: $g = 2x$. Die Höhe ist: $h = 1 + f(x)$, da der Funktionswert in diesem Bereich negativ ist. In die Dreiecksformel eingesetzt ergibt das:

$$A(x) = \frac{1}{2} \cdot 2x \cdot (1 + f(x)) = x\left(1 + \frac{1}{4}x^4 - x^2\right) = \frac{1}{4}x^5 - x^3 + x$$

Dabei ist $D_A = [0; \sqrt{2}]$, da die x-Koordinate des rechten Tiefpunktes $\sqrt{2}$ ist:

$$f'(x) = 0 \Leftrightarrow x^3 - 2x = 0 \Leftrightarrow x(x^2 - 2) = 0 \Rightarrow x_1 = 0;\ x_{2/3} = \pm\sqrt{2}$$

$$f''(\pm\sqrt{2}) = 3 \cdot (\pm\sqrt{2})^2 - 2 = 4 > 0 \Rightarrow \text{Minima bei } x_{2/3}$$

(3) $A'(x) = \frac{5}{4}x^4 - 3x^2 + 1$ 1. Ableitung der Flächenfunktion

$A''(x) = 5x^3 - 6x$ 2. Ableitung der Flächenfunktion

$A'(x) = 0$ notwendige Bedingung für Extremstellen

$\Leftrightarrow \frac{5}{4}x^4 - 3x^2 + 1 = 0$

$\Rightarrow \frac{5}{4}z^2 - 3z + 1 = 0$ Substitution: $z = x^2$

$$z_{1/2} = \frac{3 \pm \sqrt{9 - 5}}{2 \cdot \frac{5}{4}} = \frac{3 \pm 2}{\frac{5}{2}} = \begin{cases} 2 \\ \frac{2}{5} \end{cases}$$

$x_1 = -\sqrt{2} \notin D_A$ Rücksubstitution

$x_2 = \sqrt{2}$ Randpunkt, kein Maximum (siehe Dreieck)

$x_3 = -\sqrt{\frac{2}{5}} \notin D_A$

$x_4 = \sqrt{\frac{2}{5}} \approx 0{,}63 \in D_A$

$A''(0{,}63) < 0 \Rightarrow \text{Maximum}$

Ergebnis: Da sich an den Rändern für den Flächeninhalt null ergibt, liegt das absolute Maximum bei 0,63. Die Eckpunkte P und Q haben also die Abszissen ±0,63.

21. a) $V = u^2 h$ — Ansatz für das Volumen

$4u + 2h + 2u = 1$ — Nebenbedingung für die Länge des Paketbandes

$$\Rightarrow h = \frac{1}{2} - 3u$$

$$V(u) = u^2 \left(\frac{1}{2} - 3u \right) = -3u^3 + \frac{1}{2}u^2$$ — Einsetzen der Nebenbedingung in die Formel für V

$$D_V = \left] 0; \frac{1}{6} \right[$$ — Der Definitionsbereich ergibt sich aus den Grenzen für u: Wenn $h \to 0$, so geht $u \to \frac{1}{6}$, weil für die Länge des Paketbandes in diesem Grenzfall $6u = 1$ gilt. Auf der anderen Seite geht $u \to 0$.

b) $V'(u) = -9u^2 + u$ — Durch Nullsetzen der 1. Ableitung werden die Extremstellen bestimmt, überprüft, ob sie in D_V enthalten sind, und die Art der Extremstelle mithilfe der 2. Ableitung festgestellt.

$V''(u) = -18u + 1$

$$V'(u) = 0 \Leftrightarrow -9u \left(u - \frac{1}{9} \right) = 0$$

$$\Rightarrow u_1 = 0 \notin D_V; \quad u_2 = \frac{1}{9} \in D_V$$

$$V'' \left(\frac{1}{9} \right) = -1 < 0 \Rightarrow \text{Maximum}$$

Die Ränder gehören nicht zum Definitionsbereich. Lässt man u gegen die Ränder gegen, so ergibt sich für V(u) jeweils null, sodass an der Stelle $\frac{1}{9}$ das absolute Maximum liegt.

Für h gilt in diesem Fall:

$$h = \frac{1}{2} - 3u_2 = \frac{1}{2} - 3 \cdot \frac{1}{9} = \frac{1}{6}$$

Die Abmessungen sind:

$$u = \frac{1}{9} \, \text{m} \approx 0,111 \, \text{m} = 11,1 \, \text{cm}$$

$$h = \frac{1}{6} \, \text{m} \approx 0,167 \, \text{m} = 16,7 \, \text{cm}$$

Das maximale Volumen beträgt:

$$V_{max} = V \left(\frac{1}{9} \right) = \left(\frac{1}{9} \right)^2 \cdot \frac{1}{6} \approx 0,00206 \, \text{m}^3 = 2,06 \, \text{dm}^3$$

22. a) Der Kegelquerschnitt ist ein gleichschenkliges Dreieck. Die eingezeichneten Größen h (Kegelhöhe), r (Radius der Grundfläche) und s (Mantellinie) bilden ein rechtwinkliges Dreieck.

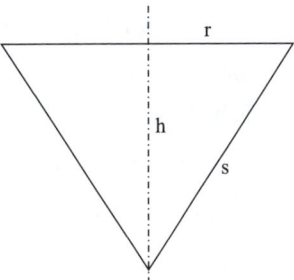

b) **Schritt 1:**
Die zu optimierende Größe ist das Kegelvolumen. Dieses ist laut Merkhilfe:

$V = \frac{1}{3}r^2\pi h$

Schritt 2:
$s^2 = r^2 + h^2 \iff r^2 = s^2 - h^2$

Der Zusammenhang von h mit s lässt sich mithilfe des Satzes von Pythagoras herstellen.

$V(h) = \frac{1}{3}\pi(s^2 - h^2)h = \frac{1}{3}\pi(9h - h^3)$

In der Volumenformel wird r^2 ersetzt und s in Meter eingesetzt.

mit $h \in [0; 3]$

Schritt 3:
$V'(h) = \frac{1}{3}\pi(9 - 3h^2) = \pi(3 - h^2)$

$V''(h) = -2\pi h$

$V'(h) = 0 \Rightarrow h_{1/2} = \pm\sqrt{3}$

$V_{max} = V(\sqrt{3}) = 2\pi\sqrt{3} \approx 10,9 \text{ m}^3$

Die negative Lösung liegt außerhalb des Definitionsbereiches und wird deshalb nicht angeschrieben. An den Rändern ergibt sich das Volumen null, sodass bei $h_1 = \sqrt{3}$ das absolute Maximum des Volumens liegt.

Schritt 4:
Abmessungen:
$h_1 = \sqrt{3} \approx 1,73 \text{ m}; \quad r_1 = \sqrt{s^2 - h_1^2} = \sqrt{6} \approx 2,45 \text{ m}$

23. Schritt 1:
$V = r^2\pi h$

Zielfunktion: Volumen des Zylinders laut Merkhilfe

Schritt 2:
$\frac{H-h}{H} = \frac{r}{R}$

$\iff 1 - \frac{h}{H} = \frac{r}{R}$

$\Rightarrow h = H - \frac{H}{R}r = H \cdot (1 - \frac{r}{R})$

Der Zusammenhang zwischen r und h ergibt sich aus dem Strahlensatz.

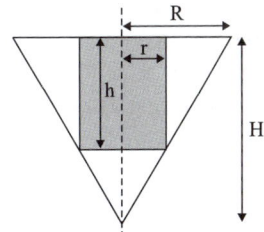

$$V(r) = r^2 \pi H(1 - \tfrac{r}{R}) = \pi H\left(r^2 - \tfrac{r^3}{R}\right) \qquad \text{In der Volumenformel wird h ersetzt.}$$

mit $r \in [0; R]$

Schritt 3:

$$V'(r) = \pi H\left(2r - 3\tfrac{r^2}{R}\right) = r\pi H\left(2 - 3\tfrac{r}{R}\right) \qquad \text{Lage und Art der Extrema}$$

$$V''(r) = \pi H\left(2 - 6\tfrac{r}{R}\right)$$

$$V'(r) = 0 \;\Rightarrow\; r_1 = 0; \; r_2 = \tfrac{2}{3}R \qquad r_1 \text{ scheidet aus.}$$

$$V''(r_2) = \pi H\left(2 - 6 \cdot \tfrac{2}{3}\tfrac{R}{R}\right) = -2\pi H < 0 \;\Rightarrow\; \text{Maximum}$$

$V(r)$ ist an den Rändern null, sodass bei r_2 ein absolutes Maximum des Zylindervolumens vorliegt.

Schritt 4:

Für die Höhe und den Durchmesser des Zylinders ergibt sich in diesem Fall:

$$h = H(1 - \tfrac{2}{3}\tfrac{R}{R}) = \tfrac{1}{3}H \;\text{ und }\; d = 2r = \tfrac{4}{3}R$$

Damit sind die optimalen Abmessungen des Rohres ermittelt.

24. a) Das Rechteck wird in einem Koordinatensystem dargestellt, wobei die untere linke Ecke im Ursprung liegt. Dann hat die rechte Ecke die Koordinaten $(5\,|\,0)$, die linke obere Ecke $(0\,|\,3)$, und die Hypotenuse des Dreiecks wird als lineare Funktion beschrieben:

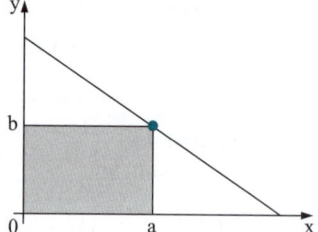

f: $\;y = mx + t\;$ mit $t = 3$ und $m = -\tfrac{3}{5}$

Der rechte obere Eckpunkt $P(x\,|\,y)$ des gesuchten Rechtecks bewegt sich dann auf dem Graphen von f, wobei gilt:

$$y = -\tfrac{3}{5}x + 3 \text{ für } x \in [0; 5]$$

Für die Rechteckfläche gilt:

$$A = x \cdot y = x\left(-\tfrac{3}{5}x + 3\right) \text{ und } D_A = [0; 5]$$

$$A'(x) = 0 \;\Leftrightarrow\; -\tfrac{6}{5}x + 3 = 0 \;\Rightarrow\; x = \tfrac{5}{2}$$

Wenn die x-Koordinate des rechten Eckpunktes $\tfrac{5}{2}$ beträgt, ist das Rechteck maximal. Eine Randuntersuchung ist hier nicht erforderlich. Die y-Koordinate ist dann:

$$y = -\tfrac{3}{5} \cdot \tfrac{5}{2} + 3 = \tfrac{3}{2}$$

Ergebnis: Das größtmögliche einbeschriebene Rechteck hat die Breite 2,5 cm und die Höhe 1,5 cm.

b) $A_{max} = 2{,}5 \cdot 1{,}5 = 3{,}75$ maximale Rechteckfläche

$A_\Delta = \frac{1}{2} \cdot 5 \cdot 3 = 7{,}5$ Dreiecksfläche

$\frac{3{,}75}{7{,}5} \cdot 100\,\% = 50\,\%$ Verhältnis der Flächen

Ergebnis: Das Rechteck umfasst 50 % der Dreiecksfläche.

c) Beim eingepassten Quadrat muss gelten:

$y = x \;\Leftrightarrow\; -\frac{3}{5}x + 3 = x \;\Rightarrow\; x = 1{,}875$

Die Quadratfläche beträgt daher $A_Q = 1{,}875^2 = 3{,}515625$, woraus für das Verhältnis zur Fläche A_{max} folgt:

$\frac{3{,}515625}{3{,}75} \cdot 100\,\% = 93{,}75\,\%$

Der Flächeninhalt des eingepassten Quadrats liegt 6,25 % unterhalb des optimalen Rechtecks.

25. $V = \frac{1}{3}r^2\pi h$ Kegelvolumen

$(h-R)^2 + r^2 = R^2$ Nebenbedingung (Satz des Pythagoras; R fest vorgegeben)

$\Leftrightarrow\; r^2 = R^2 - (h-R)^2$

$\Leftrightarrow\; r^2 = 2hR - h^2$

$V(h) = \frac{1}{3}\pi(2hR - h^2)h$ Einsetzen der Nebenbedingung

$\qquad = \frac{1}{3}\pi(2h^2R - h^3)$

mit $0 \le h \le 2R$

$V'(h) = \frac{1}{3}\pi(4hR - 3h^2)$ Durch Nullsetzen der 1. Ableitung werden die Extremstellen bestimmt.

$V''(h) = \frac{1}{3}\pi(4R - 6h)$

$V'(h) = 0 \;\Leftrightarrow\; h(4R - 3h) = 0$

$\Rightarrow\; h_1 = 0;\; h_2 = \frac{4}{3}R$

$V''(0) > 0 \quad \Rightarrow \text{ Minimum}$ Die Art der Extremstellen wird mithilfe der 2. Ableitung festgestellt. Dabei müssen auch die Randwerte berücksichtigt werden.

$V''\!\left(\frac{4}{3}R\right) < 0 \Rightarrow \text{ Maximum}$

Ränder: $V(0) = V(2R) = 0$

$V\!\left(\frac{4}{3}R\right) = \frac{32}{81}\pi R^3$ Bei h_2 liegt ein absolutes Maximum vor.

Für diesen Fall gilt also $h = \frac{4}{3}R$ und damit ergibt sich aus der Nebenbedingung:

$r^2 = R^2 - \left(\frac{4}{3}R - R\right)^2 \;\Leftrightarrow\; r^2 = \frac{8}{9}R^2 \;\Rightarrow\; r = \sqrt{\frac{8}{9}}\,R = \frac{2}{3}\sqrt{2}\,R$

26. Die Seitenlängen des Grundstücks in Meter werden mit x und y bezeichnet. Die Zielfunktion sind die Kosten in Abhängigkeit von den Abmessungen:

$$K(x; y) = 500x + 200x + 200y + 200y = 700x + 400y$$

Nebenbedingung:

$$x \cdot y = 1\,200 \iff y = \frac{1\,200}{x}$$

Damit ergibt sich die Kostenfunktion in Abhängigkeit von x zu:

$$K(x) = 700x + \frac{480\,000}{x} = 700x + 480\,000x^{-1}$$

Sie wird minimal für:

$$K'(x) = 700 + (-1) \cdot 480\,000x^{-2} = 700 - \frac{480\,000}{x^2}$$

$$K'(x) = 0 \iff 700 - \frac{480\,000}{x^2} = 0 \iff 700x^2 - 480\,000 = 0 \iff x^2 \approx 685,7$$

$$\Rightarrow x \approx 26,2\,[m]$$

In diesem Fall ist: $y \approx \frac{1\,200}{26,2} \approx 45,8\,[m]$

Auf den Nachweis für absolutes Minimum wird verzichtet.

Ergebnis: Das Fundament ist für eine Länge von ca. 45,8 m und eine Breite von ca. 26,2 m am kostengünstigsten.

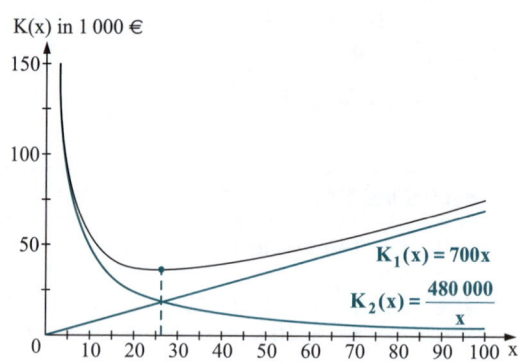

27. a) $\int x^2\,dx = \frac{1}{3}x^3 + C$

b) $\int (-2)\,dx = -2x + C$

c) $\int \frac{1}{3}x^2\,dx = \frac{1}{9}x^3 + C$

d) $\int dx = \int 1\,dx = 1 \cdot x + C = x + C$

28. a) $\int (2x - x^3)\,dx = x^2 - \frac{1}{4}x^4 + C$

b) $\int \frac{1}{8}(x^4 - 2x^2)\,dx = \frac{1}{8}\left[\frac{1}{5}x^5 - \frac{2}{3}x^3\right] + C = \frac{1}{40}x^4 - \frac{1}{12}x^3 + C$

c) $\int (x+1)(x-2)\,dx = \int (x^2 - x - 2)\,dx = \frac{1}{3}x^3 - \frac{1}{2}x^2 - 2x + C$

d) $\int \left(\frac{1}{3}x^3 + \frac{1}{2}x^2 - 2x + 3\right)dx = \frac{1}{12}x^4 + \frac{1}{6}x^3 - x^2 + 3x + C$

e) $\int \frac{(x-1)^2}{4}\,dx = \frac{1}{4}\int (x^2 - 2x + 1)\,dx = \frac{1}{4}\left[\frac{1}{3}x^3 - x^2 + x\right] + C$
$\qquad = \frac{1}{12}x^3 - \frac{1}{4}x^2 + \frac{1}{4}x + C$

f) $\int \frac{x(x^2 - 2x + 3)}{3}\,dx = \frac{1}{3}\int (x^3 - 2x^2 + 3x)\,dx = \frac{1}{3}\left[\frac{1}{4}x^4 - \frac{2}{3}x^3 + \frac{3}{2}x^2\right] + C$
$\qquad = \frac{1}{12}x^4 - \frac{2}{9}x^3 + \frac{1}{2}x^2 + C$

29. a) $F(x) = \frac{1}{20}x^5 - \frac{5}{4}x^4 + 3x^3 - \frac{\sqrt{3}}{2}x^2 + 2x + C$

b) $F_k(x) = \frac{1}{2}\left(\frac{1}{4}x^4 + \frac{1}{3}k^2x^3 + k^3x\right) + C$

c) $F(x) = \int (x^3 - 2x^2)\,dx = \frac{1}{4}x^4 - \frac{2}{3}x^3 + C$

d) $F(x) = \int (x^2 - 2x + 1)\,dx = \frac{1}{3}x^3 - x^2 + x + C$

e) $F_t(x) = \frac{3}{10}t \cdot \int (x^3 - 2tx^2 + t^2x)\,dx = \frac{3}{10}t \cdot \left(\frac{1}{4}x^4 - \frac{2}{3}tx^3 + \frac{1}{2}t^2x^2\right) + C$

f) $\int (zu^2 - zu + u - z^2)\,du = \frac{1}{3}zu^3 - \frac{1}{2}zu^2 + \frac{1}{2}u^2 - z^2u + C$

g) $\int (zu^2 - zu + u - z^2)\,dz = \frac{1}{2}z^2u^2 - \frac{1}{2}z^2u + zu - \frac{1}{3}z^3 + C$

30. Alle Stammfunktionen von f(x) lauten:
$F_C(x) = \frac{1}{4}x^4 - x^2 + x + C$

Ferner muss gelten:
$F_C(2) = 0 \iff \frac{1}{4}\cdot 2^4 - 2^2 + 2 + C = 0 \iff C = -2$

Die gesuchte Stammfunktion heißt:
$F(x) = \frac{1}{4}x^4 - x^2 + x - 2$

31. Zunächst alle Stammfunktionen:

$$G_C(x) = \tfrac{1}{3}x^3 - \tfrac{1}{2}x^2 + C$$

a) $G_C(x)$ geht durch den Ursprung, wenn $C = 0$ gilt. Damit folgt:

$$G(x) = \tfrac{1}{3}x^3 - \tfrac{1}{2}x^2$$

b) Es müssen zwei Bedingungen gelten:

(1) $G_C(x) = t(x)$ Graph und Tangente schneiden sich.

$$\Rightarrow \tfrac{1}{3}x^3 - \tfrac{1}{2}x^2 + C = 2x - \tfrac{1}{3}$$

(2) $G'_C(x) = t'(x)$ Graph und Tangente berühren sich.

$$\Rightarrow x^2 - x = 2$$

$x_1 = -1;\ x_2 = 2$ aus (2)

$C_1 = -\tfrac{3}{2};\ C_2 = 3$ in (1)

c) Die x-Koordinate des Wendepunktes liegt dort, wo:

$$G''_C(x) = 0 \iff g'(x) = 0$$
$$\iff 2x - 1 = 0 \Rightarrow x = \tfrac{1}{2}$$

Da die dritte Ableitung ungleich null ist, liegt tatsächlich an dieser Stelle ein Wendepunkt. Seine y-Koordinate muss 4 sein:

$$G_C\left(\tfrac{1}{2}\right) = 4 \iff C = 4 - \tfrac{1}{24} + \tfrac{1}{8} = \tfrac{49}{12}$$

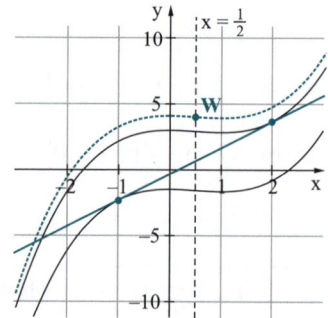

32. $f'(x) = \int (x^2 - 2x + 1)\, dx = \tfrac{1}{3}x^3 - x^2 + x + C_1$ und

$$f(x) = \int \left(\tfrac{1}{3}x^3 - x^2 + x + C_1\right) dx = \tfrac{1}{12}x^4 - \tfrac{1}{3}x^3 + \tfrac{1}{2}x^2 + C_1 x + C_2$$

Man hat insgesamt 3 Bedingungen:

$f(1) = 2;\ f'(1) = 0;\ f''(1) = 0$

Die letzte Bedingung ist immer erfüllt.

$f'(1) = 0 \Rightarrow \tfrac{1}{3} \cdot 1^3 - 1^2 + 1 + C_1 = 0 \Rightarrow C_1 = -\tfrac{1}{3}$

$f(1) = 2 \Rightarrow \tfrac{1}{12} \cdot 1^4 - \tfrac{1}{3} \cdot 1^3 + \tfrac{1}{2} \cdot 1^2 - \tfrac{1}{3} \cdot 1 + C_2 = 2 \Rightarrow C_2 = \tfrac{25}{12}$

Die gesuchte Funktion lautet damit:

$$f(x) = \tfrac{1}{12}x^4 - \tfrac{1}{3}x^3 + \tfrac{1}{2}x^2 - \tfrac{1}{3}x + \tfrac{25}{12}$$

33. a) $g_a(x) = \int \left(-\frac{1}{4}x^2 - \frac{3}{4}ax\right)dx = -\frac{1}{12}x^3 - \frac{3}{8}ax^2 + C$

$g_a(-3a) = -\frac{9}{8}a^3 \iff -\frac{1}{12}(-3a)^3 - \frac{3}{8}a(-3a)^2 + C = -\frac{9}{8}a^3 \iff C = 0$

$\Rightarrow g_a(x) = -\frac{1}{12}x^3 - \frac{3}{8}ax^2$

b) $g_a(x) = -\frac{1}{12}\left(x^3 + \frac{9}{2}ax^2\right)$ 　　　Faktorisieren des Funktionsterms

$\qquad = -\frac{1}{12}x^2\left(x + \frac{9}{2}a\right)$

$x_{1/2} = 0;\ x_3 = -\frac{9}{2}a$ 　　　Aus der faktorisierten Darstellung liest man die Nullstellen ab.

c) $g_a''(x) = 0$ 　　　Zunächst wird die Wendestelle bestimmt.

$\iff -\frac{1}{2}x - \frac{3}{4}a = 0$

$\Rightarrow x_4 = -\frac{3}{2}a$ 　　　Da dies eine Nullstelle mit Vorzeichenwechsel ist, liegt auch garantiert ein Wendepunkt an dieser Stelle.

$g_a'\left(-\frac{3}{2}a\right) = 1$ 　　　Die Steigung im Wendepunkt muss 1 sein.

$\iff -\frac{1}{4}\left(-\frac{3}{2}a\right)^2 - \frac{3}{4}a\cdot\left(-\frac{3}{2}a\right) = 1$

$\iff \frac{9}{16}a^2 = 1 \Rightarrow a = \frac{4}{3}$ 　　　Die negative Lösung für a scheidet aus, da $a > 0$ vorausgesetzt ist.

34. a) Zunächst wird zu h_k hochintegriert:

$h_k'(x) = \int \left(-\frac{6}{k^2}x + \frac{4}{k}\right)dx = -\frac{3}{k^2}x^2 + \frac{4}{k}x + C_1$

$h_k(x) = -\frac{1}{k^2}x^3 + \frac{2}{k}x^2 + C_1x + C_2$

Es muss gelten:

(1) $h_k'\left(\frac{4}{3}k\right) = 0 \iff -\frac{3}{k^2}\cdot\left(\frac{4}{3}k\right)^2 + \frac{4}{k}\cdot\frac{4}{3}k + C_1 = 0 \Rightarrow C_1 = 0$

(2) $h_k\left(\frac{4}{3}k\right) = \frac{32}{27}k \iff -\frac{1}{k^2}\cdot\left(\frac{4}{3}k\right)^3 + \frac{2}{k}\cdot\left(\frac{4}{3}k\right)^2 + C_2 = \frac{32}{27}k$

$\iff -\frac{64}{27}k + \frac{32}{9}k + C_2 = \frac{32}{27}k \Rightarrow C_2 = 0$

Ergebnis:

$h_k(x) = -\frac{1}{k^2}x^3 + \frac{2}{k}x^2$

b) Ansatz: $h_k'(2) = -2$

$-\frac{3}{k^2}\cdot 2^2 + \frac{4}{k}\cdot 2 = -2 \iff -\frac{12}{k^2} + \frac{8}{k} = -2 \iff 6 - 4k = k^2 \iff k^2 + 4k - 6 = 0$

Mit Lösungsformel:

$k_{1/2} = -2 \pm \sqrt{10}$

Weil $k > 0$ vorausgesetzt ist, gilt nur $k_1 = -2 + \sqrt{10} \approx 1,16$.

35. $v(t) = \int a(t)\, dt$ wegen $v'(t) = a(t)$

$\Rightarrow\ v(t) = \int -g\, dt = -gt + C_1$

$v(0) = v_0 = -g \cdot 0 + C_1$ Bestimmung von C_1

$\Rightarrow\ C_1 = v_0$ Anfangsgeschwindigkeit

$v(t) = -g \cdot t + v_0$ Aufstellen der Zeit-Geschwindigkeits-Funktion

$s(t) = \int v(t)\, dt$ wegen $s'(t) = v(t)$

$\Rightarrow\ s(t) = \int (-gt + v_0)\, dt$

$\qquad = -\frac{1}{2} gt^2 + v_0 t + C_2$

$s(0) = 0\ \Rightarrow\ C_2 = 0$ Bestimmung von C_2

$s(t) = -\frac{1}{2} gt^2 + v_0 t$ Aufstellen der Zeit-Weg-Funktion

36. a) 1-mal falten $\triangleq$ 2 Lagen Papier $\triangleq$ 2 mm

2-mal falten $\triangleq$ 4 Lagen Papier $\triangleq$ 4 mm

$\vdots$

40-mal falten $\triangleq 2^{40}$ Lagen Papier $\triangleq 2^{40}$ mm

$\Rightarrow\ h = 2^{40}\ \text{mm} \approx 1,1 \cdot 10^{12}\ \text{mm} = 1,1 \cdot 10^9\ \text{m} = 1,1 \cdot 10^6\ \text{km}$

Die Höhe des Stapels beträgt also mehr als 1 Mio. km, das ist fast 3-mal die Entfernung Erde–Mond.

b) $E_{20} = E_0 \cdot 1,02^{20} \approx 1,49 \cdot E_0$, wobei $E_0 =$ heutiger Energieverbrauch

Der Energieverbrauch wird also um knapp 50 % höher liegen als heute.

c) $A_n = A_0 \cdot \left(1 + \frac{p}{100}\right)^n$ mit $p = -3$, $A_0 =$ jetzige Regenwaldfläche

$A_{10} = A_0 \cdot 0,97^{10} \approx 0,74 \cdot A_0$

Nach 10 Jahren ist noch ca. 74 % der Regenwaldfläche übrig, diese ist also um ca. 26 % geschrumpft.

$A_{25} = A_0 \cdot 0,97^{25} \approx 0,47 \cdot A_0$

47 % übrig, also Schrumpfung um 53 %

$A_{50} = A_0 \cdot 0,97^{50} \approx 0,22 \cdot A_0$

22 % übrig, also Schrumpfung um 78 %

d) $K_{65} = 10\,000 \cdot \left(1 + \frac{5}{100}\right)^{65} = 10\,000 \cdot 1,05^{65} \approx 238\,399\,[\text{€}]$ Zinseszinsformel

   $K_{67} = 10\,000 \cdot \left(1 + \frac{2}{100}\right)^{67} = 10\,000 \cdot 1,02^{67} \approx 37\,689\,[\text{€}]$ Vergleichsbetrag

e) $K_6 = 25\,000 \cdot (1 - 0,1)^6 = 25\,000 \cdot 0,9^6 \approx 13\,286\,[\text{€}]$

37. a)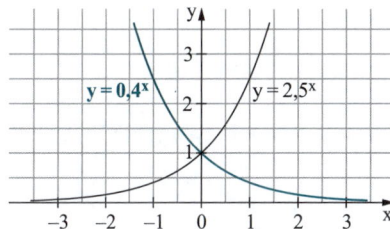

b)

x	y
0	1
1	1,5
2	2,25
3	3,375
4	5,0625
5	7,59375
6	11,390625
7	17,0859375
8	25,62890625
9	38,44335938
10	57,66503906

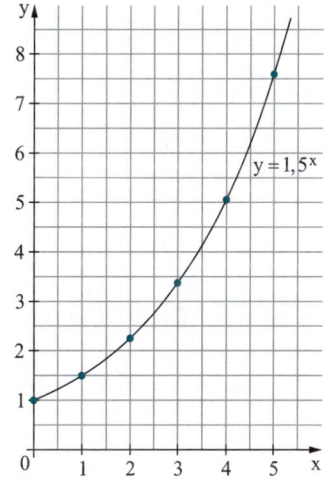

Die y-Werte nehmen jeweils um 50 % zu (Faktor 1,5).

$y_{10} = y_0 \cdot 1,5^{10} \approx 1 \cdot 57,665 = 57,665$

y_{10} ist um 5 766,5 % größer als y_0.

Die Funktionsgleichung lautet:

$f(x) = 1 \cdot 1,5^x = 1,5^x$

38. a) $f'(x) = (x^2)' \cdot e^x + x^2 \cdot (e^x)'$

         $= 2x \cdot e^x + x^2 \cdot e^x$

         $= (x^2 + 2x)e^x$ e^x immer ausklammern.

b) $f'(x) = \underbrace{x' \cdot e^x + x \cdot (e^x)'}_{\text{Produktregel}} + \underbrace{3 \cdot (e^x)'}_{\text{Faktorregel}} = 1 \cdot e^x + x \cdot e^x + 3e^x$

$= xe^x + 4e^x = (x+4)e^x$

c) $f'(x) = \underbrace{(0+2+2x)}_{\text{Ableitung}} \cdot \underbrace{e^x}_{\text{unverändert}} + \underbrace{(1+2x+x^2)}_{\text{unverändert}} \cdot \underbrace{e^x}_{\text{Ableitung}}$

$= 2e^x + 2xe^x + e^x + 2xe^x + x^2e^x$

$= 3e^x + 4xe^x + x^2e^x$

$= (x^2 + 4x + 3)e^x$

d) t^2 ist eine additive Konstante, da x die Funktionsvariable ist. t^2 fällt beim Ableiten weg: $(t^2)' = 0$

$f'_t(x) = 2xe^x + (x^2+t^2)e^x = (x^2+2x+t^2)e^x$

39. a) $f'(x) = e^{-2x} \cdot (-2x)' = e^{-2x} \cdot (-2) = -2e^{-2x}$

b) $f'(x) = \underbrace{1 \cdot e^{\frac{x}{2}} + x \cdot (e^{\frac{x}{2}})'}_{\text{Produktregel}} = e^{\frac{x}{2}} + x \cdot \underbrace{e^{\frac{x}{2}} \cdot \left(\frac{x}{2}\right)'}_{\text{Kettenregel}}$

$= e^{\frac{x}{2}} + xe^{\frac{x}{2}} \cdot \frac{1}{2}$

$= \left(\frac{1}{2}x+1\right)e^{\frac{x}{2}}$

c) $f'(x) = (2+2x)e^{2x+4} + (1+2x+x^2)e^{2x+4} \quad \underbrace{\cdot 2}_{\text{nachdifferenziert}}$

$= (2+2x)e^{2x+4} + (2+4x+2x^2)e^{2x+4}$

$= (4+6x+2x^2)e^{2x+4}$

$= 2(x^2+3x+2)e^{2x+4}$

d) Es ist hilfreich, zunächst $(x-1)^2 = x^2 - 2x + 1$ auszumultiplizieren.

$f'(x) = \left((x^2-2x+1)e^{-3x}+5\right)'$

$= (2x-2)e^{-3x} + (x^2-2x+1) \cdot (e^{-3x})' + 0$

$= (2x-2)e^{-3x} + (x^2-2x+1)e^{-3x} \quad \underbrace{\cdot(-3)}_{\text{nachdifferenziert}}$

$= (2x-2-3x^2+6x-3)e^{-3x}$

$= (-3x^2+8x-5)e^{-3x}$

40. a) $f'(x) = 0 + e^{-x} \cdot (-1) = -e^{-x}$ 1 ist additive Konstante; Kettenregel.

b) $f'(x) = 0 - e^{-(x-1,5)} \cdot (-1) = e^{-x+1,5}$ e^2 ist additive Konstante; Kettenregel.

c) $f'(x) = 4 \cdot e^{-\frac{x}{2}} + 4x \cdot e^{-\frac{x}{2}} \cdot \left(-\frac{1}{2}\right)$ Produkt- und Kettenregel

$= 4e^{-\frac{x}{2}} - 2xe^{-\frac{x}{2}} = 2(2-x)e^{-\frac{x}{2}}$ e-Funktion immer ausklammern!

d) $f'(x) = (2x-1) \cdot e^{-x} + (x^2 - x) \cdot e^{-x} \cdot (-1)$ Produkt- und Kettenregel

$= (-x^2 + 3x - 1) \cdot e^{-x}$

e) $f'(x) = ake^{kx}$ Kettenregel; c fällt weg.

41. a) $\lg(1) = 0;$ $\lg(10) = 1;$

$\lg(100) = 2;$ $\lg(0,1) = -1;$

$\lg(10^6) = 6;$ $\lg\left(\frac{1}{1\,000}\right) = \lg(10^{-3}) = -3;$

$\lg\left(\sqrt[3]{100}\right) = \lg\left(100^{\frac{1}{3}}\right) = \frac{1}{3}\lg(100) = \frac{2}{3}$

b) $\text{ld}(2) = 1;$ $\text{ld}(8) = \text{ld}(2^3) = 3;$

$\text{ld}(512) = \text{ld}(2^9) = 9;$ $\text{ld}(0,25) = \text{ld}(2^{-2}) = -2;$

$\text{ld}\left(\frac{1}{2}\right) = \text{ld}(2^{-1}) = -1;$ $\text{ld}\left(\sqrt{2}\right) = \text{ld}\left(2^{\frac{1}{2}}\right) = \frac{1}{2};$

$\text{ld}(1) = \text{ld}(2^0) = 0;$ $\text{ld}(2^{10}) = 10$

Mit Basisumrechnungsformel gilt z. B.:

$\text{ld}(512) = \frac{\lg(512)}{\lg(2)} = 9$

42. a) $\lg\left(\frac{10x^2}{(x+1)^2}\right) = \lg(10) + \lg(x^2) - \lg\left((x+1)^2\right) = 1 + \lg(x^2) - \lg\left((x+1)^2\right)$

Für positive x können die Quadrate vorgezogen werden:

$\lg\left(\frac{10x^2}{(x+1)^2}\right) = 1 + 2\lg(x) - 2\lg(x+1)$

b) $\log_2(4\sqrt{x}) = \log_2(4) + \log_2\left(x^{\frac{1}{2}}\right) = 2 + \frac{1}{2}\log_2(x)$

c) $2\log_5(x) - 0,5\log_5(x) = \log_5(x^2) - \log_5(x^{0,5}) = \log_5\left(\frac{x^2}{x^{0,5}}\right)$

$= \log_5(x^{1,5}) = 1,5\log_5(x)$

Das geht natürlich auch auf direktem Weg:

$2\log_5(x) - 0,5\log_5(x) = (2 - 0,5)\log_5(x) = 1,5\log_5(x)$

d) Bei $\log_2(x^2 + 1)$ ist wegen „+" im Argument keine Umformung möglich.

43. a) $\qquad 2^x = 6 \qquad\qquad |\ln$

$\qquad \ln(2^x) = \ln(6)$

$\qquad x \cdot \ln(2) = \ln(6)$ $\qquad\qquad$ Logarithmusgesetz (3) anwenden.

$\qquad\qquad x = \dfrac{\ln(6)}{\ln(2)} \approx 2{,}585$

$\qquad$ Probe: $2^{2{,}585} \approx 6$

b) $\qquad 2e^{2x} = 3 \qquad\qquad |:2 \quad$ Zuerst die Potenz isolieren.

$\qquad\quad e^{2x} = \dfrac{3}{2} \qquad\qquad |:\ln \quad$ Danach logarithmieren.

$\qquad \ln(e^{2x}) = \ln\left(\dfrac{3}{2}\right)$

$\qquad\qquad 2x = \ln\left(\dfrac{3}{2}\right)$

$\qquad\qquad\quad x = \dfrac{1}{2}\ln\left(\dfrac{3}{2}\right)$

$\qquad\qquad\qquad = 0{,}5\ln(1{,}5) \approx 0{,}203$

c) $\quad 2(e^x - 2) = 6 \qquad\qquad |:2$

$\qquad\quad e^x - 2 = 3 \qquad\qquad |+2$

$\qquad\qquad e^x = 5 \qquad\qquad |\ln$

$\qquad\qquad\quad x = \ln(5) \approx 1{,}609$

d) $\quad 2e^x = 3e^x - 4 \qquad\qquad |-3e^x$

$\qquad\quad -e^x = -4 \qquad\qquad |\cdot(-1)$

$\qquad\qquad e^x = 4 \qquad\qquad |\ln$

$\qquad\qquad\; x = \ln(4) \approx 1{,}368$

44. a) $\quad f(x) = 0$

$\qquad e^x - 1 = 0$

$\qquad\quad e^x = 1 \qquad\qquad |\ln$

$\qquad\qquad x = \ln(1) = 0$

b) $\qquad f(x) = 0$

$\qquad e^{-x} + 1 = 0$

$\qquad\quad e^{-x} = -1$

$\Rightarrow$ keine Nullstellen, da die letzte Gleichung keine Lösung hat (e^{-x} kann nicht negativ sein).

c)
$$f(x) = 0$$
$$(x^2 - x)e^{2x} = 0 \qquad\qquad e^{2x} > 0 \text{ gilt immer.}$$
$$x^2 - x = 0$$
$$x \cdot (x - 1) = 0$$
$$x_1 = 0; \quad x_2 = 1$$

d)
$$f(x) = 0$$
$$(2x^2 - x - 3)e^{2x-3} = 0 \qquad\qquad e^{2x-3} > 0 \text{ gilt immer.}$$
$$2x^2 - x - 3 = 0$$
$$x_{1/2} = \frac{1 \pm \sqrt{(-1)^2 - 4 \cdot 2 \cdot (-3)}}{2 \cdot 2} = \frac{1 \pm \sqrt{25}}{4} = \frac{1 \pm 5}{4}$$
$$x_1 = \frac{3}{2}; \quad x_2 = -1$$

45. a) E_0: aktueller Energieverbrauch
Zunahme um 20 %: $1,2\,E_0$
$p = 5\,\% = 0,05$

Zinseszinsformel: $\underbrace{E}_{1,2 \cdot E_0} = E_0 \cdot 1,05^x$

$$1,2\,E_0 = E_0 \cdot 1,05^x \qquad | \cdot E_0$$
$$1,2 = 1,05^x \qquad | \ln$$
$$\ln(1,05^x) = \ln(1,2)$$
$$x \cdot \ln(1,05) = \ln(1,2)$$
$$x = \frac{\ln(1,2)}{\ln(1,05)} \approx 3,74$$

Nach ca. 3,74 Jahren hat der Energieverbrauch um 20 % zugenommen.

b) $p = 10\,\% = 0,1; \; K_0 = 25\,000$
$$K = K_0 \cdot (1 - 0,1)^x$$
$$10\,000 = 25\,000 \cdot 0,9^x \qquad | : 25\,000$$
$$0,9^x = \frac{10\,000}{25\,000}$$
$$0,9^x = 0,4 \qquad | \ln$$
$$\ln(0,9^x) = \ln(0,4)$$
$$x \cdot \ln(0,9) = \ln(0,4)$$
$$x = \frac{\ln(0,4)}{\ln(0,9)} \approx 8,70$$

Nach ca. 8,7 Jahren beträgt der Wert des Autos noch 10 000 €.

46. a)

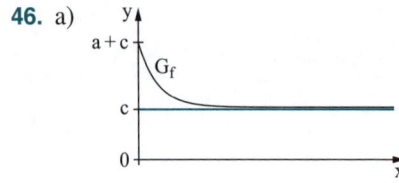

b) • Die Zahl 100 stellt die volle Ladung des Akkus dar; sie kann auch als 100 % interpretiert werden.

• $Q(1) = 100(1 - e^{-1}) \approx 63$

Nach 1 Stunde ist der Akku zu 63 % aufgeladen.

• $95 = 100(1 - e^{-t})$

$0,95 = 1 - e^{-t}$

$e^{-t} = 0,05 \qquad\qquad | \ln$

$-t = \ln(0,05)$

$t = -\ln(0,05) \approx 3 \, [\text{h}]$

c) Linke Seite: $f'(x) = (ae^{kx})' = ae^{kx} \cdot k = ake^{kx}$

Rechte Seite: $k \cdot f(x) = kae^{kx}$

Da linke und rechte Seite der Gleichung übereinstimmen, erfüllt $f(x) = ae^{kx}$ die (Differenzial-)Gleichung.

47. $v(t) = -g\mu + g\mu e^{-\frac{t}{\mu}} = g\mu\left(e^{-\frac{t}{\mu}} - 1\right)$

a) $a(t) = v'(t) = 0 + g\mu e^{-\frac{t}{\mu}} \cdot \left(-\frac{1}{\mu}\right) = -ge^{-\frac{t}{\mu}}$

Die Beschleunigung nimmt mit zunehmender Zeit ab.

b) $\lim\limits_{t \to \infty} v(t) = \lim\limits_{t \to \infty} \left(-g\mu + \underbrace{g\mu \overbrace{e^{-\frac{t}{\mu}}}^{\to -\infty}}_{\to 0}\right) = -g\mu$

Der Grenzwert gibt die Endgeschwindigkeit der Kugel an, der sie sich asymptotisch annähert.

48. a) $\lim\limits_{x \to -\infty} f(x) = \lim\limits_{x \to -\infty} \overbrace{e^{-x}}^{\to +\infty} = +\infty$

$\lim\limits_{x \to +\infty} f(x) = \lim\limits_{x \to +\infty} \overbrace{e^{-x}}^{\to -\infty} = 0$

Da $e^{-x} > 0$ für alle $x \in \mathbb{R}$ gilt, ist der Wertebereich $W_f = \mathbb{R}^+ = \,]0; \infty[$.

b) $f'(x) = e^{-x} \cdot (-x)' = e^{-x} \cdot (-1) = -e^{-x} < 0$ gilt immer.

f ist auf ganz $\mathbb{R}$ streng monoton abnehmend. Es gibt keine Extrema.

c) $f''(x) = (-e^{-x})' = -e^{-x} \cdot (-1) = e^{-x} > 0$

G_f ist linksgekrümmt auf ganz $\mathbb{R}$. Es gibt keine Wendepunkte.

d)

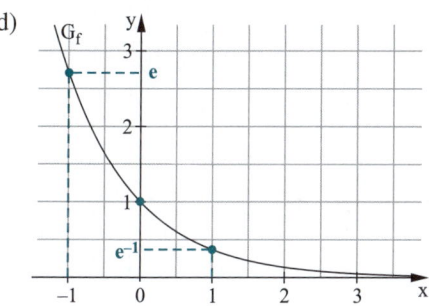

49. Nullstellen

Es gibt keine, da $x^2 + 1$ und $e^{-\frac{x}{2}}$ für alle $x \in \mathbb{R}$ immer positiv sind.

Extrema

$f'(x) = 2x \cdot e^{-\frac{x}{2}} + (x^2 + 1)e^{-\frac{x}{2}} \cdot \left(-\frac{1}{2}\right) = \left(2x - \frac{1}{2}(x^2 + 1)\right)e^{-\frac{x}{2}}$

$\qquad = \left(-\frac{1}{2}x^2 + 2x - \frac{1}{2}\right)e^{-\frac{x}{2}}$

$f'(x) = 0 \iff -\frac{1}{2}x^2 + 2x - \frac{1}{2} = 0 \qquad | \cdot (-2)$

$\qquad\qquad\qquad x^2 - 4x + 1 = 0$

$x_{1/2} = \dfrac{4 \pm \sqrt{(-4)^2 - 4 \cdot 1 \cdot 1}}{2 \cdot 1} = \dfrac{4 \pm \sqrt{12}}{2} = 2 \pm \sqrt{3} \implies x_1 \approx 0,27; \ x_2 \approx 3,73$

$f''(x) = (-x + 2)e^{-\frac{x}{2}} + \left(-\frac{1}{2}x^2 + 2x - \frac{1}{2}\right)e^{-\frac{x}{2}} \cdot \left(-\frac{1}{2}\right)$

$\qquad = \left(-x + 2 - \frac{1}{2}\left(-\frac{1}{2}x^2 + 2x - \frac{1}{2}\right)\right)e^{-\frac{x}{2}} = \left(\frac{1}{4}x^2 - 2x + \frac{9}{4}\right)e^{-\frac{x}{2}}$

$f''(x_1) \approx 1,51 > 0 \qquad \implies T(0,27 | 0,94)$
$f''(x_2) \approx -0,27 < 0 \qquad \implies H(3,73 | 2,31)$

Wendepunkte

$f''(x) = 0 \iff \frac{1}{4}x^2 - 2x + \frac{9}{4} = 0 \qquad | \cdot 4$

$\qquad\qquad\qquad x^2 - 8x + 9 = 0$

$x_{1/2} = \dfrac{8 \pm \sqrt{(-8)^2 - 4 \cdot 9 \cdot 1}}{2 \cdot 1} = \dfrac{8 \pm \sqrt{28}}{2} = 4 \pm \sqrt{7} \implies x_1 \approx 1,35; \ x_2 \approx 6,65$

Da es sich um einfache Nullstellen handelt, also um Nullstellen mit VZW, sind an diesen Stellen Wendepunkte des Graphen von f:

$f(x_1) \approx 1{,}44 \implies W_1(1{,}35 | 1{,}44)$

$f(x_2) \approx 1{,}63 \implies W_2(6{,}65 | 1{,}63)$

Graph

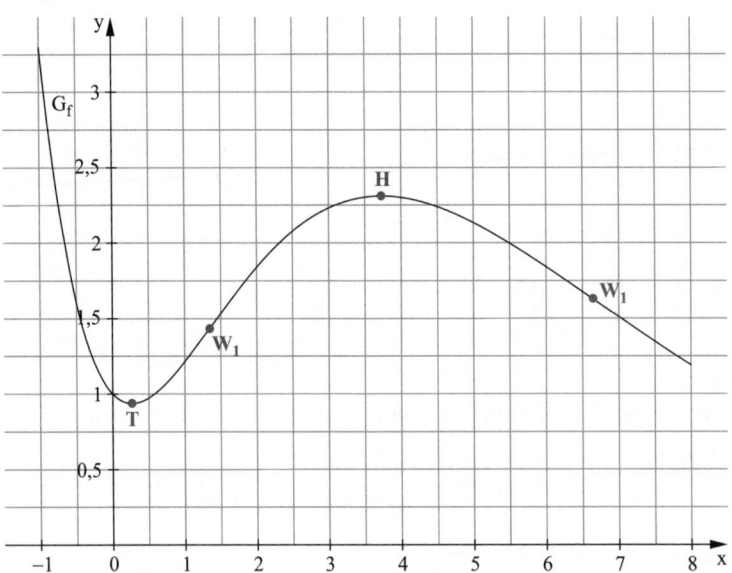

50. a) $f(x) = \underbrace{x^2}_{\substack{\geq 0 \\ \text{immer}}} \cdot \underbrace{e^{-x}}_{>0} \underbrace{+\, 2}_{\text{konstant}}$

Der Summand 2 besteht immer. Der erste Summand hat keine negativen Werte. Folglich ist der kleinste Wert dort, wo der erste Summand null ist. Das ist bei $x = 0$ der Fall. Der kleinste Funktionswert liegt dann bei $0 + 2$, also bei 2. Deshalb wird $f(x)$ nirgends null.

b) Nach Teilaufgabe a ist das bei $x = 0$ der Fall mit $f(0) = 2$. Das ist das globale Minimum.

c) $f'(x) = 2x \cdot e^{-x} + x^2 \cdot e^{-x} \cdot (-1) \underbrace{+\, 0}_{\substack{\text{additive} \\ \text{Konstante}}}$

$ = (-x^2 + 2x)e^{-x}$

$f'(x) = 0 \iff -x^2 + 2x = 0$

$ x(-x + 2) = 0$

$ x_1 = 0 \quad x_2 = 2$

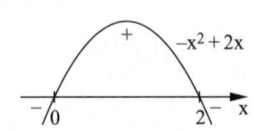

$x_1 = 0$ ist Nullstelle von f' mit VZW $- \nearrow +$ $\Rightarrow$ Minimum

$x_2 = 2$ ist Nullstelle von f' mit VZW $+ \searrow -$ $\Rightarrow$ Maximum

d) $f(0) = 2$ ist nach Teilaufgabe a globales Minimum.

$f(2) \approx 2{,}54$ ist lokales Maximum.

Randuntersuchung:

linker Rand: $f(-0{,}5) \approx 2{,}41$

rechter Rand: $f(5) \approx 2{,}17$

Nachdem die Randwerte kleiner sind als das Maximum bei $x = 2$, ist 2,54 das globale Maximum von f.

Wertebereich:

$W_f \approx [2; \, 2{,}54]$

e)

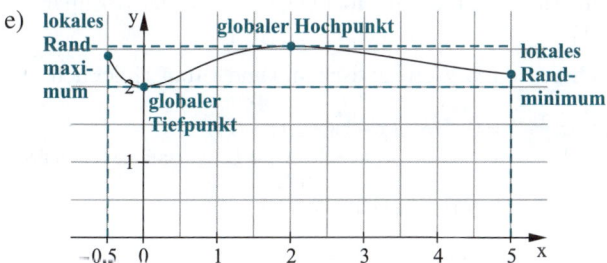

51. a)

t	0	2	5	10	15	20	25	30
N(t)	100	246	364	405	357	284	213	154

b) $N'(t) = 100 \cdot e^{-\frac{t}{10}} + 100(t+1)e^{-\frac{t}{10}} \cdot \left(-\frac{1}{10}\right)$

$\qquad = \left(100 - 10(t+1)\right)e^{-\frac{t}{10}} = (-10t + 90)e^{-\frac{t}{10}} = 10(9 - t)e^{-\frac{t}{10}}$

$N''(t) = 10 \cdot (-1)e^{-\frac{t}{10}} + 10(9 - t)e^{-\frac{t}{10}} \cdot \left(-\frac{1}{10}\right)$

$\qquad = -10e^{-\frac{t}{10}} - (9 - t)e^{-\frac{t}{10}} = (-10 - 9 + t)e^{-\frac{t}{10}} = (t - 19)e^{-\frac{t}{10}}$

c) $N'(t) = 0 \iff 10 \cdot \underbrace{(9 - t)}_{= 0, \text{ wenn } t = 9} e^{-\frac{t}{10}} = 0$

$\Rightarrow t_1 = 9$

Maximum nach 9 Stunden: $N(9) = 407$

d) $N''(t) = 0 \iff (t - 19)e^{-\frac{t}{10}} = 0$

Bei $t = 19$ hat man eine Nullstelle mit VZW. Also liegt hier ein Wendepunkt vor. Im Wendepunkt hat die Ableitung einen Extremwert. Also hat N(t) dort die größte negative Steigung. Mithin nimmt an dieser Stelle die Anzahl der Bakterien am schnellsten ab.

52. a) $\lim\limits_{x \to \infty} e^{\overbrace{-\frac{x^2}{2}}^{\to -\infty}} = 0$

Der Graph nähert sich für $|x| \to \infty$ an die x-Achse an, da die Funktionswerte gegen null streben.

b) $f'(x) = e^{-\frac{x^2}{2}} \cdot \underbrace{\left(-\frac{2x}{2}\right)}_{\text{Nachdifferenzieren}} = -x \cdot e^{-\frac{x^2}{2}}$

$f''(x) = -1 \cdot e^{-\frac{x^2}{2}} - x \cdot e^{-\frac{x^2}{2}} \cdot (-x) = (x^2 - 1) \cdot e^{-\frac{x^2}{2}}$

$f'(x) = 0 \implies x_1 = 0$

$f''(0) = -1 < 0 \implies H(0|1)$, da $e^0 = 1$

Aus den Grenzwerten ergibt sich: $H(0|1)$ ist ein globaler Hochpunkt.
$\implies W_f = \,]0;\,1]$

Die Funktion hat also nur Werte zwischen 0 und 1 (einschließlich 1).

c) $f''(x) = 0 \iff x^2 - 1 = 0 \iff (x-1)(x+1) = 0$
$\qquad\qquad\qquad\qquad\qquad\qquad x_1 = -1;\quad x_2 = 1 \qquad$ einfache Nullstellen

$f(\pm 1) = e^{-\frac{1}{2}} \approx 0,61 \implies W_{1/2}\,(\pm 1|0,61)$

d)

x	0	±0,25	±0,5	±1	±1,5	2	2,5	3
f(x)	1	0,9692	0,8825	0,6065	0,3247	0,1353	0,0439	0,0111

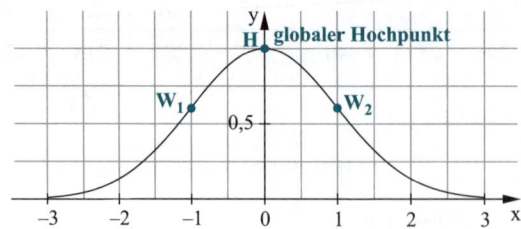

53. a) $\int \left(\frac{1}{2} - x\right) dx = \frac{1}{2}x - \frac{1}{2}x^2 + C$

Probe: $\left(\frac{1}{2}x - \frac{1}{2}x^2 + C\right)' = \frac{1}{2} - \frac{1}{2} \cdot 2x + 0 = \frac{1}{2} - x$

b) $\int (2x-1)(x+3)\,dx = \int (2x^2 + 5x - 3)\,dx = \frac{2}{3}x^3 + \frac{5}{2}x^2 - 3x + C$

Probe: $\left(\frac{2}{3}x^3 + \frac{5}{2}x^2 - 3x + C\right)' = 2x^2 + 5x - 3$

c) $\int 5(x-2)^2\,dx = 5 \cdot \int (x^2 - 4x + 4)\,dx = 5 \cdot \left(\frac{1}{3}x^3 - 2x^2 + 4x\right) + C$

Probe: $\left(5 \cdot \left(\frac{1}{3}x^3 - 2x^2 + 4x\right) + C\right)' = 5 \cdot (x^2 - 4x + 4) = 5(x-2)^2$

d) $\int \frac{(2x+1)^2}{3}\,dx = \frac{1}{3}\cdot\int (4x^2+4x+1)\,dx = \frac{1}{3}\cdot\left(\frac{4}{3}x^3+2x^2+x\right)+C$

Probe: $\left(\frac{1}{3}\cdot\left(\frac{4}{3}x^3+2x^2+x\right)+C\right)' = \frac{1}{3}\cdot(4x^2+4x+1) = \frac{(2x+1)^2}{3}$

54. a) $\int \left(1-x+\frac{1}{2}e^x\right)dx = x-\frac{1}{2}x^2+\frac{1}{2}e^x+C$

b) $\int \frac{3e^x-2x}{3}\,dx = \frac{1}{3}\left(3e^x-x^2\right)+C = e^x-\frac{1}{3}x^2+C$

c) $\int 4\left(2x^2+\frac{1}{2}e^x\right)dx = 4\left(\frac{2}{3}x^3+\frac{1}{2}e^x\right)+C = \frac{8}{3}x^3+2e^x+C$

55. a) $\int e^{\frac{x}{2}}\,dx = \frac{1}{\frac{1}{2}}e^{\frac{x}{2}}+C = 2e^{\frac{x}{2}}+C$ Mit dem Kehrwert des bei x stehenden Faktors multiplizieren.

b) $\int e^{-2x}\,dx = -\frac{1}{2}e^{-2x}+C$

56. a) $f(x) = 1-e^{-x}$; $F(x) = x-e^{-x}\cdot(-1)+C = x+e^{-x}+C$

Probe: $F'(x) = (x+e^{-x}+C)' = 1+e^{-x}\cdot(-1)+0 = 1-e^{-x} = f(x)$

b) $f(x) = 4\cdot e^{-\frac{x}{2}}$; $F(x) = 4\cdot e^{-\frac{x}{2}}\cdot\frac{1}{-\frac{1}{2}}+C = -8e^{-\frac{x}{2}}+C$

Probe: $F'(x) = \left(-8e^{-\frac{x}{2}}+C\right)' = -8e^{-\frac{x}{2}}\cdot\left(-\frac{1}{2}\right)+0 = 4e^{-\frac{x}{2}} = f(x)$

c) $f(x) = e^{2(x-1)}\underbrace{-e^2}_{\text{Konstante}}$; $F(x) = e^{2(x-1)}\cdot\frac{1}{2}-e^2\cdot x+C$
$= \frac{1}{2}e^{2(x-1)}-e^2\cdot x+C$

Probe: $F'(x) = \left(\frac{1}{2}e^{2(x-1)}-e^2x+C\right)' = \frac{1}{2}e^{2(x-1)}\cdot 2-e^2+0$
$= e^{2(x-1)}-e^2 = f(x)$

d) $f(x) = ae^{kx}+c$; $F(x) = ae^{kx}\cdot\frac{1}{k}+cx+C = \frac{a}{k}e^{kx}+cx+C$

Probe: $F'(x) = \left(\frac{a}{k}e^{kx}+cx+C\right)' = \frac{a}{k}e^{kx}\cdot k+c+0 = ae^{kx}+c = f(x)$

57. Dieser Nachweis kann nicht durch Integrieren von f(x) erbracht werden: f(x) besteht aus dem Produkt der beiden Funktionen x und $e^{-\frac{x}{2}}$, wofür hier keine Integrationsregel vorhanden ist.

Der Nachweis wird durch Ableiten von F(x) geführt, indem gezeigt wird, dass F'=f ist. Das ist immer einfacher, als f zu F hochzuintegrieren:

$$F'(x) = \left(-2 \cdot (x+2) \cdot e^{-\frac{x}{2}}\right)' = \underbrace{-2 \cdot 1 \cdot e^{-\frac{x}{2}} - 2 \cdot (x+2) \cdot e^{-\frac{x}{2}} \cdot \left(-\frac{1}{2}\right)}_{\text{Produktregel}}$$

$$= -2e^{-\frac{x}{2}} + (x+2)e^{-\frac{x}{2}} = \left(-2 + (x+2)\right)e^{-\frac{x}{2}} = x \cdot e^{-\frac{x}{2}} = f(x)$$

58. a) $\displaystyle\int_{-2}^{2} x \, dx = \left[\frac{1}{2}x^2\right]_{-2}^{2} = \frac{1}{2} \cdot 2^2 - \frac{1}{2} \cdot (-2)^2 = 2 - 2 = 0$

b) $\displaystyle\int_{0}^{5} x(x-3) \, dx = \int_{0}^{5} (x^2 - 3x) \, dx = \left[\frac{1}{3}x^3 - \frac{3}{2}x^2\right]_{0}^{5} = \frac{1}{3} \cdot 5^3 - \frac{3}{2} \cdot 5^2 - 0 = \frac{25}{6}$

c) $\displaystyle\int_{-2}^{1} \left(4x^3 + x^2 - \frac{1}{2}x + 5\right) dx = \left[x^4 + \frac{1}{3}x^3 - \frac{1}{4}x^2 + 5x\right]_{-2}^{1}$

$$= 1 + \frac{1}{3} - \frac{1}{4} + 5 - \left((-2)^4 + \frac{1}{3} \cdot (-2)^3 - \frac{1}{4} \cdot (-2)^2 - 10\right)$$

$$= 6 + \frac{1}{3} - \frac{1}{4} - 16 + \frac{8}{3} + 1 + 10 = \frac{15}{4}$$

d) $\displaystyle\int_{-1}^{t} (x+1)^3 \, dx = \int_{-1}^{t} (x^3 + 3x^2 + 3x + 1) \, dx = \left[\frac{1}{4}x^4 + x^3 + \frac{3}{2}x^2 + x\right]_{-1}^{t}$

$$= \frac{1}{4}t^4 + t^3 + \frac{3}{2}t^2 + t - \left(\frac{1}{4} - 1 + \frac{3}{2} - 1\right) = \frac{1}{4}t^4 + t^3 + \frac{3}{2}t^2 + t + \frac{1}{4}$$

Dieser Term soll den Wert 4 annehmen:

$\frac{1}{4}t^4 + t^3 + \frac{3}{2}t^2 + t + \frac{1}{4} = 4 \quad | \cdot 4$ Es handelt sich um eine Gleichung vierten Grades, bei der sich die Unbekannte t nicht ausklam-

$t^4 + 4t^3 + 6t^2 + 4t - 15 = 0$ mern lässt. Also muss zunächst eine Lösung geraten werden. Man findet relativ leicht $t_1 = 1$.

$(t^4 + 4t^3 + 6t^2 + 4t - 15) : (t-1)$ Damit wird eine Polynomdivision durchgeführt.
$= t^3 + 5t^2 + 11t + 15$

$t^3 + 5t^2 + 11t + 15 = 0$ Für den abdividierten Teil muss ebenfalls geraten werden. Mit mehr Mühe findet man $t_2 = -3$.

$(t^3 + 5t^2 + 11t + 15) : (t+3)$ Erneute Polynomdivision führt auf einen quadra-
$= t^2 + 2t + 5$ tischen Term.

Der verbliebene quadratische Term hat keine Nullstellen, da seine Diskriminante negativ ist. Zusammengefasst gilt:

$$\int_{-1}^{t} (x+1)^3 \, dx = 4, \text{ wenn } t = 1 \text{ oder } t = -3$$

59. a) $\int\limits_{0}^{1} e^x \, dx = \left[e^x \right]_{0}^{1} = e^1 - e^0 = e - 1 \approx 1,72$

b) $\int\limits_{-2}^{2} 3e^{-x+1} \, dx = \left[3e^{-x+1} \cdot \underbrace{\left(\frac{1}{-1} \right)}_{\substack{\text{Kehrwert des bei x} \\ \text{stehenden Faktors}}} \right]_{-2}^{2} = \left[-3e^{-x+1} \right]_{-2}^{2}$

$= -3e^{-2+1} - \left(-3e^{-(-2)+1} \right) = -3e^{-1} + 3e^3 \approx 59,15$

c) $\int\limits_{-1}^{0} \frac{1}{2} e^{3-\frac{x}{2}} \, dx = \left[\frac{1}{2} e^{3-\frac{x}{2}} \cdot \left(\frac{1}{-\frac{1}{2}} \right) \right]_{-1}^{0} = \left[\frac{1}{2} \cdot \left(-\frac{2}{1} \right) e^{3-\frac{x}{2}} \right]_{-1}^{0} = \left[-e^{3-\frac{x}{2}} \right]_{-1}^{0}$

$= -e^3 + e^{3-\frac{-1}{2}} = -e^3 + e^{3,5} = e^{3,5} - e^3 \approx 13,03$

60. a) Der Wert des bestimmten Integrals kommt durch die Summe der vorzeichenbehafteten Flächenanteile zustande:

$1,684375 = A_0 + A_1 - A_2$
$1,684375 = A_0 + 2,40 - 1,05$
$A_0 = 0,334375$

b) $A_0 = \int\limits_{-0,5}^{0} f(x) \, dx = \left[\frac{1}{5} x^5 - \frac{5}{4} x^4 + 2x^3 \right]_{-0,5}^{0}$

$= 0 - \left(\frac{1}{5} \cdot (-0,5)^5 - \frac{5}{4} \cdot (-0,5)^4 + 2 \cdot (-0,5)^3 \right) = 0,334375$

61. a)

b) Wegen Achsensymmetrie wird angesetzt:

$A = 2 \cdot \int\limits_{0}^{2} (x^4 - 2x^2 + 1) \, dx = 2 \cdot \left[\frac{1}{5} x^5 - \frac{2}{3} x^3 + x \right]_{0}^{2}$

$= 2 \cdot \left(\frac{32}{5} - \frac{16}{3} + 2 \right) = \frac{92}{15} \, \text{FE} \approx 6,13 \, \text{FE}$

62. a) $g(x) = -\frac{1}{2}(x^3 + 6x^2 + 9x) = -\frac{1}{2}x(x+3)^2$

Daraus lässt sich ablesen:

$x_{1/2} = -3; \quad x_3 = 0$

b)

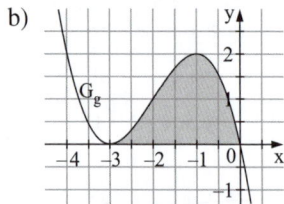

c) $A = -\frac{1}{2}\int\limits_{-3}^{0} (x^3 + 6x^2 + 9x)\,dx = -\frac{1}{2}\left[\frac{1}{4}x^4 + 2x^3 + \frac{9}{2}x^2\right]_{-3}^{0}$

$= 0 + \frac{1}{2}\left(\frac{1}{4}(-3)^4 + 2(-3)^3 + \frac{9}{2}(-3)^2\right) = \frac{27}{8}\,\text{FE} = 3{,}375\,\text{FE}$

63. Die Berechnung der Nullstellen muss mit Raten und Polynomdivision erfolgen.

Man findet: $x_{1/2} = -1; \; x_3 = 3$

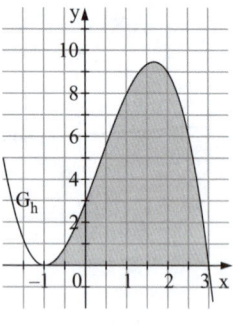

$A = \int\limits_{-1}^{3} (-x^3 + x^2 + 5x + 3)\,dx$

$= \left[-\frac{1}{4}x^4 + \frac{1}{3}x^3 + \frac{5}{2}x^2 + 3x\right]_{-1}^{3}$

$= -\frac{1}{4}\cdot 3^4 + \frac{1}{3}\cdot 3^3 + \frac{5}{2}\cdot 3^2 + 3\cdot 3 - \left(-\frac{1}{4} - \frac{1}{3} + \frac{5}{2} - 3\right)$

$= \frac{64}{3}\,\text{FE} \approx 21{,}33\,\text{FE}$

64. a) Beim Auszählen hat man zunächst drei Kästchen mit Seitenlänge 1, die (fast) ganz unter G_f liegen. Hinzu kommen in etwa noch zwei halbe Kästchen und vielleicht noch ein viertel Kästchen unten rechts. Der Flächeninhalt sollte also gut 4 FE betragen.

b) Der gesuchte Flächeninhalt ist die Differenz der Funktionswerte einer (beliebigen) Stammfunktion F in Form von oberer Grenze minus unterer Grenze. Hier also: F(3) − F(0). Diese beiden Funktionswerte lassen sich mühelos aus dem (grünen) Graphen von F ablesen:
$A = F(3) - F(0) = 4{,}5 - 0 = 4{,}5\,\text{FE}$

c) $A = F^*(3) - F^*(0) = 3{,}5 - (-1) = 4{,}5\,\text{FE}$

65. a) $f(x)=0$

$x^3-6x=0 \Leftrightarrow x(x^2-6)=0$

$x_1=0; \quad x_{1/2}=\pm\sqrt{6}$

Da es um die eingeschlossene Fläche mit der **positiven** x-Achse geht, ist nur von 0 bis $\sqrt{6}$ zu integrieren:

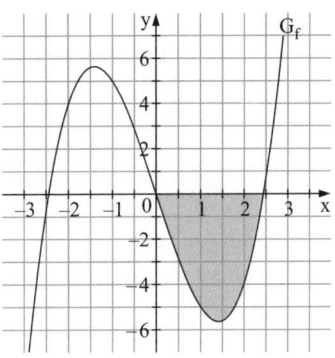

$A = \left| \int_0^{\sqrt{6}} (x^3-6x)\,dx \right|$

$= \left| \left[\frac{1}{4}x^4 - 3x^2 \right]_0^{\sqrt{6}} \right|$

$= \left| \frac{1}{4}\sqrt{6}^4 - 3\sqrt{6}^2 - 0 \right|$

$= \left| \frac{1}{4}\cdot 36 - 3\cdot 6 \right| = 9 \text{ FE}$

b) Es liegt Achsensymmetrie vor. Die Nullstellen liegen bei $x_{1/2}=0$ und $x_{3/4}=\pm 2$.

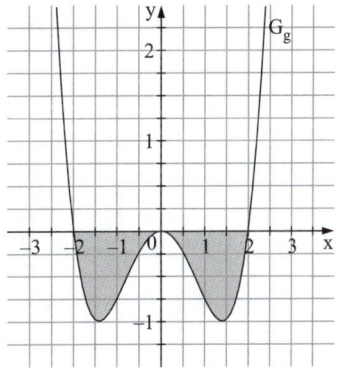

$A = 2\cdot \left| \int_0^2 (\frac{1}{4}x^4 - x^2)\,dx \right|$

$= 2\cdot \left| \left[\frac{1}{20}x^5 - \frac{1}{3}x^3 \right]_0^2 \right|$

$= 2\cdot \left| \frac{1}{20}\cdot 2^5 - \frac{1}{3}\cdot 2^3 - 0 \right|$

$= \frac{32}{15} \text{ FE} \approx 2{,}13 \text{ FE}$

66. a) Da f nur ungerade Exponenten enthält, ist G_f punktsymmetrisch zum Ursprung und hat deshalb auch im Ursprung seinen Wendepunkt $W(0|0)$.

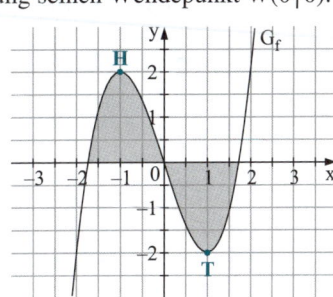

$f(x)=0 \Leftrightarrow x(x^2-3)=0$

$x_1=0; \quad x_{2/3}=\pm\sqrt{3}$

$f'(x)=3x^2-3$

$f''(x)=6x$

$f'(x)=0 \Leftrightarrow 3x^2-3=0 \Leftrightarrow x^2=1$

$\Rightarrow x_{1/2}=\pm 1$

Wegen $f''(1)=6>0$ folgt $T(1|-2)$.

Aus der Symmetrie ergibt sich weiter:

$H(-1|2)$

b) Wegen der Symmetrie genügt es, von 0 bis $\sqrt{3}$ zu integrieren und den Betrag zu verdoppeln.

$$A = 2 \cdot \left| \int_0^{\sqrt{3}} (x^3 - 3x)\, dx \right| = 2 \cdot \left| \left[\tfrac{1}{4}x^4 - \tfrac{3}{2}x^2 \right]_0^{\sqrt{3}} \right| = 2 \cdot \left| \tfrac{9}{4} - \tfrac{9}{2} \right|$$

$$= \tfrac{9}{2}\,\text{FE} = 4{,}5\,\text{FE}$$

c) Wegen der Symmetrie der beiden Flächenanteile, und weil ein Teil über und der andere unter der x-Achse liegt, gilt:

$$\int_{-\sqrt{3}}^{\sqrt{3}} (x^3 - 3x)\, dx = 0$$

67. a) Getrennte Berechnung der zwei Flächenanteile:

$$A_1 = \left| \int_0^1 (x^2 - 1)\, dx \right| = \left| \left[\tfrac{1}{3}x^3 - x \right]_0^1 \right|$$

$$= \left| \tfrac{1}{3} - 1 - 0 \right| = \tfrac{2}{3}\,\text{FE}$$

$$A_2 = \int_1^3 (x^2 - 1)\, dx = \left[\tfrac{1}{3}x^3 - x \right]_1^3$$

$$= 9 - 3 - \left(\tfrac{1}{3} - 1 \right) = \tfrac{20}{3}\,\text{FE}$$

$$A = A_1 + A_2 = \tfrac{22}{3}\,\text{FE} \approx 7{,}33\,\text{FE}$$

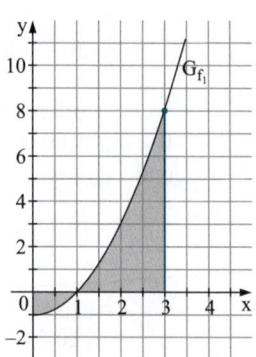

b) $f_t(x) = 0 \Leftrightarrow x^2 - t^2 = 0 \Leftrightarrow x^2 = t^2 \Rightarrow x_{1/2} = \pm t$

c) Zunächst wird unter Berücksichtigung der Symmetrie der eingeschlossene Flächeninhalt in Abhängigkeit von t berechnet:

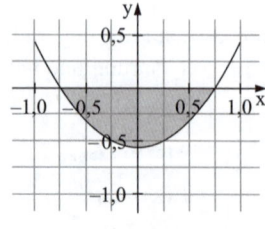

$$A(t) = 2 \cdot \left| \int_0^t (x^2 - t^2)\, dx \right| = 2 \cdot \left| \left[\tfrac{1}{3}x^3 - t^2 x \right]_0^t \right|$$

$$= 2 \cdot \left| \tfrac{1}{3}t^3 - t^3 - 0 \right| = 2 \cdot \left| -\tfrac{2}{3}t^3 \right| = \tfrac{4}{3}t^3$$

Dieser Wert soll $\tfrac{9}{16}$ sein, also wird gleichgesetzt:

$$\tfrac{4}{3}t^3 = \tfrac{9}{16} \Leftrightarrow t^3 = \tfrac{27}{64} \Rightarrow t = \sqrt[3]{\tfrac{27}{64}} = \tfrac{3}{4}$$

68. Ansatz auf Schneiden: $f(x) = g(x)$

$$x^2 = \frac{1}{4}x^2 + 2 \Leftrightarrow x^2 = \frac{8}{3}$$

$$\Rightarrow x_{1/2} = \pm\sqrt{\frac{8}{3}} = \pm\frac{2}{3}\sqrt{6} \approx \pm 1{,}63$$

Wegen der Symmetrie kann man ansetzen:

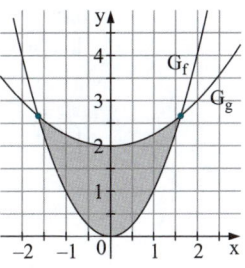

$$A = 2\int_0^{\sqrt{\frac{8}{3}}} \left(\frac{1}{4}x^2 + 2 - x^2\right) dx = 2\int_0^{\sqrt{\frac{8}{3}}} \left(-\frac{3}{4}x^2 + 2\right) dx$$

$$= 2 \cdot \left[-\frac{1}{4}x^3 + 2x\right]_0^{\sqrt{\frac{8}{3}}} = 2 \cdot \left[-\frac{1}{4}\sqrt{\frac{8}{3}}^3 + 2\sqrt{\frac{8}{3}} - 0\right]$$

$$= 2 \cdot \sqrt{\frac{8}{3}}\left(-\frac{1}{4} \cdot \frac{8}{3} + 2\right) = 2 \cdot \sqrt{\frac{8}{3}} \cdot \frac{4}{3} = \frac{8}{3} \cdot \sqrt{\frac{8}{3}}$$

$$= \frac{16}{9}\sqrt{6} \text{ FE} \approx 4{,}35 \text{ FE}$$

69. a) Nullstellen: $x_1 = 0$; $x_{2/3} = 3$

Extrema: $H(1\,|\,2)$; $T(3\,|\,0)$

Wendepunkt: $W(2\,|\,1)$

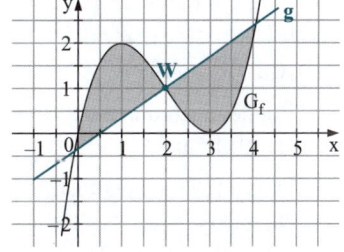

b) $x_W = 2$; $f(2) = 1$; $f'(2) = -\frac{3}{2}$

g: $y = \frac{2}{3}(x-2) + 1 = \frac{2}{3}x - \frac{1}{3}$

$f(x) = g(x)$

$\Leftrightarrow \frac{1}{2}x^3 - 3x^2 + \frac{9}{2}x = \frac{2}{3}x - \frac{1}{3}$

$\Leftrightarrow 3x^3 - 18x^2 + 23x + 2 = 0$

$(3x^3 - 18x^2 + 23x + 2) : (x - 2)$
$= 3x^2 - 12x - 1$

$x_{2/3} = 2 \pm \frac{1}{3}\sqrt{39} \approx \begin{cases} 4{,}082 \\ -0{,}082 \end{cases}$

Berechnung der Geraden g

Graph mit Gerade schneiden

Die Gleichung muss mit Polynomdivision gelöst werden. Eine Lösung ist bekannt: die Wendestelle $x_W = 2$.

Die quadratische Gleichung wird mit der Lösungsformel gelöst.

$$A_2 = \int\limits_{2}^{4,082} \left(\tfrac{2}{3}x - \tfrac{1}{3} - \left(\tfrac{1}{2}x^3 - 3x^2 + \tfrac{9}{2}x \right) \right) dx$$

$$= \int\limits_{2}^{4,082} \left(-\tfrac{1}{2}x^3 + 3x^2 - \tfrac{23}{6}x - \tfrac{1}{3} \right) dx$$

Da beide Flächenstücke gleich groß sind (es herrscht Punktsymmetrie bezüglich des Wendepunktes), wird der Inhalt der rechten Fläche berechnet und anschließend verdoppelt.

$$= \left[-\tfrac{1}{8}x^4 + x^3 - \tfrac{23}{12}x^2 - \tfrac{1}{3}x \right]_{2}^{4,082}$$

$$\approx 2,347 \text{ FE}$$

Die Gesamtfläche ist damit:

$A = 2 \cdot A_2 \approx 4,49 \text{ FE}$

70. Die Fläche ist symmetrisch, man kann sich daher auf die rechte Hälfte beschränken. Für die nach oben geöffnete Parabel wird wegen Symmetrie und Scheitel $S_0(0 \mid 1)$ angesetzt: $f(x) = ax^2 + 1$

Da diese Parabel außerdem durch den Punkt $P(2 \mid 5)$ geht, folgt weiter:
$f(2) = 5 \;\Rightarrow\; a \cdot 2^2 + 1 = 5 \;\Rightarrow\; a = 1$

Also: $f(x) = x^2 + 1$

Bei der nach unten geöffneten Parabel liest man sofort $c = 5$ ab und setzt noch an: $g(x) = ax^2 + bx + 5$.

Da $S_u(1 \mid 7)$ Scheitel ist, folgt:
(1) $g(1) = 7 \;\Rightarrow\; a + b + 5 = 7 \;\Rightarrow\; a + b = 2$
(2) $g'(1) = 0 \;\Rightarrow\; 2a + b = 0$

Daraus ergibt sich: $g(x) = -2x^2 + 4x + 5$

Die eingeschlossene Fläche beträgt:

$$A = 2 \cdot \int\limits_{0}^{2} \left(g(x) - f(x) \right) dx = 2 \cdot \int\limits_{0}^{2} \left(-3x^2 + 4x + 4 \right) dx = 16 \text{ FE}$$

71. Zunächst wird der Flächeninhalt unter der Parabel berechnet:

$$A_1 = \int\limits_{0}^{a} x^2 \, dx = \left[\tfrac{1}{3}x^3 \right]_{0}^{a} = \tfrac{1}{3}a^3$$

Der Gesamtflächeninhalt des Rechtecks ist:
$A = \text{Breite} \cdot \text{Höhe} = a \cdot a^2 = a^3$

Folglich ist der über der Parabel liegende Flächeninhalt:
$A_2 = \tfrac{2}{3}a^3$

Für das Verhältnis gilt:

$$A_2 : A_1 = \frac{\frac{2}{3}a^3}{\frac{1}{3}a^3} = \frac{2}{1}$$

Unabhängig von a ist demnach der Flächeninhalt über der Parabel immer doppelt so groß wie der unter der Parabel.

72. Der Graph von g enthält den Ursprung und hat dort eine waagrechte Tangente. Weil das bestimmte Integral negativ ist, muss er ferner im IV. Quadranten verlaufen.

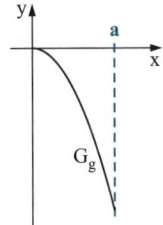

Es sind natürlich auch noch andere Varianten denkbar. Wichtig sind die waagrechte Tangente im Ursprung und der Flächenanteil unter der x-Achse.

73. a) Da die Mauer oben 1,5 m breit sein soll, hat der rechte obere Eckpunkt die x-Koordinate 0,75 (Symmetrie).
$$r_a(0,75) = 10 \iff a(0,75 - 2)^2 = 10 \implies a = 6,4$$

   b) Wegen der Symmetrie konzentriert man sich auf die rechte Hälfte. Hier ist es wichtig zu erkennen, dass sich die Fläche aus zwei unterschiedlichen Teilflächen zusammensetzt: einem Rechteck der Breite 0,75 und der Höhe 10 sowie dem Stück unter der Parabel im Bereich $0,75 \le x \le 2$.

$$A_1 = 0,75 \cdot 10 = 7,5$$

$$A_2 = \int_{0,75}^{2} 6,4 \cdot (x - 2)^2 \, dx = 6,4 \cdot \int_{0,75}^{2} (x^2 - 4x + 4) \, dx$$

$$= 6,4 \cdot \left[\frac{1}{3}x^3 - 2x^2 + 4x \right]_{0,75}^{2} \approx 4,17$$

Der gesamte Flächeninhalt ist damit: $A = 2(A_1 + A_2) \approx 23,34 \text{ m}^2$

   c) $R(x) = \begin{cases} 6,4 \cdot (-x - 2)^2 & \text{für } -2 \le x < -0,75 \\ 10 & \text{für } -0,75 \le x < 0,75 \\ 6,4 \cdot (x - 2)^2 & \text{für } 0,75 \le x \le 2 \end{cases}$

Der linke parabelförmige Mauerrand wurde wegen der Symmetrie aus dem rechten Rand durch Spiegelung an der y-Achse angegeben. Dabei ersetzt man einfach x durch −x.

   d) An den Übergangsstellen bei ±0,75 hat R(x) keine Sprünge und ist nicht differenzierbar.

74. a) $A_K = r^2\pi$ Kreisfläche

$A_{HK} = \frac{1}{2}\pi$ Halbkreis mit r = 1

$A_{RE} = 2h$ Rechteck mit Breite 2 und Höhe h

$A_{HK} = A_{RE}$ Beide Flächeninhalte sollen gleich sein.

$\frac{1}{2}\pi = 2h \;\Rightarrow\; h = \frac{1}{4}\pi \approx 0,785$

Die rechts und links außerhalb des Halbkreises liegenden Flächenanteile des Rechtecks sind genauso groß wie das Flächenstück im oberen Teil des Halbkreises, das nicht durch das Rechteck abgedeckt wird.

b) Der Flächeninhalt unter der Parabel wird mit dem Integral berechnet:

$$A = 2 \cdot \int\limits_{0}^{1} (1 - x^2)\, dx = 2 \cdot \left[x - \frac{1}{3}x^3 \right]_0^1 = \frac{4}{3}\ \text{FE}$$

Flächengleichheit:

$\frac{4}{3} = 2h \;\Rightarrow\; h = \frac{2}{3} \approx 0,667$

c) (1) Allgemein berechnet man den (vorzeichenbehafteten) Flächeninhalt einer Funktion f auf dem Intervall [a; b] mit dem bestimmten Integral:

$$\int\limits_{a}^{b} f(x)\, dx$$

Für den Flächeninhalt eines Rechteckes mit der Breite der Intervalllänge von [a; b] und der Höhe m gilt $(b - a) \cdot m$. Setzt man beide gleich und löst nach m auf, so ergibt sich die Formel für den Mittelwert einer Funktion gemäß:

$$m = \frac{1}{b-a} \int\limits_{a}^{b} f(x)\, dx$$

(2) $m = \dfrac{1}{3-0}\displaystyle\int\limits_{0}^{3} x^2\, dx = \dfrac{1}{3} \cdot \left[\dfrac{1}{3}x^3 \right]_0^3 = 3$

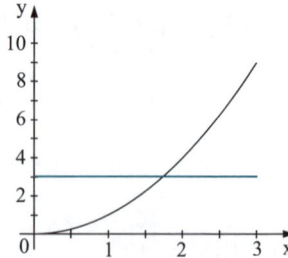

75. $k(x) = ax(x - 4)$ Zunächst wird die „Kanalfunktion" aufgestellt. Nach Zeichnung sind Nullstellen bei 0 und 4.

$k(2) = -2 \;\Rightarrow\; a = \frac{1}{2}$ Der Parameter a wird mithilfe der abgelesenen Scheitelkoordinaten bestimmt.

$$A_K = \left| \int_0^4 \frac{1}{2}x(x-4)\,dx \right| = \frac{1}{2} \left| \int_0^4 (x^2 - 4x)\,dx \right|$$

Die Querschnittsfläche des Kanals wird berechnet.

$$= \frac{1}{2} \left| \left[\frac{x^3}{3} - 2x^2 \right]_0^4 \right| = \frac{16}{3} \approx 5,33$$

$$A_D = \frac{1}{2} \cdot 3 \cdot h = 1,5 \cdot h$$

Flächeninhalt des Dreiecks

$$1,5 \cdot h = \frac{16}{3} \implies h = \frac{32}{9} \approx 3,56$$

Die Inhalte beider Flächen müssen gleich sein.

$$\tan \alpha = \frac{\frac{32}{9}}{3} = \frac{32}{27} \implies \alpha \approx 49,8°$$

Bestimmung des Winkels

76. a) $f(x) = ax^3 + bx^2 + cx$

Weil G_f durch den Ursprung geht, wird gleich $d = 0$ angesetzt.

$f'(x) = 3ax^2 + 2bx + c$

1. Ableitung

(1) $f(3) = 0 \implies 27a + 9b + 3c = 0$

Nullstelle

(2) $f'(3) = 0 \implies 27a + 6b + c = 0$

wegen Berührung der x-Achse

(3) $f'(0) = 2 \implies c = 2$

weil g die Steigung 2 hat

Man errechnet: $c = 2$; $b = -\frac{4}{3}$ und $a = \frac{2}{9}$

$\implies f(x) = \frac{2}{9}x^3 - \frac{4}{3}x^2 + 2x = \frac{2}{9}x(x^2 - 6x + 9) = \frac{2}{9}x(x-3)^2$

b) (1) Aus der faktorisierten Darstellung liest man ab: $x_1 = 0$; $x_{2/3} = 3$. Bei der doppelten Nullstelle muss ein Extrempunkt liegen.

(2) $f'(x) = \frac{2}{9}x^2 - \frac{8}{3}x + 2 = \frac{2}{9}(x^2 - 4x + 3) = \frac{2}{9}(x-1)(x-3)$

$f''(x) = \frac{2}{9}(2x - 4) = \frac{4}{9}(x-2)$

$f'(x) = 0 \implies x_1 = 1$; $x_2 = 3$

$f''(1) = -\frac{4}{9} < 0 \implies$ Hochpunkt an der Stelle 1 mit $H\left(1 \left| \frac{8}{9}\right.\right)$

$f''(3) = \frac{4}{9} > 0 \implies$ Tiefpunkt an der Stelle 3 mit $T(3|0)$

c) Das Krümmungsverhalten lässt sich aus den Vorzeichen der zweiten Ableitung ablesen. Dies ist eine lineare Funktion mit Steigung $\frac{4}{9}$ und Nullstelle bei 2. Daraus folgt: In
- $]-\infty; 2]$ ist der Graph rechtsgekrümmt.
- $[2; \infty[$ ist der Graph linksgekrümmt.

Wendepunkt: $W\left(2 \left| \frac{4}{9}\right.\right)$

d) $g(x) = f(x)$ Ansatz für Schnittpunkte

$\Leftrightarrow 2x = \frac{2}{9}x^3 - \frac{4}{3}x^2 + 2x$

$\Leftrightarrow \frac{2}{9}x^3 - \frac{4}{3}x^2 = 0$

$\Leftrightarrow x^2(x-6) = 0$

Man liest ab:
- bekannter Berührpunkt bei $x_{1/2} = 0$
- Schnittstelle $x_3 = 6$
  $\Rightarrow$ Schnittpunkt $S(6|12)$

e) $A = \left| \int_0^6 (f(x) - g(x))\, dx \right|$

Die Schnittstellen sind 0 und 6, das sind die Integrationsgrenzen. Ferner geht es um die Fläche zwischen zwei Graphen, weshalb über die Differenzfunktion $f(x) - g(x)$ integriert wird. Weil man nicht weiß, welcher Graph die eingeschlossene Fläche oben berandet, nimmt man den Betrag zur Hilfe.

$= \left| \int_0^6 \left(\frac{2}{9}x^3 - \frac{4}{3}x^2 \right) dx \right|$

$= \left| \left[\frac{1}{18}x^4 - \frac{4}{9}x^3 \right]_0^6 \right|$

$= |\, 72 - 96 - 0 \,| = |\, -24 \,| = 24$

f) Zeichnung mit Wertetabelle:

x	−1	0	1	2	3	4	5	6
f(x)	−3,56	0	0,89	0,44	0	0,89	4,44	12,00

Nullstellen:
$x_1 = 0$; $x_2 = 3$

Extrempunkte:
$H(1|0,89)$; $T(3|0)$

Wendepunkt:
$W(2|0,44)$

Schnittpunkte:
$S_1(0|0)$; $S_2(6|12)$

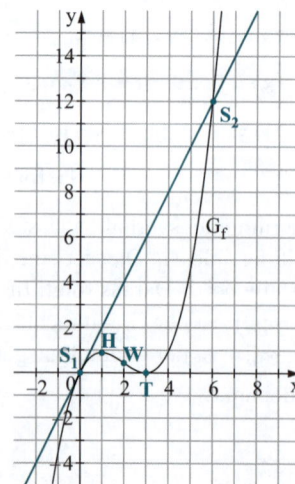

g) Aus dem Ansatz $f'(x) = 2$ folgt:

$$\tfrac{2}{3}x^2 - \tfrac{8}{3}x + 2 = 2 \iff \tfrac{2}{3}x^2 - \tfrac{8}{3}x = 0 \iff x(x-4) = 0$$

Man liest ab: $x_1 = 0$ (bekannt), $x_2 = 4$

Ergebnis: Im Punkt $P\left(4 \mid \tfrac{8}{9}\right)$ hat der Graph G_f ebenfalls eine Tangente mit Steigung 2.

77. a) $f''(x) = 0 \iff \tfrac{2}{9}(x^2 - 2) = 0 \Rightarrow x_{1/2} = \pm\sqrt{2}$

Bei dem Graphen von $f''(x)$ handelt es sich um eine nach oben geöffnete Parabel mit den beiden angegebenen Nullstellen, woraus sich das Krümmungsverhalten angeben lässt: In

- $]-\infty; -\sqrt{2}\,]$ und $[\sqrt{2}; \infty[$ ist G_f linksgekrümmt,
- $[-\sqrt{2}; \sqrt{2}\,]$ ist G_f rechtsgekrümmt.

b) $f'(x) = \int \left(\tfrac{2}{9}x^2 - \tfrac{4}{9}\right) dx$ | Einmaliges Hochintegrieren liefert die 1. Ableitung, zweimaliges Integrieren die Funktion.

$$\quad = \tfrac{2}{27}x^3 - \tfrac{4}{9}x + C_1$$

$$f(x) = \int \left(\tfrac{2}{27}x^3 - \tfrac{4}{9}x + C_1\right) dx$$

$$\quad = \tfrac{1}{54}x^4 - \tfrac{2}{9}x^2 + C_1 x + C_2$$

(1) $f(3) = 0 \Rightarrow$ | Aus der Angabe, dass der Graph G_f an der Stelle $x_1 = 3$ die x-Achse berührt, lassen sich zwei Gleichungen aufstellen.

$$\tfrac{1}{54} \cdot 3^4 - \tfrac{2}{9} \cdot 3^2 + C_1 \cdot 3 + C_2 = 0$$

(2) $f'(3) = 0 \Rightarrow$

$$\tfrac{2}{27} \cdot 3^3 - \tfrac{4}{9} \cdot 3 + C_1 = 0$$

$2 - \tfrac{4}{3} + C_1 = 0 \Rightarrow C_1 = -\tfrac{2}{3}$ | aus (2)

$\tfrac{3}{2} - 2 - \tfrac{2}{3} \cdot 3 + C_2 = 0 \Rightarrow C_2 = \tfrac{5}{2}$ | in (1)

$f(x) = \tfrac{1}{54}x^4 - \tfrac{2}{9}x^2 - \tfrac{2}{3}x + \tfrac{5}{2}$ | Einsetzen ergibt den Funktionsterm.

$$\quad = \tfrac{1}{54} \cdot (x^4 - 12x^2 - 36x + 135)$$

$(x^4 - 12x^2 - 36x + 135) : (x - 3)$ | Zur Faktorisierung werden mittels Polynomdivision die Nullstellen berechnet. Aus der Aufgabenstellung ist bekannt, dass bei $x = 3$ mindestens eine doppelte Nullstelle vorliegt.

$= x^3 + 3x^2 - 3x - 45$

$(x^3 + 3x^2 - 3x - 45) : (x - 3)$ | Auch dieser Term muss sich wiederum durch $(x - 3)$ dividieren lassen.

$= x^2 + 6x + 15$

$f(x) = \tfrac{1}{54}(x - 3)^2(x^2 + 6x + 15)$ | Da die Diskriminante des quadratischen Terms negativ ist, gibt es keine weitere Zerlegung.

c) $A = \int\limits_0^3 f(x)\,dx$

Der Angabe entnimmt man die Nullstelle bei x = 3. Weil die Fläche im I. Quadranten liegt, beginnt die Integration bei 0.

$= \left[\frac{1}{270} x^5 - \frac{2}{27} x^3 - \frac{1}{3} x^2 + \frac{5}{2} x \right]_0^3$

$= \frac{9}{10} - 2 - 3 + \frac{15}{2} = \frac{17}{5}$

d) $f'(x) = \frac{1}{54} (4x^3 - 24x - 36)$

Die 1. Ableitung entnimmt man entweder dem allgemeinen Term der Teilaufgabe b oder berechnet sie neu aus f(x).

$= \frac{1}{27} (2x^3 - 12x - 18)$

$(2x^3 - 12x - 18) : (x - 3)$
$= 2x^2 + 6x + 6$

Eine Nullstelle muss wieder bei x = 3 liegen.

$D = 6^2 - 4 \cdot 2 \cdot 6 = -12 < 0$

Wegen D < 0 gibt es keine weitere Zerlegung.

Ergebnis: f '(x) hat nur an der Stelle $x_0 = 3$ eine (einfache) Nullstelle, sodass es keine weiteren Stellen mit waagrechter Tangente gibt.

Man hat nur zwei Monotonieintervalle, und zwar]−∞; 3] und [3; ∞[.

Im Inneren des ersten Intervalls ist f'(x) < 0 und der Graph deshalb fallend (z. B. Testwert 0 einsetzen), im zweiten ist der Graph steigend.

e) t: $y = f'(x_0)(x - x_0) + f(x_0)$

allgemeine Tangentengleichung

$x_0 = 0; \ f(0) = \frac{5}{2}; \ f'(0) = -\frac{2}{3}$

hier vorliegende Kenndaten

t: $y = -\frac{2}{3} x + \frac{5}{2}$

Einsetzen liefert die Gleichung für t.

f) Wertetabelle:

x	−4	−3	−2	−1	0	1	2	3	4	5
f(x)	6,35	4,00	3,24	2,96	2,50	1,63	0,57	0,00	1,02	5,19

Grafische Darstellung:

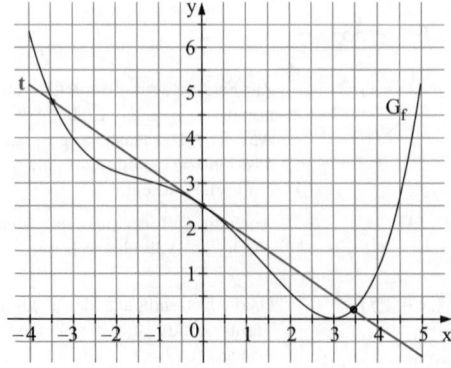

g) $\dfrac{1}{54}x^4 - \dfrac{2}{9}x^2 - \dfrac{2}{3}x + \dfrac{5}{2} = -\dfrac{2}{3}x + \dfrac{5}{2}$

$\quad\quad \dfrac{1}{54}x^4 - \dfrac{2}{9}x^2 = 0 \quad | \cdot 54$

$\quad\quad\quad x^2(x^2 - 12) = 0$

$\Rightarrow \ x_{1/2} = 0; \ \ x_{3/4} = \pm\sqrt{12} = \pm 2\sqrt{3}$

Um die Flächeninhalte zwischen dem Graphen von f und der Tangente t berechnen zu können, müssen die Schnittstellen bekannt sein.

$A_r = \displaystyle\int_0^{\sqrt{12}} \left(t(x) - f(x)\right)\,dx$

Ansatz für das rechte Flächenstück

$\quad = \dfrac{1}{54}\displaystyle\int_0^{\sqrt{12}} \left(-x^4 + 12x^2\right)\,dx$

$A_\ell = \displaystyle\int_{-\sqrt{12}}^0 \left(t(x) - f(x)\right)\,dx =$

Ansatz für das linke Flächenstück. Bei dieser Rechnung ergibt sich der gleiche Wert wie oben bei A_r.

$\quad = \dfrac{1}{54}\displaystyle\int_{-\sqrt{12}}^0 \left(-x^4 + 12x^2\right)\,dx$

Ergebnis: Die beiden Flächen A_r und A_ℓ sind gleich groß, weil die zu integrierende Funktion symmetrisch zur y-Achse ist (ausschließlich gerade Potenzen von x).

78. a)

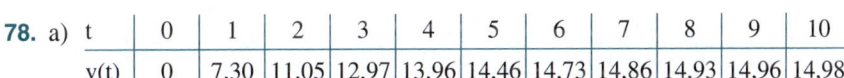

t	0	1	2	3	4	5	6	7	8	9	10
v(t)	0	7,30	11,05	12,97	13,96	14,46	14,73	14,86	14,93	14,96	14,98

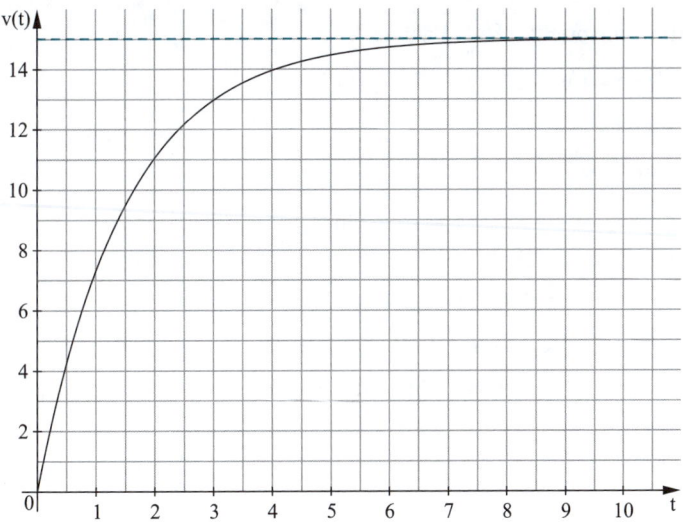

b) 15 ist die Endgeschwindigkeit der Kugel, die sie asymptotisch nach langer Sinkzeit erreicht.

Wenn sich der Wert 1,5 vergrößert, bleibt die grundsätzliche Form der Kurve erhalten, sie verläuft flacher, unterhalb der bisherigen, d. h., die Geschwindigkeit ist jeweils geringer. Das kann dann der Fall sein, wenn eine dickflüssigere Flüssigkeit genommen wird.

c) $v(1) \approx 7,30$ (siehe Tabelle in Teilaufgabe a):

Das entspricht $\frac{7,30}{15} \cdot 100 \% \approx 48,7 \%$ der Endgeschwindigkeit 15.

$v(2) \approx 11,05$ (siehe Tabelle in Teilaufgabe a):

Das entspricht $\frac{11,05}{15} \cdot 100 \% \approx 73,7 \%$ der Endgeschwindigkeit 15.

d) Es soll $v(t) = 10$ gelten. Gleichsetzen:

$$10 = 15(1 - e^{-\frac{t}{1,5}}) \qquad | : 15$$

$$\frac{2}{3} = 1 - e^{-\frac{t}{1,5}} \qquad | -1$$

$$-\frac{1}{3} = -e^{-\frac{t}{1,5}} \qquad | \cdot (-1)$$

$$e^{-\frac{t}{1,5}} = \frac{1}{3} \qquad | \ln$$

$$\ln(e^{-\frac{t}{1,5}}) = \ln\left(\frac{1}{3}\right)$$

$$-\frac{t}{1,5} = \ln\left(\frac{1}{3}\right)$$

$$t = -1,5 \cdot \ln\left(\frac{1}{3}\right) \approx 1,65$$

80 % entspricht 0,8 als Faktor:

$$0,8 \cdot 15 = 15(1 - e^{-\frac{t}{1,5}}) \qquad | : 15$$

$$0,8 = 1 - e^{-\frac{t}{1,5}} \qquad | -1$$

$$-0,2 = -e^{-\frac{t}{1,5}} \qquad | \cdot (-1)$$

$$e^{-\frac{t}{1,5}} = 0,2 \qquad | \ln$$

$$-\frac{t}{1,5} = \ln(0,2)$$

$$t = -1,5 \cdot \ln(0,2) \approx 2,41$$

Ergebnisse: Nach $t_1 \approx 1,65$ [s] wird die Geschwindigkeit 10 $[\frac{m}{s}]$ erreicht, nach $t_2 \approx 2,41$ [s] werden 80 % der Endgeschwindigkeit 15 $[\frac{m}{s}]$ erreicht.

e)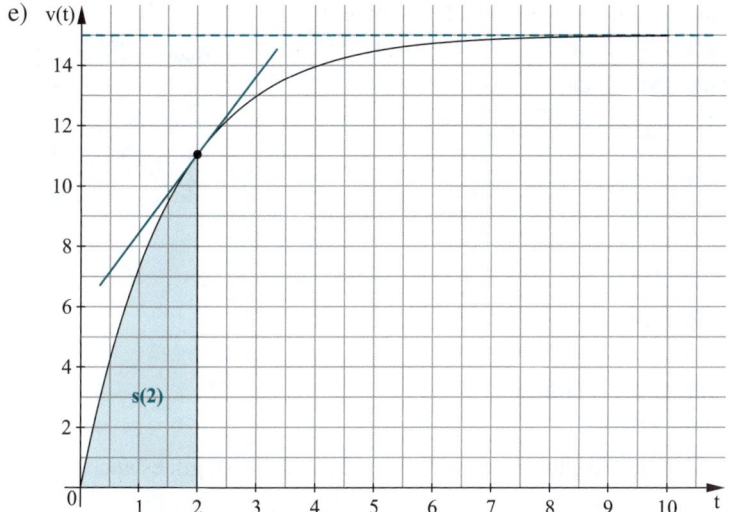

Aus dem Diagramm:

$s(2) \approx 13$ (getönter Flächeninhalt)

$a(2) \approx 2,5$ (Steigung der Tangente)

Bedeutung:

$s(2)$ ist die Strecke, die die Kugel in den ersten 2 Sekunden zurückgelegt hat. $a(2)$ ist die Beschleunigung, die die Kugel zum Zeitpunkt 2 hat.

Berechnung der Werte:

Wegen $v(t) = s'(t)$ folgt $s(t) = \int v(t)\, dt$.

Die Streckenmessung erfolgt in der Zeit von 0 bis 2:

$$s(2) = \int_0^2 v(t)\, dt = \int_0^2 15\left(1 - e^{-\frac{t}{1,5}}\right) dt = 15 \cdot \int_0^2 \left(1 - e^{-\frac{t}{1,5}}\right) dt$$

$$= 15 \cdot \left[t - \frac{1}{-\frac{1}{1,5}} e^{-\frac{t}{1,5}} \right]_0^2 = 15 \cdot \left[t + 1,5 e^{-\frac{t}{1,5}} \right]_0^2$$

$$= 15 \cdot \left(2 + 1,5 \cdot e^{-\frac{2}{1,5}} - \left(0 + 1,5 \cdot e^0\right) \right) = 15 \cdot \left(0,5 + 1,5 e^{-\frac{4}{3}} \right) \approx 13,43$$

Die Beschleunigung a ergibt sich als Ableitung der Geschwindigkeit v:

$$a(t) = v'(t) = 15 \cdot \left(0 - e^{-\frac{t}{1,5}} \cdot \left(-\frac{1}{1,5}\right) \right) = \frac{15}{1,5} e^{-\frac{t}{1,5}} = 10 e^{-\frac{t}{1,5}}$$

$$\Rightarrow \quad a(2) = 10 e^{-\frac{2}{1,5}} \approx 2,64$$

79. Im eingezeichneten Koordinatensystem gilt:

$A(a\,|\,0\,|\,0)$; $B(0\,|\,0\,|\,a)$; $C(0\,|\,a\,|\,0)$; $S(a\,|\,a\,|\,a)$

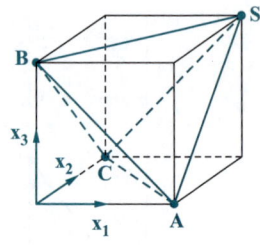

Tetraedervolumen

$$V_T = \tfrac{1}{6}V_{Spat} = \tfrac{1}{6}\left|\,(\overrightarrow{AB}\times\overrightarrow{AC})\circ\overrightarrow{AS}\,\right|$$

$$= \tfrac{1}{6}\left|\left[\begin{pmatrix}-a\\0\\a\end{pmatrix}\times\begin{pmatrix}-a\\a\\0\end{pmatrix}\right]\circ\begin{pmatrix}0\\a\\a\end{pmatrix}\right| = \tfrac{1}{6}\left|\begin{pmatrix}-a^2\\-a^2\\-a^2\end{pmatrix}\circ\begin{pmatrix}0\\a\\a\end{pmatrix}\right|$$

$$= \tfrac{1}{6}\left|-2a^3\right| = \tfrac{1}{3}a^3$$

Würfelvolumen

$V_W = a^3$

Verhältnis der Volumina

$V_W : V_T = 3 : 1$

Da das Verhältnis nicht von der Kantenlänge abhängt, gilt es auch für $a = 1$.

80. a) $V_T = \tfrac{1}{6}\left|\,(\overrightarrow{OA}\times\overrightarrow{OB})\circ\overrightarrow{OC}\,\right| = \tfrac{1}{6}\left|\left(\begin{pmatrix}6\\5\\2\end{pmatrix}\times\begin{pmatrix}9\\10\\4\end{pmatrix}\right)\circ\begin{pmatrix}0\\0\\-2\end{pmatrix}\right| = \tfrac{1}{6}\left|\begin{pmatrix}0\\-6\\15\end{pmatrix}\circ\begin{pmatrix}0\\0\\-2\end{pmatrix}\right|$

$= \tfrac{1}{6}\left|-30\right| = 5$

b) Nun ist $C(0\,|\,0\,|\,k)$ mit $k \in \mathbb{R}$:

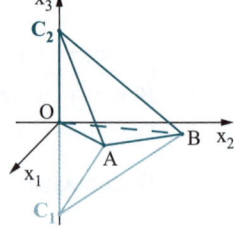

$$V_T = \tfrac{1}{6}\left|\begin{pmatrix}0\\-6\\-15\end{pmatrix}\circ\begin{pmatrix}0\\0\\k\end{pmatrix}\right| = \tfrac{1}{6}\left|-15k\right| = \tfrac{15}{6}|k| = \tfrac{5}{2}|k|$$

Es muss gelten:

$\tfrac{5}{2}|k| = 10 \;\Leftrightarrow\; |k| = 4 \;\Rightarrow\; k_1 = -4;\; k_2 = 4$

81. Aus dem Zweitafelbild ergeben sich:

$A(0\,|\,10\,|\,20)$; $B(50\,|\,0\,|\,20)$; $C(60\,|\,30\,|\,20)$; $D(10\,|\,40\,|\,20)$; $S(40\,|\,20\,|\,50)$

Daraus berechnen sich die Kantenvektoren:

$$\overrightarrow{AB} = \begin{pmatrix}50\\-10\\0\end{pmatrix};\quad \overrightarrow{AD} = \begin{pmatrix}10\\30\\0\end{pmatrix};\quad \overrightarrow{AS} = \begin{pmatrix}40\\10\\30\end{pmatrix}$$

a) Es handelt sich um ein Dach in Pyramidenform:

$$V_P = \tfrac{1}{3}V_{Spat} = \tfrac{1}{3}\left|\,(\overrightarrow{AB}\times\overrightarrow{AD})\circ\overrightarrow{AS}\,\right| = \tfrac{1}{3}\left|\begin{pmatrix}0\\0\\1\,600\end{pmatrix}\circ\begin{pmatrix}40\\10\\30\end{pmatrix}\right|$$

$$= \tfrac{1}{3}\cdot 1\,600\cdot 30 = 16\,000\,[\mathrm{m}^3]$$

b) Das Volumen einer Pyramide berechnet sich auch mit folgender Formel:

$V_P = \frac{1}{3} A_G \cdot h$

Die Grundfläche ist ein Parallelogramm und hat den Flächeninhalt:

$A_P = |\overrightarrow{AB} \times \overrightarrow{AD}| = \left| \begin{pmatrix} 0 \\ 0 \\ 1\,600 \end{pmatrix} \right| = 1\,600\,[m^2]$

Daraus ergibt sich für die Höhe:

$h = \dfrac{3 V_P}{A_G} = \dfrac{3 \cdot 16\,000}{1\,600} = \mathbf{30\,[m]}$

Das stimmt mit der Zeichnung (rechtes Bild) überein.

82. X_0: $\lambda = 0$ X_1: $\lambda = -1,5$ X_2: $\lambda = -1$
      X_3: $\lambda = 1$ X_4: $\lambda = 1,5$ X_5: $\lambda = 2$

83. a) g verläuft durch H (für $\lambda = 0$) und G (für $\lambda = 3$).
      h verläuft durch C (für $\mu = 0$) und E (für $\mu = -1$).

     b) g_{BH}: $\vec{x} = \begin{pmatrix} 3 \\ 0 \\ 0 \end{pmatrix} + \lambda_1 \begin{pmatrix} -3 \\ 4 \\ 2 \end{pmatrix}$ Aufhängepunkt B, Richtungsvektor $\overrightarrow{BH}$

         g_{EC}: $\vec{x} = \begin{pmatrix} 0 \\ 0 \\ 2 \end{pmatrix} + \lambda_2 \begin{pmatrix} 3 \\ 4 \\ -2 \end{pmatrix}$ Aufhängepunkt E, Richtungsvektor $\overrightarrow{EC}$

         g_{AF}: $\vec{x} = \begin{pmatrix} 0 \\ 0 \\ 0 \end{pmatrix} + \lambda_3 \begin{pmatrix} 3 \\ 0 \\ 2 \end{pmatrix} = \lambda_3 \begin{pmatrix} 3 \\ 0 \\ 2 \end{pmatrix}$ Aufhängepunkt A, Richtungsvektor $\overrightarrow{AF}$

84. a) g_1: $\vec{x} = \lambda_1 \begin{pmatrix} 1 \\ 1 \\ 0 \end{pmatrix}$ Die Richtung der Winkelhalbierenden ist $\begin{pmatrix} 1 \\ 1 \\ 0 \end{pmatrix}$.

     b) g_2: $\vec{x} = \begin{pmatrix} 1 \\ 1 \\ 1 \end{pmatrix} + \lambda_2 \begin{pmatrix} 0 \\ 0 \\ 1 \end{pmatrix}$ Die x_3-Achse hat die Richtung $\begin{pmatrix} 0 \\ 0 \\ 1 \end{pmatrix}$.

85. a) $P_1(2|1|4)$ für $\lambda = 0$; $P_2(3|4|6)$ für $\lambda = 1$; $P_3(4|7|8)$ für $\lambda = 2$

     b) P in g: $\begin{pmatrix} 2 \\ 1 \\ 4 \end{pmatrix} = \begin{pmatrix} 2 \\ 1 \\ 4 \end{pmatrix} + \lambda \begin{pmatrix} 1 \\ 3 \\ 2 \end{pmatrix}$

Diese Gleichung ist für $\lambda = 0$ erfüllt.
    $\Rightarrow$ **P ∈ g**

Anmerkung: Das hätte man wegen Aufgabenteil a auch direkt sehen und entsprechend beantworten können.

Q in g: $\begin{pmatrix} -3 \\ 4 \\ 6 \end{pmatrix} = \begin{pmatrix} 2 \\ 1 \\ 4 \end{pmatrix} + \lambda \begin{pmatrix} 1 \\ 3 \\ 2 \end{pmatrix} \quad \Leftrightarrow \quad \begin{matrix} -5 = \lambda \\ 3 = 3\lambda \\ 2 = 2\lambda \end{matrix} \quad \Leftrightarrow \quad \begin{matrix} \lambda = -5 \\ \lambda = 1 \\ \lambda = 1 \end{matrix}$

Es ergibt sich kein einheitliches λ, d. h.: $\mathbf{Q \notin g}$

R in g: $\begin{pmatrix} 0 \\ -5 \\ 0 \end{pmatrix} = \begin{pmatrix} 2 \\ 1 \\ 4 \end{pmatrix} + \lambda \begin{pmatrix} 1 \\ 3 \\ 2 \end{pmatrix} \quad \Leftrightarrow \quad \begin{matrix} -2 = \lambda \\ -6 = 3\lambda \\ -4 = 2\lambda \end{matrix} \quad \Leftrightarrow \quad \begin{matrix} \lambda = -2 \\ \lambda = -2 \\ \lambda = -2 \end{matrix}$

Es ergibt sich ein einheitliches λ, d. h.: $\mathbf{R \in g}$

c) h: $\vec{x} = \overrightarrow{OQ} + \mu \begin{pmatrix} 1 \\ 3 \\ 2 \end{pmatrix} = \begin{pmatrix} -3 \\ 4 \\ 6 \end{pmatrix} + \mu \begin{pmatrix} 1 \\ 3 \\ 2 \end{pmatrix}$ Der Richtungsvektor bleibt gleich, da $g \parallel h$.

86. a)   g: $\vec{x} = \overrightarrow{OA} + \lambda \cdot \overrightarrow{AB} = \begin{pmatrix} 2 \\ -3 \\ 1 \end{pmatrix} + \lambda \begin{pmatrix} 3 \\ 1 \\ 3 \end{pmatrix}$

b)   g*: $\vec{x} = \vec{a} + \lambda \underset{\smile}{\vec{b}}$
            Richtungsvektor

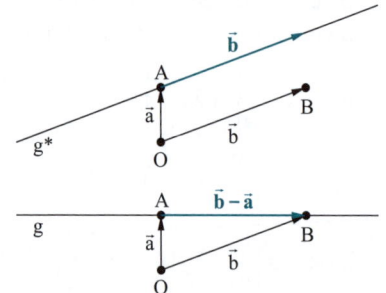

Richtig ist:

g: $\vec{x} = \vec{a} + \lambda \underbrace{(\vec{b} - \vec{a})}_{\text{Richtungsvektor}}$

87. $S_{12}(x_1 | x_2 | 0)$ in g: $\begin{pmatrix} x_1 \\ x_2 \\ 0 \end{pmatrix} = \begin{pmatrix} 2 \\ 1 \\ 4 \end{pmatrix} + \lambda \begin{pmatrix} 1 \\ 3 \\ 2 \end{pmatrix} \quad \Rightarrow \quad 0 = 4 + 2\lambda \quad \Rightarrow \quad \lambda = -2$

$\lambda = -2$ in g: $\begin{pmatrix} x_1 \\ x_2 \\ 0 \end{pmatrix} = \begin{pmatrix} 2 \\ 1 \\ 4 \end{pmatrix} + (-2) \cdot \begin{pmatrix} 1 \\ 3 \\ 2 \end{pmatrix}$

$\begin{pmatrix} x_1 \\ x_2 \\ 0 \end{pmatrix} = \begin{pmatrix} 0 \\ -5 \\ 0 \end{pmatrix} \quad \Rightarrow \quad S_{12}(0 | -5 | 0)$

S_{12} liegt auf der x_2-Achse und ist damit zugleich auch Spurpunkt S_{23}.

$S_{13}(x_1 | 0 | x_3)$ in g: $\begin{pmatrix} x_1 \\ 0 \\ x_3 \end{pmatrix} = \begin{pmatrix} 2 \\ 1 \\ 4 \end{pmatrix} + \lambda \begin{pmatrix} 1 \\ 3 \\ 2 \end{pmatrix} \quad \Rightarrow \quad 0 = 1 + 3\lambda \quad \Rightarrow \quad \lambda = -\frac{1}{3}$

$\lambda = -\frac{1}{3}$ in g: $\begin{pmatrix} x_1 \\ 0 \\ x_3 \end{pmatrix} = \begin{pmatrix} 2 \\ 1 \\ 4 \end{pmatrix} + \left(-\frac{1}{3}\right) \cdot \begin{pmatrix} 1 \\ 3 \\ 2 \end{pmatrix} = \begin{pmatrix} \frac{5}{3} \\ 0 \\ \frac{10}{3} \end{pmatrix} \quad \Rightarrow \quad S_{13}\left(\frac{5}{3} \Big| 0 \Big| \frac{10}{3}\right)$

88. a) X_0: $\lambda=0$; $\mu=0$ X_1: $\lambda=-0{,}5$; $\mu=0$ X_2: $\lambda=1$; $\mu=1$
      X_3: $\lambda=0$; $\mu=2$ X_4: $\lambda=1$; $\mu=3$ X_5: $\lambda=2$; $\mu=1$

   b) Es muss gelten:

     $0<\lambda<1$ und $0<\mu<1$

89. E: $\vec{x} = \underbrace{\begin{pmatrix}0\\0\\0\end{pmatrix}}_{\overrightarrow{OP}}+\lambda\begin{pmatrix}3\\0\\0\end{pmatrix}+\mu\underbrace{\begin{pmatrix}3\\2\\1\end{pmatrix}}_{\overrightarrow{OQ}}$

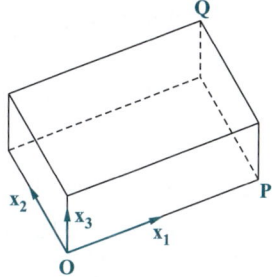

Es gibt natürlich weitere Möglichkeiten, eine
Gleichung für E anzugeben, z. B.:

E: $\vec{x} = \underbrace{\begin{pmatrix}3\\0\\0\end{pmatrix}}_{\overrightarrow{OP}}+\sigma\begin{pmatrix}1\\0\\0\end{pmatrix}+\tau\underbrace{\begin{pmatrix}0\\2\\1\end{pmatrix}}_{\overrightarrow{PQ}}$

90. a) Man kann das untersuchen, indem man
     die Vektoren $\overrightarrow{AB}$, $\overrightarrow{AC}$ auf lineare Unab-
     hängigkeit prüft (siehe Abbildung).

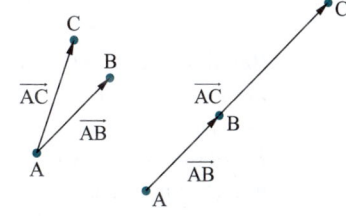

     $\overrightarrow{AB} = \overrightarrow{OB}-\overrightarrow{OA} = \begin{pmatrix}-1\\2\\1\end{pmatrix}$ „Spitze minus Fuß"

     $\overrightarrow{AC} = \begin{pmatrix}-4\\2\\0\end{pmatrix}$

     Kollinearität prüfen:

     $\overrightarrow{AB} = \lambda\cdot\overrightarrow{AC} \quad\Leftrightarrow\quad \begin{pmatrix}-1\\2\\1\end{pmatrix}=\lambda\begin{pmatrix}-4\\2\\0\end{pmatrix}$

     Die Gleichung für die 3. Koordinate ist nicht erfüllbar. $\Rightarrow$ $\overrightarrow{AB}$, $\overrightarrow{AC}$ sind
     linear unabhängig, d. h., A; B; C liegen nicht auf einer Geraden.

   b) Aus der Abbildung entnimmt man die
     Vektorkette:

     $\overrightarrow{OD} = \overrightarrow{OB}+\overrightarrow{AC}$ oder $\overrightarrow{OD} = \overrightarrow{OA}+\overrightarrow{AB}+\overrightarrow{AC}$

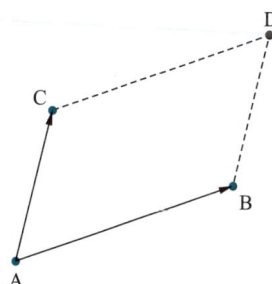

     $\overrightarrow{OD} = \begin{pmatrix}1\\1\\4\end{pmatrix}+\begin{pmatrix}-4\\2\\0\end{pmatrix}=\begin{pmatrix}-3\\3\\4\end{pmatrix} \Rightarrow$ **D(−3|3|4)**

   c) E: $\vec{x} = \overrightarrow{OA}+\lambda\cdot\overrightarrow{AB}+\mu\cdot\overrightarrow{AC}$

     E: $\vec{x} = \begin{pmatrix}2\\-1\\3\end{pmatrix}+\lambda\begin{pmatrix}-1\\2\\1\end{pmatrix}+\mu\begin{pmatrix}-4\\2\\0\end{pmatrix}$

D in E: $\begin{pmatrix} -3 \\ 3 \\ 4 \end{pmatrix} = \begin{pmatrix} 2 \\ -1 \\ 3 \end{pmatrix} + \lambda \begin{pmatrix} -1 \\ 2 \\ 1 \end{pmatrix} + \mu \begin{pmatrix} -4 \\ 2 \\ 0 \end{pmatrix}$ $\Leftrightarrow$ (1) $-\lambda - 4\mu = -5$
(2) $2\lambda + 2\mu = 4$
(3) $\lambda = 1$

(3) in (2) $2 + 2\mu = 4$ $\Rightarrow$ $\mu = 1$
in (1) $-1 - 4 \cdot 1 = -5$ wahre Aussage $\Rightarrow$ D $\in$ E

Anmerkung: So wie die Ebene E aufgestellt wurde (mit $\overrightarrow{OA}$ als Stütz-vektor sowie $\overrightarrow{AB}$ und $\overrightarrow{AC}$ als Richtungsvektoren), musste sich für D zwangsläufig $\lambda = \mu = 1$ ergeben.

91. a) P in g: $\begin{pmatrix} 2 \\ -1 \\ -2 \end{pmatrix} = \begin{pmatrix} 2 \\ 1 \\ 4 \end{pmatrix} + \lambda \begin{pmatrix} 1 \\ 3 \\ 2 \end{pmatrix}$ $\Leftrightarrow$ $\begin{matrix} 0 = \lambda \\ -2 = 3\lambda \\ -6 = 2\lambda \end{matrix}$ $\Leftrightarrow$ $\begin{matrix} \lambda = 0 \\ \lambda = -\frac{2}{3} \\ \lambda = -3 \end{matrix}$

Es ergibt sich kein einheitliches λ, d. h.: P $\notin$ g

b) Mit dem Aufhängepunkt A von g erhält man:

$$E: \vec{x} = \underbrace{\begin{pmatrix} 2 \\ 1 \\ 4 \end{pmatrix} + \sigma \begin{pmatrix} 1 \\ 3 \\ 2 \end{pmatrix}}_{g} + \tau \underbrace{\begin{pmatrix} 0 \\ -2 \\ -6 \end{pmatrix}}_{\overrightarrow{AP}}$$

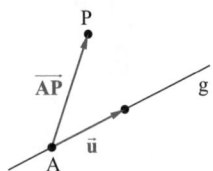

c) Bei dieser Konstellation ergibt sich kein zweiter von $\vec{u}$ linear unabhängiger Rich-tungsvektor.
Es gibt unendlich viele Ebenen, welche g und P* enthalten.

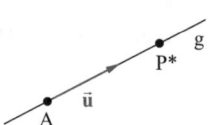

92. a) E: $\vec{x} = \overrightarrow{OA} + \lambda \cdot \overrightarrow{AB} + \mu \cdot \overrightarrow{AC}$

E: $\vec{x} = \begin{pmatrix} 2 \\ -1 \\ 1 \end{pmatrix} + \lambda \begin{pmatrix} -1 \\ -2 \\ 1 \end{pmatrix} + \mu \begin{pmatrix} -2 \\ 6 \\ -5 \end{pmatrix}$

b) D_t in E: $\begin{pmatrix} t \\ t+2 \\ -2t \end{pmatrix} = \begin{pmatrix} 2 \\ -1 \\ 1 \end{pmatrix} + \lambda \begin{pmatrix} -1 \\ -2 \\ 1 \end{pmatrix} + \mu \begin{pmatrix} -2 \\ 6 \\ -5 \end{pmatrix}$ $\Leftrightarrow$ (1) $-\lambda - 2\mu - t = -2$
(2) $-2\lambda + 6\mu - t = 3$
(3) $\lambda - 5\mu + 2t = -1$

Es handelt sich also letztlich um ein 3×3-LGS, das gelöst werden muss, z. B. mit dem Gauß'schen Algorithmus (siehe Seite 165):

(1) $-\lambda - 2\mu - t = -2$
(2*) $10\mu + t = 7$ $\left| -2 \cdot (1) + (2) \right.$
(3*) $-7\mu + t = -3$ $\left| (1) + (3) \right.$

Es bietet sich nun an, die beiden letzten Gleichungen zu subtrahieren, damit t herausfällt:

(2*)−(3*) $17\mu = 10$ $\Rightarrow$ $\mu = \frac{10}{17}$

In (2*) $10 \cdot \frac{10}{17} + t = 7$ $\Rightarrow$ $t = \frac{19}{17}$

An dieser Stelle kann die Rechnung abgebrochen werden, da t bestimmt ist. Der Wert für λ interessiert nicht.

D_t ist eine Punkteschar, die eine Gerade darstellt. Nur wenn D_t in der von den Punkten A, B und C festgelegten Ebene liegt, ergibt sich ein (ebenes) Viereck.

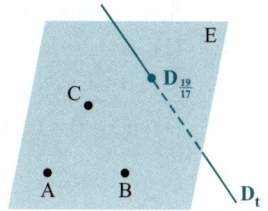

93. Für die Spurgerade s_{13} gilt $x_2 = 0$.

$$0 = -1 + 2\lambda - \mu \quad \Leftrightarrow \quad \mu = 2\lambda - 1 \qquad \text{2. Koordinate der Ebenengleichung}$$

$$\vec{x} = \begin{pmatrix} 2 \\ -1 \\ 1 \end{pmatrix} + \lambda \begin{pmatrix} 2 \\ 2 \\ -3 \end{pmatrix} + (2\lambda - 1) \begin{pmatrix} -2 \\ -1 \\ -2 \end{pmatrix} \qquad \text{μ in E einsetzen}$$

$$\vec{x} = \begin{pmatrix} 2 \\ -1 \\ 1 \end{pmatrix} + \lambda \begin{pmatrix} 2 \\ 2 \\ -3 \end{pmatrix} + \begin{pmatrix} 2 \\ 1 \\ 2 \end{pmatrix} + \lambda \begin{pmatrix} -4 \\ -2 \\ -4 \end{pmatrix} \qquad \text{Klammer ausmultiplizieren}$$

$$s_{13}: \vec{x} = \begin{pmatrix} 4 \\ 0 \\ 3 \end{pmatrix} + \lambda \begin{pmatrix} -2 \\ 0 \\ -7 \end{pmatrix} \qquad \text{Zusammenfassen: Das ist die gesuchte Spurgerade der Ebene E in der x_1x_3-Koordinatengrundebene.}$$

Für die Spurgerade s_{23} gilt $x_1 = 0$.

$$0 = 2 + 2\lambda - 2\mu \quad \Leftrightarrow \quad \lambda = -1 + \mu \qquad \text{1. Koordinate der Ebenengleichung}$$

$$\vec{x} = \begin{pmatrix} 2 \\ -1 \\ 1 \end{pmatrix} + (-1 + \mu) \begin{pmatrix} 2 \\ 2 \\ -3 \end{pmatrix} + \mu \begin{pmatrix} -2 \\ -1 \\ -2 \end{pmatrix} \qquad \text{λ in E einsetzen}$$

$$\vec{x} = \begin{pmatrix} 2 \\ -1 \\ 1 \end{pmatrix} + \begin{pmatrix} -2 \\ -2 \\ 3 \end{pmatrix} + \mu \begin{pmatrix} 2 \\ 2 \\ -3 \end{pmatrix} + \mu \begin{pmatrix} -2 \\ -1 \\ -2 \end{pmatrix}$$

$$s_{23}: \vec{x} = \begin{pmatrix} 0 \\ -3 \\ 4 \end{pmatrix} + \mu \begin{pmatrix} 0 \\ 1 \\ -5 \end{pmatrix}$$

94. a) Spurpunkt $S_1(x_1 \mid 0 \mid 0)$ in E:

$$\begin{pmatrix} x_1 \\ 0 \\ 0 \end{pmatrix} = \begin{pmatrix} 2 \\ -1 \\ 1 \end{pmatrix} + \lambda \begin{pmatrix} 2 \\ 2 \\ -3 \end{pmatrix} + \mu \begin{pmatrix} -2 \\ -1 \\ -2 \end{pmatrix} \quad \Rightarrow \quad \begin{array}{l} (2) \quad 2\lambda - \mu = 1 \\ (3) \quad -3\lambda - 2\mu = -1 \end{array}$$

Aus (2) $\mu = 2\lambda - 1$

In (3) $-3\lambda - 2(2\lambda - 1) = -1 \quad \Leftrightarrow \quad -7\lambda + 2 = -1 \quad \Leftrightarrow \quad \lambda = \frac{3}{7}$

$$\Rightarrow \quad \mu = 2 \cdot \frac{3}{7} - 1 = -\frac{1}{7}$$

In (1) von E: $x_1 = 2 + \frac{3}{7} \cdot 2 + \left(-\frac{1}{7}\right) \cdot (-2) = \frac{22}{7} \quad \Rightarrow \quad S_1\left(\frac{22}{7} \mid 0 \mid 0\right)$

Spurpunkt $S_2(0\,|\,x_2\,|\,0)$ in E:

(1) $\quad 0 = 2 + 2\lambda - 2\mu$

(3) $\quad 0 = 1 - 3\lambda - 2\mu$

────────────

(1)−(3) $\quad 0 = 1 + 5\lambda \quad\Leftrightarrow\quad \lambda = -\frac{1}{5}$

In (1) $\quad 0 = 2 + 2 \cdot \left(-\frac{1}{5}\right) - 2\mu \quad\Leftrightarrow\quad \mu = \frac{4}{5}$

In (2) von E: $x_2 = -1 + \left(-\frac{1}{5}\right) \cdot 2 + \frac{4}{5} \cdot (-1) = -\frac{11}{5} \quad\Rightarrow\quad \mathbf{S_2\left(0\,\Big|\,-\frac{11}{5}\,\Big|\,0\right)}$

Spurpunkt $S_3(0\,|\,0\,|\,x_3)$ in E:

(1) $\quad 0 = 2 + 2\lambda - 2\mu$

(2) $\quad 0 = -1 + 2\lambda - \mu$

────────────

(1)−(2) $\quad 0 = 3 - \mu \quad\Leftrightarrow\quad \mu = 3$

In (2) $\quad 0 = -1 + 2\lambda - 3 \quad\Leftrightarrow\quad \lambda = 2$

In (3) von E: $x_3 = 1 + \mathbf{2} \cdot (-3) + \mathbf{3} \cdot (-2) = -11 \quad\Rightarrow\quad \mathbf{S_3(0\,|\,0\,|\,-11)}$

Spurgerade s_{12} aus der vorangehenden Aufgabe:

$$s_{12}\colon \vec{x} = \begin{pmatrix} 1 \\ -1{,}5 \\ 0 \end{pmatrix} + \lambda \begin{pmatrix} 5 \\ 3{,}5 \\ 0 \end{pmatrix}$$

S_1 in s_{12}: $\quad \begin{pmatrix} \frac{22}{7} \\ 0 \\ 0 \end{pmatrix} = \begin{pmatrix} 1 \\ -1{,}5 \\ 0 \end{pmatrix} + \lambda \begin{pmatrix} 5 \\ 3{,}5 \\ 0 \end{pmatrix}$

Aus (2) $\quad \lambda = \frac{1{,}5}{3{,}5} = \frac{3}{7}$

In (1) $\quad \frac{22}{7} = 1 + \frac{3}{7} \cdot 5 \quad\Leftrightarrow\quad \frac{22}{7} = \frac{7}{7} + \frac{15}{7} \quad$ wahre Aussage $\quad\Rightarrow\quad S_1 \in s_{12}$

Spurgerade s_{13} aus der vorangehenden Aufgabe:

$$s_{13}\colon \vec{x} = \begin{pmatrix} 4 \\ 0 \\ 3 \end{pmatrix} + \lambda \begin{pmatrix} -2 \\ 0 \\ -7 \end{pmatrix}$$

S_1 in s_{13}: $\quad \begin{pmatrix} \frac{22}{7} \\ 0 \\ 0 \end{pmatrix} = \begin{pmatrix} 4 \\ 0 \\ 3 \end{pmatrix} + \lambda \begin{pmatrix} -2 \\ 0 \\ -7 \end{pmatrix}$

Aus (3) $\quad \lambda = \frac{3}{7}$

In (1) $\quad \frac{22}{7} = 4 + \frac{3}{7} \cdot (-2) \quad\Leftrightarrow\quad \frac{22}{7} = \frac{28}{7} - \frac{6}{7} \quad$ wahre Aussage $\quad\Rightarrow\quad S_1 \in s_{13}$

b) s_{12} geht durch die Spurpunkte $S_1\left(\frac{22}{7}\,\middle|\,0\,\middle|\,0\right)$ und $S_2\left(0\,\middle|\,-\frac{11}{5}\,\middle|\,0\right)$.

$$s_{12}:\ \vec{x}=\begin{pmatrix}\frac{22}{7}\\0\\0\end{pmatrix}+\lambda\begin{pmatrix}-\frac{22}{7}\\-\frac{11}{5}\\0\end{pmatrix}\qquad\text{Aufhängepunkt }S_1,\ \text{Richtungsvektor }\overrightarrow{S_1S_2}$$

Der Richtungsvektor hat eine ziemlich komplizierte Darstellung. Er ist

aber kollinear zum Richtungsvektor $\begin{pmatrix}5\\3{,}5\\0\end{pmatrix}$ aus der Darstellung von s_{12} in der vorangehenden Aufgabe.

s_{13} geht durch die Spurpunkte $S_1\left(\frac{22}{7}\,\middle|\,0\,\middle|\,0\right)$ und $S_3(0\,|\,0\,|-11)$.

$$s_{13}:\ \vec{x}=\begin{pmatrix}0\\0\\-11\end{pmatrix}+\lambda\begin{pmatrix}\frac{22}{7}\\0\\11\end{pmatrix}\qquad\text{Aufhängepunkt }S_3,\ \text{Richtungsvektor }\overrightarrow{S_3S_1}$$

s_{23} geht durch die Spurpunkte $S_2\left(0\,\middle|\,-\frac{11}{5}\,\middle|\,0\right)$ und $S_3(0\,|\,0\,|-11)$.

$$s_{23}:\ \vec{x}=\begin{pmatrix}0\\0\\-11\end{pmatrix}+\lambda\begin{pmatrix}0\\-\frac{11}{5}\\11\end{pmatrix}\qquad\text{Aufhängepunkt }S_3,\ \text{Richtungsvektor }\overrightarrow{S_2S_3}$$

Obwohl die hier ermittelten Spurgeraden komplizierter aussehen als die in der vorangehenden Aufgabe berechneten, stellen sie dennoch dieselben Geraden dar.

95. a) A in E: $0+3\cdot(-1)-2\cdot(-1)+1=0\ \Leftrightarrow\ 0=0\ \Rightarrow\ \mathbf{A\in E}$
B in E: $-1+0+0+1=0\ \Leftrightarrow\ 0=0\ \Rightarrow\ \mathbf{B\in E}$
C in E: $-2+3\cdot1+0+1=0\ \Leftrightarrow\ 2=0\ \Rightarrow\ \mathbf{C\notin E}$

b) D_k in E: $-2k+3\cdot(k-1)-2\cdot(-2)+1=0\ \Leftrightarrow\ k+2=0\ \Leftrightarrow\ \mathbf{k=-2}$
$\Rightarrow\ D_{-2}(-4\,|-3\,|-2)\in E$
Alle weiteren D_k liegen nicht auf E.

c) Da man mit E nur eine Gleichung, aber drei Unbekannte hat, kann man zwei Koordinaten frei wählen. Man wählt sie möglichst einfach, z. B.:
$P\left(0\,\middle|\,0\,\middle|\,\frac{1}{2}\right);\ Q(-1\,|\,0\,|\,1)$

d) Aus dem Normalenvektor $\vec{n}=\begin{pmatrix}-1\\3\\-2\end{pmatrix}$ werden zwei Richtungsvektoren gewonnen:

$\vec{u}=\begin{pmatrix}3\\1\\0\end{pmatrix};\ \vec{v}=\begin{pmatrix}0\\2\\3\end{pmatrix}$
in $\vec{n}$ eine Koordinate null setzen, die beiden anderen vertauschen, bei einer einen Vorzeichenwechsel durchführen

Als Aufhängepunkt kann jeder Punkt von E genommen werden, z. B:
$B(1\,|\,0\,|\,0)$

$\Rightarrow\ \text{E: }\vec{x}=\overrightarrow{OB}+\lambda\vec{u}+\mu\vec{v}=\begin{pmatrix}1\\0\\0\end{pmatrix}+\lambda\begin{pmatrix}3\\1\\0\end{pmatrix}+\mu\begin{pmatrix}0\\2\\3\end{pmatrix}$

96. a) Der Vektor $\vec{n} = \begin{pmatrix} 0 \\ 1 \\ 0 \end{pmatrix}$ zeigt in Richtung der x_2-Achse und kann damit als

Normalenvektor von E genommen werden:

E: $\begin{pmatrix} 0 \\ 1 \\ 0 \end{pmatrix} \circ \left(\vec{x} - \begin{pmatrix} 1 \\ -2 \\ 1 \end{pmatrix} \right) = 0$

In Koordinatenform lautet diese Gleichung:
E: $x_2 + 2 = 0$

b) Ein Normalenvektor ist $\vec{n} = \begin{pmatrix} -2 \\ 1 \\ -2 \end{pmatrix}$, da diese Ebene F senkrecht zu g liegen
soll:

F: $\begin{pmatrix} -2 \\ 1 \\ -2 \end{pmatrix} \circ \left(\vec{x} - \begin{pmatrix} 1 \\ -2 \\ 2 \end{pmatrix} \right) = 0$

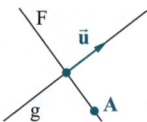

Koordinatenform:
F: $-2x_1 + x_2 - 2x_3 + 8 = 0$

c) Da die gesuchten Ebenen F_t parallel zu E verlaufen sollen, ist der Normalenvektor von E auch Normalenvektor der Ebenen F_t:

F_t: $\begin{pmatrix} 2 \\ -2 \\ 1 \end{pmatrix} \circ \left(\vec{x} - \begin{pmatrix} 1 \\ -1 \\ t \end{pmatrix} \right) = 0$

Koordinatenform:
F_t: $2x_1 - 2x_2 + x_3 - 4 - t = 0$

Zur Umwandlung in die Parameterform braucht man zwei Richtungsvektoren:

$\vec{n} = \begin{pmatrix} 2 \\ -2 \\ 1 \end{pmatrix} \Rightarrow \vec{u} = \begin{pmatrix} 1 \\ 1 \\ 0 \end{pmatrix}; \vec{v} = \begin{pmatrix} 0 \\ 1 \\ 2 \end{pmatrix}$

$\Rightarrow F_t$: $\vec{x} = \begin{pmatrix} 1 \\ -1 \\ t \end{pmatrix} + \lambda \begin{pmatrix} 1 \\ 1 \\ 0 \end{pmatrix} + \mu \begin{pmatrix} 0 \\ 1 \\ 2 \end{pmatrix}$

97. a) Schreibt man die Ebenengleichung E: $x_2 = x_3$ zu E: $x_2 - x_3 = 0$ um, so kann
man einen Normalenvektor von E ablesen und damit zwei Richtungsvek-
toren erhalten:

$\vec{n}_E = \begin{pmatrix} 0 \\ 1 \\ -1 \end{pmatrix} \Rightarrow \vec{u} = \begin{pmatrix} 1 \\ 0 \\ 0 \end{pmatrix}; \vec{v} = \begin{pmatrix} 0 \\ 1 \\ 1 \end{pmatrix}$

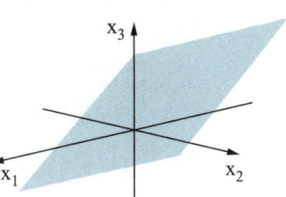

Wegen $O \in E$ ergibt sich die Parameterform:

$$E:\ \vec{x} = \lambda \begin{pmatrix} 1 \\ 0 \\ 0 \end{pmatrix} + \mu \begin{pmatrix} 0 \\ 1 \\ 1 \end{pmatrix}$$

E ist eine Ursprungsebene, die die x_1-Achse enthält ($\vec{u} \parallel x_1$-Achse) und längs der Winkelhalbierenden der $x_2 x_3$-Grundebene verläuft.

b) Aus F: $x_1 + x_3 = 1$ erhält man einen Normalenvektor von F und damit zwei Richtungsvektoren:

$$\vec{n}_F = \begin{pmatrix} 1 \\ 0 \\ 1 \end{pmatrix} \ \Rightarrow\ \vec{u} = \begin{pmatrix} 0 \\ 1 \\ 0 \end{pmatrix};\ \vec{v} = \begin{pmatrix} 1 \\ 0 \\ -1 \end{pmatrix}$$

Mit dem Aufhängepunkt $A(0|0|1) \in F$ ergibt sich die Parameterform:

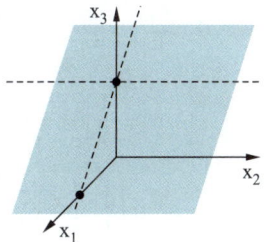

$$F:\ \vec{x} = \begin{pmatrix} 0 \\ 0 \\ 1 \end{pmatrix} + \lambda \begin{pmatrix} 0 \\ 1 \\ 0 \end{pmatrix} + \mu \begin{pmatrix} 1 \\ 0 \\ -1 \end{pmatrix}$$

F verläuft parallel zur x_2-Achse durch $(0|0|1)$ und auch $(1|0|0)$. Der 2. Richtungsvektor ist winkelhalbierend in der $x_1 x_3$-Ebene.

98. Es ist viel einfacher, die Spurpunkte mit der Koordinatenform als mit der Parameterform zu berechnen:

E: $-x_1 + 3x_2 - 2x_3 + 1 = 0$

Spurpunkte

$S_1(x_1|0|0)$ in E $\Rightarrow$ $x_1 = 1$ $\Rightarrow$ $S_1(1|0|0)$

$S_2(0|x_2|0)$ in E $\Rightarrow$ $x_2 = -\frac{1}{3}$ $\Rightarrow$ $S_2\left(0 \left| -\frac{1}{3} \right| 0\right)$

$S_3(0|0|x_3)$ in E $\Rightarrow$ $x_3 = \frac{1}{2}$ $\Rightarrow$ $S_3\left(0 \left| 0 \right| \frac{1}{2}\right)$

Spurgeraden

$$s_{12}:\ \vec{x} = \begin{pmatrix} 1 \\ 0 \\ 0 \end{pmatrix} + \lambda \begin{pmatrix} -1 \\ -\frac{1}{3} \\ 0 \end{pmatrix}$$
Aufhängepunkt S_1, Richtungsvektor $\overrightarrow{S_1 S_2}$

$$s_{13}:\ \vec{x} = \begin{pmatrix} 1 \\ 0 \\ 0 \end{pmatrix} + \mu \begin{pmatrix} -1 \\ 0 \\ \frac{1}{2} \end{pmatrix}$$
Aufhängepunkt S_1, Richtungsvektor $\overrightarrow{S_1 S_3}$

$$s_{23}:\ \vec{x} = \begin{pmatrix} 0 \\ 0 \\ \frac{1}{2} \end{pmatrix} + \sigma \begin{pmatrix} 0 \\ \frac{1}{3} \\ \frac{1}{2} \end{pmatrix}$$
Aufhängepunkt S_3, Richtungsvektor $\overrightarrow{S_2 S_3}$

99. a) $E_1: \vec{x} = \lambda \begin{pmatrix} 2 \\ 0 \\ 1 \end{pmatrix} + \mu \begin{pmatrix} 0 \\ 3 \\ 0 \end{pmatrix}$ zwei Richtungsvektoren ablesen

$\vec{n}_1 = \begin{pmatrix} 2 \\ 0 \\ 1 \end{pmatrix} \times \begin{pmatrix} 0 \\ 3 \\ 0 \end{pmatrix} = \begin{pmatrix} -3 \\ 0 \\ 6 \end{pmatrix} = 3 \cdot \begin{pmatrix} -1 \\ 0 \\ 2 \end{pmatrix}$ Normalenvektor berechnen

$E_1: \begin{pmatrix} -1 \\ 0 \\ 2 \end{pmatrix} \circ \vec{x} = 0 \Leftrightarrow -x_1 + 2x_3 = 0$ Ebenengleichung in Koordinatenform

b) Richtungsvektoren der Ebene, die das **vordere Schrägdach** enthält, sind:

$\vec{u}_1 = \begin{pmatrix} 0 \\ 1 \\ 0 \end{pmatrix}; \; \vec{v}_1 = \begin{pmatrix} -3 \\ 0 \\ 3 \end{pmatrix} = 3 \cdot \begin{pmatrix} -1 \\ 0 \\ 1 \end{pmatrix}$

$E_1: \vec{x} = \begin{pmatrix} 0 \\ 0 \\ 4 \end{pmatrix} + \lambda \begin{pmatrix} 0 \\ 1 \\ 0 \end{pmatrix} + \mu \begin{pmatrix} -1 \\ 0 \\ 1 \end{pmatrix}$ Als Aufhängepunkt wird $A(0|0|4) \in E_1$ verwendet.

$\vec{n}_1 = \begin{pmatrix} 0 \\ 1 \\ 0 \end{pmatrix} \times \begin{pmatrix} -1 \\ 0 \\ 1 \end{pmatrix} = \begin{pmatrix} 1 \\ 0 \\ 1 \end{pmatrix}$ Normalenvektor berechnen

$E_1: \begin{pmatrix} 1 \\ 0 \\ 1 \end{pmatrix} \circ \left(\vec{x} - \begin{pmatrix} 0 \\ 0 \\ 4 \end{pmatrix} \right) = 0$ Ebenengleichung aufstellen

$E_1: x_1 + x_3 - 4 = 0$ Koordinatenform

Richtungsvektoren der Ebene, die das **hintere Schrägdach** enthält, sind:

$\vec{u}_2 = \begin{pmatrix} 0 \\ 1 \\ 0 \end{pmatrix}; \; \vec{v}_2 = \begin{pmatrix} -5 \\ 0 \\ -2 \end{pmatrix} = -\begin{pmatrix} 5 \\ 0 \\ 2 \end{pmatrix}$

$E_2: \vec{x} = \begin{pmatrix} 0 \\ 0 \\ 5 \end{pmatrix} + \lambda \begin{pmatrix} 0 \\ 1 \\ 0 \end{pmatrix} + \mu \begin{pmatrix} 5 \\ 0 \\ 2 \end{pmatrix}$ Als Aufhängepunkt wird $B(0|0|5) \in E_2$ verwendet.

$\vec{n}_2 = \begin{pmatrix} 0 \\ 1 \\ 0 \end{pmatrix} \times \begin{pmatrix} 5 \\ 0 \\ 2 \end{pmatrix} = \begin{pmatrix} 2 \\ 0 \\ -5 \end{pmatrix}$ Normalenvektor berechnen

$E_2: \begin{pmatrix} 2 \\ 0 \\ -5 \end{pmatrix} \circ \left(\vec{x} - \begin{pmatrix} 0 \\ 0 \\ 5 \end{pmatrix} \right) = 0$ Ebenengleichung aufstellen

$E_2: 2x_1 - 5x_3 + 25 = 0$ Koordinatenform

100. a) Überprüfung der Richtungsvektoren auf Kollinearität:

$\begin{pmatrix} -2 \\ 5 \\ -4 \end{pmatrix} = \alpha \begin{pmatrix} 10 \\ -4 \\ 16 \end{pmatrix} \Leftrightarrow \begin{matrix} \alpha = -\frac{1}{5} \\ \alpha = -\frac{5}{4} \\ \text{nicht mehr nötig} \end{matrix} \Rightarrow g_1 \nparallel g_2$

Entweder sind g und h windschief oder sie schneiden sich.

$$\begin{pmatrix} 14 \\ -8 \\ 17 \end{pmatrix} + \lambda \begin{pmatrix} -2 \\ 5 \\ -4 \end{pmatrix} = \begin{pmatrix} 2 \\ 1 \\ -3 \end{pmatrix} + \mu \begin{pmatrix} 10 \\ -4 \\ 16 \end{pmatrix}$$ Ansatz auf Schneiden: g = h

(1) $-2\lambda - 10\mu = -12$ zugehöriges Gleichungssystem

(2) $5\lambda + 4\mu = 9$

(3) $-4\lambda - 16\mu = -20$

(1*) $\lambda = 6 - 5\mu$ aus (1)

$5(6 - 5\mu) + 4\mu = 9 \iff \mu = 1$ in (2) einsetzen

$\lambda = 6 - 5 \cdot 1 = 1$ in (1*) einsetzen

$-4 \cdot 1 - 16 \cdot 1 = -20$ prüfen, ob (3) erfüllt ist

Dies ist eine wahre Aussage, d. h., g und h **schneiden sich**. Schnittpunkt:

$$\lambda = 1 \text{ in g: } \vec{x}_S = \begin{pmatrix} 14 \\ -8 \\ 17 \end{pmatrix} + 1 \cdot \begin{pmatrix} -2 \\ 5 \\ -4 \end{pmatrix} = \begin{pmatrix} 12 \\ -3 \\ 13 \end{pmatrix} \implies \mathbf{S(12 \,|\, -3 \,|\, 13)}$$

b) Überprüfung der Richtungsvektoren auf Kollinearität:

$$\begin{pmatrix} 2 \\ -3 \\ 1 \end{pmatrix} = \alpha \begin{pmatrix} -4 \\ 6 \\ -2 \end{pmatrix} \iff \begin{array}{l} \alpha = -\frac{1}{2} \\ \alpha = -\frac{1}{2} \\ \alpha = -\frac{1}{2} \end{array} \implies g \parallel h$$

Überprüfung des Differenzvektors der Aufhängepunkte

$$\begin{pmatrix} 0 \\ 7 \\ -2 \end{pmatrix} - \begin{pmatrix} 4 \\ 0 \\ 0 \end{pmatrix} = \begin{pmatrix} -4 \\ 7 \\ -2 \end{pmatrix}$$

auf Kollinearität mit den Richtungsvektoren:

$$\begin{pmatrix} -4 \\ 7 \\ -2 \end{pmatrix} = \beta \begin{pmatrix} 2 \\ -3 \\ 1 \end{pmatrix} \iff \begin{array}{l} \beta = -2 \\ \beta = -\frac{7}{3} \\ \text{nicht mehr nötig} \end{array}$$

Es ergibt sich kein einheitliches β, d. h., g und h sind **echt parallel**.

c) Man sieht sofort: Die Richtungsvektoren sind linear unabhängig. (Die mittleren Koordinaten sind gleich, die anderen unterschiedlich.)

$$\begin{pmatrix} 1 \\ 2 \\ 1 \end{pmatrix} + \lambda \begin{pmatrix} 2 \\ 1 \\ -5 \end{pmatrix} = \begin{pmatrix} 2 \\ 4 \\ 3 \end{pmatrix} + \mu \begin{pmatrix} 3 \\ 1 \\ 7 \end{pmatrix}$$ Ansatz auf Schneiden: g = h

(1) $2\lambda - 3\mu = 1$ zugehöriges Gleichungssystem

(2) $\lambda - \mu = 2$

(3) $-5\lambda - 7\mu = 2$

(2*) $\lambda = 2 + \mu$ aus (2)

$2(2 + \mu) - 3\mu = 1 \iff \mu = 3$ in (1) einsetzen

$\lambda = 2 + 3 = 5$ in (2*) einsetzen

$-5 \cdot 5 - 7 \cdot 3 = 2$ prüfen, ob (3) erfüllt ist

Dies ist eine falsche Aussage, d. h., g und h sind **windschief** zueinander.

d) Überprüfung der Richtungsvektoren auf Kollinearität:

$$\begin{pmatrix} 2 \\ 6 \\ -4 \end{pmatrix} = \alpha \begin{pmatrix} -3 \\ -9 \\ 6 \end{pmatrix} \quad \Leftrightarrow \quad \begin{matrix} \alpha = -\frac{2}{3} \\ \alpha = -\frac{2}{3} \\ \alpha = -\frac{2}{3} \end{matrix} \quad \Rightarrow \quad g \parallel h$$

Überprüfung des Differenzvektors der Aufhängepunkte

$$\begin{pmatrix} -2 \\ -11 \\ 7 \end{pmatrix} - \begin{pmatrix} 2 \\ 1 \\ -1 \end{pmatrix} = \begin{pmatrix} -4 \\ -12 \\ 8 \end{pmatrix}$$

auf Kollinearität mit den Richtungsvektoren:

$$\begin{pmatrix} -4 \\ -12 \\ 8 \end{pmatrix} = \beta \begin{pmatrix} 2 \\ 6 \\ -4 \end{pmatrix} \quad \Leftrightarrow \quad \begin{matrix} \beta = -2 \\ \beta = -2 \\ \beta = -2 \end{matrix}$$

Daher sind die beiden Richtungsvektoren und auch der Differenzvektor der Aufhängepunkte kollinear, d. h., g und h sind **identisch**.

101. a) $\begin{pmatrix} 2 \\ 1 \\ -1 \end{pmatrix} + \lambda \begin{pmatrix} 1 \\ 3 \\ -2 \end{pmatrix} = \begin{pmatrix} 3 \\ 0 \\ 1 \end{pmatrix} + \mu \begin{pmatrix} 0 \\ -1 \\ 1 \end{pmatrix}$ Ansatz auf Schneiden: g = h

(1) $\lambda = 1$ zugehöriges Gleichungssystem

(2) $3\lambda + \mu = -1$

(3) $-2\lambda - \mu = 2$

$3 \cdot 1 + \mu = -1 \quad \Leftrightarrow \quad \mu = -4$ (1) in (2) einsetzen

$-2 \cdot \mathbf{1} - (\mathbf{-4}) = 2 \quad \Leftrightarrow \quad 2 = 2$ prüfen, ob (3) erfüllt ist

Dies ist eine wahre Aussage, d. h., g und h schneiden sich. Schnittpunkt:

$$\lambda = 1 \text{ in g: } \vec{x}_S = \begin{pmatrix} 2 \\ 1 \\ -1 \end{pmatrix} + \mathbf{1} \cdot \begin{pmatrix} 1 \\ 3 \\ -2 \end{pmatrix} = \begin{pmatrix} 3 \\ 4 \\ -3 \end{pmatrix} \quad \Rightarrow \quad \mathbf{S(3 \mid 4 \mid -3)}$$

b) Die beiden Richtungsvektoren und der Differenzvektor der Aufhängepunkte lauten:

$$\vec{u} = \begin{pmatrix} 1 \\ 3 \\ -2 \end{pmatrix}; \quad \vec{v} = \begin{pmatrix} 0 \\ -1 \\ 1 \end{pmatrix}; \quad \vec{a}_h - \vec{a}_g = \begin{pmatrix} 1 \\ -1 \\ 2 \end{pmatrix}$$

Es wird das Spatprodukt dieser drei Vektoren berechnet: Ergibt sich null, so sind die Vektoren linear abhängig.

$$\left(\begin{pmatrix} 1 \\ 3 \\ -2 \end{pmatrix} \times \begin{pmatrix} 0 \\ -1 \\ 1 \end{pmatrix} \right) \circ \begin{pmatrix} 1 \\ -1 \\ 2 \end{pmatrix} = \begin{pmatrix} 1 \\ -1 \\ -1 \end{pmatrix} \circ \begin{pmatrix} 1 \\ -1 \\ 2 \end{pmatrix} = 1 + 1 - 2 = 0$$

$\Rightarrow \quad \vec{u}; \vec{v}; \vec{a}_h - \vec{a}_g$ sind linear abhängig.

Anmerkung: Ergibt sich bei der Untersuchung der Vektoren $\vec{u}; \vec{v}; \vec{a}_h - \vec{a}_g$, dass sie **linear unabhängig** sind, so sind die zugehörigen Geraden windschief.

c) Da die beiden Richtungsvektoren der beiden Geraden linear unabhängig sind, können sie als Richtungsvektoren von E genommen werden.

$$E: \vec{x} = \underbrace{\begin{pmatrix} 3 \\ 4 \\ -3 \end{pmatrix}}_{\overrightarrow{OS}} + \sigma \begin{pmatrix} 1 \\ 3 \\ -2 \end{pmatrix} + \tau \begin{pmatrix} 0 \\ -1 \\ 1 \end{pmatrix}$$

Zur Umwandlung in die Koordinatenform wird ein Normalenvektor benötigt:

$$\vec{n} = \vec{u} \times \vec{v} = \begin{pmatrix} 1 \\ -1 \\ -1 \end{pmatrix}$$

$$\Rightarrow \quad E: \begin{pmatrix} 1 \\ -1 \\ -1 \end{pmatrix} \circ \left(\vec{x} - \begin{pmatrix} 3 \\ 4 \\ -3 \end{pmatrix} \right) = 0 \quad \Leftrightarrow \quad E: x_1 - x_2 - x_3 - 2 = 0$$

Anmerkung: Zwei windschiefe Geraden legen keine Ebene fest.

102. a) $g: \vec{x} = \begin{pmatrix} -1 \\ 3 \\ 3 \end{pmatrix} + \lambda \begin{pmatrix} -1 \\ 0 \\ 3 \end{pmatrix}$; $\quad h: \vec{x} = \begin{pmatrix} 0 \\ 1 \\ -2 \end{pmatrix} + \mu \begin{pmatrix} -1 \\ 0 \\ 3 \end{pmatrix}$

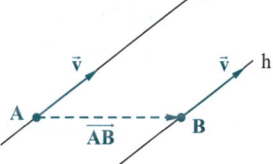

b) Als 2. Richtungsvektor für die Ebenengleichung wird der Verbindungsvektor $\overrightarrow{AB}$ genommen:

$$E: \vec{x} = \begin{pmatrix} -1 \\ 3 \\ 3 \end{pmatrix} + \lambda \underbrace{\begin{pmatrix} -1 \\ 0 \\ 3 \end{pmatrix}}_{\vec{v}} + \mu \underbrace{\begin{pmatrix} 1 \\ -2 \\ -5 \end{pmatrix}}_{\overrightarrow{AB}}$$

$$\vec{n} = \begin{pmatrix} -1 \\ 0 \\ 3 \end{pmatrix} \times \begin{pmatrix} 1 \\ -2 \\ -5 \end{pmatrix} = \begin{pmatrix} 6 \\ -2 \\ 2 \end{pmatrix} = 2 \cdot \begin{pmatrix} 3 \\ -1 \\ 1 \end{pmatrix} \qquad \text{Normalenvektor}$$

$$E: \begin{pmatrix} 3 \\ -1 \\ 1 \end{pmatrix} \circ \left(\vec{x} - \begin{pmatrix} -1 \\ 3 \\ 3 \end{pmatrix} \right) = 0 \qquad \text{Ebenengleichung in Normalenform}$$

$$E: 3x_1 - x_2 + x_3 + 3 = 0 \qquad \text{Ebenengleichung in Koordinatenform}$$

g und h sind in E enthalten.

103. a) $\begin{pmatrix} 2 \\ -1 \\ -1 \end{pmatrix} + \lambda \begin{pmatrix} 1 \\ 3 \\ -2 \end{pmatrix} = \begin{pmatrix} -2 \\ 3 \\ 1 \end{pmatrix} + \mu \begin{pmatrix} 3 \\ -3 \\ -2 \end{pmatrix}$ \qquad Ansatz auf Schneiden

(1) $\quad \lambda - 3\mu = -4$ \qquad zugehöriges Gleichungssystem

(2) $\quad 3\lambda + 3\mu = 4$

(3) $\quad -2\lambda + 2\mu = 2$

$4\lambda = 0 \ \Rightarrow \ \lambda = 0$ \qquad (1)+(2)

$0 - 3\mu = -4 \ \Rightarrow \ \mu = \frac{4}{3}$ \qquad in (1) einsetzen

$$-2 \cdot \mathbf{0} + 2 \cdot \frac{4}{3} = 2 \quad \Leftrightarrow \quad \frac{8}{3} = 2 \qquad\qquad \text{prüfen, ob (3) erfüllt ist}$$

Dies ist eine falsche Aussage, d. h., es gibt keinen gemeinsamen Punkt von g und h: $g \cap h = \varnothing$

b) Zwei Fälle sind möglich:
   - g und h sind echt parallel.
   - g und h sind windschief.

Weil, wie man auch ohne formale Rechnung sieht, die Richtungsvektoren linear unabhängig sind, scheidet „parallel" aus.
Es bleibt somit: g und h sind windschief.

c) Lineare Unabhängigkeit von drei Vektoren kann mit dem Spatprodukt oder mit der Determinante untersucht werden.

$$\left(\begin{pmatrix} 1 \\ 3 \\ -2 \end{pmatrix} \times \begin{pmatrix} 3 \\ -3 \\ -2 \end{pmatrix} \right) \circ \left(\begin{pmatrix} 2 \\ -1 \\ -1 \end{pmatrix} - \begin{pmatrix} -2 \\ 3 \\ 1 \end{pmatrix} \right) = \begin{pmatrix} -12 \\ -4 \\ -12 \end{pmatrix} \circ \begin{pmatrix} 4 \\ -4 \\ -2 \end{pmatrix} = -8 \neq 0$$

Daraus folgt: Die genannten Vektoren sind linear unabhängig und die zugehörigen Geraden sind windschief. Aufgrund von Aufgabenteil b ist dies in diesem Fall bereits bekannt.

104. Prüfen auf **Parallelität**:

$$\begin{pmatrix} -3 \\ 2 \\ 6 \end{pmatrix} = \alpha \begin{pmatrix} -1 \\ 2t \\ 2 \end{pmatrix} \quad \begin{matrix} \Rightarrow \quad \alpha = 3 \\[1em] \Rightarrow \quad \alpha = 3 \end{matrix}$$

Die beiden Richtungsvektoren sind genau dann kollinear, wenn auch die Gleichung für die 2. Koordinate für $\alpha = 3$ wahr ist:

$$2 = \mathbf{3} \cdot 2t \quad \Leftrightarrow \quad t = \frac{1}{3}$$

$\Rightarrow g_{\frac{1}{3}}$ und $h_{\frac{1}{3}}$ sind zumindest parallel.

Prüfen auf **identisch** für $t = \frac{1}{3}$:

$$\begin{pmatrix} -4 \\ 12 \cdot \frac{1}{3} \\ 8 \end{pmatrix} - \begin{pmatrix} \frac{1}{3} \\ 2 \\ 2 \end{pmatrix} = \begin{pmatrix} -\frac{13}{3} \\ 2 \\ 6 \end{pmatrix} \qquad\qquad \text{Differenzvektor der Aufhängepunkte für } t = \frac{1}{3}$$

$$\begin{pmatrix} -\frac{13}{3} \\ 2 \\ 6 \end{pmatrix} = \beta \begin{pmatrix} -3 \\ 2 \\ 6 \end{pmatrix} \qquad\qquad \text{Ansatz auf Kollinearität}$$

Die Gleichungen für die 2. und 3. Koordinate sind für $\beta = 1$ erfüllt, die für die 1. Koordinate aber nicht. $\Rightarrow g_{\frac{1}{3}}$ und $h_{\frac{1}{3}}$ sind nicht identisch, also echt parallel.

Für $t \neq \frac{1}{3}$ bleiben die Fälle „schneiden sich" und „windschief".

Mithilfe des Kriteriums aus den vorangehenden beiden Aufgaben, dass der Fall „windschief" genau dann vorliegt, wenn die drei Vektoren $\vec{u}_{g_t}$; $\vec{u}_{h_t}$;

$\vec{a}_{h_t} - \vec{a}_{g_t}$ linear unabhängig sind, wird auf „windschief" untersucht. Dazu wird das Spatprodukt berechnet:

$$\vec{u}_{g_t} \times \vec{u}_{h_t} = \begin{pmatrix} -3 \\ 2 \\ 6 \end{pmatrix} \times \begin{pmatrix} -1 \\ 2t \\ 2 \end{pmatrix} = \begin{pmatrix} 4-12t \\ 0 \\ 2-6t \end{pmatrix}; \quad \vec{a}_{h_t} - \vec{a}_{g_t} = \begin{pmatrix} -4 \\ 12t \\ 8 \end{pmatrix} - \begin{pmatrix} t \\ 2 \\ 2 \end{pmatrix} = \begin{pmatrix} -t-4 \\ 12t-2 \\ 6 \end{pmatrix}$$

$$\left(\vec{u}_{g_t} \times \vec{u}_{h_t} \right) \circ \left(\vec{a}_{h_t} - \vec{a}_{g_t} \right) = \begin{pmatrix} 4-12t \\ 0 \\ 2-6t \end{pmatrix} \circ \begin{pmatrix} -t-4 \\ 12t-2 \\ 6 \end{pmatrix} = (4-12t) \cdot (-t-4) + 0 + (2-6t) \cdot 6$$
$$= -4t - 16 + 12t^2 + 48t + 12 - 36t$$
$$= 12t^2 + 8t - 4$$

Wenn dieser Term null ist, liegt **nicht** der Fall „windschief" vor.

$$12t^2 + 8t - 4 = 0 \qquad |:4$$
$$3t^2 + 2t - 1 = 0$$
$$t_{1/2} = \frac{-2 \pm \sqrt{4 + 4 \cdot 3}}{2 \cdot 3} = \frac{-2 \pm 4}{6} \quad \Rightarrow \quad t_1 = -1; \ t_2 = \frac{1}{3}$$

Der Fall $t = \frac{1}{3}$ ist bereits erledigt (echt parallel). Für $t = -1$ bleibt demnach nur noch, dass sich die Geraden schneiden. Für alle anderen t sind sie windschief.

Zusammengefasst gilt:

g_t und h_t $\begin{cases} \text{sind } \textbf{echt parallel}\text{, falls } t = \frac{1}{3} \\ \textbf{schneiden} \text{ sich, falls } t = -1 \\ \text{sind } \textbf{windschief}\text{, falls } t \in \mathbb{R} \setminus \left\{ -1; \frac{1}{3} \right\} \end{cases}$

Es wird noch für $t = -1$ die Berechnung des Schnittpunktes vorgenommen:

$$\begin{pmatrix} -1 \\ 2 \\ 2 \end{pmatrix} + \lambda \begin{pmatrix} -3 \\ 2 \\ 6 \end{pmatrix} = \begin{pmatrix} -4 \\ -12 \\ 8 \end{pmatrix} + \mu \begin{pmatrix} -1 \\ -2 \\ 2 \end{pmatrix} \qquad \text{Ansatz auf Schneiden: } g_{-1} = h_{-1}$$

(1) $-3\lambda + \mu = -3$ zugehöriges Gleichungssystem

(2) $2\lambda + 2\mu = -14$

(3) $6\lambda - 2\mu = 6$

$8\lambda = -8 \ \Rightarrow \ \lambda = -1$ (2)+(3)

$6 \cdot (-1) - 2\mu = 6 \ \Rightarrow \ \mu = -6$ in (3) einsetzen

Gleichung (1) ist erfüllt, da der Nachweis für Schneiden bereits erbracht wurde.

$$\lambda = -1 \text{ in } g_{-1}: \vec{x}_S = \begin{pmatrix} -1 \\ 2 \\ 2 \end{pmatrix} + (-1) \begin{pmatrix} -3 \\ 2 \\ 6 \end{pmatrix} = \begin{pmatrix} 2 \\ 0 \\ -4 \end{pmatrix} \ \Rightarrow \ S(2 \,|\, 0 \,|\, -4) \text{ für } t = -1$$

105. Zunächst wird ein Normalenvektor von E bestimmt:

$$\vec{n}_E = \begin{pmatrix} 1 \\ -1 \\ 1 \end{pmatrix} \times \begin{pmatrix} 0 \\ 2 \\ -1 \end{pmatrix} = \begin{pmatrix} -1 \\ 1 \\ 2 \end{pmatrix}$$

Lage von g und E

$$\vec{n}_E \circ \vec{u}_g = \begin{pmatrix} -1 \\ 1 \\ 2 \end{pmatrix} \circ \begin{pmatrix} 3 \\ -1 \\ 2 \end{pmatrix} = -3 - 1 + 4 = 0$$

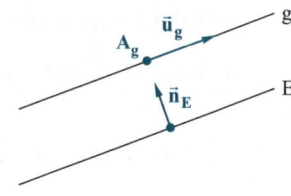

$\Rightarrow$ g und E sind zumindest parallel.

Um zu testen, ob der Aufhängepunkt von g
auf E liegt, wird E in Koordinatenform
umgeschrieben:

$$E: \begin{pmatrix} -1 \\ 1 \\ 2 \end{pmatrix} \circ \left(\vec{x} - \begin{pmatrix} 3 \\ 1 \\ -1 \end{pmatrix} \right) = 0 \quad \Leftrightarrow \quad -x_1 + x_2 + 2x_3 + 4 = 0$$

A_g in E: $-3 + (-1) + 2 \cdot (-2) + 4 = 0$ falsche Aussage
$\Rightarrow$ g und E sind **echt parallel**.

Lage von h und E

$$\vec{n}_E \circ \vec{u}_h = \begin{pmatrix} -1 \\ 1 \\ 2 \end{pmatrix} \circ \begin{pmatrix} 1 \\ 0 \\ -1 \end{pmatrix} = -1 + 0 - 2 = -3 \neq 0$$

$\Rightarrow$ h und E **schneiden** sich.

Lage von k und E

$$\vec{n}_E \circ \vec{u}_k = \begin{pmatrix} -1 \\ 1 \\ 2 \end{pmatrix} \circ \begin{pmatrix} -6 \\ 2 \\ -4 \end{pmatrix} = 6 + 2 - 8 = 0$$

$\Rightarrow$ k und E sind zumindest parallel.

Nun wird wie bei der Untersuchung der Lage von g und E vorgegangen.
A_k in E: $-5 + 1 + 0 + 4 = 0$ wahre Aussage
$\Rightarrow$ k **liegt in** E.

106. Es ist zu untersuchen, ob der als Gerade beschriebene
Sonnenstrahl im Haus auf den Boden auftrifft oder auf
eine Seitenwand.
Der Boden kann als Ebene beschrieben werden:
F: $x_3 = 0$
Der Sonnenstrahl hat die Geradengleichung:

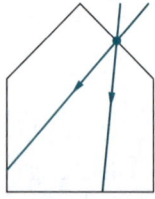

$$s: \vec{x} = \begin{pmatrix} 3,4 \\ 0,8 \\ 5,6 \end{pmatrix} + \lambda \begin{pmatrix} 1 \\ 1 \\ -2 \end{pmatrix}$$

Die Gerade und die Ebene werden geschnitten.
s in F: $5,6 - 2\lambda = 0 \quad \Leftrightarrow \quad \lambda = 2,8$

λ in s eingesetzt: $\vec{x}_S = \begin{pmatrix} 3,4 \\ 0,8 \\ 5,6 \end{pmatrix} + 2,8 \begin{pmatrix} 1 \\ 1 \\ -2 \end{pmatrix} = \begin{pmatrix} 6,2 \\ 3,6 \\ 0 \end{pmatrix}$

Der Schnittpunkt mit dem Boden lautet: **S(6,2 | 3,6 | 0)**

Da diese Koordinaten innerhalb der Abmessung des Hauses liegen
($0 \leq x_1 \leq 12$ und $0 \leq x_2 \leq 8$), trifft der Sonnenstrahl an dieser Stelle auf
den Boden im Haus auf und nicht auf eine Wand.

107. $\vec{n}_{E_k} = \begin{pmatrix} k \\ -3 \\ 2k \end{pmatrix}$

Normalenvektor von E_k

$\vec{u}_g \circ \vec{n}_{E_k} = \begin{pmatrix} 4 \\ 1 \\ 1 \end{pmatrix} \circ \begin{pmatrix} k \\ -3 \\ 2k \end{pmatrix} = 4k - 3 + 2k = 6k - 3$

Prüfen auf Parallelität von g und E_k

Wenn das Skalarprodukt null ist, sind g und E_k zumindest parallel:

$6k - 3 = 0 \iff k = \frac{1}{2}$

$\Rightarrow$ g und $E_{\frac{1}{2}}$ sind zumindest parallel.

Prüfen auf $g \subset E_{\frac{1}{2}}$:

A_g in $E_{\frac{1}{2}}$: $\frac{1}{2} \cdot 2 - 3 \cdot (-1) + 2 \cdot \frac{1}{2} \cdot 3 + \frac{1}{2} + 2 = 0 \iff 9{,}5 = 0$ falsche Aussage

$\Rightarrow$ g ist echt parallel zu $E_{\frac{1}{2}}$.

Für alle restlichen k, also für $k \neq \frac{1}{2}$, schneiden sich g und E_k.

108. $\vec{n}_E = \begin{pmatrix} 2 \\ 0 \\ 1 \end{pmatrix} \times \begin{pmatrix} 2 \\ 1 \\ -4 \end{pmatrix} = \begin{pmatrix} -1 \\ 10 \\ 2 \end{pmatrix}$; $\vec{n}_F = \begin{pmatrix} 1 \\ -10 \\ -2 \end{pmatrix}$; $\vec{n}_H = \begin{pmatrix} -\frac{1}{2} \\ 5 \\ 1 \end{pmatrix}$

a) Es gilt $\vec{n}_E = \alpha \vec{n}_F$ für $\alpha = -1$, also sind E und F zumindest parallel.

A_E in F: $\begin{pmatrix} 1 \\ -10 \\ -2 \end{pmatrix} \circ \begin{pmatrix} 2 \\ 1 \\ -2 \end{pmatrix} = -3 \iff 2 - 10 + 4 = -3$ falsche Aussage

$\Rightarrow$ E und F sind **echt parallel**.

b) Der Ansatz $\vec{n}_E = \beta \vec{n}_H$ zur Prüfung auf Parallelität führt auf:

$\begin{pmatrix} -1 \\ 10 \\ 2 \end{pmatrix} = \beta \begin{pmatrix} -\frac{1}{2} \\ 5 \\ 1 \end{pmatrix}$ $\begin{array}{l} \Rightarrow \beta = 2 \\ \Rightarrow \beta = 2 \\ \Rightarrow \beta = 2 \end{array}$

Es ergibt sich ein einheitliches β, d. h., E und H sind zumindest parallel.

A_E in H: $-\frac{1}{2} \cdot 2 + 5 \cdot 1 - 2 - 2 = 0$ wahre Aussage

$\Rightarrow$ E und H sind **identisch**.

c) Weil E und H identisch sind, haben F und H die gleiche Lage wie F und
E, sind also **echt parallel** (siehe Aufgabenteil a).

109. $\vec{n}_{E_a} = \begin{pmatrix} a \\ 1 \\ 2a \end{pmatrix}$; $\vec{n}_F = \begin{pmatrix} 1 \\ -1 \\ 2 \end{pmatrix}$

$\vec{n}_{E_a} = \alpha \vec{n}_F \iff \begin{pmatrix} a \\ 1 \\ 2a \end{pmatrix} = \alpha \begin{pmatrix} 1 \\ -1 \\ 2 \end{pmatrix} \implies \begin{array}{ll} (1) & a = \alpha \\ (2) & 1 = -\alpha \\ (3) & 2a = 2\alpha \end{array}$

Nur für $\alpha = -1$ können $\vec{n}_{E_a}$ und $\vec{n}_F$ kollinear sein. Aus (1) folgt dann a = −1.

In (3) ergibt sich: $2 \cdot (-1) = (-1) \cdot 2$ wahre Aussage

$\implies$ Für a = −1 sind E_{-1} und F zumindest parallel.

P(1|0|2) ist ein Punkt auf F. Seine Koordinaten werden in E_{-1} eingesetzt:

$-1 \cdot \mathbf{1} + \mathbf{0} - 2 \cdot 2 - (-1) + 1 = 0 \iff -3 = 0$ falsche Aussage

$\implies$ E_{-1} und F sind echt parallel.

Für $a \neq -1$ schneiden sich E_a und F.

110. a) $\vec{u}_g = \begin{pmatrix} -1 \\ 3 \\ 2 \end{pmatrix}$; $\vec{n}_E = \begin{pmatrix} 1 \\ -1 \\ 2 \end{pmatrix}$

$\vec{u}_g \circ \vec{n}_E = \begin{pmatrix} -1 \\ 3 \\ 2 \end{pmatrix} \circ \begin{pmatrix} 1 \\ -1 \\ 2 \end{pmatrix} = -1 - 3 + 4 = 0$

$\implies$ g und E sind zumindest parallel.

A_g in E: $2 - 1 + 8 = 9$ wahre Aussage

$\implies$ g **liegt in** E.

b) $\vec{n}_F = \begin{pmatrix} 2 \\ 0 \\ 1 \end{pmatrix} \times \begin{pmatrix} 2 \\ 1 \\ -4 \end{pmatrix} = \begin{pmatrix} -1 \\ 10 \\ 2 \end{pmatrix}$

$\vec{u}_g \circ \vec{n}_F = \begin{pmatrix} -1 \\ 3 \\ 2 \end{pmatrix} \circ \begin{pmatrix} -1 \\ 10 \\ 2 \end{pmatrix} = 1 + 30 + 4 = 35 \neq 0$

$\implies$ g und F **schneiden** sich.

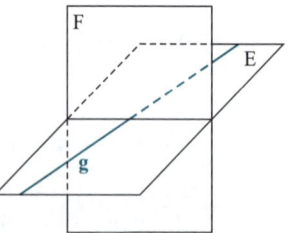

c) $\vec{n}_E = \alpha \vec{n}_F \iff \begin{pmatrix} 1 \\ -1 \\ 2 \end{pmatrix} = \alpha \begin{pmatrix} -1 \\ 10 \\ 2 \end{pmatrix} \begin{array}{l} \implies \alpha = -1 \\ \implies \alpha = -\frac{1}{10} \end{array}$

$\implies$ E und F **schneiden** sich.

111. a) $\begin{pmatrix} 2 \\ 1 \\ 3 \end{pmatrix} + \lambda \begin{pmatrix} 2 \\ 2 \\ -1 \end{pmatrix} = \begin{pmatrix} 4 \\ -1 \\ 5 \end{pmatrix} + \mu \begin{pmatrix} 4 \\ 0 \\ 1 \end{pmatrix}$

Ansatz auf Schneiden: g = h

$\begin{array}{ll} (1) & 2\lambda - 4\mu = 2 \\ (2) & 2\lambda = -2 \\ (3) & -\lambda - \mu = 2 \end{array}$

zugehöriges Gleichungssystem

$\lambda = -1$

aus (2)

$-(-1) - \mu = 2 \implies \mu = -1$

in (3) einsetzen

$2 \cdot (-1) - 4 \cdot (-1) = 2 \quad \Leftrightarrow \quad 2 = 2$ $\qquad$ prüfen, ob (1) erfüllt ist

Dies ist eine wahre Aussage, d. h., g und h schneiden sich.

Schnittpunktberechnung:

$\lambda = -1$ in g: $\vec{x}_S = \begin{pmatrix} 2 \\ 1 \\ 3 \end{pmatrix} + (-1) \begin{pmatrix} 2 \\ 2 \\ -1 \end{pmatrix} = \begin{pmatrix} 0 \\ -1 \\ 4 \end{pmatrix} \Rightarrow \mathbf{S(0|-1|4)}$

Alternativ:

$\mu = -1$ in h: $\vec{x}_S = \begin{pmatrix} 4 \\ -1 \\ 5 \end{pmatrix} + (-1) \begin{pmatrix} 4 \\ 0 \\ 1 \end{pmatrix} = \begin{pmatrix} 0 \\ -1 \\ 4 \end{pmatrix} \Rightarrow \mathbf{S(0|-1|4)}$

b) $\begin{pmatrix} 5 \\ 6 \\ 0 \end{pmatrix} + \lambda \begin{pmatrix} 1 \\ 0 \\ -3 \end{pmatrix} = \begin{pmatrix} 8 \\ 4 \\ -1 \end{pmatrix} + \mu \begin{pmatrix} 2 \\ 1 \\ -2 \end{pmatrix}$ $\qquad$ Ansatz auf Schneiden: g = h

(1) $\quad \lambda - 2\mu = 3$ $\qquad$ zugehöriges Gleichungssystem

(2) $\quad\quad\quad -\mu = -2$

(3) $\quad -3\lambda + 2\mu = -1$

$\mu = 2$ $\qquad$ aus (2)

$\lambda - 2 \cdot 2 = 3 \Rightarrow \lambda = 7$ $\qquad$ in (1) einsetzen

$-3 \cdot 7 + 2 \cdot 2 = -1 \Leftrightarrow -17 = -1$ $\qquad$ prüfen, ob (3) erfüllt ist

Dies ist eine falsche Aussage, d. h. $g \cap h = \emptyset$. Es gibt keinen Schnittpunkt von g und h.

Dafür gibt es zwei geometrische Fälle: g und h sind parallel oder windschief. Da die Richtungsvektoren linear unabhängig sind (dies sieht man hier auch ohne Rechnung), folgt, dass g und h windschief sind.

c) $\begin{pmatrix} 3 \\ 5,5 \\ -1 \end{pmatrix} + \lambda \begin{pmatrix} 4 \\ -3 \\ 6 \end{pmatrix} = \begin{pmatrix} 13 \\ -2 \\ 14 \end{pmatrix} + \mu \begin{pmatrix} -6 \\ 4,5 \\ -9 \end{pmatrix}$ $\qquad$ Ansatz auf Schneiden: g = h

(1) $\quad 4\lambda + 6\mu = 10$ $\qquad$ zugehöriges Gleichungssystem

(2) $\quad -3\lambda - 4,5\mu = -7,5$

(3) $\quad\quad 6\lambda + 9\mu = 15$

(1*) $\lambda = 2,5 - 1,5\mu$ $\qquad$ aus (1)

$-3(2,5 - 1,5\mu) - 4,5\mu = -7,5$ $\qquad$ (1*) in (2) einsetzen

$-7,5 + 4,5\mu - 4,5\mu = -7,5$

$0 = 0$ $\qquad$ wahre Aussage

$6(2,5 - 1,5\mu) + 9\mu = 15$ $\qquad$ (1*) in (3) einsetzen

$15 - 9\mu + 9\mu = 15$

$0 = 0$ $\qquad$ wahre Aussage

$\Rightarrow$ g und h sind identisch.

d) $\begin{pmatrix} 3 \\ 5{,}5 \\ 1 \end{pmatrix} + \lambda \begin{pmatrix} 4 \\ -3 \\ 6 \end{pmatrix} = \begin{pmatrix} 13 \\ -2 \\ 14 \end{pmatrix} + \mu \begin{pmatrix} -6 \\ 4{,}5 \\ -9 \end{pmatrix}$ Ansatz auf Schneiden: g=h

(1) $4\lambda + 6\mu = 10$ zugehöriges Gleichungssystem

(2) $-3\lambda - 4{,}5\mu = -7{,}5$

(3) $6\lambda + 9\mu = 13$

(1*) $\lambda = 2{,}5 - 1{,}5\mu$ aus (1)

Einsetzen von (1*) in (2) führt mit derselben Rechnung wie in Aufgabenteil c auf eine wahre Aussage.

$6(2{,}5 - 1{,}5\mu) + 9\mu = 13$ (1*) in (3) einsetzen

$\quad 15 - 9\mu + 9\mu = 13$

$\qquad\qquad\quad 15 = 13$ falsche Aussage

Es gibt also keine Lösung dieses Gleichungssystems, folglich gilt:
$g \cap h = \varnothing$

112. a) E in Koordinatenform umwandeln:

$\vec{n}_E = \begin{pmatrix} -2 \\ 3 \\ 0 \end{pmatrix} \times \begin{pmatrix} -2 \\ 0 \\ 4 \end{pmatrix} = \begin{pmatrix} 12 \\ 8 \\ 6 \end{pmatrix} = 2 \cdot \begin{pmatrix} 6 \\ 4 \\ 3 \end{pmatrix} \implies$ E: $6x_1 + 4x_2 + 3x_3 - 12 = 0$

g in E: $6v + 4v + 3 - 12 = 0 \iff 10v = 9 \iff v = 0{,}9$

$v = 0{,}9$ in g: $\vec{x}_S = \begin{pmatrix} 0 \\ 0 \\ 1 \end{pmatrix} + 0{,}9 \cdot \begin{pmatrix} 1 \\ 1 \\ 0 \end{pmatrix} = \begin{pmatrix} 0{,}9 \\ 0{,}9 \\ 1 \end{pmatrix} \implies$ **S(0,9|0,9|1)**

b) h in E: $-6\sigma + 0 + 3(1 + 2\sigma) - 12 = 0 \iff -9 = 0$ falsche Aussage
$\implies$ h und E haben keinen Punkt gemeinsam, d. h., h und E sind parallel.

c) k in E: $6(2 - \tau) + 0 + 3 \cdot 2\tau = 12 \iff 12 = 12$ wahre Aussage für alle τ
$\implies$ k liegt in E.

113. a) E in Koordinatenform umwandeln:

$\vec{n}_E = \begin{pmatrix} 2 \\ 3 \\ 1 \end{pmatrix} \times \begin{pmatrix} -4 \\ 1 \\ 0 \end{pmatrix} = \begin{pmatrix} -1 \\ -4 \\ 14 \end{pmatrix} = -\begin{pmatrix} 1 \\ 4 \\ -14 \end{pmatrix} \implies$ E: $x_1 + 4x_2 - 14x_3 - 35 = 0$

F in E: $11 + 10\sigma + 8\tau + 4(-1 + \sigma + 5\tau) - 14(-2 + \sigma + 2\tau) - 35 = 0 \iff 0 = 0$
Dies ist für alle τ und σ eine wahre Aussage, d. h., F und E sind identisch.

b) E in Parameterform umwandeln:

$\vec{n}_E = \begin{pmatrix} 1 \\ 2 \\ 1 \end{pmatrix} \implies$ mögliche Richtungsvektoren: $\vec{u} = \begin{pmatrix} 2 \\ -1 \\ 0 \end{pmatrix}$; $\vec{v} = \begin{pmatrix} 0 \\ -1 \\ 2 \end{pmatrix}$

$\implies$ E: $\vec{x} = \begin{pmatrix} 2 \\ 0 \\ 0 \end{pmatrix} + \lambda \begin{pmatrix} 2 \\ -1 \\ 0 \end{pmatrix} + \mu \begin{pmatrix} 0 \\ -1 \\ 2 \end{pmatrix}$

E in F: $-3(2+2\lambda)+9(-\lambda-\mu)+2\cdot2\mu-9=0$

$$-15\lambda-5\mu=15 \iff \mu=-3\lambda-3$$

in E: $\vec{x}=\begin{pmatrix}2\\0\\0\end{pmatrix}+\lambda\begin{pmatrix}2\\-1\\0\end{pmatrix}+(-3\lambda-3)\begin{pmatrix}0\\-1\\2\end{pmatrix}$

$$\vec{x}=\begin{pmatrix}2\\0\\0\end{pmatrix}+\lambda\begin{pmatrix}2\\-1\\0\end{pmatrix}+\lambda\begin{pmatrix}0\\3\\-6\end{pmatrix}+\begin{pmatrix}0\\3\\-6\end{pmatrix}$$

$\Rightarrow$ Gleichung der Schnittgeraden: $\vec{x}=\begin{pmatrix}2\\3\\-6\end{pmatrix}+\lambda\begin{pmatrix}2\\2\\-6\end{pmatrix}$

c) F in Koordinatenform umwandeln:

F: $x_1+4x_2-14x_3-35=0$

E in F: $-6+6\lambda-2\mu+4(-2+2\lambda+4\mu)-14(4+\lambda+\mu)-35=0 \iff -105=0$

Dies ist für alle λ und μ eine falsche Aussage, d. h. $E\cap F=\emptyset$. E und F sind also echt parallel.

114. a) $\begin{pmatrix}-4\\-2\\1\end{pmatrix}+\lambda\begin{pmatrix}9\\2\\-2\end{pmatrix}+\mu\begin{pmatrix}2\\3\\1\end{pmatrix}=\begin{pmatrix}-2\\2\\-1\end{pmatrix}+\sigma\begin{pmatrix}-6\\1\\2\end{pmatrix}+\tau\begin{pmatrix}5\\-1\\-1\end{pmatrix}$ Ansatz E=F

(1) $9\lambda+2\mu+6\sigma-5\tau=2$ zugehöriges Gleichungssystem

(2) $2\lambda+3\mu-\sigma+\tau=4$

(3) $-2\lambda+\mu-2\sigma+\tau=-2$

Es handelt sich um ein unterbestimmtes Gleichungssystem mit drei Gleichungen und vier Unbekannten. Falls es lösbar ist, gibt es mindestens einen freien Parameter in der Lösung.

Es geht darum, λ durch μ auszudrücken (oder umgekehrt). Die beiden anderen Variablen werden zuvor eliminiert. Dafür wird das Additionsverfahren angewandt:

$(1*)=(1)+5\cdot(2)$ $19\lambda+17\mu+\sigma=22$

$(2*)=(2)-(3)$ $4\lambda+2\mu+\sigma=6$

$(1*)-(2*)$ $15\lambda+15\mu=16$

$\Rightarrow \mu=\frac{16}{15}-\lambda$

in E: $\vec{x}=\begin{pmatrix}-4\\-2\\1\end{pmatrix}+\lambda\begin{pmatrix}9\\2\\-2\end{pmatrix}+\left(\frac{16}{15}-\lambda\right)\begin{pmatrix}2\\3\\1\end{pmatrix}$

$$\vec{x}=\begin{pmatrix}-4\\-2\\1\end{pmatrix}+\frac{16}{15}\begin{pmatrix}2\\3\\1\end{pmatrix}+\lambda\begin{pmatrix}9\\2\\-2\end{pmatrix}+\lambda\begin{pmatrix}-2\\-3\\-1\end{pmatrix}$$

$\Rightarrow$ Gleichung der Schnittgeraden: $\vec{x}=\begin{pmatrix}-\frac{28}{15}\\\frac{6}{5}\\\frac{31}{15}\end{pmatrix}+\lambda\begin{pmatrix}7\\-1\\-3\end{pmatrix}$

b) F (oder E) in Koordinatenform umwandeln:

F: $x_1 + 4x_2 + x_3 - 5 = 0$

E in F: $(-4 + 9\lambda + 2\mu) + 4(-2 + 2\lambda + 3\mu) + (1 - 2\lambda + \mu) = 5$

$$\Leftrightarrow \quad 15\lambda + 15\mu = 16$$

Hiermit kann μ genauso wie bei Methode a durch λ ausgedrückt werden. Der Rest verläuft dann völlig identisch.

Diese Methode b ist rechnerisch einfacher und sollte daher vorgezogen werden.

115. Methode: Schneiden zweier Ebenen

E wird auf Parameterform gebracht:

$A(0\,|\,8\,|\,0) \in E$ Aufhängepunkt A von E

$$\vec{n} = \begin{pmatrix} 4 \\ -1 \\ -2 \end{pmatrix} \Rightarrow \vec{u} = \begin{pmatrix} 0 \\ -2 \\ 1 \end{pmatrix}; \ \vec{v} = \begin{pmatrix} 2 \\ 0 \\ 4 \end{pmatrix} = 2 \cdot \begin{pmatrix} 1 \\ 0 \\ 2 \end{pmatrix}$$ zwei Richtungsvektoren

$$E: \vec{x} = \begin{pmatrix} 0 \\ 8 \\ 0 \end{pmatrix} + \lambda \begin{pmatrix} 0 \\ -2 \\ 1 \end{pmatrix} + \mu \begin{pmatrix} 1 \\ 0 \\ 2 \end{pmatrix}$$ Parameterform

Die Koordinaten von E werden in F eingesetzt:

E in F: $2\mu - 4(8 - 2\lambda) + (\lambda + 2\mu) + 3 = 0 \ \Leftrightarrow \ 9\lambda + 4\mu = 29$

$$\Leftrightarrow \qquad \lambda = \frac{29}{9} - \frac{4}{9}\mu$$

Dieser Ausdruck wird in E für λ eingesetzt:

$$s: \vec{x} = \begin{pmatrix} 0 \\ 8 \\ 0 \end{pmatrix} + \left(\frac{29}{9} - \frac{4}{9}\mu \right) \begin{pmatrix} 0 \\ -2 \\ 1 \end{pmatrix} + \mu \begin{pmatrix} 1 \\ 0 \\ 2 \end{pmatrix}$$

Das Zusammenfassen in die Vektorteile mit und ohne μ ergibt eine mögliche Darstellung der Schnittgeraden von E und F:

$$s: \vec{x} = \begin{pmatrix} 0 \\ \frac{14}{9} \\ \frac{29}{9} \end{pmatrix} + \mu \begin{pmatrix} 1 \\ \frac{8}{9} \\ \frac{14}{9} \end{pmatrix}$$

Als Richtungsvektor der Schnittgeraden kann, um Brüche zu vermeiden, auch der 9-fache Vektor genommen werden. Beim Aufhängepunkt ist das nicht möglich.

Methode: Lösen eines Gleichungssystems

(1) $4x_1 - x_2 - 2x_3 + 8 = 0$

(2) $2x_1 - 4x_2 + x_3 + 3 = 0$

Zum Lösen gibt es verschiedene Wege. Man kann das Gleichungssystem „zu Fuß" (direkt) lösen oder systematischer mit dem Gauß'schen Algorithmus.

Direkte Lösung

Da es sich um ein unterbestimmtes Gleichungssystem handelt, kann man mindestens eine Unbekannte frei wählen, z. B. $x_3 = \sigma$, wobei $\sigma \in \mathbb{R}$ ein freier Parameter ist. Damit hat man zunächst einmal:

(1) $4x_1 - x_2 - 2\sigma = -8$

(2) $2x_1 - 4x_2 + \sigma = -3$

Löst man (2) nach x_1 auf, so ergibt sich $x_1 = 2x_2 - \frac{\sigma}{2} - \frac{3}{2}$ und in (1) eingesetzt führt das auf:

$$4\left(2x_2 - \frac{\sigma}{2} - \frac{3}{2}\right) - x_2 - 2\sigma = -8 \quad \Leftrightarrow \quad x_2 = \frac{4}{7}\sigma - \frac{2}{7}$$

Dies wird in den nach x_1 aufgelösten Ausdruck eingesetzt:

$$x_1 = 2\left(\frac{4}{7}\sigma - \frac{2}{7}\right) - \frac{\sigma}{2} - \frac{3}{2} = \frac{9}{14}\sigma - \frac{29}{14}$$

Damit hat man:

$$x_1 = -\frac{29}{14} + \frac{9}{14}\sigma; \quad x_2 = -\frac{2}{7} + \frac{4}{7}\sigma \quad \text{und} \quad x_3 = \sigma$$

Die Lösungsmenge besteht daher aus den Zahlentripeln

$$L = \left\{\left(-\frac{29}{14} + \frac{9}{14}\sigma \,\middle|\, -\frac{2}{7} + \frac{4}{7}\sigma \,\middle|\, \sigma\right) \,\middle|\, \sigma \in \mathbb{R}\right\}.$$

Interpretiert man diese Lösungstripel als Koordinaten von Punkten im $\mathbb{R}^3$, so kann man ihre Ortsvektoren angeben:

$$\vec{x} = \begin{pmatrix} -\frac{29}{14} + \frac{9}{14}\sigma \\ -\frac{2}{7} + \frac{4}{7}\sigma \\ \sigma \end{pmatrix}$$

Zieht man den Vektor auseinander, so erhält man

$$\vec{x} = \begin{pmatrix} -\frac{29}{14} \\ -\frac{2}{7} \\ 0 \end{pmatrix} + \sigma \begin{pmatrix} \frac{9}{14} \\ \frac{4}{7} \\ 1 \end{pmatrix},$$

eine Geradengleichung im $\mathbb{R}^3$. Das ist eine andere Darstellung der Schnittgeraden von E und F. Die hier dargestellte Gerade ist mit der in der ersten Methode berechneten identisch:

$$\begin{pmatrix} 1 \\ \frac{8}{9} \\ \frac{14}{9} \end{pmatrix} = \alpha \begin{pmatrix} \frac{9}{14} \\ \frac{4}{7} \\ 1 \end{pmatrix} \quad \Leftrightarrow \quad \alpha = \frac{14}{9} \qquad \text{Kollinearität der Richtungsvektoren}$$

$$\begin{pmatrix} -\frac{29}{14} \\ -\frac{2}{7} \\ 0 \end{pmatrix} = \begin{pmatrix} 0 \\ \frac{14}{9} \\ \frac{29}{9} \end{pmatrix} + \mu \begin{pmatrix} 1 \\ \frac{8}{9} \\ \frac{14}{9} \end{pmatrix} \quad \Leftrightarrow \quad \mu = -\frac{29}{14} \qquad \text{Aufhängepunkt liegt auf s}$$

Lösen mit dem Gauß'schen Algorithmus

Im Gauß-Schema lautet das Gleichungssystem:

(1) $\quad 4x_1 - \ x_2 - 2x_3 = -8$

(2) $\quad 2x_1 - 4x_2 + \ x_3 = -3$

---

(1) $\quad 4x_1 - \ x_2 - 2x_3 = -8$

(2*) $\quad\quad\quad -\dfrac{7}{2}x_2 + 2x_3 = 1 \qquad \Big| \ (2*) = \left(-\dfrac{1}{2}\right) \cdot (1) + (2)$

Das lineare Gleichungssystem hat zwei voneinander unabhängige Gleichungen und drei Unbekannte. Die Lösungsmenge hat unendlich viele Elemente, die sich mithilfe eines Parameters angeben lassen. Es wird $x_3 = \tau$ gesetzt, wobei $\tau \in \mathbb{R}$.

Aus (2*) folgt dann $x_2 = -\dfrac{2}{7} + \dfrac{4}{7}\tau$ und aus (1) schließlich $x_1 = -\dfrac{29}{14} + \dfrac{9}{14}\tau$.

Das ist identisch mit der „direkten" Lösung des Gleichungssystems.

Man kann demnach die Aufgabe, die Schnittmenge zweier Ebenen zu bestimmen, auch rein algebraisch, ohne geometrische Interpretation, durchführen, indem man das Gleichungssystem mit den beiden Ebenengleichungen in Koordinatenform löst. Das ist dann zu empfehlen, wenn beide Ebenen bereits in Koordinatenform gegeben sind.

116. Im Gauß-Schema lautet das LGS:

(1)	1	2	1	2
(2)	−3	9	2	9

---

(1)	1	2	1	2
(2*)	0	15	5	15

$\Big| \ (2*) = 3 \cdot (1) + (2)$

$x_3 = \lambda$ $\qquad\qquad\qquad\qquad\qquad\qquad$ frei wählbarer Parameter

$15x_2 + 5\lambda = 15 \ \Leftrightarrow \ x_2 = -\dfrac{1}{3}\lambda + 1 \qquad$ x_3 in (2*) einsetzen

$x_1 + 2\left(-\dfrac{1}{3}\lambda + 1\right) + \lambda = 2 \ \Leftrightarrow \ x_1 = -\dfrac{1}{3}\lambda \qquad$ x_2 und x_3 in (1) einsetzen

$L = \left\{ \left(-\dfrac{1}{3}\lambda \ \Big| \ -\dfrac{1}{3}\lambda + 1 \ \Big| \ \lambda \right) \Big| \ \lambda \in \mathbb{R} \right\} \qquad$ Menge der Lösungstripel

$\vec{x} = \begin{pmatrix} -\frac{1}{3}\lambda \\ -\frac{1}{3}\lambda + 1 \\ \lambda \end{pmatrix} = \begin{pmatrix} 0 \\ 1 \\ 0 \end{pmatrix} + \lambda \begin{pmatrix} -\frac{1}{3} \\ -\frac{1}{3} \\ 1 \end{pmatrix} \qquad$ Lösungstripel als Ortsvektor schreiben

$\underbrace{\qquad\qquad\qquad\qquad\qquad}_{\text{Schnittgerade von E und F}}$

117. a) E_1: $x_1 - x_2 - 2x_3 = 4$

E_2: $3x_1 - 2x_2 - x_3 = 8$

E_3: $10x_1 - 5x_2 - x_3 = 26$

E_1: $x_1 - x_2 - 2x_3 = 4$

E_2': $x_2 + 5x_3 = -4$ $\big| -3 \cdot E_1 + E_2$

E_3': $5x_2 + 19x_3 = -14$ $\big| -10 \cdot E_1 + E_3$

E_1: $x_1 - x_2 - 2x_3 = 4$

E_2': $x_2 + 5x_3 = -4$

E_3'': $-6x_3 = 6$ $\big| -5 \cdot E_2' + E_3'$

Lösen von unten nach oben:

$x_3 = -1; \; x_2 = 1; \; x_1 = 3$

Schnittpunkt: $S(3\,|\,1\,|-1)$

b) E: $x_1 + 5x_2 - 3x_3 = -15$

F: $6x_1 + 5x_2 - 3x_3 = -5$

H: $11x_1 + 5x_2 - 3x_3 = 5$

E: $x_1 + 5x_2 - 3x_3 = -15$

F': $-25x_2 + 15x_3 = 85$ $\big| -6 \cdot E + F$

H': $-50x_2 + 30x_3 = 170$ $\big| -11 \cdot E + H$

E: $x_1 + 5x_2 - 3x_3 = -15$

F': $-25x_2 + 15x_3 = 85$

H'': $0 = 0$ $\big| -2 \cdot F' + H'$

$x_3 = \lambda$ freier Parameter

$-25x_2 + 15\lambda = 85 \iff x_2 = -\frac{17}{5} + \frac{3}{5}\lambda$ x_3 in F' einsetzen

$x_1 + 5\left(-\frac{17}{5} + \frac{3}{5}\lambda\right) - 3\lambda = -15 \iff x_1 = 2$ x_2 und x_3 in E einsetzen

s: $\vec{x} = \begin{pmatrix} 2 \\ -\frac{17}{5} + \frac{3}{5}\lambda \\ \lambda \end{pmatrix} = \begin{pmatrix} 2 \\ -\frac{17}{5} \\ 0 \end{pmatrix} + \lambda \begin{pmatrix} 0 \\ \frac{3}{5} \\ 1 \end{pmatrix}$ Gleichung der Schnittgeraden

c) F_1: $-2x_1 + 2x_2 + x_3 = 9$

F_2: $4x_1 + 3x_2 - x_3 = -4$

F_3: $x_1 + 2{,}5x_2 = 1$

F_1: $-2x_1 + 2x_2 + x_3 = 9$

F_2': $7x_2 + x_3 = 14$ $\big| 2 \cdot F_1 + F_2$

F_3': $7x_2 + x_3 = 11$ $\big| F_1 + 2 \cdot F_3$

$$F_1: -2x_1 + 2x_2 + x_3 = 9$$
$$F_2': \qquad 7x_2 + x_3 = 14$$
$$F_3'': \qquad\qquad 0 = 3 \qquad | F_2' - F_3'$$

Die 3. Gleichung führt auf eine falsche Aussage, folglich ist $L = \emptyset$.
Für die drei Ebenen bedeutet dies, dass sie keinen Punkt gemeinsam
haben.

118. a)
$$\begin{array}{ll}(1) & x_1 - 2x_2 + 2x_3 = -6\\ (2) & 4x_1 - 2x_2 - 4x_3 = 2a - 19\\ (3) & ax_1 + ax_2 - 6x_3 = -3\end{array}$$

$$\begin{array}{ll}(1) & x_1 - 2x_2 + 2x_3 = -6\\ (2*) & 6x_2 - 12x_3 = 2a + 5 \qquad |-4\cdot(1)+(2)\\ (3*) & 3ax_2 + (-2a-6)x_3 = 6a - 3 \qquad |-a\cdot(1)+(3)\end{array}$$

$$\begin{array}{ll}(1) & x_1 - 2x_2 + 2x_3 = -6\\ (2*) & 6x_2 - 12x_3 = 2a + 5\\ (3**) & (4a-6)x_3 = -a^2 + \frac{7}{2}a - 3 \quad |-\frac{1}{2}a\cdot(2*)+(3*)\end{array}$$

Die rechte Seite von (3**) ergibt sich dabei wie folgt:

$$-\frac{1}{2}a\cdot(2a+5)+6a-3 = -a^2 - \frac{5}{2}a + 6a - 3 = -a^2 + \frac{7}{2}a - 3$$

Damit man die Fallunterscheidung durchführen kann, muss man diesen
Term faktorisieren.

$$-a^2 + \frac{7}{2}a - 3 = 0 \quad |\cdot(-2)$$
$$2a^2 - 7a + 6 = 0$$
$$\Rightarrow a_{1/2} = \frac{7\pm\sqrt{49-4\cdot2\cdot6}}{2\cdot2} = \frac{7\pm1}{4} \Rightarrow a_1 = 2;\ a_2 = \frac{3}{2}$$

Demnach gilt die Zerlegung:

$$-a^2 + \frac{7}{2}a - 3 = -(a-2)\left(a-\frac{3}{2}\right)$$

Gleichung (3**) lässt sich dann so angeben:

$$(3**) \quad 4\left(a-\frac{3}{2}\right)x_3 = -(a-2)\left(a-\frac{3}{2}\right)$$

Es gibt zwei Fälle zu unterscheiden:

1. Fall: $a = \frac{3}{2}$ $\Rightarrow$ (3**) $0\cdot x_3 = 0$

$\Rightarrow$ Es gibt unendlich viele Lösungen.

2. Fall: $a \neq \frac{3}{2}$ $\Rightarrow$ (3**) $4\left(a-\frac{3}{2}\right)x_3 = -(a-2)\left(a-\frac{3}{2}\right)$

$$x_3 = -\frac{a-2}{4}$$

$\Rightarrow$ Es gibt für jedes $a \neq \frac{3}{2}$ genau eine Lösung.

Geometrische Interpretation:

Für $a = \frac{3}{2}$ haben die drei Ebenen eine gemeinsame Schnittgerade, sonst schneiden sich die drei Ebenen in einem Punkt.

b) $a = \frac{3}{2}$

$(3**)$ $0 \cdot x_3 = 0$ freier Parameter $x_3 = \lambda$

in $(2*)$ $6x_2 - 12\lambda = 2 \cdot \frac{3}{2} + 5$ $\Leftrightarrow$ $x_2 = \frac{4}{3} + 2\lambda$

in (1) $x_1 - 2\left(\frac{4}{3} + 2\lambda\right) + 2\lambda = -6$ $\Leftrightarrow$ $x_1 = -\frac{10}{3} + 2\lambda$

Als Schnittgerade geschrieben ergibt das:

$$s: \vec{x} = \begin{pmatrix} -\frac{10}{3} + 2\lambda \\ \frac{4}{3} + 2\lambda \\ \lambda \end{pmatrix} = \begin{pmatrix} -\frac{10}{3} \\ \frac{4}{3} \\ 0 \end{pmatrix} + \lambda \begin{pmatrix} 2 \\ 2 \\ 1 \end{pmatrix}$$

$a = 2$

$(3**)$ $-2x_3 = 0$ $\Leftrightarrow$ $x_3 = 0$

in $(2*)$ $6x_2 - 12 \cdot 0 = 9$ $\Leftrightarrow$ $x_2 = \frac{3}{2}$

in (1) $x_1 - 2 \cdot \frac{3}{2} + 0 = -6$ $\Leftrightarrow$ $x_1 = -3$

$\Rightarrow$ Schnittpunkt $S\left(-3 \,\middle|\, \frac{3}{2} \,\middle|\, 0\right)$

119. a) Es geht um den Schnittwinkel zweier Ebenen. Dafür werden die Normalenvektoren benötigt:

$$\overrightarrow{AB} \times \overrightarrow{AC} = \begin{pmatrix} -50 \\ 50 \\ 0 \end{pmatrix} \times \begin{pmatrix} -50 \\ 0 \\ 120 \end{pmatrix} = \begin{pmatrix} 6\,000 \\ 6\,000 \\ 2\,500 \end{pmatrix} = 500 \cdot \begin{pmatrix} 12 \\ 12 \\ 5 \end{pmatrix}$$

$$\Rightarrow \vec{n}_1 = \begin{pmatrix} 12 \\ 12 \\ 5 \end{pmatrix}$$

Normalenvektor der $x_1 x_2$-Ebene:

$$\vec{n}_2 = \begin{pmatrix} 0 \\ 0 \\ 1 \end{pmatrix}$$

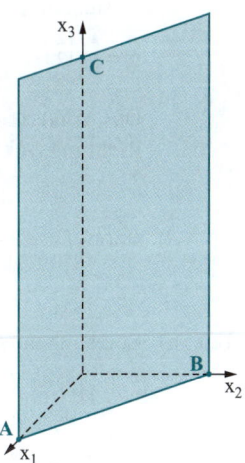

Schnittwinkel:

$$\cos(\varphi) = \frac{|\vec{n}_1 \circ \vec{n}_2|}{|\vec{n}_1| \cdot |\vec{n}_2|} = \frac{\left| \begin{pmatrix} 12 \\ 12 \\ 5 \end{pmatrix} \circ \begin{pmatrix} 0 \\ 0 \\ 1 \end{pmatrix} \right|}{\left| \begin{pmatrix} 12 \\ 12 \\ 5 \end{pmatrix} \right| \cdot \left| \begin{pmatrix} 0 \\ 0 \\ 1 \end{pmatrix} \right|}$$

$$= \frac{5}{\sqrt{144 + 144 + 25} \cdot 1} = \frac{5}{\sqrt{313}} \quad \Rightarrow \quad \boldsymbol{\varphi \approx 73{,}6°}$$

b) Es handelt sich in beiden Fällen um Winkel zwischen einer Geraden und einer Ebene (Achtung: sin(φ)). Der Richtungsvektor der Geraden ist in beiden Fällen:

$$\vec{r} = \begin{pmatrix} -3 \\ -4 \\ -7 \end{pmatrix}$$

Sonnenstrahl und Paneel

$$\sin(\varphi_1) = \frac{|\vec{u} \circ \vec{n}_1|}{|\vec{u}| \cdot |\vec{n}_1|} = \frac{\left| \begin{pmatrix} -3 \\ -4 \\ -7 \end{pmatrix} \circ \begin{pmatrix} 12 \\ 12 \\ 5 \end{pmatrix} \right|}{\left| \begin{pmatrix} -3 \\ -4 \\ -7 \end{pmatrix} \right| \cdot \left| \begin{pmatrix} 12 \\ 12 \\ 5 \end{pmatrix} \right|} = \frac{119}{\sqrt{74} \cdot \sqrt{313}} \quad \Rightarrow \quad \varphi_1 \approx 51{,}4°$$

Sonnenstrahl und Boden

$$\sin(\varphi_2) = \frac{|\vec{u} \circ \vec{n}_2|}{|\vec{u}| \cdot |\vec{n}_2|} = \frac{\left| \begin{pmatrix} -3 \\ -4 \\ -7 \end{pmatrix} \circ \begin{pmatrix} 0 \\ 0 \\ 1 \end{pmatrix} \right|}{\left| \begin{pmatrix} -3 \\ -4 \\ -7 \end{pmatrix} \right| \cdot \left| \begin{pmatrix} 0 \\ 0 \\ 1 \end{pmatrix} \right|} = \frac{7}{\sqrt{74}}$$

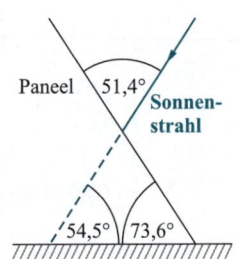

$$\Rightarrow \quad \varphi_2 \approx 54{,}5°$$

Anmerkung: Bei der Skizze ist zu beachten, dass die gezeichneten Geraden in die Zeichenebene projiziert wurden.

c) Maximal ist die Stromausbeute, wenn die Sonnenstrahlen parallel zum Normalenvektor des Paneels verlaufen. Der Richtungsvektor dafür ist:

$$\vec{r}_S = \begin{pmatrix} -12 \\ -12 \\ -5 \end{pmatrix}$$

Das Minuszeichen wurde hier nur gewählt, damit die Orientierung des Richtungsvektors mit dem der Sonnenstrahlung übereinstimmt.

d) $\sin(\varphi_3) = \dfrac{|\vec{r}_S \circ \vec{n}_2|}{|\vec{r}_S| \cdot |\vec{n}_2|} = \dfrac{\left| \begin{pmatrix} -12 \\ -12 \\ -5 \end{pmatrix} \circ \begin{pmatrix} 0 \\ 0 \\ 1 \end{pmatrix} \right|}{\sqrt{313} \cdot 1} = \dfrac{5}{\sqrt{313}} \quad \Rightarrow \quad \varphi_3 \approx 16{,}4°$

120. a) Lotebene aufstellen:

$$H: \begin{pmatrix} 2 \\ 1 \\ 2 \end{pmatrix} \circ \left(\vec{x} - \begin{pmatrix} 3 \\ 2 \\ -4 \end{pmatrix} \right) = 0$$

$\Leftrightarrow \quad H: 2x_1 + x_2 + 2x_3 = 0$

$g \cap H: 2(-3 + 2\lambda) + (-4 + \lambda) + 2(-4 + 2\lambda) = 0 \quad \Leftrightarrow \quad 9\lambda = 18 \quad \Leftrightarrow \quad \lambda = 2$

in g: $\overrightarrow{OL} = \begin{pmatrix} -3 \\ -4 \\ -4 \end{pmatrix} + 2 \cdot \begin{pmatrix} 2 \\ 1 \\ 2 \end{pmatrix} = \begin{pmatrix} 1 \\ -2 \\ 0 \end{pmatrix}$ Ortsvektor des Lotfußpunktes

$$d(P; g) = |\overrightarrow{PL}| = \left| \begin{pmatrix} 1 \\ -2 \\ 0 \end{pmatrix} - \begin{pmatrix} 3 \\ 2 \\ -4 \end{pmatrix} \right| = \left| \begin{pmatrix} -2 \\ -4 \\ 4 \end{pmatrix} \right| = \sqrt{4 + 16 + 16} = 6$$

b) $H: \begin{pmatrix} 0 \\ 1 \\ 0 \end{pmatrix} \circ \left(\vec{x} - \begin{pmatrix} 2 \\ 0 \\ 0 \end{pmatrix} \right) = 0 \quad \Leftrightarrow \quad H: x_2 = 0$

$g \cap H: -2 + \lambda = 0 \quad \Leftrightarrow \quad \lambda = 2$

in g: $\overrightarrow{OL} = \begin{pmatrix} 0 \\ 0 \\ 1 \end{pmatrix}$

$d(P; g) = |\overrightarrow{PL}| = \left| \begin{pmatrix} -2 \\ 0 \\ 1 \end{pmatrix} \right| = \sqrt{5}$

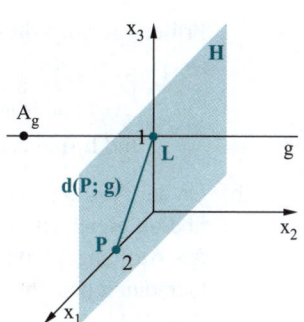

c) $H: \begin{pmatrix} 1 \\ 1 \\ 1 \end{pmatrix} \circ \left(\vec{x} - \begin{pmatrix} 0 \\ 0 \\ 1 \end{pmatrix} \right) = 0 \quad \Leftrightarrow \quad H: x_1 + x_2 + x_3 - 1 = 0$

$g \cap H: \lambda + \lambda + \lambda - 1 = 0 \quad \Leftrightarrow \quad \lambda = \frac{1}{3}$

in g: $\overrightarrow{OL} = \begin{pmatrix} \frac{1}{3} \\ \frac{1}{3} \\ \frac{1}{3} \end{pmatrix}$

$d(P; g) = |\overrightarrow{PL}| = \left| \begin{pmatrix} \frac{1}{3} \\ \frac{1}{3} \\ -\frac{2}{3} \end{pmatrix} \right| = \frac{1}{3}\sqrt{1+1+4} = \frac{1}{3}\sqrt{6}$

d) $H: \begin{pmatrix} 5 \\ 1 \\ -1 \end{pmatrix} \circ \vec{x} = 0 \quad \Leftrightarrow \quad H: 5x_1 + x_2 - x_3 = 0$

$g \cap H: 5(1+5\lambda) + (-3+\lambda) - (1-\lambda) = 0 \quad \Leftrightarrow \quad 27\lambda + 1 = 0 \quad \Leftrightarrow \quad \lambda = -\frac{1}{27}$

in g: $\overrightarrow{OL} = \begin{pmatrix} 1 \\ -3 \\ 1 \end{pmatrix} - \frac{1}{27} \begin{pmatrix} 5 \\ 1 \\ -1 \end{pmatrix} = \begin{pmatrix} \frac{22}{27} \\ -\frac{82}{27} \\ \frac{28}{27} \end{pmatrix}$

$d(P; g) = |\overrightarrow{PL}| = |\overrightarrow{OL}| = \left| \begin{pmatrix} \frac{22}{27} \\ -\frac{82}{27} \\ \frac{28}{27} \end{pmatrix} \right| = \frac{1}{27}\sqrt{484 + 6724 + 784} = \frac{2}{9}\sqrt{222} \approx \mathbf{3{,}31}$

121. a) Prüfen der Richtungsvektoren auf Kollinearität:

$\begin{pmatrix} -2 \\ 1 \\ -2 \end{pmatrix} = \alpha \begin{pmatrix} 1 \\ -0{,}5 \\ 1 \end{pmatrix} \quad \begin{array}{l} \Rightarrow \alpha = -2 \\ \Rightarrow \alpha = -2 \\ \Rightarrow \alpha = -2 \end{array}$

$\Rightarrow$ g und h sind zumindest parallel.

Differenzvektor der Aufhängepunkte:

$\vec{a}_h - \vec{a}_g = \begin{pmatrix} -2 \\ 1 \\ -1 \end{pmatrix} - \begin{pmatrix} 2 \\ -1 \\ 1 \end{pmatrix} = \begin{pmatrix} -4 \\ 2 \\ -2 \end{pmatrix}$

Prüfen, ob auch dieser kollinear zu den Richtungsvektoren ist:

$$\begin{pmatrix} -4 \\ 2 \\ -2 \end{pmatrix} = \beta \begin{pmatrix} -2 \\ -1 \\ -2 \end{pmatrix} \quad \begin{array}{l} \Rightarrow \ \beta = 2 \\ \Rightarrow \ \beta = -2 \\ \text{nicht mehr nötig} \end{array}$$

$\Rightarrow$ g und h sind echt parallel.

b) Da der Abstand paralleler Geraden überall gleich ist, wird der Abstand des Aufhängepunktes von h zur Geraden g berechnet:

$A_h(-2\,|\,1\,|\,-1)$

Lotebene aufstellen:

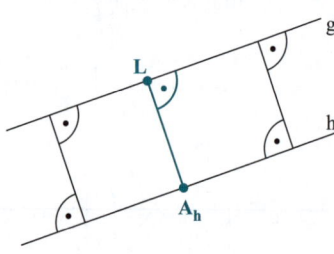

$$\text{H: } \begin{pmatrix} -2 \\ 1 \\ -2 \end{pmatrix} \circ \left(\vec{x} - \begin{pmatrix} -2 \\ 1 \\ -1 \end{pmatrix} \right) = 0$$

$\Leftrightarrow \ \text{H: } -2x_1 + x_2 - 2x_3 - 7 = 0$

$g \cap H: -2(2-2\lambda) + (-1+\lambda) - 2(1-2\lambda) - 7 = 0 \quad \Leftrightarrow \quad 9\lambda - 14 = 0$

$$\Leftrightarrow \qquad \lambda = \tfrac{14}{9}$$

$$\text{in g: } \overrightarrow{OL} = \begin{pmatrix} 2 \\ -1 \\ 1 \end{pmatrix} + \frac{14}{9} \begin{pmatrix} -2 \\ 1 \\ -2 \end{pmatrix} = \begin{pmatrix} -\frac{10}{9} \\ \frac{5}{9} \\ -\frac{19}{9} \end{pmatrix}$$

$$d(g; h) = d(g; A_h) = d(L; A_h) = |\overrightarrow{A_h L}| = \left\| \begin{pmatrix} \frac{8}{9} \\ -\frac{4}{9} \\ -\frac{10}{9} \end{pmatrix} \right\| = \frac{1}{9}\sqrt{64 + 16 + 100}$$

$$= \frac{1}{9}\sqrt{180} = \frac{1}{9}\sqrt{9 \cdot 20} = \frac{1}{3}\sqrt{20}$$

122. a) Es ist der Abstand des Punktes C von der Geraden

$$g_{AB}: \vec{x} = \overrightarrow{OA} + \lambda \cdot \overrightarrow{AB} = \begin{pmatrix} -1 \\ -11 \\ -10 \end{pmatrix} + \lambda \begin{pmatrix} 3 \\ 0 \\ 15 \end{pmatrix} \text{ gesucht.}$$

Lotebene:

$$\text{H: } \underbrace{\begin{pmatrix} 1 \\ 0 \\ 5 \end{pmatrix}}_{= \frac{1}{3}\overrightarrow{AB}} \circ \left(\vec{x} - \begin{pmatrix} 2 \\ -1 \\ 5 \end{pmatrix} \right) = 0 \quad \Leftrightarrow \quad \text{H: } x_1 + 5x_3 - 27 = 0$$

$g_{AB} \cap H: -1 + 3\lambda + 5(-10 + 15\lambda) - 27 = 0 \quad \Leftrightarrow \quad 78\lambda - 78 = 0 \quad \Leftrightarrow \quad \lambda = 1$

$$\text{in } g_{AB}: \overrightarrow{OL} = \begin{pmatrix} -1 \\ -11 \\ -10 \end{pmatrix} + \begin{pmatrix} 3 \\ 0 \\ 15 \end{pmatrix} = \begin{pmatrix} 2 \\ -11 \\ 5 \end{pmatrix}$$

$$d(g_{AB}; C) = |\overrightarrow{LC}| = \left\| \begin{pmatrix} 0 \\ 10 \\ 0 \end{pmatrix} \right\| = 10$$

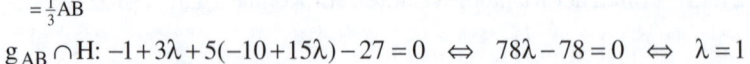

b) $A_\triangle = \frac{1}{2} g \cdot h = \frac{1}{2} |\overrightarrow{AB}| \cdot |\overrightarrow{LC}| = \frac{1}{2} \sqrt{9 + 225} \cdot 10 = 5\sqrt{234} \approx \mathbf{76,49}$

c) $A_\triangle = \frac{1}{2} |\overrightarrow{AB} \times \overrightarrow{AC}| = \frac{1}{2} \left| \begin{pmatrix} 3 \\ 0 \\ 15 \end{pmatrix} \times \begin{pmatrix} 3 \\ 10 \\ 15 \end{pmatrix} \right| = \frac{1}{2} \left| \begin{pmatrix} -150 \\ 0 \\ 30 \end{pmatrix} \right| = \frac{1}{2} \sqrt{150^2 + 30^2} \approx \mathbf{76,49}$

123. a) $\vec{n}_E = \begin{pmatrix} 2 \\ 1 \\ 2 \end{pmatrix} \times \begin{pmatrix} 5 \\ -1 \\ 2 \end{pmatrix} = \begin{pmatrix} 4 \\ 6 \\ -7 \end{pmatrix}$; Lotgerade: h: $\vec{x} = \begin{pmatrix} 21 \\ 8 \\ -1 \end{pmatrix} + \lambda \begin{pmatrix} 4 \\ 6 \\ -7 \end{pmatrix}$

E in Koordinatenform umwandeln:

E: $\begin{pmatrix} 4 \\ 6 \\ -7 \end{pmatrix} \circ \left(\vec{x} - \begin{pmatrix} 3 \\ 2 \\ -2 \end{pmatrix} \right) = 0 \quad \Leftrightarrow \quad$ E: $4x_1 + 6x_2 - 7x_3 - 38 = 0$

h$\cap$E: $4(21 + 4\lambda) + 6(8 + 6\lambda) - 7(-1 - 7\lambda) - 38 = 0 \quad \Leftrightarrow \quad 101\lambda + 101 = 0$

$\Leftrightarrow \qquad \lambda = -1$

in h: $\overrightarrow{OL} = \begin{pmatrix} 21 \\ 8 \\ -1 \end{pmatrix} - \mathbf{1} \cdot \begin{pmatrix} 4 \\ 6 \\ -7 \end{pmatrix} = \begin{pmatrix} 17 \\ 2 \\ 6 \end{pmatrix}$

$d(P; E) = |\overrightarrow{LP}| = \left| \begin{pmatrix} 4 \\ 6 \\ -7 \end{pmatrix} \right| = \sqrt{16 + 36 + 49} = \sqrt{101} \approx \mathbf{10,05}$

b) Lotgerade: h: $\vec{x} = \lambda \begin{pmatrix} -1 \\ 3 \\ -2 \end{pmatrix}$

h$\cap$E: $-(-\lambda) + 3 \cdot 3\lambda - 2 \cdot (-2\lambda) + 1 = 0 \quad \Leftrightarrow \quad 14\lambda + 1 = 0 \quad \Leftrightarrow \quad \lambda = -\frac{1}{14}$

in h: $\overrightarrow{OL} = \begin{pmatrix} \frac{1}{14} \\ -\frac{3}{14} \\ \frac{2}{14} \end{pmatrix}$

$d(O; E) = |\overrightarrow{OL}| = \frac{1}{14} \sqrt{1 + 9 + 4} = \frac{\sqrt{14}}{14} \approx \mathbf{0,27}$

c) Die Ebene E wird in Koordinatenform umgewandelt. Normalenvektor:

$\vec{n}_E = \begin{pmatrix} 5 \\ 1 \\ -1 \end{pmatrix} \times \begin{pmatrix} 1 \\ -1 \\ 1 \end{pmatrix} = \begin{pmatrix} 0 \\ -6 \\ -6 \end{pmatrix} = -6 \cdot \begin{pmatrix} 0 \\ 1 \\ 1 \end{pmatrix} \quad \Rightarrow \quad$ E: $x_2 + x_3 - 2 = 0$

Lotgerade: h: $\vec{x} = \begin{pmatrix} 2 \\ 0 \\ 1 \end{pmatrix} + \lambda \begin{pmatrix} 0 \\ 1 \\ 1 \end{pmatrix}$

h$\cap$E: $\lambda + 1 + \lambda - 2 = 0 \quad \Leftrightarrow \quad \lambda = \frac{1}{2}$

in h: $\overrightarrow{OL} = \begin{pmatrix} 2 \\ 0 \\ 1 \end{pmatrix} + \frac{\mathbf{1}}{\mathbf{2}} \begin{pmatrix} 0 \\ 1 \\ 1 \end{pmatrix} = \begin{pmatrix} 2 \\ \frac{1}{2} \\ \frac{3}{2} \end{pmatrix}$

$d(P; E) = |\overrightarrow{PL}| = \left| \begin{pmatrix} 2 \\ \frac{1}{2} \\ \frac{3}{2} \end{pmatrix} - \begin{pmatrix} 2 \\ 0 \\ 1 \end{pmatrix} \right| = \left| \begin{pmatrix} 0 \\ \frac{1}{2} \\ \frac{1}{2} \end{pmatrix} \right| = \sqrt{\frac{1}{4} + \frac{1}{4}} = \sqrt{\frac{1}{2}} = \frac{1}{2}\sqrt{2} \approx \mathbf{0,71}$

d) Lotgerade: h: $\vec{x} = \begin{pmatrix} 4 \\ 0 \\ 0 \end{pmatrix} + \lambda \begin{pmatrix} 1 \\ 0 \\ 0 \end{pmatrix}$

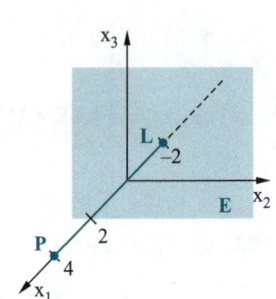

$h \cap E: 4 + \lambda = -2 \iff \lambda = -6$

in h: $\overrightarrow{OL} = \begin{pmatrix} -2 \\ 0 \\ 0 \end{pmatrix}$

$d(P; E) = |\overrightarrow{PL}| = \left| \begin{pmatrix} -2 \\ 0 \\ 0 \end{pmatrix} - \begin{pmatrix} 4 \\ 0 \\ 0 \end{pmatrix} \right| = \left| \begin{pmatrix} -6 \\ 0 \\ 0 \end{pmatrix} \right| = \mathbf{6}$

124. Da der Abstand zwischen einer Geraden und einer Ebene überall gleich ist, kann das Problem auf die Abstandsbestimmung Punkt–Ebene zurückgeführt werden. Als Punkt dient der Aufhängepunkt von g.

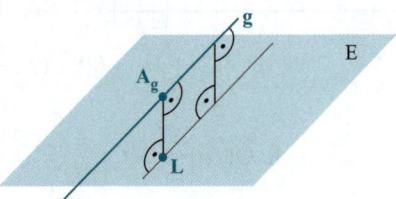

Nachweis der Parallelität

$\vec{u}_g \circ \vec{n}_E = \begin{pmatrix} 3 \\ 1 \\ -2 \end{pmatrix} \circ \begin{pmatrix} -2 \\ 4 \\ -1 \end{pmatrix} = -6 + 4 + 2 = 0$

$\Rightarrow$ g und E sind zumindest parallel.

A_g in E: $-2 \cdot 2 + 4 \cdot 4 - 3 = 3 \iff 9 = 3$ falsche Aussage
$\Rightarrow g \cap E = \emptyset \Rightarrow$ g ist echt parallel zu E.

Abstandsbestimmung

Lotgerade: h: $\vec{x} = \overrightarrow{OA_g} + \lambda \vec{n}_E = \begin{pmatrix} 2 \\ 4 \\ 3 \end{pmatrix} + \lambda \begin{pmatrix} -2 \\ 4 \\ -1 \end{pmatrix}$

$h \cap E: -2(2 - 2\lambda) + 4(4 + 4\lambda) - (3 - \lambda) = 3 \iff 21\lambda + 9 = 3 \iff \lambda = -\frac{2}{7}$

in h: $\overrightarrow{OL} = \begin{pmatrix} \frac{18}{7} \\ \frac{20}{7} \\ \frac{23}{7} \end{pmatrix}$; $\overrightarrow{A_g L} = \begin{pmatrix} \frac{18}{7} \\ \frac{20}{7} \\ \frac{23}{7} \end{pmatrix} - \begin{pmatrix} 2 \\ 4 \\ 3 \end{pmatrix} = \begin{pmatrix} \frac{4}{7} \\ -\frac{8}{7} \\ \frac{2}{7} \end{pmatrix}$

$d(E; g) = |\overrightarrow{A_g L}| = \frac{1}{7}\sqrt{16 + 64 + 4} = \frac{1}{7}\sqrt{84} = \frac{2}{7}\sqrt{21} \approx \mathbf{1{,}31}$

125. a) Um auf Parallelität untersuchen zu können, werden die beiden Normalenvektoren benötigt:

$\vec{n}_1 = \begin{pmatrix} 2 \\ -3 \\ 0 \end{pmatrix} \times \begin{pmatrix} 2 \\ 0 \\ -1 \end{pmatrix} = \begin{pmatrix} 3 \\ 2 \\ 6 \end{pmatrix}$; $\vec{n}_2 = \begin{pmatrix} 6 \\ -3 \\ -2 \end{pmatrix} \times \begin{pmatrix} 0 \\ 3 \\ -1 \end{pmatrix} = \begin{pmatrix} 9 \\ 6 \\ 18 \end{pmatrix} = 3 \cdot \begin{pmatrix} 3 \\ 2 \\ 6 \end{pmatrix}$

Es gilt $\vec{n}_2 = 3\vec{n}_1$, also sind die Ebenen zumindest parallel.

E_2 wird in Koordinatenform umgewandelt:

E_2: $3x_1 + 2x_2 + 6x_3 = 0$

A_{E_1} in E_2: $3 \cdot 3 + 2 \cdot 1 + 6 \cdot (-1) = 0 \iff 5 = 0$ falsche Aussage

$\Rightarrow$ E_1 und E_2 sind echt parallel.

Lotgerade: h: $\vec{x} = \begin{pmatrix} 3 \\ 1 \\ -1 \end{pmatrix} + \lambda \begin{pmatrix} 3 \\ 2 \\ 6 \end{pmatrix}$

$h \cap E_2$: $3(3 + 3\lambda) + 2(1 + 2\lambda) + 6(-1 + 6\lambda) = 0 \iff 49\lambda + 5 = 0$

$$\iff \lambda = -\frac{5}{49}$$

in h: $\overrightarrow{OL} = \frac{1}{49} \begin{pmatrix} 132 \\ 39 \\ -79 \end{pmatrix}$; $\overrightarrow{A_{E_1}L} = \begin{pmatrix} -\frac{15}{49} \\ -\frac{10}{49} \\ -\frac{30}{49} \end{pmatrix}$

$d(E_1; E_2) = |\overrightarrow{A_{E_1}L}| = \frac{1}{49} \sqrt{1\,225} = \frac{35}{49} = \frac{5}{7}$

b) $\vec{n}_1 = \begin{pmatrix} 0 \\ 2 \\ 1 \end{pmatrix} \times \begin{pmatrix} 2 \\ -4 \\ -5 \end{pmatrix} = \begin{pmatrix} -6 \\ 2 \\ -4 \end{pmatrix} = -2 \cdot \begin{pmatrix} 3 \\ -1 \\ 2 \end{pmatrix}$; $\vec{n}_2 = \begin{pmatrix} 3 \\ -1 \\ 2 \end{pmatrix}$

Es gilt $\vec{n}_1 = -2\vec{n}_2$, also sind die Ebenen zumindest parallel.

$A_{E_1}(2 \mid 1 \mid 4)$ in E_2: $6 - 1 + 8 - 7 = 0 \iff 6 = 0$ falsche Aussage

$\Rightarrow$ E_1 und E_2 sind echt parallel.

Lotgerade: h: $\vec{x} = \begin{pmatrix} 2 \\ 1 \\ 4 \end{pmatrix} + \lambda \begin{pmatrix} 3 \\ -1 \\ 2 \end{pmatrix}$

$h \cap E_2$: $3(2 + 3\lambda) - (1 - \lambda) + 2(4 + 2\lambda) - 7 = 0 \iff \lambda = -\frac{3}{7}$

in h: $\overrightarrow{OL} = \frac{1}{7} \begin{pmatrix} 5 \\ 10 \\ 22 \end{pmatrix}$; $\overrightarrow{A_{E_1}L} = \frac{1}{7} \begin{pmatrix} -9 \\ 3 \\ -6 \end{pmatrix}$

$d(E_1; E_2) = |\overrightarrow{A_{E_1}L}| = \frac{1}{7} \sqrt{126} = \frac{3}{7} \sqrt{14} \approx \mathbf{1{,}60}$

c) Wegen $\vec{n}_1 = -2\vec{n}_2$ sind die Ebenen zumindest parallel. Da $(0 \mid 0 \mid 0) \in E_1$, aber $(0 \mid 0 \mid 0) \notin E_2$, sind E_1 und E_2 echt parallel.

Lotgerade: h: $\vec{x} = \lambda \begin{pmatrix} -2 \\ 2 \\ 3 \end{pmatrix}$

$h \cap E_2$: $-(-2\lambda) + 2\lambda + 1{,}5 \cdot 3\lambda = 3 \iff \lambda = \frac{6}{17}$

in h: $\overrightarrow{OL} = \frac{6}{17} \begin{pmatrix} -2 \\ 2 \\ 3 \end{pmatrix}$

$d(E_1; E_2) = |\overrightarrow{OL}| = \mathbf{\frac{6}{17} \sqrt{17}}$

126. a) $\overrightarrow{OB} = \overrightarrow{OA} + \overrightarrow{OC}$ $\Rightarrow$ **B(15|10|20)**

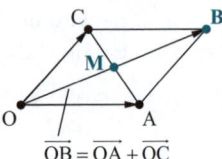

Da sich die Diagonalen eines Parallelogramms in der Mitte schneiden, gilt:

$$\overrightarrow{OM} = \tfrac{1}{2}\overrightarrow{OB} = \tfrac{1}{2}\begin{pmatrix} 15 \\ 10 \\ 20 \end{pmatrix} \Rightarrow \textbf{M(7,5|5|10)}$$

$\overrightarrow{OB} = \overrightarrow{OA} + \overrightarrow{OC}$

b) Gleichung der Ebene, die die Pyramidengrundfläche enthält:

$$E: \vec{x} = \lambda \cdot \overrightarrow{OA} + \mu \cdot \overrightarrow{OC} = \lambda \begin{pmatrix} 5 \\ 10 \\ 10 \end{pmatrix} + \mu \begin{pmatrix} 10 \\ 0 \\ 10 \end{pmatrix}$$

Umrechnung in Koordinatenform:

$E: 2x_1 + x_2 - 2x_3 = 0$

Lotgerade durch S: $h: \vec{x} = \begin{pmatrix} 17 \\ 25 \\ 17 \end{pmatrix} + \tau \begin{pmatrix} 2 \\ 1 \\ -2 \end{pmatrix}$

$h \cap E: 2(17 + 2\tau) + (25 + \tau) - 2(17 - 2\tau) = 0 \iff \tau = -\tfrac{25}{9}$

in h: $\overrightarrow{OL} = \begin{pmatrix} 17 \\ 25 \\ 17 \end{pmatrix} - \tfrac{25}{9}\begin{pmatrix} 2 \\ 1 \\ -2 \end{pmatrix} = \tfrac{1}{9}\begin{pmatrix} 103 \\ 200 \\ 203 \end{pmatrix}$

$\Rightarrow$ Höhenfußpunkt: $L\left(\tfrac{103}{9} \,\middle|\, \tfrac{200}{9} \,\middle|\, \tfrac{203}{9}\right)$

$\Rightarrow$ Höhe: $h_P = d(E; S) = \left|\overrightarrow{LS}\right| = \left|\begin{pmatrix} \tfrac{50}{9} \\ \tfrac{25}{9} \\ -\tfrac{50}{9} \end{pmatrix}\right| = \tfrac{25}{9}\left|\begin{pmatrix} 2 \\ 1 \\ -2 \end{pmatrix}\right| = \tfrac{25}{3}$

c) $\left|\overrightarrow{MS}\right| = \left|\begin{pmatrix} 17 \\ 25 \\ 17 \end{pmatrix} - \begin{pmatrix} 7,5 \\ 5 \\ 10 \end{pmatrix}\right| = \left|\begin{pmatrix} 9,5 \\ 20 \\ 7 \end{pmatrix}\right|$

$= \sqrt{539,25} \approx \textbf{23,22}$

$h_P = \tfrac{25}{3} \approx \textbf{8,33}$

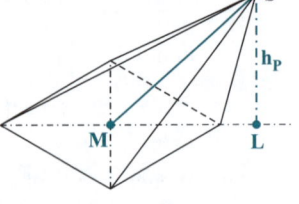

Die Höhe ist wesentlich kürzer, weil es
sich um eine schräge Pyramide handelt.

127. a) Weil im Richtungsvektor von g_2 eine 0 steht, während an der gleichen
Stelle im Richtungsvektor von g_1 ein von 0 verschiedener Wert steht,
sind die Richtungsvektoren linear unabhängig und die Geraden nicht
parallel. Es bleiben die Fälle „windschief" oder „schneiden".

Ansatz auf „schneiden":

$$g_1 = g_2 \iff \begin{pmatrix} 1 \\ 2 \\ 1 \end{pmatrix} + \lambda \begin{pmatrix} 3 \\ 2 \\ -2 \end{pmatrix} = \begin{pmatrix} 4 \\ 3 \\ 3 \end{pmatrix} + \mu \begin{pmatrix} 0 \\ -2 \\ 1 \end{pmatrix} \iff \begin{array}{ll} (1) & 3\lambda = 3 \\ (2) & 2\lambda + 2\mu = 1 \\ (3) & -2\lambda - \mu = 2 \end{array}$$

aus (1) $\lambda = 1$; in (2) $2 + 2\mu = 1 \Leftrightarrow \mu = -\frac{1}{2}$

Prüfen von (3) $-2 \cdot 1 - \left(-\frac{1}{2}\right) = 2$ falsche Aussage

$\Rightarrow$ g_1 und g_2 sind windschief.

b) Aufstellen der Gleichungen der parallelen Ebenen (siehe Abbildung).

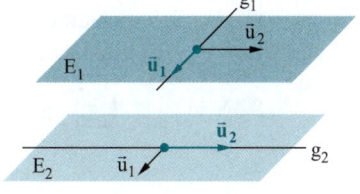

$E_1 \| g_2 \wedge g_1 \subset E_1$:

$$E_1: \vec{x} = \underbrace{\begin{pmatrix} 1 \\ 2 \\ 1 \end{pmatrix} + \sigma_1 \begin{pmatrix} 3 \\ 2 \\ -2 \end{pmatrix}}_{g_1} + \sigma_2 \underbrace{\begin{pmatrix} 0 \\ -2 \\ 1 \end{pmatrix}}_{\vec{u}_2}$$

$E_2 \| g_1 \wedge g_2 \subset E_2$:

$$E_2: \vec{x} = \underbrace{\begin{pmatrix} 4 \\ 3 \\ 3 \end{pmatrix} + \tau_1 \begin{pmatrix} 0 \\ -2 \\ 1 \end{pmatrix}}_{g_2} + \tau_2 \underbrace{\begin{pmatrix} 3 \\ 2 \\ -2 \end{pmatrix}}_{\vec{u}_1}$$

Wegen $E_1 \| E_2$ haben die Ebenen überall gleichen Abstand. Deshalb wird
der Aufhängepunkt von E_2 ($=$ Aufhängepunkt von g_2) genommen und
sein Abstand zu E_1 mit der Lotfußpunktmethode berechnet. Dazu wird
E_1 in Koordinatenform umgewandelt:

$E_1: 2x_1 + 3x_2 + 6x_3 - 14 = 0$

Aufstellen der Lotgeraden: h: $\vec{x} = \overrightarrow{OA}_{g_2} + \tau \vec{n}_{E_1} = \begin{pmatrix} 4 \\ 3 \\ 3 \end{pmatrix} + \tau \begin{pmatrix} 2 \\ 3 \\ 6 \end{pmatrix}$

h in E_1: $2(4 + 2\tau) + 3(3 + 3\tau) + 6(3 + 6\tau) - 14 = 0 \Leftrightarrow \tau = -\frac{3}{7}$

in h: $\overrightarrow{OL_1} = \begin{pmatrix} 4 \\ 3 \\ 3 \end{pmatrix} - \frac{3}{7} \begin{pmatrix} 2 \\ 3 \\ 6 \end{pmatrix}$

$$d(g_1; g_2) = |\overrightarrow{A_{g_2}L_1}| = \left| \underbrace{\begin{pmatrix} 4 \\ 3 \\ 3 \end{pmatrix} - \frac{3}{7} \begin{pmatrix} 2 \\ 3 \\ 6 \end{pmatrix}}_{\overrightarrow{OL_1}} - \underbrace{\begin{pmatrix} 4 \\ 3 \\ 3 \end{pmatrix}}_{\overrightarrow{OA}_{g_2}} \right| = \left| -\frac{3}{7} \begin{pmatrix} 2 \\ 3 \\ 6 \end{pmatrix} \right| = \frac{3}{7} \left| \begin{pmatrix} 2 \\ 3 \\ 6 \end{pmatrix} \right|$$

$= \frac{3}{7} \sqrt{4 + 9 + 36} = 3$

128. a) Zunächst wird der Schnittpunkt von g
und E berechnet. Der Schnittpunkt
liegt auch auf der projizierten Geraden.

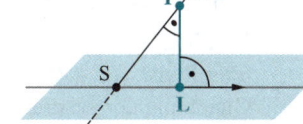

E in Koordinatenform umwandeln:
E: $2x_1 - 3x_2 + x_3 + 5 = 0$

g in E: $\mu = 0 \Rightarrow S(1|1|-4)$

Es wird ein weiterer Punkt von g' benötigt. Da der Aufhängepunkt von g
gerade der Schnittpunkt ist, muss ein anderer Geradenpunkt projiziert
werden. Es wird für $\mu = 1$ der Punkt $P(6|-3|-12) \in g$ herangezogen.

Lotgerade: $h: \vec{x} = \overrightarrow{OP} + \lambda \vec{n}_E = \begin{pmatrix} 6 \\ -3 \\ -12 \end{pmatrix} + \lambda \begin{pmatrix} 2 \\ -3 \\ 1 \end{pmatrix}$

h in E: $\lambda = -1$

in h: $L(4|0|-13)$

Die projizierte Gerade g' geht durch die Punkte $S(1|1|-4)$ und $L(4|0|-13)$ und kann damit wie folgt angegeben werden:

$g': \vec{x} = \begin{pmatrix} 1 \\ 1 \\ -4 \end{pmatrix} + \mu \underbrace{\begin{pmatrix} 3 \\ -1 \\ -9 \end{pmatrix}}_{\overrightarrow{SL}}$

b) Wegen $\vec{u}_h \circ \vec{n}_F = \begin{pmatrix} 1 \\ 1 \\ 3 \end{pmatrix} \circ \begin{pmatrix} 1 \\ 2 \\ -1 \end{pmatrix} = 1 + 2 - 3 = 0$

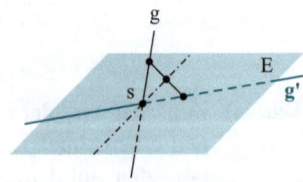

und $P(1|0|0) \notin F$ sind h und F echt parallel.

Um h' angeben zu können, muss ein Punkt auf F projiziert werden, z. B. der Aufhängepunkt $P(1|0|0) \in h$.

Lotgerade: $\ell: \vec{x} = \begin{pmatrix} 1 \\ 0 \\ 0 \end{pmatrix} + \mu \begin{pmatrix} 1 \\ 2 \\ -1 \end{pmatrix}$

ℓ in F: $\mu = -\frac{5}{6}$

in ℓ: $L\left(\frac{1}{6} \left| -\frac{10}{6} \right| \frac{5}{6}\right)$

Mit diesem Lotfußpunkt L lautet die Gleichung der projizierten Geraden:

$h': \vec{x} = \begin{pmatrix} \frac{1}{6} \\ -\frac{10}{6} \\ \frac{5}{6} \end{pmatrix} + \sigma \begin{pmatrix} 1 \\ 1 \\ 3 \end{pmatrix}$

Wegen $h \| f$ ist der Richtungsvektor von h auch Richtungsvektor von h'.

129. a) E in Koordinatenform umwandeln:

$E: x_1 + 2x_2 - x_3 - 9 = 0$

Schneiden von g und E:

g in E: $\mu = -1 \implies S(1|2|-4)$

S ist in g' enthalten; es wird ein weiterer Punkt von g' benötigt, um die Gleichung der gespiegelten Geraden aufstellen zu können.

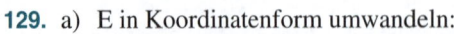

Zu diesem Zweck wird der Spiegelpunkt von $P(3|4|-1) \in g$ ermittelt.

Lotgerade: $h: \vec{x} = \overrightarrow{OP} + \sigma \vec{n}_E = \begin{pmatrix} 3 \\ 4 \\ -1 \end{pmatrix} + \sigma \begin{pmatrix} 1 \\ 2 \\ -1 \end{pmatrix}$

h in E: $\sigma = -\frac{1}{2}$

in h: $L\left(\frac{5}{2}\left|3\right|-\frac{1}{2}\right)$

Für den gespiegelten Punkt P' folgt daraus:

$$\overrightarrow{OP'} = \overrightarrow{OL} + \overrightarrow{PL} = \begin{pmatrix} \frac{5}{2} \\ 3 \\ -\frac{1}{2} \end{pmatrix} + \left(\begin{pmatrix} \frac{5}{2} \\ 3 \\ -\frac{1}{2} \end{pmatrix} - \begin{pmatrix} 3 \\ 4 \\ -1 \end{pmatrix} \right) = \begin{pmatrix} 2 \\ 2 \\ 0 \end{pmatrix}$$

Für die Spiegelgerade hat man damit:

$g': \vec{x} = \overrightarrow{OP'} + \gamma \cdot \overrightarrow{SP'} = \begin{pmatrix} 2 \\ 2 \\ 0 \end{pmatrix} + \gamma \begin{pmatrix} 1 \\ 0 \\ 4 \end{pmatrix}$

b) Schneiden von h und F:

$h \cap F: 3 + 3\lambda = 2(-1 + \lambda) \quad \Leftrightarrow \quad \lambda = -5$

in h: $\overrightarrow{OS} = \begin{pmatrix} 1 \\ 3 \\ -1 \end{pmatrix} - 5 \cdot \begin{pmatrix} 5 \\ 3 \\ 1 \end{pmatrix} = \begin{pmatrix} -24 \\ -12 \\ -6 \end{pmatrix}$

Spiegeln des Aufhängepunktes $A_h(1|3|-1)$ an F:

Lotgerade $\ell: \vec{x} = \begin{pmatrix} 1 \\ 3 \\ -1 \end{pmatrix} + \tau \underbrace{\begin{pmatrix} 0 \\ 1 \\ -2 \end{pmatrix}}_{\vec{n}_F}$

ℓ in F: $\tau = -1$

in ℓ: $L(1|2|1)$

Für den gespiegelten Punkt von $A_h(1|3|-1)$ ergibt sich:

$$\overrightarrow{OA'_h} = \overrightarrow{OL} + \overrightarrow{A_hL} = \begin{pmatrix} 1 \\ 2 \\ 1 \end{pmatrix} + \left(\begin{pmatrix} 1 \\ 2 \\ 1 \end{pmatrix} - \begin{pmatrix} 1 \\ 3 \\ -1 \end{pmatrix} \right) = \begin{pmatrix} 1 \\ 1 \\ 3 \end{pmatrix}$$

Schließlich wird die gespiegelte Gerade durch die Punkte S und A'_h aufgestellt:

$h': \vec{x} = \overrightarrow{OS} + \delta \cdot \overrightarrow{SA'_h} = \begin{pmatrix} -24 \\ -12 \\ -6 \end{pmatrix} + \delta \begin{pmatrix} 25 \\ 13 \\ 9 \end{pmatrix}$

130. Lotebene H durch P und senkrecht zu g:

$H: \begin{pmatrix} 1 \\ -1 \\ 2 \end{pmatrix} \circ \left(\vec{x} - \begin{pmatrix} 1 \\ -2 \\ 1 \end{pmatrix} \right) = 0$

$\Leftrightarrow \quad H: x_1 - x_2 + 2x_3 - 5 = 0$

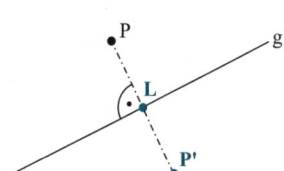

Schneiden von g und H:

$g \cap H: -1 + \lambda - (2 - \lambda) + 2(-5 + 2\lambda) - 5 = 0$

$$\Leftrightarrow \quad 6\lambda - 18 = 0$$

$$\Leftrightarrow \quad \lambda = 3$$

in g: $\overrightarrow{OL} = \begin{pmatrix} -1 \\ 2 \\ -5 \end{pmatrix} + 3 \cdot \begin{pmatrix} 1 \\ -1 \\ 2 \end{pmatrix} = \begin{pmatrix} 2 \\ -1 \\ 1 \end{pmatrix}$

Um die Koordinaten des Spiegelpunktes P' berechnen zu können, benötigt man eine Vektorkette vom Ursprung zum Punkt P' über bereits bekannte Vektoren. Dabei nutzt man aus, dass aufgrund der Spiegelsymmetrie gilt:

$\overrightarrow{PL} = \overrightarrow{LP'}$

Es gibt zwei Vektorketten, die zu P' führen:

(1) $\overrightarrow{OP'} = \overrightarrow{OP} + 2 \cdot \overrightarrow{PL} = \begin{pmatrix} 1 \\ -2 \\ 1 \end{pmatrix} + 2 \begin{pmatrix} 1 \\ 1 \\ 0 \end{pmatrix} = \begin{pmatrix} 3 \\ 0 \\ 1 \end{pmatrix}$

(2) $\overrightarrow{OP'} = \overrightarrow{OL} + \overrightarrow{PL} = \begin{pmatrix} 2 \\ -1 \\ 1 \end{pmatrix} + \begin{pmatrix} 1 \\ 1 \\ 0 \end{pmatrix} = \begin{pmatrix} 3 \\ 0 \\ 1 \end{pmatrix}$

In beiden Fällen erhält man: **P'(3|0|1)**

131. a) Beweis der linearen Unabhängigkeit mittels **Spatprodukt**

$$(\overrightarrow{OA} \times \overrightarrow{OB}) \circ \overrightarrow{OC} = \left(\begin{pmatrix} 3 \\ -1 \\ 2 \end{pmatrix} \times \begin{pmatrix} 2 \\ -3 \\ 2 \end{pmatrix} \right) \circ \begin{pmatrix} 5 \\ -3 \\ -3 \end{pmatrix} = \begin{pmatrix} 4 \\ -2 \\ -7 \end{pmatrix} \circ \begin{pmatrix} 5 \\ -3 \\ -3 \end{pmatrix} = 47 \neq 0$$

$\Rightarrow$ Die Vektoren $\overrightarrow{OA}, \overrightarrow{OB}, \overrightarrow{OC}$ sind linear unabhängig.

Alternativ: **Rangbestimmung** der zugehörigen Matrix mit Gauß'schem Algorithmus

	$\overrightarrow{OA}$	$\overrightarrow{OB}$	$\overrightarrow{OC}$	
(1)	3	2	5	
(2)	−1	−3	−3	$\|(1) + 3 \cdot (2)$
(3)	2	2	−3	$\|{-2} \cdot (1) + 3 \cdot (3)$
(1)	3	2	5	
(2∗)	0	−7	−4	
(3∗)	0	2	−19	$\|2 \cdot (2*) + 7 \cdot (3*)$
(1)	3	2	5	
(2∗)	0	−7	−4	
(3∗∗)	0	0	−141	

$\Rightarrow$ Der Rang der Matrix ist 3, die Vektoren sind also linear unabhängig.

b) Ebenengleichung in **Parameterform**

$$E: \vec{x} = \overrightarrow{OA} + \lambda \cdot \overrightarrow{AB} + \mu \cdot \overrightarrow{AC} = \begin{pmatrix} 3 \\ -1 \\ 2 \end{pmatrix} + \lambda \begin{pmatrix} -1 \\ -2 \\ 0 \end{pmatrix} + \mu \begin{pmatrix} 2 \\ -2 \\ -5 \end{pmatrix}$$

Umrechnung in **Koordinatenform**

$$\vec{n}_E = \begin{pmatrix} -1 \\ -2 \\ 0 \end{pmatrix} \times \begin{pmatrix} 2 \\ -2 \\ -5 \end{pmatrix} = \begin{pmatrix} 10 \\ -5 \\ 6 \end{pmatrix}$$

$$E: \begin{pmatrix} 10 \\ -5 \\ 6 \end{pmatrix} \circ \left(\vec{x} - \begin{pmatrix} 3 \\ -1 \\ 2 \end{pmatrix} \right) = 0 \quad \Leftrightarrow \quad 10x_1 - 5x_2 + 6x_3 - 47 = 0$$

c) Gleichung der **Lotgeraden**

$$h: \vec{x} = \overrightarrow{OP} + \sigma \vec{n}_E = \begin{pmatrix} -30 \\ -5 \\ 0 \end{pmatrix} + \sigma \begin{pmatrix} 10 \\ -5 \\ 6 \end{pmatrix}$$

h in E: $10(-30 + 10\sigma) - 5(-5 - 5\sigma) + 6 \cdot 6\sigma - 47 = 0$
$$\Leftrightarrow \quad \sigma = 2$$

σ in h: $\overrightarrow{OL} = \begin{pmatrix} -30 \\ -5 \\ 0 \end{pmatrix} + 2 \cdot \begin{pmatrix} 10 \\ -5 \\ 6 \end{pmatrix} = \begin{pmatrix} -10 \\ -15 \\ 12 \end{pmatrix}$

$\Rightarrow$ **Lotfußpunkt** L(−10 | −15 | 12)

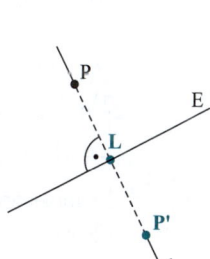

d) $\overrightarrow{OP'} = \overrightarrow{OP} + 2 \cdot \overrightarrow{PL} = \begin{pmatrix} -30 \\ -5 \\ 0 \end{pmatrix} + 2 \cdot \begin{pmatrix} 20 \\ -10 \\ 12 \end{pmatrix} = \begin{pmatrix} 10 \\ -25 \\ 24 \end{pmatrix}$

$\Rightarrow$ **P'(10 | −25 | 24)**

e) Da der Normalenvektor von F senkrecht auf der x_1x_3-Ebene steht, kann man hierfür

$$\vec{n}_F = \begin{pmatrix} 0 \\ 1 \\ 0 \end{pmatrix}$$

nehmen. Als Gleichung für F erhält man:

$$F: \begin{pmatrix} 0 \\ 1 \\ 0 \end{pmatrix} \circ \left(\vec{x} - \begin{pmatrix} -30 \\ -5 \\ 0 \end{pmatrix} \right) = 0 \quad \Leftrightarrow \quad F: x_2 = -5$$

f) $\cos(\varphi) = \dfrac{|\vec{n}_E \circ \vec{n}_F|}{|\vec{n}_E| \cdot |\vec{n}_F|} = \dfrac{\left| \begin{pmatrix} 10 \\ -5 \\ 6 \end{pmatrix} \circ \begin{pmatrix} 0 \\ 1 \\ 0 \end{pmatrix} \right|}{\sqrt{100 + 25 + 36} \cdot \sqrt{1}} = \dfrac{5}{\sqrt{161}} \quad \Rightarrow \quad \boldsymbol{\varphi \approx 66{,}8°}$

g) $g: \vec{x} = \begin{pmatrix} 3 \\ -1 \\ 2 \end{pmatrix} + \lambda_1 \underbrace{\begin{pmatrix} 1 \\ 2 \\ 0 \end{pmatrix}}_{\overrightarrow{BA}}; \quad g_a: \vec{x} = \begin{pmatrix} 5 \\ -3 \\ -3 \end{pmatrix} + \lambda_2 \underbrace{\begin{pmatrix} -4 \\ a+3 \\ a+3 \end{pmatrix}}_{\overrightarrow{CD}_a}$

Prüfen der Richtungsvektoren auf Kollinearität:

$$\begin{pmatrix} -4 \\ a+3 \\ a+3 \end{pmatrix} = \alpha \begin{pmatrix} 1 \\ 2 \\ 0 \end{pmatrix} \quad \begin{matrix} \Rightarrow & (1) & \alpha = -4 \\ \Rightarrow & (2) & a+3 = 2\alpha \\ \Rightarrow & (3) & a+3 = 0 \end{matrix}$$

Aus (3) folgt $a = -3$. Setzt man dies und (1) in (2) ein, folgt:

$-3 + 3 = 2 \cdot (-4) \quad \Leftrightarrow \quad 0 = -8$ falsche Aussage

$\Rightarrow$ g und g_a sind für kein a parallel.

h) $\begin{pmatrix} 3 \\ -1 \\ 2 \end{pmatrix} + \lambda_1 \begin{pmatrix} 1 \\ 2 \\ 0 \end{pmatrix} = \begin{pmatrix} 5 \\ -3 \\ -3 \end{pmatrix} + \lambda_2 \begin{pmatrix} -4 \\ a+3 \\ a+3 \end{pmatrix}$ Ansatz auf Schneiden: $g = g_a$

(1) $\lambda_1 + \quad 4\lambda_2 = 2$ zugehöriges Gleichungssystem

(2) $2\lambda_1 - (a+3)\lambda_2 = -2$

(3) $-(a+3)\lambda_2 = -5$

Es ist eine Fallunterscheidung erforderlich. Am einfachsten ist Gleichung (3), weshalb mit ihr begonnen wird. Man erkennt leicht: Wenn $a = -3$ ist, ist (3) unlösbar, weil dann (3) die falsche Aussage $0 = -5$ liefert. Damit hat dann das gesamte Gleichungssystem keine Lösung und die beiden Geraden haben keinen gemeinsamen Punkt. Nachdem die Lage „parallel" bereits ausgeschlossen wurde (Teilaufgabe g), bleibt für den Fall $a = -3$, dass g und g_{-3} windschief sind.

Sei nun $a \neq -3$. Damit wird das Gleichungssystem weiter untersucht:

$2\lambda_1 = 3 \quad \Leftrightarrow \quad \lambda_1 = \frac{3}{2}$ (2) − (3)

$\frac{3}{2} + 4\lambda_2 = 2 \quad \Leftrightarrow \quad \lambda_2 = \frac{1}{8}$ λ_1 in (1) einsetzen

Es muss noch überprüft werden, ob damit (2) und (3) erfüllt sind bzw. für welche a das zutrifft:

in (2) $2 \cdot \frac{3}{2} - (a+3) \cdot \frac{1}{8} = -2 \quad \Leftrightarrow \quad a = 37$

in (3) $-(a+3) \cdot \frac{1}{8} = -5 \quad \Leftrightarrow \quad a = 37$

Das lineare Gleichungssystem mit drei Gleichungen und zwei Unbekannten (λ_1 und λ_2) sowie dem Parameter a besitzt also nur für $a = 37$ eine Lösung. Geometrisch schneiden sich in diesem Fall die Geraden g und g_a. Für alle anderen a (einschließlich $a = -3$) sind sie windschief.

i) Gleichung der Lotgeraden:

$h_a : \vec{x} = \begin{pmatrix} 1 \\ a \\ a \end{pmatrix} + \nu \begin{pmatrix} 10 \\ -5 \\ 6 \end{pmatrix}$

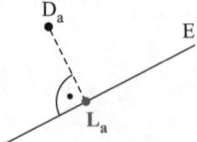

Schnitt von h_a und E:

h_a in E: $10(1 + 10\nu) - 5(a - 5\nu) + 6(a + 6\nu) = 47$

$\Leftrightarrow \quad 161\nu + a = 37$

$\Leftrightarrow \quad\quad\quad \nu = \frac{1}{161}(37 - a)$

Lotfußpunkt L_a:

v in h_a: $\overrightarrow{OL_a} = \begin{pmatrix} 1 \\ a \\ a \end{pmatrix} + \dfrac{37-a}{161} \begin{pmatrix} 10 \\ -5 \\ 6 \end{pmatrix}$

Abstand:

$$d(D_a; E) = |\overrightarrow{D_a L_a}| = |\overrightarrow{OL_a} - \overrightarrow{OD_a}| = \left| \begin{pmatrix} 1 \\ a \\ a \end{pmatrix} + \dfrac{37-a}{161} \begin{pmatrix} 10 \\ -5 \\ 6 \end{pmatrix} - \begin{pmatrix} 1 \\ a \\ a \end{pmatrix} \right|$$

$$= \left| \dfrac{37-a}{161} \begin{pmatrix} 10 \\ -5 \\ 6 \end{pmatrix} \right| = \dfrac{|37-a|}{161} \cdot \sqrt{161} = \dfrac{1}{\sqrt{161}} \cdot |\,37-a\,|$$

j) Genau dann gilt $D_a \in E$, wenn der Abstand von D_a zu E gleich null ist. Das ist nur für **a = 37** der Fall.

Zur Probe kann $D_{37}(1\,|\,37\,|\,37)$ in E eingesetzt werden:
$10 \cdot 1 - 5 \cdot 37 + 6 \cdot 37 = 47 \;\Leftrightarrow\; 47 = 47$ wahre Aussage

k) $V_T = \dfrac{1}{6} V_{Spat} = \dfrac{1}{6} |(\overrightarrow{AB} \times \overrightarrow{AC}) \circ \overrightarrow{AD_a}| = \dfrac{1}{6} \left| \left(\begin{pmatrix} -1 \\ -2 \\ 0 \end{pmatrix} \times \begin{pmatrix} 2 \\ -2 \\ -5 \end{pmatrix} \right) \circ \begin{pmatrix} -2 \\ a+1 \\ a-2 \end{pmatrix} \right|$

$\qquad = \dfrac{1}{6} \left| \begin{pmatrix} 10 \\ -5 \\ 6 \end{pmatrix} \circ \begin{pmatrix} -2 \\ a+1 \\ a-2 \end{pmatrix} \right| = \dfrac{1}{6} |a-37|$

Dieses Volumen soll 10 betragen:
$\dfrac{1}{6} |a-37| = 10 \;\Leftrightarrow\; |a-37| = 60$

Das ist erfüllt, wenn:
$a - 37 = 60 \;\Leftrightarrow\; \mathbf{a = 97}$ oder $a - 37 = -60 \;\Leftrightarrow\; \mathbf{a = -23}$

132. a) E_2: $2x_1 \qquad\quad + x_3 - 4 = 0$
$\ E_0$: $\qquad -2x_2 + x_3 - 4 = 0$

Das Schnittproblem wird auf das Lösen des 2×3-LGS zurückgeführt; es liegt bereits in Zeilenstufenform vor.

$x_3 = \lambda$ $\qquad\qquad\qquad\qquad\qquad$ freier Parameter

$-2x_2 + \lambda - 4 = 0 \;\Leftrightarrow\; x_2 = \dfrac{1}{2}\lambda - 2$ $\qquad$ x_3 in E_0 einsetzen

$2x_1 + \lambda - 4 = 0 \;\Leftrightarrow\; x_1 = -\dfrac{1}{2}\lambda + 2$ $\qquad$ x_2 und x_3 in E_2 einsetzen

$L = \left\{ \left(-\dfrac{1}{2}\lambda + 2 \,\Big|\, \dfrac{1}{2}\lambda - 2 \,\Big|\, \lambda \right) \Big| \lambda \in \mathbb{R} \right\}$ $\qquad$ Lösungsmenge des Gleichungssystems

$\overrightarrow{OL} = \begin{pmatrix} -\frac{1}{2}\lambda + 2 \\ \frac{1}{2}\lambda - 2 \\ \lambda \end{pmatrix} = \begin{pmatrix} 2 \\ -2 \\ 0 \end{pmatrix} + \lambda \begin{pmatrix} -\frac{1}{2} \\ \frac{1}{2} \\ 1 \end{pmatrix}$ $\qquad$ Lösungsmenge vektoriell geschrieben

Diese Darstellung der Schnittgeraden sieht zwar anders aus als die angegebene, man sieht aber leicht, dass dieselbe Gerade dargestellt wird:
Die Richtungsvektoren sind kollinear (Faktor 2), der Aufhängepunkt $(2|-2|0)$ erfüllt E_2 und E_0.
Alle weiteren Berechnungen werden mit der angegebenen Gleichung für g durchgeführt.

Es ist noch zu zeigen, dass g die x_3-Achse schneidet.
Ansatz:

$$\begin{pmatrix} 0 \\ 0 \\ x_3 \end{pmatrix} = \underbrace{\begin{pmatrix} 0 \\ 0 \\ 4 \end{pmatrix} + \lambda \begin{pmatrix} -1 \\ 1 \\ 2 \end{pmatrix}}_{g}$$

Aus den Gleichungen für die ersten beiden Koordinaten folgt $\lambda = 0$, was in der dritten Koordinate $x_3 = 4$ liefert. Der Schnittpunkt mit der x_3-Achse liegt bei $(0|0|4)$.
Das hätte man am Aufhängepunkt auch ohne Rechnung sehen können.

b) Die Gleichung aus dem angegebenen Zwischenergebnis für g wird in E_t eingesetzt:
$t(-\lambda) + (t-2) \cdot \lambda + 4 + 2\lambda - 4 = 0 \quad \Leftrightarrow \quad 0 = 0$

Das ist unabhängig von t und λ eine wahre Aussage, d. h., es gilt $g \subset E_t$ für alle $t \in \mathbb{R}$.

c) Für die Punkte in der $x_1 x_2$-Ebene ist $x_3 = 0$. Eine Gleichung der projizierten Geraden lautet daher:

$$g': \vec{x} = \begin{pmatrix} 0 \\ 0 \\ 0 \end{pmatrix} + \mu \begin{pmatrix} -1 \\ 1 \\ 0 \end{pmatrix} = \mu \begin{pmatrix} -1 \\ 1 \\ 0 \end{pmatrix}$$

d) $\begin{pmatrix} 0 \\ 0 \\ 4 \end{pmatrix} + \lambda \begin{pmatrix} -1 \\ 1 \\ 2 \end{pmatrix} = \mu \begin{pmatrix} -1 \\ 1 \\ 0 \end{pmatrix}$ Ansatz auf Schneiden: $g = g'$

(1) $-\lambda + \mu = 0$ zugehöriges Gleichungssystem

(2) $\lambda - \mu = 0$

(3) $2\lambda = -4$

$\lambda = -2$ aus (3)

$-2 - \mu = 0 \quad \Leftrightarrow \quad \mu = -2$ λ in (2) einsetzen; (1) ist damit ebenfalls erfüllt

$\lambda = -2$ in g: $S(2|-2|0)$ Schnittpunkt von g und g'

Dieser Schnittpunkt liegt auf allen Ebenen E_t:
S in E_t: $2t + (t-2) \cdot (-2) - 4 = 0 \quad \Leftrightarrow \quad 0 = 0$ wahre Aussage

Erklärung: Nachdem g in allen Ebenen E_t enthalten ist, muss auch der Punkt $S \in g \cap g'$ auf allen Ebenen E_t liegen.

e) $\cos(\varphi) = \dfrac{|\vec{u}_g \circ \vec{u}_{g'}|}{|\vec{u}_g| \cdot |\vec{u}_{g'}|} = \dfrac{\left| \begin{pmatrix} -1 \\ 1 \\ 2 \end{pmatrix} \circ \begin{pmatrix} -1 \\ 1 \\ 0 \end{pmatrix} \right|}{\sqrt{6} \cdot \sqrt{2}} = \dfrac{2}{\sqrt{12}} \quad \Rightarrow \quad$ **$\varphi \approx 54{,}7°$**

f) Für die Umrechnung wird ein Normalenvektor benötigt:

$$\vec{n}_{F_a} = \begin{pmatrix} -2 \\ 1 \\ 1 \end{pmatrix} \times \begin{pmatrix} 1 \\ 3 \\ 4 \end{pmatrix} = \begin{pmatrix} 1 \\ 9 \\ -7 \end{pmatrix}$$

$$\Rightarrow \quad F_a : \begin{pmatrix} 1 \\ 9 \\ -7 \end{pmatrix} \circ \left(\vec{x} - \begin{pmatrix} 2 \\ a \\ -a \end{pmatrix} \right) = 0 \quad \Leftrightarrow \quad x_1 + 9x_2 - 7x_3 - 16a - 2 = 0$$

g) Die Lage „parallel" (siehe Abbildung) liegt für $\vec{u}_g \circ \vec{n}_{F_a} = 0$ vor:

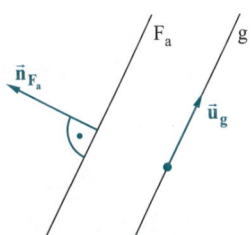

$$\begin{pmatrix} -1 \\ 1 \\ 2 \end{pmatrix} \circ \begin{pmatrix} 1 \\ 9 \\ -7 \end{pmatrix} = -1 + 9 - 14 = -6 \neq 0$$

$\Rightarrow$ g und F_a schneiden sich für alle $a \in \mathbb{R}$.

Da g die Schnittgerade von E_{-1} und E_1 ist, schneiden sich die Ebenen E_{-1}, E_1 und F_a für jedes $a \in \mathbb{R}$ in genau einem Punkt. Das LGS aus E_{-1}, E_1 und F_a hat also jeweils genau eine Lösung.

h) **Schnittpunkt** $g \cap F_{-3}$

g in F_{-3}: $-\lambda + 9\lambda - 7(4 + 2\lambda) - 16 \cdot (-3) - 2 = 0 \quad \Leftrightarrow \quad \lambda = 3$

in g: $\vec{x}_S = \begin{pmatrix} 0 \\ 0 \\ 4 \end{pmatrix} + 3 \cdot \begin{pmatrix} -1 \\ 1 \\ 2 \end{pmatrix} = \begin{pmatrix} -3 \\ 3 \\ 10 \end{pmatrix} \quad \Rightarrow \quad$ **$S(-3 \,|\, 3 \,|\, 10)$**

Schnittwinkel

$$\sin(\varphi) = \dfrac{|\vec{u}_g \circ \vec{n}_{F_{-3}}|}{|\vec{u}_g| \cdot |\vec{n}_{F_{-3}}|} = \dfrac{\left| \begin{pmatrix} -1 \\ 1 \\ 2 \end{pmatrix} \circ \begin{pmatrix} 1 \\ 9 \\ -7 \end{pmatrix} \right|}{\sqrt{6} \cdot \sqrt{1 + 81 + 49}} = \dfrac{6}{\sqrt{6} \cdot \sqrt{131}} \quad \Rightarrow \quad$$ **$\varphi \approx 12{,}4°$**

i) $E_{-1}: \ -x_1 - 3x_2 + x_3 = 4$

$E_1: \quad x_1 - x_2 + x_3 = 4$

$F_{-3}: \quad x_1 + 9x_2 - 7x_3 = -46$

Das 3×3-LGS wird auf Zeilenstufenform gebracht.

$$\begin{array}{lrcll} (1) & -x_1 - 3x_2 + x_3 &=& 4 & \\ (2*) & -4x_2 + 2x_3 &=& 8 & |\,(1) + (2) \\ (3*) & 6x_2 - 6x_3 &=& -42 & |\,(1) + (3) \end{array}$$

$$\begin{array}{lrcll} (1) & -x_1 - 3x_2 + x_3 &=& 4 & \\ (2*) & -4x_2 + 2x_3 &=& 8 & \\ (3**) & -6x_3 &=& -60 & |\,3 \cdot (2*) + 2 \cdot (3*) \end{array}$$

aus (3**) folgt: $x_3 = 10$

in (2*) $-4x_2 + 20 = 8 \Leftrightarrow x_2 = 3$

in (1) $-x_1 - 3 \cdot 3 + 10 = 4 \Leftrightarrow x_1 = -3$

$\Rightarrow L = \{(-3 \mid 3 \mid 10)\}$

Das Lösungstripel von $E_{-1} \cap E_1 \cap F_{-3}$ stimmt mit dem Schnittpunkt von g und F_{-3} überein, da g die Schnittgerade von E_{-1} und E_1 ist.

133. a) Lotgerade

$h: \vec{x} = \mu \begin{pmatrix} 2 \\ 4 \\ 1 \end{pmatrix}$

h in E: $4\mu + 16\mu + \mu - 4 = 0 \Leftrightarrow \mu = \frac{4}{21}$

in h: $\overrightarrow{OL} = \frac{4}{21} \cdot \begin{pmatrix} 2 \\ 4 \\ 1 \end{pmatrix}$

$\Rightarrow$ Lotfußpunkt $L \left(\frac{8}{21} \mid \frac{16}{21} \mid \frac{4}{21} \right)$

Der Abstand des Ursprungs O von der Ebene E entspricht dem Abstand der Punkte O und L:

$$d(E; O) = |\overrightarrow{OL}| = \frac{4}{21} \left| \begin{pmatrix} 2 \\ 4 \\ 1 \end{pmatrix} \right| = \frac{4}{21} \sqrt{21} = \frac{4}{\sqrt{21}} \approx 0{,}87$$

b) Zur Berechnung des Spurpunktes S_1 auf der x_1-Achse wird x_2 und x_3 in E null gesetzt:

$2x_1 - 4 = 0 \Leftrightarrow x_1 = 2 \Rightarrow S_1(2 \mid 0 \mid 0)$

Für S_2 ergibt sich:

$4x_2 - 4 = 0 \Leftrightarrow x_2 = 1 \Rightarrow S_2(0 \mid 1 \mid 0)$

Für S_3 ergibt sich:

$x_3 - 4 = 0 \Leftrightarrow x_3 = 4 \Rightarrow S_3(0 \mid 0 \mid 4)$

c)

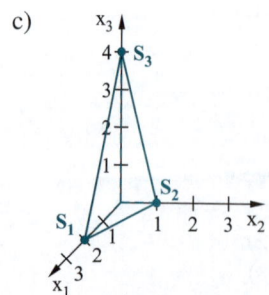

d) $A_\triangle = \frac{1}{2}|\overrightarrow{S_1S_2} \times \overrightarrow{S_1S_3}| = \frac{1}{2}\left|\begin{pmatrix} -2 \\ 1 \\ 0 \end{pmatrix} \times \begin{pmatrix} -2 \\ 0 \\ 4 \end{pmatrix}\right| = \frac{1}{2}\left|\begin{pmatrix} 4 \\ 8 \\ 2 \end{pmatrix}\right|$

$\qquad = \frac{1}{2}\sqrt{16+64+4} = \frac{1}{2}\sqrt{84} = \sqrt{21} \approx \mathbf{4{,}58}$

Die Höhe h des Tetraeders entspricht dem in Teilaufgabe a berechneten Abstand d(E; O) des Ursprungs von der Ebene E:

$V_T = \frac{1}{3}A_\triangle \cdot h = \frac{1}{3}\cdot\sqrt{21}\cdot\underbrace{\frac{4}{\sqrt{21}}}_{d(E;O)} = \frac{4}{3} \approx \mathbf{1{,}33}$

e) Mit dem Spatprodukt ergibt sich derselbe Wert für das Volumen:

$V_T = \frac{1}{6}V_{Spat} = \frac{1}{6}|(\overrightarrow{OS_1} \times \overrightarrow{OS_2}) \circ \overrightarrow{OS_3}| = \frac{1}{6}\left|\left(\begin{pmatrix} 2 \\ 0 \\ 0 \end{pmatrix} \times \begin{pmatrix} 0 \\ 1 \\ 0 \end{pmatrix}\right) \circ \begin{pmatrix} 0 \\ 0 \\ 4 \end{pmatrix}\right|$

$\qquad = \frac{1}{6}\left|\begin{pmatrix} 0 \\ 0 \\ 2 \end{pmatrix} \circ \begin{pmatrix} 0 \\ 0 \\ 4 \end{pmatrix}\right| = \frac{1}{6}\cdot 8 = \frac{4}{3} \approx \mathbf{1{,}33}$

f) Weil der Winkel zwischen einer Ebene und einer Geraden gesucht ist, muss mit dem Sinus gerechnet werden:

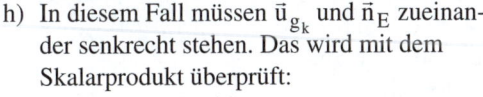

$\sin(\varphi) = \frac{\left|\begin{pmatrix} 0 \\ 0 \\ 1 \end{pmatrix} \circ \begin{pmatrix} 2 \\ 4 \\ 1 \end{pmatrix}\right|}{1\cdot\sqrt{21}} = \frac{1}{\sqrt{21}} \quad \Rightarrow \quad \varphi \approx \mathbf{12{,}6°}$

g) Dazu müssten (vergleiche Skizze) $\vec{u}_{g_k}$ und $\vec{n}_E$ kollinear sein:

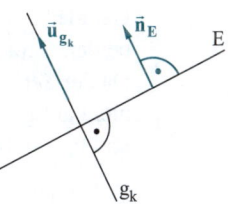

$\begin{pmatrix} -2 \\ k \\ 1 \end{pmatrix} = \alpha\begin{pmatrix} 2 \\ 4 \\ 1 \end{pmatrix} \quad \begin{matrix} \Rightarrow & \alpha = -1 \\[4pt] \Rightarrow & \alpha = 1 \end{matrix}$

Es ergibt sich kein einheitliches α, d. h., $\vec{u}_{g_k}$ und $\vec{n}_E$ sind für kein k kollinear.

E und g_k sind also für kein k senkrecht zueinander.

h) In diesem Fall müssen $\vec{u}_{g_k}$ und $\vec{n}_E$ zueinander senkrecht stehen. Das wird mit dem Skalarprodukt überprüft:

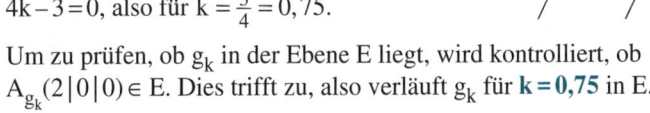

$\vec{u}_{g_k} \circ \vec{n}_E = \begin{pmatrix} -2 \\ k \\ 1 \end{pmatrix} \circ \begin{pmatrix} 2 \\ 4 \\ 1 \end{pmatrix} = -4 + 4k + 1 = 4k - 3$

E und g_k sind also zumindest parallel, wenn $4k - 3 = 0$, also für $k = \frac{3}{4} = 0{,}75$.

Um zu prüfen, ob g_k in der Ebene E liegt, wird kontrolliert, ob $A_{g_k}(2|0|0) \in E$. Dies trifft zu, also verläuft g_k für $\mathbf{k = 0{,}75}$ in E.

i) Punktprobe:

$$\begin{pmatrix} 2 \\ 2 \\ 3 \end{pmatrix} = \begin{pmatrix} 2 \\ 0 \\ 0 \end{pmatrix} + \lambda \begin{pmatrix} -2 \\ k \\ 1 \end{pmatrix} \quad \begin{array}{l} \Rightarrow \ \lambda = 0 \\[4pt] \Rightarrow \ \lambda = 3 \end{array}$$

Es ergibt sich für kein k ein einheitliches λ, d. h. $P \notin g_k$ für alle $k \in \mathbb{R}$.

j) In Parameterform ergibt sich als Ebenengleichung:

$$F_k: \vec{x} = \underbrace{\begin{pmatrix} 2 \\ 0 \\ 0 \end{pmatrix} + \lambda \begin{pmatrix} -2 \\ k \\ 1 \end{pmatrix}}_{g_k} + \mu \underbrace{\begin{pmatrix} 0 \\ 2 \\ 3 \end{pmatrix}}_{\overrightarrow{A_{g_k}P}}$$

Zur Umrechnung wird ein Normalenvektor benötigt:

$$\vec{n}_{F_k} = \begin{pmatrix} -2 \\ k \\ 1 \end{pmatrix} \times \begin{pmatrix} 0 \\ 2 \\ 3 \end{pmatrix} = \begin{pmatrix} 3k-2 \\ 6 \\ -4 \end{pmatrix}$$

$$\Rightarrow \ F_k: \begin{pmatrix} 3k-2 \\ 6 \\ -4 \end{pmatrix} \circ \left(\vec{x} - \begin{pmatrix} 2 \\ 0 \\ 0 \end{pmatrix} \right) = 0$$

k) Der Normalenvektor von F_k ist Richtungsvektor von h_k:

$$h_k: \vec{x} = \overrightarrow{OP} + \tau \vec{n}_{F_k} = \begin{pmatrix} 2 \\ 2 \\ 3 \end{pmatrix} + \tau \begin{pmatrix} 3k-2 \\ 6 \\ -4 \end{pmatrix}$$

l) Die Gerade g_k liegt in der Ebene F_k, die Gerade h_k steht senkrecht auf F_k. Die beiden Geraden sind also nicht parallel. Da der Schnittpunkt P von h_k und F_k nicht auf g_k liegt, sind die Geraden g_k und h_k windschief zueinander.

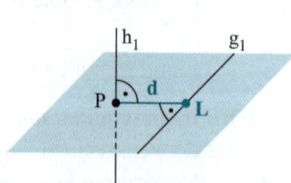

m) Es handelt sich um den Abstand zweier windschiefer Geraden, die allerdings senkrecht zueinander verlaufen. Da der Abstand gleich der Länge der zu beiden Geraden senkrecht stehenden Verbindungsstrecke ist, genügt es hier, den Abstand des Punktes P von g_1 zu bestimmen.

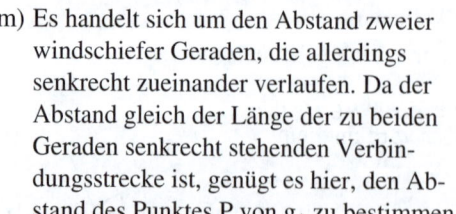

Methode: Abstand „Punkt – Gerade"
Lotebene:

$$H: \underbrace{\begin{pmatrix} -2 \\ 1 \\ 1 \end{pmatrix}}_{\vec{u}_{g_1}} \circ \left(\vec{x} - \begin{pmatrix} 2 \\ 2 \\ 3 \end{pmatrix} \right) = 0$$

$$\Leftrightarrow \ H: -2x_1 + x_2 + x_3 - 1 = 0$$

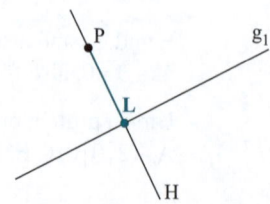

g_1 in H: $-2(2-2\lambda)+\lambda+\lambda-1=0 \iff \lambda=\frac{5}{6}$

in g_1: $\overrightarrow{OL}=\begin{pmatrix}2\\0\\0\end{pmatrix}+\frac{5}{6}\begin{pmatrix}-2\\1\\1\end{pmatrix}=\begin{pmatrix}\frac{2}{6}\\\frac{5}{6}\\\frac{5}{6}\end{pmatrix}$

$d(g_1;h_1)=|\overrightarrow{PL}|=\left\|\begin{pmatrix}\frac{2}{6}\\\frac{5}{6}\\\frac{5}{6}\end{pmatrix}-\begin{pmatrix}2\\2\\3\end{pmatrix}\right\|=\left\|\begin{pmatrix}-\frac{10}{6}\\-\frac{7}{6}\\-\frac{13}{6}\end{pmatrix}\right\|$

$\qquad\qquad =\frac{1}{6}\sqrt{100+49+169}=\frac{1}{6}\sqrt{318}\approx\mathbf{2,97}$

134. a) Der Aufhängepunkt von h ergibt sich aus dem Abstand von 750 m:

$\qquad$ h: $\vec{x}=\begin{pmatrix}750\\0\\0\end{pmatrix}+\lambda\begin{pmatrix}0\\1\\0\end{pmatrix}$

b) Eine Ebenengleichung in **Parameterform** lautet:

$\qquad$ H: $\vec{x}=\begin{pmatrix}750\\0\\0\end{pmatrix}+\lambda_1\begin{pmatrix}10\\0\\1\end{pmatrix}+\lambda_2\begin{pmatrix}0\\1\\0\end{pmatrix}$

$\qquad$ Zum Richtungsvektor $\begin{pmatrix}10\\0\\1\end{pmatrix}$ gelangt man mit folgender Überlegung:

10 % Steigung bedeutet, dass bei
100 m in horizontaler Richtung
10 m in vertikaler Richtung voran-
geschritten werden müssen.

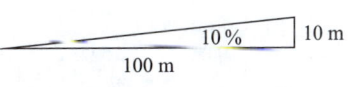

Das würde auf den Vektor $\begin{pmatrix}100\\0\\10\end{pmatrix}$ führen, den man natürlich verkürzen

kann, indem man den Faktor 10 herauszieht.

Zur Umrechnung in die **Koordinatenform** ist ein Normalenvektor nötig:

$\vec{n}_H=\begin{pmatrix}10\\0\\1\end{pmatrix}\times\begin{pmatrix}0\\1\\0\end{pmatrix}=\begin{pmatrix}-1\\0\\10\end{pmatrix}$

$\Rightarrow$ H: $\begin{pmatrix}-1\\0\\10\end{pmatrix}\circ\left(\vec{x}-\begin{pmatrix}750\\0\\0\end{pmatrix}\right)=0 \iff -x_1+10x_3+750=0$

c) Als Normalenvektor der horizontalen Ebene kann man $\begin{pmatrix}0\\0\\1\end{pmatrix}$ verwenden:

$\cos(\alpha)=\dfrac{\left|\begin{pmatrix}0\\0\\1\end{pmatrix}\circ\begin{pmatrix}-1\\0\\10\end{pmatrix}\right|}{1\cdot\sqrt{101}}=\dfrac{10}{\sqrt{101}} \Rightarrow \boldsymbol{\alpha\approx5,7°}$

d) Es handelt sich um den Winkel zwischen einer Ebene und einer Geraden:

$$\vec{n}_E = \begin{pmatrix} 0 \\ 0 \\ 1 \end{pmatrix}; \quad \vec{s} = \begin{pmatrix} 10 \\ 1 \\ -1 \end{pmatrix}$$

In der zugehörigen Formel für den Winkel steht der Sinus:

$$\sin(\varphi) = \frac{|\vec{s} \circ \vec{n}_E|}{|\vec{s}| \cdot |\vec{n}_E|} = \frac{\left| \begin{pmatrix} 10 \\ 1 \\ -1 \end{pmatrix} \circ \begin{pmatrix} 0 \\ 0 \\ 1 \end{pmatrix} \right|}{\sqrt{102} \cdot 1} = \frac{1}{\sqrt{102}} \quad \Rightarrow \quad \varphi \approx 5{,}7°$$

e) Die Höhe des höchsten Punktes des Windrades berechnet sich aus der Summe von Turmhöhe und halbem Rotordurchmesser: $120\,\text{m} + 50\,\text{m}$

$$g: \vec{x} = \begin{pmatrix} 0 \\ 0 \\ 170 \end{pmatrix} + \mu \begin{pmatrix} 10 \\ 1 \\ -1 \end{pmatrix}$$

f) Der **Punkt P** ist der Schnittpunkt von g und H:

$$g \cap H: -10\mu + 10(170 - \mu) + 750 = 0 \quad \Leftrightarrow \quad \mu = 122{,}5$$

$$\text{in } g: \overrightarrow{OP} = \begin{pmatrix} 0 \\ 0 \\ 170 \end{pmatrix} + 122{,}5 \begin{pmatrix} 10 \\ 1 \\ -1 \end{pmatrix} \quad \Rightarrow \quad \textbf{P(1\,225 | 122,5 | 47,5)}$$

Zugehöriger **Winkel**:

$$\sin(\beta) = \frac{|\vec{u}_g \circ \vec{n}_H|}{|\vec{u}_g| \cdot |\vec{n}_H|} = \frac{\left| \begin{pmatrix} 10 \\ 1 \\ -1 \end{pmatrix} \circ \begin{pmatrix} -1 \\ 0 \\ 10 \end{pmatrix} \right|}{\sqrt{102} \cdot \sqrt{101}} = \frac{20}{\sqrt{102} \cdot \sqrt{101}} \quad \Rightarrow \quad \boldsymbol{\beta \approx 11{,}4°}$$

g) Lotebene:

$$F: \begin{pmatrix} 0 \\ 1 \\ 0 \end{pmatrix} \circ \left(\vec{x} - \begin{pmatrix} 1\,225 \\ 122{,}5 \\ 47{,}5 \end{pmatrix} \right) = 0 \quad \Leftrightarrow \quad F: x_2 = 122{,}5$$

h in F: $\lambda = 122{,}5$

$$\Rightarrow \quad \overrightarrow{OL} = \begin{pmatrix} 750 \\ 122{,}5 \\ 0 \end{pmatrix}$$

$$d(P; h) = |\overrightarrow{PL}| = \left| \begin{pmatrix} 750 \\ 122{,}5 \\ 0 \end{pmatrix} - \begin{pmatrix} 1\,225 \\ 122{,}5 \\ 47{,}5 \end{pmatrix} \right| = \left| \begin{pmatrix} -475 \\ 0 \\ -47{,}5 \end{pmatrix} \right| \approx \textbf{477,4}$$

Anmerkung: Diesen Abstand kann man auch mit dem Satz des Pythagoras elementargeometrisch berechnen, da die beiden Punkte P und L auf der Ebene $x_2 = 122{,}5$ liegen.

h) Die Koordinaten des Punktes P* auf dem Windrad auf gleicher horizontaler Höhe wie P(1\,225 | 122,5 | 47,5) sind P*(0 | 122,5 | 0). Daraus ergibt sich für den gesuchten Abstand:

$$d = |\overrightarrow{PP^*}| = \left| \begin{pmatrix} -1\,225 \\ 0 \\ -47{,}5 \end{pmatrix} \right| \approx \textbf{1\,225,9}$$

i) Die Ballonroute wird durch die Gerade

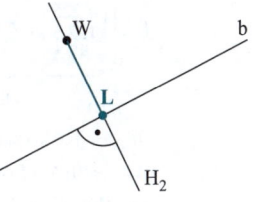

$$b: \vec{x} = \begin{pmatrix} 1\,225 \\ 122,5 \\ 47,5 \end{pmatrix} + \sigma \begin{pmatrix} -25 \\ -1 \\ 2 \end{pmatrix}$$

beschrieben. Der höchste Punkt des Windrades hat die Koordinaten W(0|0|170). Es ist ein **Abstand Punkt – Gerade** zu bestimmen.

Lotebene:

$$H_2: \begin{pmatrix} -25 \\ -1 \\ 2 \end{pmatrix} \circ \left(\vec{x} - \begin{pmatrix} 0 \\ 0 \\ 170 \end{pmatrix} \right) = 0 \quad \Leftrightarrow \quad H_2: -25x_1 - x_2 + 2x_3 - 340 = 0$$

b in H_2: $-25(1\,225 - 25\sigma) - (122,5 - \sigma) + 2(47,5 + 2\sigma) - 340 = 0$

$$\Leftrightarrow \quad \sigma \approx 49,194$$

in b: $\overrightarrow{OL} = \begin{pmatrix} 1\,225 \\ 122,5 \\ 47,5 \end{pmatrix} + 49,194 \cdot \begin{pmatrix} -25 \\ -1 \\ 2 \end{pmatrix} \approx \begin{pmatrix} -4,9 \\ 73,3 \\ 145,9 \end{pmatrix}$

Der Punkt **L(−4,9|73,3|145,9)** auf der Ballonroute ist dem höchsten Punkt W(0|0|170) der Windkraftanlage am nächsten.

Der Abstand beträgt:

$$d = |\overrightarrow{WL}| = \left| \begin{pmatrix} -4,9 \\ 73,3 \\ -24,1 \end{pmatrix} \right| \approx \mathbf{77}$$

Anmerkung: 77 m Abstand sind bei einem Rotorradius von 50 m ein sehr geringer Abstand.

j) Zu berechnen ist der **Abstand zweier windschiefer Geraden**.

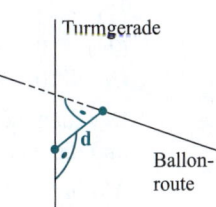

Es wird eine Ebene aufgestellt, welche den Ursprung und die Turmgerade mit dem Richtungsvektor $\vec{n}_E$ enthält sowie parallel zur Flugroute b verläuft:

$$H_3: \vec{x} = \mu_1 \begin{pmatrix} 0 \\ 0 \\ 1 \end{pmatrix} + \mu_2 \begin{pmatrix} -25 \\ -1 \\ 2 \end{pmatrix} \quad \Leftrightarrow \quad H_3: x_1 - 25x_2 = 0$$

H_3 ist parallel zu b (der Flugroute). Deshalb wird jetzt der Abstand eines beliebigen Punktes von b (man nimmt den Aufhängepunkt) von H_3 berechnet.

Lotgerade:

$$h_3: \vec{x} = \begin{pmatrix} 1\,225 \\ 122,5 \\ 47,5 \end{pmatrix} + \tau \begin{pmatrix} 1 \\ -25 \\ 0 \end{pmatrix}$$

h_3 in H_3: $1\,225 + \tau - 25(122,5 - 25\tau) = 0 \quad \Leftrightarrow \quad \tau \approx 2,94$

$$d = \left| \begin{pmatrix} 1\,225 \\ 122{,}5 \\ 47{,}5 \end{pmatrix} + 2{,}94 \cdot \begin{pmatrix} 1 \\ -25 \\ 0 \end{pmatrix} - \begin{pmatrix} 1\,225 \\ 122{,}5 \\ 47{,}5 \end{pmatrix} \right| = 2{,}94 \cdot \left| \begin{pmatrix} 1 \\ -25 \\ 0 \end{pmatrix} \right| = 2{,}94 \cdot \sqrt{626} \approx \mathbf{74}$$

$\underbrace{\hphantom{xxxxxxxxxxx}}_{\overrightarrow{OL}}$ $\underbrace{\hphantom{xxxxx}}_{\overrightarrow{OP}}$

Da der Rotorradius 50 m beträgt, ist im ungünstigsten Fall der Ballon nur 24 m von der Rotorspitze entfernt. Kein Ballonfahrer würde riskieren, derart nahe an das Windrad zu kommen.

135. a) Während drei Punkte im Raum stets in einer Ebene liegen, muss das bei vier Punkten nicht notwendigerweise der Fall sein. Es gibt verschiedene Möglichkeiten, den geforderten Nachweis zu erbringen.

Es wird gezeigt, dass die drei Vektoren $\overrightarrow{AB}$, $\overrightarrow{AC}$, $\overrightarrow{AD}$ komplanar, also linear abhängig sind, z. B. mit dem Gauß-Verfahren:

$$\overrightarrow{AB} = \begin{pmatrix} -4 \\ 4 \\ 0 \end{pmatrix}; \quad \overrightarrow{AC} = \begin{pmatrix} -1 \\ 0 \\ 2{,}5 \end{pmatrix}; \quad \overrightarrow{AD} = \begin{pmatrix} -4 \\ 3 \\ 2{,}5 \end{pmatrix}$$

(1)	−4	−1	−4
(2)	4	0	3
(3)	0	2,5	2,5

(1)	−4	−1	−4	
(2∗)	0	−1	−1	$\mid (1)+(2)$
(3)	0	2,5	2,5	

(1)	−4	−1	−4	
(2∗)	0	−1	−1	
(3∗)	0	0	0	$\mid 2{,}5 \cdot (2∗)+(3)$

Der Rang der Matrix ist also 2, d. h., die drei Vektoren sind komplanar und die vier Punkte liegen in einer Ebene.

Alternativ: Man stellt eine Ebene durch drei der Punkte auf und prüft, ob der vierte Punkt darin enthalten ist.

$$E: \vec{x} = \overrightarrow{OA} + \lambda_1 \overrightarrow{AB} + \lambda_2 \overrightarrow{AC} = \begin{pmatrix} 4 \\ 0 \\ 0 \end{pmatrix} + \lambda_1 \begin{pmatrix} -4 \\ 4 \\ 0 \end{pmatrix} + \lambda_2 \begin{pmatrix} -1 \\ 0 \\ 2{,}5 \end{pmatrix}$$

Umwandlung in Koordinatenform:

$$\vec{n}_E = \begin{pmatrix} -4 \\ 4 \\ 0 \end{pmatrix} \times \begin{pmatrix} -1 \\ 0 \\ 2{,}5 \end{pmatrix} = \begin{pmatrix} 10 \\ 10 \\ 4 \end{pmatrix} = 2 \cdot \begin{pmatrix} 5 \\ 5 \\ 2 \end{pmatrix}$$

$\Rightarrow$ E: $5x_1 + 5x_2 + 2x_3 - 20 = 0$

D(0|3|2,5) in E: $5 \cdot 3 + 2 \cdot 2{,}5 - 20 = 0 \Leftrightarrow 0 = 0$ wahre Aussage

$\Rightarrow$ D $\in$ E, womit der Nachweis ebenfalls erbracht ist.

b) Für die **viereckige Scheibe** wurden die Gleichungen in der alternativen Lösung von Teilaufgabe a bestimmt:

$$E: \vec{x} = \begin{pmatrix} 4 \\ 0 \\ 0 \end{pmatrix} + \lambda_1 \begin{pmatrix} -4 \\ 4 \\ 0 \end{pmatrix} + \lambda_2 \begin{pmatrix} -1 \\ 0 \\ 2,5 \end{pmatrix}$$

$$E: 5x_1 + 5x_2 + 2x_3 - 20 = 0$$

Für die **dreieckige Scheibe** ergibt sich:

$$F: \vec{x} = \overrightarrow{OS} + \mu_1 \overrightarrow{SC} + \mu_2 \overrightarrow{SD} = \begin{pmatrix} 0 \\ 0 \\ 3,5 \end{pmatrix} + \mu_1 \begin{pmatrix} 3 \\ 0 \\ -1 \end{pmatrix} + \mu_2 \begin{pmatrix} 0 \\ 3 \\ -1 \end{pmatrix}$$

Umwandlung in Koordinatenform:

$$\vec{n}_F = \begin{pmatrix} 3 \\ 0 \\ -1 \end{pmatrix} \times \begin{pmatrix} 0 \\ 3 \\ -1 \end{pmatrix} = \begin{pmatrix} 3 \\ 3 \\ 9 \end{pmatrix} = 3 \cdot \begin{pmatrix} 1 \\ 1 \\ 3 \end{pmatrix}$$

$$\Rightarrow \quad F: \begin{pmatrix} 1 \\ 1 \\ 3 \end{pmatrix} \circ \left(\vec{x} - \begin{pmatrix} 0 \\ 0 \\ 3,5 \end{pmatrix} \right) = 0$$

$$F: \quad x_1 + x_2 + 3x_3 - 10,5 = 0 \qquad | \cdot 2$$
$$F: \quad 2x_1 + 2x_2 + 6x_3 - 21 = 0$$

Diese Umformung dient nur dazu, ganzzahlige Koeffizienten zu erhalten.

c) • Der Winkel zwischen beiden Scheiben entspricht der Aufgabenstellung, den **Winkel zwischen zwei Ebenen** zu berechnen:

$$\cos(\alpha) = \frac{|\vec{n}_E \circ \vec{n}_F|}{|\vec{n}_E| \cdot |\vec{n}_F|} = \frac{\left| \begin{pmatrix} 5 \\ 5 \\ 2 \end{pmatrix} \circ \begin{pmatrix} 2 \\ 2 \\ 6 \end{pmatrix} \right|}{\sqrt{54} \cdot \sqrt{44}} = \frac{32}{\sqrt{54} \cdot \sqrt{44}} \quad \Rightarrow \quad \boldsymbol{\alpha \approx 49{,}0°}$$

• Auch hier geht es um den **Winkel zwischen zwei Ebenen**, wobei der Boden den Normalenvektor $\begin{pmatrix} 0 \\ 0 \\ 1 \end{pmatrix}$ hat:

$$\cos(\beta) = \frac{\left| \begin{pmatrix} 0 \\ 0 \\ 1 \end{pmatrix} \circ \begin{pmatrix} 5 \\ 5 \\ 2 \end{pmatrix} \right|}{1 \cdot \sqrt{54}} = \frac{2}{\sqrt{54}} \quad \Rightarrow \quad \boldsymbol{\beta \approx 74{,}2°}$$

• Bei dieser Winkelberechnung geht es um den **Winkel zwischen einer Ebene und einer Geraden**, wobei die x_3-Achse den Richtungsvektor $\begin{pmatrix} 0 \\ 0 \\ 1 \end{pmatrix}$ hat:

$$\sin(\gamma) = \frac{\left| \begin{pmatrix} 0 \\ 0 \\ 1 \end{pmatrix} \circ \begin{pmatrix} 2 \\ 2 \\ 6 \end{pmatrix} \right|}{1 \cdot \sqrt{44}} = \frac{6}{\sqrt{44}} \quad \Rightarrow \quad \boldsymbol{\gamma \approx 64{,}8°}$$

Beachte, dass in diesem Fall der **Sinus** verwendet werden muss.

d) • $A_\triangle = \frac{1}{2} |\overrightarrow{SC} \times \overrightarrow{SD}| = \frac{1}{2} \left| \begin{pmatrix} 3 \\ 0 \\ -1 \end{pmatrix} \times \begin{pmatrix} 0 \\ 3 \\ -1 \end{pmatrix} \right| = \frac{1}{2} \left| \begin{pmatrix} 3 \\ 3 \\ 9 \end{pmatrix} \right| = \frac{3}{2} \left| \begin{pmatrix} 1 \\ 1 \\ 3 \end{pmatrix} \right|$

$\qquad = \frac{3}{2} \sqrt{11} \approx \boldsymbol{5{,}0 \, [m^2]}$

$$\bullet \quad |\vec{SC}| = \left|\begin{pmatrix} 3 \\ 0 \\ -1 \end{pmatrix}\right| = \sqrt{10} \approx \mathbf{3,2\,[m]}$$

$$|\vec{SD}| = \left|\begin{pmatrix} 0 \\ 3 \\ -1 \end{pmatrix}\right| = \sqrt{10} \approx \mathbf{3,2\,[m]}$$

$$|\vec{CD}| = \left|\begin{pmatrix} -3 \\ 3 \\ 0 \end{pmatrix}\right| = 3\left|\begin{pmatrix} -1 \\ 1 \\ 0 \end{pmatrix}\right| = 3\sqrt{2} \approx \mathbf{4,2\,[m]}$$

$$\bullet \quad \cos(\varphi_S) = \frac{\vec{SC} \circ \vec{SD}}{|\vec{SC}| \cdot |\vec{SD}|} = \frac{\begin{pmatrix} 3 \\ 0 \\ -1 \end{pmatrix} \circ \begin{pmatrix} 0 \\ 3 \\ -1 \end{pmatrix}}{\sqrt{10} \cdot \sqrt{10}} = \frac{1}{10} \qquad \Rightarrow \quad \boldsymbol{\varphi_S \approx 84,3°}$$

$$\cos(\varphi_C) = \frac{\vec{CS} \circ \vec{CD}}{|\vec{CS}| \cdot |\vec{CD}|} = \frac{\begin{pmatrix} -3 \\ 0 \\ 1 \end{pmatrix} \circ \begin{pmatrix} -3 \\ 3 \\ 0 \end{pmatrix}}{\sqrt{10} \cdot \sqrt{18}} = \frac{9}{\sqrt{10} \cdot \sqrt{18}} \qquad \Rightarrow \quad \boldsymbol{\varphi_C \approx 47,9°}$$

$$\cos(\varphi_D) = \frac{\vec{DS} \circ \vec{DC}}{|\vec{DS}| \cdot |\vec{DC}|} = \frac{\begin{pmatrix} 0 \\ -3 \\ 1 \end{pmatrix} \circ \begin{pmatrix} 3 \\ -3 \\ 0 \end{pmatrix}}{\sqrt{10} \cdot \sqrt{18}} = \frac{9}{\sqrt{10} \cdot \sqrt{18}} \qquad \Rightarrow \quad \boldsymbol{\varphi_D \approx 47,9°}$$

Anmerkungen:
(1) Da hier jeweils der Winkel zwischen zwei Vektoren berechnet wird, steht kein Betrag im Zähler der Formel.
(2) Weil es sich um ein gleichschenkliges Dreieck handelt, müssen die Winkel bei C und D gleich groß sein.
(3) Die Winkelsumme ergibt (bis auf Rundungsfehler) 180°.

$\bullet$ Die Höhe wird mit der Flächenformel für Dreiecke bestimmt:

$$A_\triangle = \tfrac{1}{2} g \cdot h$$

Darin sind folgende Größen bekannt:

$$g = |\vec{CD}| = 3\sqrt{2} \text{ und } A_\triangle = \tfrac{3}{2}\sqrt{11}$$

$$\Rightarrow \quad h = \frac{2A_\triangle}{g} = \frac{2 \cdot \tfrac{3}{2}\sqrt{11}}{3\sqrt{2}} = \sqrt{5,5} \approx \mathbf{2,35\,[m]}$$

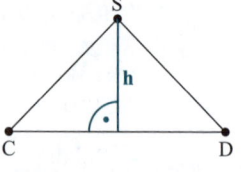

e) Diese Aufgabenstellung lässt sich auf die Abstandsberechnung eines Punktes zu einer Ebene zurückführen, wobei nur der Lotfußpunkt zu bestimmen ist.

Der Punkt hat die Koordinaten P(0|0|1), die Ebene enthält die Dreiecksscheibe und hat als Gleichung in Koordinatenform:

F: $2x_1 + 2x_2 + 6x_3 - 21 = 0$

Lotgerade:

$$h: \vec{x} = \begin{pmatrix} 0 \\ 0 \\ 1 \end{pmatrix} + \tau \begin{pmatrix} 2 \\ 2 \\ 6 \end{pmatrix}$$

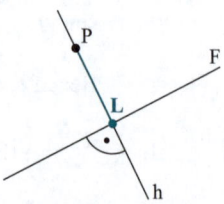

h in F: $4\tau+4\tau+6(1+6\tau)-21=0 \iff \tau=\frac{15}{44}\approx 0,34$

in h: $\overrightarrow{OL}=\begin{pmatrix}0\\0\\1\end{pmatrix}+\frac{15}{44}\begin{pmatrix}2\\2\\6\end{pmatrix}=\begin{pmatrix}\frac{15}{22}\\\frac{15}{22}\\\frac{67}{22}\end{pmatrix}$

Der Unterstützungspunkt auf der Glasscheibe hat die Koordinaten
L(0,68 | 0,68 | 3,05).

f) Die Länge der Stütze entspricht dem Abstand des Punktes P von F:

$$d(P;F)=\left|\overrightarrow{PL}\right|=\left|\underbrace{\begin{pmatrix}0\\0\\1\end{pmatrix}+\frac{15}{44}\begin{pmatrix}2\\2\\6\end{pmatrix}}_{\overrightarrow{OL}}-\underbrace{\begin{pmatrix}0\\0\\1\end{pmatrix}}_{\overrightarrow{OP}}\right|=\frac{15}{22}\left|\begin{pmatrix}1\\1\\3\end{pmatrix}\right|=\frac{15}{22}\cdot\sqrt{11}\approx \mathbf{2,26\,[m]}$$

g) Die Stütze liegt auf der Lotgeraden h (siehe Teilaufgabe e):

$$\cos(\varphi)=\frac{\left|\begin{pmatrix}2\\2\\6\end{pmatrix}\circ\begin{pmatrix}0\\0\\1\end{pmatrix}\right|}{\sqrt{44}\cdot 1}=\frac{6}{\sqrt{44}} \implies \boldsymbol{\varphi\approx 25,2°}$$

h) Die Höhe h wird als der Abstand berechnet,
den der Punkt C von der Geraden AB hat:

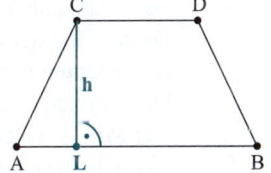

g_{AB}: $\vec{x}=\begin{pmatrix}4\\0\\0\end{pmatrix}+\sigma\begin{pmatrix}-1\\1\\0\end{pmatrix}$, da $\overrightarrow{AB}=\begin{pmatrix}-4\\4\\0\end{pmatrix}=4\cdot\begin{pmatrix}-1\\1\\0\end{pmatrix}$

Lotebene:

$H:\begin{pmatrix}-1\\1\\0\end{pmatrix}\circ\left(\vec{x}-\begin{pmatrix}3\\0\\2,5\end{pmatrix}\right)=0 \iff H: -x_1+x_2+3=0$

g_{AB} in H: $-(4-\sigma)+\sigma+3=0 \iff \sigma=0,5$

in g_{AB}: $\overrightarrow{OL}=\begin{pmatrix}4\\0\\0\end{pmatrix}+0,5\cdot\begin{pmatrix}-1\\1\\0\end{pmatrix}=\begin{pmatrix}3,5\\0,5\\0\end{pmatrix}$

$\implies h=\left|\overrightarrow{LC}\right|=\left|\begin{pmatrix}3\\0\\2,5\end{pmatrix}-\begin{pmatrix}3,5\\0,5\\0\end{pmatrix}\right|=\left|\begin{pmatrix}-0,5\\-0,5\\2,5\end{pmatrix}\right|=\sqrt{6,75}\approx\mathbf{2,6\,[m]}$

Bei dem Viereck ABCD handelt es sich um ein Trapez mit den beiden
parallelen Seiten [AB] und [CD]. Deren Längen betragen:

$\left|\overrightarrow{AB}\right|=\left|\begin{pmatrix}-4\\4\\0\end{pmatrix}\right|=4\sqrt{2}$ und $\left|\overrightarrow{CD}\right|=\left|\begin{pmatrix}-3\\3\\0\end{pmatrix}\right|=3\sqrt{2}$

$\implies A_{Trapez}=\frac{1}{2}(4\sqrt{2}+3\sqrt{2})\cdot h=\frac{1}{2}\cdot 7\sqrt{2}\cdot\sqrt{6,75}\approx\mathbf{12,9\,[m^2]}$

136. a) Die Dachseite mit den Eckpunkten O, A, D_1 liegt in der Ebene:

$$E_1: \vec{x} = \lambda_1 \begin{pmatrix} 1 \\ 0 \\ 0 \end{pmatrix} + \lambda_2 \begin{pmatrix} 0 \\ 4 \\ 5 \end{pmatrix} \quad \Leftrightarrow \quad E_1: 5x_2 - 4x_3 = 0$$

Die Dachseite mit den Eckpunkten B, C, D_1 liegt in der Ebene:

$$E_2: \vec{x} = \begin{pmatrix} 20 \\ 8 \\ 0 \end{pmatrix} + \mu_1 \begin{pmatrix} 1 \\ 0 \\ 0 \end{pmatrix} + \mu_2 \begin{pmatrix} 0 \\ -4 \\ 5 \end{pmatrix} \quad \Leftrightarrow \quad E_2: 5x_2 + 4x_3 - 40 = 0$$

Der Winkel α, den die Dachhälften miteinander einschließen, beträgt:

$$\cos(\alpha) = \frac{|\vec{n}_{E_1} \circ \vec{n}_{E_2}|}{|\vec{n}_{E_1}| \cdot |\vec{n}_{E_2}|} = \frac{\left| \begin{pmatrix} 0 \\ 5 \\ -4 \end{pmatrix} \circ \begin{pmatrix} 0 \\ 5 \\ 4 \end{pmatrix} \right|}{\sqrt{41} \cdot \sqrt{41}} = \frac{9}{41} \quad \Rightarrow \quad \boldsymbol{\alpha \approx 77{,}3°}$$

Für den Winkel β mit der Horizontale ergibt sich:

$$\cos(\beta) = \frac{\left| \begin{pmatrix} 0 \\ 0 \\ 1 \end{pmatrix} \circ \begin{pmatrix} 0 \\ 5 \\ 4 \end{pmatrix} \right|}{1 \cdot \sqrt{41}} = \frac{4}{\sqrt{41}} \quad \Rightarrow \quad \boldsymbol{\beta \approx 51{,}3°}$$

b) Zum Aufstellen der Geradengleichung benötigt man einen Aufhänge-punkt und einen Richtungsvektor.

Da der First der Gaube parallel zur x_2-Achse verläuft, ist $\begin{pmatrix} 0 \\ 1 \\ 0 \end{pmatrix}$ ein mögli-cher Richtungsvektor.

Der Aufhängepunkt liegt in der Mitte des Dachfirsts, jedoch 1 m tiefer. Der Mittelpunkt des Dachfirsts hat die Koordinaten $(10\,|\,4\,|\,5)$, folglich ist $(10\,|\,4\,|\,4)$ ein möglicher Aufhängepunkt:

$$g: \vec{x} = \begin{pmatrix} 10 \\ 4 \\ 4 \end{pmatrix} + \lambda \begin{pmatrix} 0 \\ 1 \\ 0 \end{pmatrix}$$

Berechnung des Schnittpunktes F_1 dieser Geraden mit der Ebene E_2:

g in E_2: $5 \cdot (4 + \lambda) + 4 \cdot 4 - 40 = 0 \quad \Leftrightarrow \quad \lambda = \frac{4}{5} = 0{,}8$

in g: $\overrightarrow{OF_1} = \begin{pmatrix} 10 \\ 4 \\ 4 \end{pmatrix} + 0{,}8 \begin{pmatrix} 0 \\ 1 \\ 0 \end{pmatrix} = \begin{pmatrix} 10 \\ 4{,}8 \\ 4 \end{pmatrix} \quad \Rightarrow \quad \boldsymbol{F_1(10\,|\,4{,}8\,|\,4)}$

c) Die x_2-Koordinate von F_1 muss um 2 vergrößert werden, an den anderen Koordinaten ändert sich nichts:

$\boldsymbol{F_2(10\,|\,6{,}8\,|\,4)}$

d) Es wird eine Vertikale durch F_2 aufgestellt und mit der Dachebene zum Schnitt gebracht. Das führt zum Punkt M:

$$h: \vec{x} = \begin{pmatrix} 10 \\ 6{,}8 \\ 4 \end{pmatrix} + \mu \begin{pmatrix} 0 \\ 0 \\ 1 \end{pmatrix}$$

h in E_2: $5 \cdot 6{,}8 + 4(4 + \mu) - 40 = 0 \quad \Leftrightarrow \quad \mu = -2{,}5$

in h: $\overrightarrow{OM} = \begin{pmatrix} 10 \\ 6{,}8 \\ 4 \end{pmatrix} - 2{,}5 \cdot \begin{pmatrix} 0 \\ 0 \\ 1 \end{pmatrix} = \begin{pmatrix} 10 \\ 6{,}8 \\ 1{,}5 \end{pmatrix} \quad \Rightarrow \quad \boldsymbol{M(10\,|\,6{,}8\,|\,1{,}5)}$

e) Von M zu P_1 gelangt man, indem man 2 Meter in x_1-Richtung und 2 Meter in x_3-Richtung vorangeht. Als Vektorkette geschrieben bedeutet das:

$$\overrightarrow{OP_1} = \overrightarrow{OM} + \begin{pmatrix} 2 \\ 0 \\ 0 \end{pmatrix} + \begin{pmatrix} 0 \\ 0 \\ 2 \end{pmatrix} = \begin{pmatrix} 12 \\ 6,8 \\ 3,5 \end{pmatrix} \Rightarrow \mathbf{P_1(12\,|\,6,8\,|\,3,5)}$$

P_2 wird berechnet, indem eine Gerade durch P_1 aufgestellt wird, die parallel zur x_2-Achse verläuft. Diese Gerade wird mit der Dachebene E_2 geschnitten:

$$h_2: \vec{x} = \begin{pmatrix} 12 \\ 6,8 \\ 3,5 \end{pmatrix} + v \begin{pmatrix} 0 \\ 1 \\ 0 \end{pmatrix}$$

h_2 in E_2: $5(6,8 + v) + 4 \cdot 3,5 - 40 = 0 \Leftrightarrow v = -1,6$

in h_2: $\overrightarrow{OP_2} = \begin{pmatrix} 12 \\ 6,8 \\ 3,5 \end{pmatrix} - 1,6 \cdot \begin{pmatrix} 0 \\ 1 \\ 0 \end{pmatrix} = \begin{pmatrix} 12 \\ 5,2 \\ 3,5 \end{pmatrix} \Rightarrow \mathbf{P_2(12\,|\,5,2\,|\,3,5)}$

f) Die vordere Gaubendachseite enthält die Punkte F_1, F_2, P_1 und P_2. Für die zugehörige Ebene E_3 ergeben sich als Gleichungen in Parameter- bzw. Koordinatenform:

$$E_3: \vec{x} = \underbrace{\begin{pmatrix} 10 \\ 4,8 \\ 4 \end{pmatrix}}_{\overrightarrow{OF_1}} + \tau_1 \begin{pmatrix} 0 \\ 1 \\ 0 \end{pmatrix} + \tau_2 \underbrace{\begin{pmatrix} 2 \\ 0 \\ -0,5 \end{pmatrix}}_{\overrightarrow{F_2P_1}} \Leftrightarrow E_3: x_1 + 4x_3 - 26 = 0$$

g) Zu berechnen ist der Schnitt $E_2 \cap E_3$:

$$E_2: \vec{x} = \begin{pmatrix} 20 \\ 8 \\ 0 \end{pmatrix} + \mu_1 \begin{pmatrix} 1 \\ 0 \\ 0 \end{pmatrix} + \mu_2 \begin{pmatrix} 0 \\ -4 \\ 5 \end{pmatrix}$$

E_2 in E_3: $(20 + \mu_1) + 4(5\mu_2) - 26 = 0 \Leftrightarrow \mu_1 = -20\mu_2 + 6$

$$\mu_1 \text{ in } E_2: \vec{x} = \begin{pmatrix} 20 \\ 8 \\ 0 \end{pmatrix} + \mathbf{(-20\mu_2 + 6)} \cdot \begin{pmatrix} 1 \\ 0 \\ 0 \end{pmatrix} + \mu_2 \begin{pmatrix} 0 \\ -4 \\ 5 \end{pmatrix}$$

$$\Rightarrow \text{ Schnittgerade s: } \vec{x} = \begin{pmatrix} 26 \\ 8 \\ 0 \end{pmatrix} + \mu_2 \begin{pmatrix} -20 \\ -4 \\ 5 \end{pmatrix}$$

Man sieht leicht, dass für den Vektor

$$\overrightarrow{F_1P_2} = \begin{pmatrix} 12 \\ 5,2 \\ 3,5 \end{pmatrix} - \begin{pmatrix} 10 \\ 4,8 \\ 4 \end{pmatrix} = \begin{pmatrix} 2 \\ 0,4 \\ -0,5 \end{pmatrix}$$

und den Richtungsvektor der Schnittgeraden s gilt:

$$\begin{pmatrix} -20 \\ -4 \\ 5 \end{pmatrix} = -10 \cdot \begin{pmatrix} 2 \\ 0,4 \\ -0,5 \end{pmatrix}$$

Also sind die beiden Vektoren kollinear.

h) Die Gleichungen der Geraden lauten:

$$g_{F_1P_2}:\ \vec{x} = \overrightarrow{OP_2} + \sigma_1\overrightarrow{F_1P_2} = \begin{pmatrix} 12 \\ 5,2 \\ 3,5 \end{pmatrix} + \sigma_1\begin{pmatrix} 2 \\ 0,4 \\ -0,5 \end{pmatrix}$$

$$g_{D_1D_2}:\ \vec{x} = \overrightarrow{OD_1} + \sigma_2\overrightarrow{D_1D_2} = \begin{pmatrix} 0 \\ 4 \\ 5 \end{pmatrix} + \sigma_2\begin{pmatrix} 20 \\ 0 \\ 0 \end{pmatrix}$$

Diese beiden Geraden sollen auf Schneiden untersucht werden:

$$\begin{pmatrix} 12 \\ 5,2 \\ 3,5 \end{pmatrix} + \sigma_1\begin{pmatrix} 2 \\ 0,4 \\ -0,5 \end{pmatrix} = \begin{pmatrix} 0 \\ 4 \\ 5 \end{pmatrix} + \sigma_2\begin{pmatrix} 20 \\ 0 \\ 0 \end{pmatrix} \qquad \text{Ansatz auf Schneiden: } g_{F_1P_2} = g_{D_1D_2}$$

(1) $\quad 2\sigma_1 - 20\sigma_2 = -12 \qquad$ zugehöriges Gleichungssystem

(2) $\quad 0,4\sigma_1 \qquad\quad = -1,2$

(3) $\quad -0,5\sigma_1 \qquad = 1,5$

Aus (2) und (3) folgt jeweils $\sigma_1 = -3$. (1) ist erfüllt, wenn hiermit gilt:

$2\cdot(-3) - 20\sigma_2 = -12 \ \Leftrightarrow\ \sigma_2 = 0,3$

Für $\sigma_1 = -3$ und $\sigma_2 = 0,3$ sind alle drei Gleichungen erfüllt, d. h., die beiden Geraden schneiden sich.

Schnittpunkt

$$\sigma_2 = 0,3 \text{ in } g_{D_1D_2}:\ \overrightarrow{OS} = \begin{pmatrix} 0 \\ 4 \\ 5 \end{pmatrix} + 0,3\cdot\begin{pmatrix} 20 \\ 0 \\ 0 \end{pmatrix} = \begin{pmatrix} 6 \\ 4 \\ 5 \end{pmatrix} \ \Rightarrow\ \mathbf{S(6\,|\,4\,|\,5)}$$

Schnittwinkel

$$\cos(\varphi) = \frac{\left| \begin{pmatrix} 2 \\ 0,4 \\ -0,5 \end{pmatrix} \circ \begin{pmatrix} 20 \\ 0 \\ 0 \end{pmatrix} \right|}{\sqrt{4,41\cdot 20}} = \frac{40}{2,1\cdot 20} = \frac{20}{21} \ \Rightarrow\ \mathbf{\varphi \approx 17,8°}$$

Ihre Anregungen sind uns wichtig!

Liebe Kundin, lieber Kunde,

der STARK Verlag hat das Ziel, Sie effektiv beim Lernen zu unterstützen. In welchem Maße uns dies gelingt, wissen Sie am besten. Deshalb bitten wir Sie, uns Ihre Meinung zu den STARK-Produkten in dieser Umfrage mitzuteilen.

Unter *www.stark-verlag.de/ihremeinung* finden Sie ein Online-Formular. Einfach ausfüllen und Ihre Verbesserungsvorschläge an uns abschicken. Wir freuen uns auf Ihre Anregungen.

www.stark-verlag.de/ihremeinung

Richtig lernen, bessere Noten

7 Tipps wie's geht

1. **15 Minuten geistige Aufwärmzeit** Lernforscher haben beobachtet: Das Gehirn braucht ca. eine Viertelstunde, bis es voll leistungsfähig ist. Beginne daher mit den leichteren Aufgaben bzw. denen, die mehr Spaß machen.

2. **Ähnliches voneinander trennen** Ähnliche Lerninhalte, wie zum Beispiel Vokabeln, sollte man mit genügend zeitlichem Abstand zueinander lernen. Das Gehirn kann Informationen sonst nicht mehr klar trennen und verwechselt sie. Wissenschaftler nennen diese Erscheinung „Ähnlichkeitshemmung".

3. **Vorübergehend nicht erreichbar** Größter potenzieller Störfaktor beim Lernen: das Smartphone. Es blinkt, vibriert, klingelt – sprich: es braucht Aufmerksamkeit. Wer sich nicht in Versuchung führen lassen möchte, schaltet das Handy beim Lernen einfach aus.

4. **Angenehmes mit Nützlichem verbinden** Wer englische bzw. amerikanische Serien oder Filme im Original-Ton anschaut, trainiert sein Hörverstehen und erweitert gleichzeitig seinen Wortschatz. Zusatztipp: Englische Untertitel helfen beim Verstehen.

5. **In kleinen Portionen lernen** Die Konzentrationsfähigkeit des Gehirns ist begrenzt. Kürzere Lerneinheiten von max. 30 Minuten sind ideal. Nach jeder Portion ist eine kleine Verdauungspause sinnvoll.

6. **Fortschritte sichtbar machen** Ein Lernplan mit mehreren Etappenzielen hilft dabei, Fortschritte und Erfolge auch optisch sichtbar zu machen. Kleine Belohnungen beim Erreichen eines Ziels motivieren zusätzlich.

7. **Lernen ist Typsache** Die einen lernen eher durch Zuhören, die anderen visuell, motorisch oder kommunikativ. Wer seinen Lerntyp kennt, kann das Lernen daran anpassen und erzielt so bessere Ergebnisse.